国家示范性高职院校工学结合系列教材

市政桥梁工程施工

（市政工程技术专业）

李宝昌　高世明　主编
徐国柱　乔元利　主审

中国建筑工业出版社

图书在版编目（CIP）数据

市政桥梁工程施工/李宝昌，高世明主编 .—北京：中国建筑工业出版社，2010.11（2020.9重印）
国家示范性高职院校工学结合系列教材（市政工程技术专业）
ISBN 978-7-112-12720-7

Ⅰ.①市… Ⅱ.①李… ②高… Ⅲ.①市政工程：桥梁工程-工程施工-高等学校-教材 Ⅳ.①U445

中国版本图书馆 CIP 数据核字（2010）第 238055 号

本书根据市政桥梁工程施工课程改革标准进行编写，主要内容包括桥梁基础施工、桥梁墩台施工、预应力混凝土桥梁施工、预应力混凝土连续刚构—连续组合梁桥施工、拱桥施工、斜拉桥施工、悬索桥施工、桥面及其附属工程施工，并且结合典型工程实例进行讲解，方便学生的学习和教师的教学等。

本书可作为高职高专市政工程技术专业的教学用书，也可作为相关工程技术人员的参考用书。

* * *

责任编辑：朱首明　王美玲
责任设计：赵明霞
责任校对：张艳侠

国家示范性高职院校工学结合系列教材
市政桥梁工程施工
（市政工程技术专业）
李宝昌　高世明　主编
徐国柱　乔元利　主审

*

中国建筑工业出版社出版、发行（北京西郊百万庄）
各地新华书店、建筑书店经销
北京红光制版公司制版
天津安泰印刷有限公司印刷

*

开本：787×1092 毫米　1/16　印张：30¼　字数：755 千字
2011 年 2 月第一版　2020 年 9 月第四次印刷
定价：**60.00** 元
ISBN 978-7-112-12720-7
（19986）

前　　言

本教材是根据教育部、财政部实施国家示范性高等职业院校建设计划，结合行业企业的需求，按照示范性高等职业院校的建设要求，结合重点专业建设，开发建设的优质核心课程教材。

"市政桥梁工程施工"是一门实用性较强的施工课程，涉及的学科较广，综合性强，是高等职业学校市政工程专业的一门核心课。本书以就业为导向，改革传统教学模式，按"桥梁工程的施工工序"确定工作任务，以"施工流程"为主线，紧紧围绕完成工作任务的需要，并以典型桥梁工程施工项目为载体，模拟施工场景，设计教学活动，强化实训实操，结合职业能力，培养学生的实践动手能力，以使学生能够适应职业岗位的要求。

通过以市政桥梁施工中的桥梁基础施工、下部结构施工、上部结构施工、桥面系与附属工程施工等典型的施工任务为载体，进行教学设计。在施工中结合桥梁施工组织设计、施工现场管理与质量控制要求，以及桥梁施工新技术、新规范和验收资料归档要求，培养学生对市政桥梁工程进行施工及管理的能力。

实施开放式的教材编审模式，聘请生产一线专家直接介入教材编审工作，使本套教材具有实用性和先进性。

本书由黑龙江建筑职业技术学院李宝昌、中铁二十二局集团高级工程师高世明主编，由龙建路桥股份有限公司高级工程师徐国柱和黑龙江省伊春林业勘察设计院乔元利高级工程师主审，具体编写情况如下：项目1、2、3、5由李宝昌和高世明编写；项目4由中铁四局集团孙通力和黑龙江建筑职业技术学院郭启臣编写；项目6由黑龙江建筑职业技术学院蒋俊山和中铁一局集团王立辉编写；项目7由黑龙江建筑职业技术学院袁忠文和浙江省交通工程建设集团第三交通工程有限公司李秋章编写；项目8由黑龙江建筑职业技术学院高凯编写，全书由李宝昌统稿。在编写过程中得到了学院领导和企业专家的大力支持，也参考了许多同行的著作，在此编者表示衷心感谢。

由于编者水平有限，编写时间仓促，本书难免存在疏漏和不足之处，恳请读者批评指正。

目　　录

项目 1 桥 梁 基 础 施 工

学习要点：

1. 了解市政桥梁工程基础的基本构造；
2. 了解桥梁工程桩基施工基本知识；
3. 了解桥梁工程文明施工、安全施工的基本知识；
4. 掌握桥梁工程基础施工方案编制。

任务 1 桥 梁 基 础 形 式

任务目标：

1. 学生能够掌握桥梁基础施工方面的知识；
2. 学生能够独立查阅资料；能够独立编制施工准备方案；
3. 学生能够组织管理施工。

一、桥梁基础工程形式

在桥梁工程中，通常采用的基础有扩大基础、桩基础、沉井基础等（图 1-1）。基础的形式可分类如图 1-1 所示。

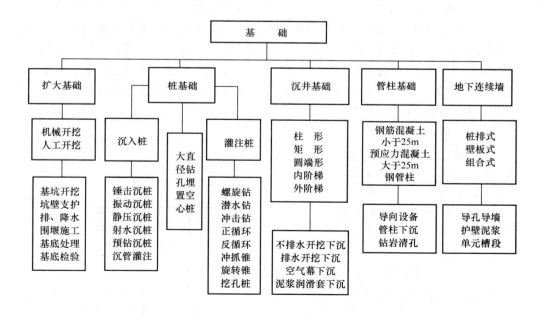

图 1-1 桥梁基础组成形式

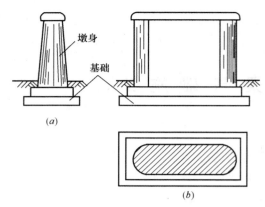

图 1-2　刚性扩大基础

1. 扩大基础

所谓扩大基础，是将墩（台）及上部结构传来的荷载由其直接传递至较浅的支承地基的一种基础形式，一般采用明挖基坑的方法进行施工，所以称之为明挖扩大基础或浅基础（图 1-2）。其主要特点是：

（1）由于能在现场用眼睛确认支承地基的情况下进行施工，因而施工质量可靠；

（2）施工时的噪声、振动和对地下污染等建设公害较少；

（3）与其他类型的基础相比，施工所需的操作空间较小；

（4）在多数情况下，比其他类型的基础造价省、工期短；

（5）易受冻胀和冲刷的影响。

扩大基础施工的顺序是开挖基坑，对基底进行处理（当地基的承载力不满足设计要求时，需对地基进行加固），然后砌筑圬工或立模、绑扎钢筋、浇筑混凝土。其中，基坑开挖是施工中的一项主要工作，而在开挖过程中，必须解决挡土与止水的问题。

当土质坚硬时，对基坑的坑壁可不进行支护，仅按一定坡度进行开挖。在采用土、石围堰或土质疏松的情况下，一般应对开挖后的基坑坑壁进行支护加固，以防止坑壁坍塌。支护的方法有挡板支护加固、混凝土及喷射混凝土加固等。

扩大基础施工的难易程度与地下水处理的难易程度有关。当地下水位高于基础的设计底面高程时，施工时必须采取止水措施，如打钢板桩或考虑采用集水坑用水泵排水、深井排水及井点法等使地下水位降低至开挖面以下，以使开挖工作能在干燥的状态下进行。还可采用化学灌浆法及围幕法（冻结法、硅化法、水泥灌浆法和沥青灌浆法等）进行止水或排水。但扩大基础的各种施工方法都有各自特有的制约条件，因此在选择时应特别注意。

2. 桩基础

桩是深入土层的柱形构件，其作用是将作用于桩顶以上的荷载传递到土体的较深处（图 1-3）。根据不同情况，桩可以有不同的分类法。现按成桩方法对桩进行分类，并分别叙述其不同的施工方法和工艺。

（1）沉入桩

沉入桩是将预制桩用锤击打或振动法沉入地层至设计要求高程。预制桩包括木桩、混凝土桩和钢桩，一般有如下特点：

1）因在预制场内制造，故桩身质量

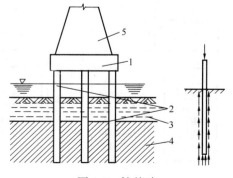

图 1-3　桩基础

1—承台；2—基础；3—松软土层；
4—持力层；5—墩身

易于控制，可靠。

2）沉入施工工序简单，工效高，能保证质量。

3）便于水上施工。

4）施工噪声和振动的公害大、污染环境。

5）受运输、起吊设备能力等条件的限制，其单节预制桩的长度不能过长；沉入长桩时要在现场接桩；桩的接头施工复杂、麻烦，易出现构造上的弱点；接桩后如果不能保证全桩长的垂直度，则将降低桩的承载能力，甚至在沉入时造成断桩。

6）不易穿透较厚的坚硬地层；当坚硬地层下存在较弱层，而设计要求桩必须穿过时，则需辅以其他施工措施，如射水或预钻孔等。

7）当沉入地基的桩超长时，需截除其超长部分，截桩工作不仅实施较困难，而且不经济。沉入桩施工方法主要有：锤击沉入桩、振动沉入桩、静力压桩法、射水沉桩法、预钻沉桩法以及沉管灌注法等。

（2）灌注桩

灌注桩是在现场采用钻孔机械（或人工）将地层钻挖成预定孔径和深度的孔后，将预制成一定形状的钢筋骨架放入孔内，然后在孔内灌入流动的混凝土而形成桩基。水下混凝土多采用垂直导管法灌注，灌注桩具有如下特点：

1）与沉入桩的锤击法和振动法相比，施工噪声和振动较小。

2）能够灌注比预制桩直径大的桩。

3）与地基土质无关，在各种地基上都可以采用。

4）施工时要特别防止孔壁坍塌以及孔底沉淀物厚度等的处理，施工质量的好坏对桩的承载力影响很大。

5）因混凝土是在孔内充满泥水的情况下灌注的，因此混凝土质量较难控制。

灌注桩因成孔的机械不同，通常采用的成孔方法有螺旋钻机成孔法、潜水钻机成孔法、冲击钻机成孔法、正循环回转法、反循环回转法、冲抓锥成孔法、旋转锥成孔法、挖孔成孔法等。

（3）大直径桩

一般认为，直径2.5m以上的桩可称为大直径桩。目前最大桩径已达6m。近年来，大直径桩在桥梁基础中得到广泛应用，结构形式也越来越多样化，除实心桩外，还发展了空心桩；施工方法上不仅有钻孔灌注法，还有预制桩壳钻孔埋置法等。根据桩的受力特点，大直径桩多做成变截面的形式。大直径桩与普通桩在施工上的区别主要反映在钻机选型、钻孔泥浆及施工工艺等方面。

3. 沉井基础

沉井基础是一种断面和刚度均比桩大得多的筒状结构，施工时在现场重复交替进行沉井构筑和开挖井内土方，使之沉落到预定支承地基上（图1-4）。在岸滩或浅水中建造沉井时，可采用"筑岛法"施工；在深水中建造时，则可采用浮式沉井，先将其浮运至预定位置，再进行下沉施工。

按材料、形状和用途不同，可将沉井分成很多种类型，但各种沉井基础有如下的共同特点：

（1）沉井基础的适宜下沉深度一般为10～40m。

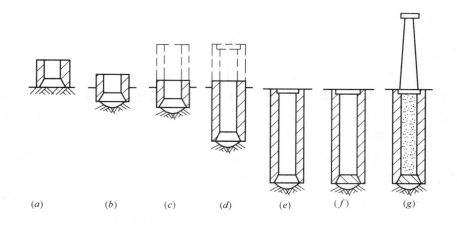

图 1-4　沉井基础

(*a*) 制作沉井；(*b*) 挖土下沉；(*c*) 接高沉井；(*d*) 继续挖土

下沉和接高；(*e*) 清底；(*f*) 封底；(*g*) 填心浇筑盖板

(2) 与其他基础形式相比，沉井基础的抗水平力作用能力及竖直支承力均较大，刚度也大，故其变形较小。

4. 管柱基础

管柱基础因其施工的方法和工艺相对来说较复杂，所需的机械设备也较多，一般的桥梁极少采用这种形式的基础。仅当桥址处的水文地区条件十分复杂，采用其他的基础施工方法不能奏效时，方可使用这种基础形式。因此，对于大型的深水或海中基础，特别是深水岩面不平、水流流速大的地方采用管柱基础是比较适宜的。

管柱基础的施工一般包括管柱预制、围笼拼装浮运和下沉定位、下沉管柱，在管柱底基岩上钻孔，在管柱内安放钢筋笼并灌注水下混凝土等内容。管柱有钢筋混凝土、预应力钢筋混凝土和钢管三种，其下沉的方法与前述的沉入桩类似，大多采用振动法并辅以射水、吸泥等措施。管柱的下沉必须要有导向装置，浅水时可用导向架，深水时则用整体围笼。

5. 地下连续墙

地下连续墙是用膨润土泥浆进行护壁，在防止开挖壁面坍塌的同时，在设计位置开挖一条狭长端圆的深槽，然后将钢筋骨架放入槽内并灌注水下混凝土，从而在地下形成连续墙体的一种基础形式（图1-5）。目前国

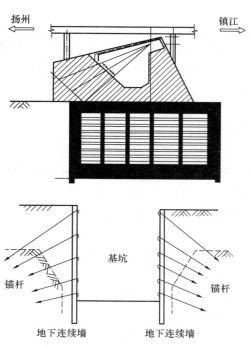

图 1-5　润扬长江大桥北锚碇-地下

连续墙（斜拉式锚杆地下连续墙）

内还多用于临时支挡设施，国外已有作为永久基础的实例。地下连续墙有墙式和排柱式之分，但一般多用墙式。地下连续墙的特点有：

（1）施工时的噪声、振动小；

（2）墙体刚度大且截水性能优异，对周边地基无扰动；

（3）所获得的支承力大，可用作刚性基础，对墙体进行适当的组合后可用以代替桩基础和沉井基础；

（4）可用于逆筑法施工，并适用于多种地基条件；

（5）在挖槽时因采用泥浆护壁，施工时要注意，有槽壁坍塌的现象。

地下连续墙的施工方法甚多，根据机械类型和开挖方法可分为抓斗式、冲击式和旋转切削式三类。

二、桥梁工程桩基施工图识读

（一）为什么要识读施工图？

（1）保证工程施工能够顺利进行，熟读桥梁桩基施工图包括桥位平面布置图、纵断面图、桥型布置图、桩基钢筋构造图、桩基工程数量表、桩位坐标等。

（2）审查结构图在几何尺寸、坐标、标高和说明等方面是否一致。

（3）审核施工图的正确性，并提出改进意见。审查拟建工程的地点、桥梁总平面图同国家、城市或地区规划是否一致，以及设计功能与使用要求是否符合要求及美化城市方面的要求。

（4）审查设计图纸是否完整、齐全，以及设计图纸和资料是否符合国家有关工程建设的设计、施工方面的方针和政策。

（5）审查设计图纸与说明书在内容上是否一致以及设计图纸与其各组成部分之间有无矛盾和错误。

（6）工程地质工程、工程水文等条件是否一致。

（二）如何识读平面图？

识读时应主要搞清以下一些问题：

（1）图纸比例、说明和图例；

（2）每一个桩位、桩长、桩径、坐标、标高、桩号；

（3）桩基与永久性地物间的相对距离以及如何跨越障碍物；

（4）附属构筑物的平面位置；

（5）主要工程数量表。

（三）如何识读纵断面图？

识读时应主要搞清以下一些问题：

（1）平面线形、设计高程、竖曲线高程、现地高程；

（2）纵断图横向比例、竖向比例；

（3）桥梁总长度、跨径；

（4）竖曲线范围内括号中设计高程为切线高程；

（5）全线最大纵坡、最小纵坡；

（6）全线最小凸曲线半径、最小凹曲线半径。

（四）如何识读钢筋构造图？

识读时应主要搞清以下一些问题：

（1）钢筋搭接处采用何种焊接。

（2）钢筋弯起角度。

（3）计算钢筋下料长度。

（4）钢筋用量及钢筋直径。

（5）浇筑混凝土强度。

三、如何进行桩位放样

桩位放样就是将设计图纸的桩基精确地在实际地理位置上定位并显示出来。针对本桥必须建立平面控制网、三角网以确保桥梁走向、跨径、高程等符合规范和设计要求。

（一）桩位放样三角网布控原则？

（1）三角网的布设应满足三角测量本身的需要；

（2）构成三角网的各点，应便于采用前方交会法进行桩位放样，并应使各点间能互相通视；

（3）桥轴线应作为三角网的一边，两岸中线上应各设一个三角点，使之与桥台相距不远，以便于计算桥梁轴线的长度，并便于桩位、墩台放样；

（4）三角网的图形要简单，平差计算方便，并具有足够的强度；

（5）单三角形之内任一角应大于 $30°$，小于 $120°$。

（二）如何进行桩位的放线工作？

采用全站仪测定桩孔位置，并埋设孔位护桩，采用"十"字定位，随时校核桩位坐标，整座桥布设三角网来进行测量，每个桩基中心放样后，按"十"字线在护筒周围埋设四个护桩，用混凝土包桩保护好，再埋设护筒，然后进行测量，复测桩位及护筒位置是否正确。

四、安全知识

（一）生产安全的概念

生产安全是指企事业单位在劳动生产过程中的人身安全、设备和产品安全，以及交通运输安全等。也就是说，为了使劳动过程在符合安全要求的物质条件和工作秩序下进行，防止伤亡事故、设备事故及各种灾害的发生，保障劳动者的安全健康和生产、劳动过程的正常进行而采取的各种措施和从事的一切活动。它既包括对劳动者的保护，也包括对生产、财物、环境的保护，使生产活动正常进行。

（二）安全的基本法律

《中华人民共和国劳动保护法》、《中华人民共和国建筑法》、《中华人民共和国安全生产法》、《中华人民共和国职业病防治法》、《建设工程安全生产管理条例》。

（三）安全方针

建设工程安全生产管理，牢固树立安全第一、预防为主的方针。生产必须安全、安全促进生产、安全人人有责。

建设单位、勘察单位、设计单位、施工单位、工程监理单位及其他与建设工程安全生产有关的单位，必须遵守安全生产法律、法规的规定，保证建设工程安全生产，依法承担建设工程安全生产责任。

（四）企业安全生产负责人

企业法人或主要负责人。

（五）负责人的安全职责

对安全生产工作全面负责。应当建立健全安全生产责任制度和安全生产教育培训制度，制定安全生产规章制度和操作规程，保证本单位安全生产条件所需资金的投入，对所承担的建设工程进行定期和专项安全检查，并做好安全检查记录。

（六）现场施工技术员进行安全技术交底（表 1-1～表 1-6）

电焊、气焊操作安全技术交底　　　　　表 1-1

施工单位		工程名称	
施工部位	6 号墩台桩基础	施工内容	电焊、风割焊作业
安全技术交底内容	1. 电焊、气焊工必须持特种作业证上岗，施焊作业必须办理动火手续； 2. 电焊机外壳必须接地良好，要有触电保护器，电源的拆装应由电工完成，电焊机要设单独的开关，开关应在防雨的开关箱内，电焊机要有防雨措施； 3. 焊钳与把线必须绝缘良好，连接牢固，更换焊条要戴手套，在潮湿地点工作应站在绝缘胶板或木板上； 4. 施焊场地周围应清除易燃易爆物品，或进行覆盖、隔离，并在施焊部位配备灭火器材，必须在易燃易爆气体或液体扩散区施焊时，应经有关部门检试许可后，方可施焊； 5. 乙炔气瓶必须装减压阀和防回火装置，乙炔气瓶与氧气瓶之间距离不得小于 5m，严禁平放，严禁曝晒，距易燃易爆物品和明火的距离不得小于 10m，检验是否漏气，要用肥皂水，严禁用明火，氧气瓶、氧气表及焊割工具上严禁沾染油脂，气瓶的购、运、储存和领用必须严格执行公安部门的有关规定； 6. 点火时，焊枪口不准对人，正在燃烧的焊枪不得放在工件或地面上，带有乙炔和氧气时，不准放在金属容器内，以防气体逸出发生燃烧事故； 7. 严禁在带压力的容器管道上施焊，焊接带电的设备必须先切断电源，焊接贮存过易燃、易爆、有毒物品的容器或管道，必须清除干净，并将所有气孔打开； 8. 在密闭金属容器内施焊，容器必须可靠接地，通风良好，并有监护。严禁向容器内输氧气。焊割点下方未设接火斗时不准焊割作业，四级大风以上不准进行高处焊割作业； 9. 作业结束，应切断焊机电源，将气瓶气阀关好，拧上安全罩，检查作业地点，确认无着火危险，方可离开
施工现场针对性交底	雷雨时，应停止露天施焊作业
交底人签名		接受交底负责人签名		交底时间		年　月　日
作业人员签名						

注：本表一式两份，项目部自存一份，资料室归档一份。

钢筋加工安全技术交底

表 1-2

施工单位		工程名称	
施工部位		施工内容	钢筋加工作业

<table>
<tr><td rowspan="1">安全技术交底内容</td><td>
1. 用机械对钢筋进行切断、调直、弯曲加工时，应按机械操作规程进行；每台机械应有单独的开关、保护、接零、接地等电气设施，并且专机专人操作；
2. 直钢筋，卡头要卡紧，地锚要结实牢固，拉筋沿线 2m 区域内禁止行人；
3. 绑扎立柱、钢筋不得站在钢筋架上，也不得攀登骨架上下；柱筋在 4m 以上时应搭设工作台；
4. 起吊钢筋或钢筋骨架时，下方禁止站人；钢筋或钢筋骨架落到离地面 1m 以内时方准靠近、就位支撑好才能摘钩；多人运钢筋时，起、落、转、停动作要一致，人工上下传递不得在同一垂直线上；
5. 搬运和安装钢筋时严防钢筋碰触电源；高空作业时，应严防钢筋靠近高压线路；
6. 在临时工时堆放钢筋应考虑模板及支顶的承载力，不得过分集中；新浇混凝土面未凝固前，禁止堆放钢筋；
7. 在高空安装钢筋应选好位置站稳、系好安全带；
8. 焊机必须接地良好，不准在露天雨水的环境下工作；
9. 钢筋、工具等不应放置在外墙脚手架上，以免跌落伤人
</td></tr>
<tr><td>施工现场针对性交底</td><td></td></tr>
</table>

交底人签名		接受交底负责人签名		交底时间	年 月 日
作业人员签名					

注：本表一式三份，项目部自存一份，资料室归档一份，技术员自存一份。

混凝土拌合及灌注作业安全技术交底 表 1-3

施工单位		单位工程名称	
施工部位		施工内容	

混凝土拌合安全技术交底内容	1. 人工手推车上料时，手推车不得松手撒把。运输斜道上应设防滑设施； 2. 机械上料时，在铲斗移动范围内不得站人。铲斗下方严禁有人停留和通过； 3. 向搅拌机内倾倒水泥，宜采用封闭式加料斗，为减少进出料口的粉尘飞物应加设防护板； 4. 作业结束时，应将料斗放下，落入斗坑或平台上
混凝土灌注安全技术交底内容	1. 灌注立柱、盖梁混凝土时，应搭设作业平台（斜道），不得站在模板上作业，作业平台有护栏防护。 2. 塔吊、汽车吊等灌注混凝土时，起吊、运送、卸料应由专人指挥。 3. 电动振动器的使用应符合下列规定： （1）操作人员要配戴安全防护用品，配电箱的接线宜使用电缆线； （2）在大体积混凝土中作业时，电源总开关应放置在干燥处，多台振动器同时作业应设集中开关箱，并由专人负责看管。 4.（1）混凝土泵泵送混凝土灌注时，泵车应设置在作业棚内，安装应稳定、牢固，泵车安设未稳前，不得移动布料杆。作业前，应检查输送泵、电气设备是否正常、灵敏、可靠。 （2）泵送前，应检查管路、管节、管卡及密封圈的完好程度，不得使用有破损、裂缝、变形和密封不合格的管件，并应符合下列要求： 1）管路布设要平顺，在高处、转角处应架设牢固，防止串动、移位； 2）管路应设专人经常检查，遇有变形、破裂时，应及时更换，防止崩裂。 （3）混凝土泵在运转时发现故障，应立即停机检查，不得带病作业； （4）混凝土泵操作人员，应熟悉和遵守泵车的操作规程和安全技术规定； （5）拆卸管路前，应把管内余压排除干净，以免发生事故； （6）在五级以上大风时，混凝土泵车不得使用布料杆作业； （7）作业结束采用空气清洗管道时，操作人员不得靠近管道端部

交底人 签　名		接受交底 负责人签名		交底 时间	年　月　日

作业人员签名	

注：本表一式三份，班组自存一份，资料室归档一份，技术员自存一份。

模板工程安全技术交底 表 1-4

施工单位		单位工程名称	
施工部位		施工内容	

安全技术交底内容	1. 按照施工方案的要求作业； 2. 模板安装按施工设计进行，严禁随意变动，支顶必须有垫块； 3. 上层和下层支柱在同一垂直线上，模板及其支撑系统在安装过程中，必须设置临时固定设施； 4. 支柱全部安装完毕后，应及时沿横向和纵向加设水平平撑和垂直剪刀撑； 5. 支柱高度小于 4m 时，水平撑应设上下两道，两道水平撑之间，在纵、横加设剪刀撑； 6. 拆除时严格遵守安全规定，高处、复杂结构模板拆除应有专人指挥，严禁非操作人员进入作业区； 7. 拆除的模板、柱杆、支撑要及时运走，妥善堆放； 8. 拆除板、梁、柱墙模板，在 4m 以上作业时应搭脚手架或操作平台，并设防护栏杆，严禁在同一垂直面上操作； 9. 安装和拆除柱、墙、梁、板的操作层，从首层以上各层应安装安全平网。进行拆除作业时，应设置警示标牌； 10. 验收合格方可进行作业，未经验收或验收不合格不准作下一道工序作业
施工现场针对性安全交底	1. 按照施工方案的要求作业； 2. 模板安装按施工设计进行，严禁随意变动，支顶必须有垫块； 3. 上层和下层支柱在同一垂直线上，模板及其支撑系统在安装过程中，必须设置临时固定设施； 4. 支柱全部安装完毕后，应及时沿横向和纵向加设水平平撑和垂直剪刀撑； 5. 支柱高度小于 4m 时，水平撑应设上下两道，两道水平撑之间，在纵、横加设剪刀撑； 6. 拆除时严格遵守安全规定，高处、复杂结构模板拆除应有专人指挥，严禁非操作人员进入作业区； 7. 拆除的模板、柱杆、支撑要及时运走，妥善堆放； 8. 拆除板、梁、柱墙模板，在 4m 以上作业时应搭脚手架或操作平台，并设防护栏杆，严禁在同一垂直面上操作； 9. 安装和拆除墩柱、梁、板的操作层，从 10m 以上应安装安全平网。进行拆除作业时，应设置警示标牌； 10. 验收合格方可进行作业，未经验收或验收不合格不准作下一道工序作业

交底人 签　名		接受交底 负责人签名		交底 时间	年　月　日
作业人员签名					

注：本表一式三份，班组自存一份，资料室归档一份，技术员自存一份。

脚手架作业安全技术交底　　　　　　　表 1-5

施工单位		工程名称	
施工部位		施工内容	

<table>
<tr>
<td rowspan="1">安
全
技
术
交
底
内
容</td>
<td>

1. 必须按施工组织设计进行施工；

2. 搭设、拆除脚手架必须戴安全帽及穿软底鞋；

3. 脚手架必须在主体结构施工以前搭设，并按照有关规定搭设安全挡板或者安全网；脚手架应高出工作面 1.2m 以上；

4. 用于连接大横杆的对接扣件，应避免开口向上设置，防止雨水侵入；

5. 脚手架分段或搭设完毕，须经施工负责人、质安员验收合格后，方可使用；高墩柱脚手架要采取卸荷措施；

6. 在大风雨或停工一段时间后，应对脚手架进行全面检查，如发现变形、下沉、钢构件锈蚀严重，连接扣松脱等，要及时加固维修后方可使用；

7. 拆除脚手架应设围栏，拆除工作应由上而下，一步一清，不准上下同时作业，拆除对象不得往下投掷；

8. 拆除大横杆、剪刀撑时应先拆中间扣，再拆两头扣，由中间操作人员往下顺传竹竿；

9. 遇大雨、雷、五级以上大风及夜间不得作业；

10. 用 $\phi6$ 钢筋预埋混凝土梁外边，每 3m 水平设一道，待混凝土梁板拆除后，收紧钢筋，再加回头顶

</td>
</tr>
<tr>
<td>施
工
现
场
针
对
性
安
全
交
底</td>
<td></td>
</tr>
</table>

交底人 签　名		接受交底 负责人签名		交底 时间	年　月　日
作 业 人 员 签 名					

注：本表一式三份，班组自存一份，资料室归档一份，技术员自存一份。

11

安全用电技术交底

表 1-6

施工单位		工程名称	
施工部位		施工内容	

<table>
<tr>
<td rowspan="1">安全技术交底内容</td>
<td>

1. 工地用电应由专职的持证电工完成；

2. 电气设备检修、停工、临时停电或下班时，要由设备操作工拉开电源并加锁；

3. 一切漏电开关、熔断器、插座均应装在配电箱内，其容量应与负荷相匹配；

4. 总配电箱除装有电源总开关及其保护电器外，还应装有各分路开关，零线要在总配电箱附近重复接地；

5. 所有配电箱应采用金属箱，箱体、箱门完好无损、有锁；装在室外者要有防雨装置；

6. 导线应绝缘良好、截面符合负载要求；除不超过 2m 的灯位线和安全电压的线路外禁止使用花线；架空线路离地面 3.5m 以上，跨越马路应在 6m 以上，架空线路应采用电缆，并用硬质管保护；

7. 照明灯位一般应固定安装在工人工作时碰不着的地方；室外照明应采用防水灯头，否则应有切实的防雨装置；民工宿舍采用 36V 安全电压；潮湿场所应用 12V 电压；

8. 熔断丝脱扣器等保护应与负荷电流配合；

9. 所有电气设备的金属外壳均应采用接地（或接零）保护，接地电阻应符合要求；每台设备应有就近操作的开关和保护；应定期检查绝缘电阻应在 0.5MΩ 以上；放置室外的电气设备应有防雨措施；

10. 应配备一机一箱一闸一漏电保护开关，并专人专机使用；

11. 如工地内设有高压配电变压器装置时，操作时应穿绝缘鞋、戴绝缘手套及持绝缘棒进行操作

</td>
</tr>
</table>

施工现场针对性安全交底	

交底人签名		接受交底负责人签名		交底时间	年 月 日

作业人员签名	

注：本表一式三份，班组自存一份，资料室归档一份，技术员自存一份。

五、编制方案（实训）

1. 图纸会审记录
2. 安全技术交底记录
3. 桩位放样
4. 成果展示（PPT文本）
5. 小组评价和教师总结

六、项目要点及难点

钻孔机具的选用。

七、习题

1. 桥梁基础工程组成形式有哪些及其特点？
2. 进行安全技术交底？
3. 如何进行桩位的放样？
4. 安全上要注意哪些问题？
5. 识读施工图的技术要点？
6. 桥梁常用的组合基础形式有哪些？

任务2　钢筋加工

任务目标：

1. 学生能够掌握钢筋性能、种类与加工方法和要求。
2. 学生能够独立查阅资料；能够独立编制钢筋笼的运输、起吊和拼接方案。

一、桩基钢筋加工前的准备工作

（一）钢筋检查

用于工程的钢筋在加工前应通过抽样试验进行质量鉴定，抽样试验主要包括抗拉极限强度、屈服点和冷弯试验。钢筋混凝土中的钢筋和预应力混凝土中的非预应力钢筋必须符合现行《钢筋混凝土用热轧光圆钢筋》GB 1499.1—2008、《钢筋混凝土用热轧带肋钢筋》GB 1499.2—2007、《冷轧带肋钢筋》GB 13788—2008、《低碳钢热轧圆盘条》GB/T 701—2008的规定。环氧树脂涂层钢筋的标准可按照现行《环氧树脂涂层钢筋》JG 3042—1997执行。钢筋必须按不同钢种、等级、牌号、规格及生产厂家分批验收，分别堆存，不得混杂，且应设立标识牌，如图1-6所示。钢筋在运输

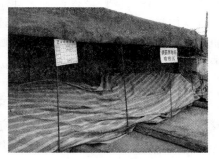

图1-6　检验合格进场堆放的钢筋

过程中，应避免锈蚀和污染。钢筋宜堆置在仓库（棚）内，露天堆置时，应垫高并加遮盖。

钢筋应具有出厂质量证明书和试验报告单。对桥涵所用的钢筋应抽取试样做力学性能试验。以另一种强度、牌号或直径的钢筋代替设计中所规定的钢筋时，应了解设计意图和代用材料性能，并须符合现行《公路钢筋混凝土及预应力混凝土桥涵设计规范》JTG D62—2004 的有关规定。重要结构中的主钢筋在代用时，应由原设计单位做变更设计。预制构件的吊环，应采用未经冷拉的 HPB235 级热轧钢筋制作。

（二）钢筋的保管

钢筋进厂后，应妥善保管。

（1）堆放场地选择在地势较高处，尽量用料棚遮盖，钢筋下面要放垫块，使其离地不小于 20cm；

（2）钢筋应按不同等级、牌号、规格等分类挂牌堆放，如图 1-7 所示，并标明数量，做到账、物、牌三相符；

（3）钢筋不要和酸、碱、油一类物品一起存放，以免污染。

图 1-7　分类码放整齐的钢筋

（三）钢筋调直和除锈

设置在构件中的钢筋应平直，无局部弯折，成盘的钢筋和弯曲的钢筋均应调直（图 1-8）。根据钢筋直径的大小可采用不同的整直方法。对于直径在 10mm 以上的钢筋一般用锤打整直；对于直径小于 10mm 的钢筋常用手摇或电动绞车冷拉整直（伸长率不大于 1％），该方法还可以使钢筋冷作硬化，提高强度。另外，钢筋在使用前应将表面油渍、漆皮、鳞锈等清除干净，可用钢丝刷或喷砂枪除锈去污，也可将钢筋在砂堆中来回抽动以除锈去污。

（四）钢筋的配料、下料及切断

钢筋经整直、除锈后，即可按图纸要求进行下料工作。为了使成形的钢筋比较精确地符合设计要求，在下料前应计算图纸上所标明的折线尺寸与弯折处实际弧线尺寸之差值（通常可查阅现成的计算表格），同时还应计入钢筋在弯折过程中的伸长量。工程上一般以施工图纸和库存料的规格及每一根钢筋的下料长度为依

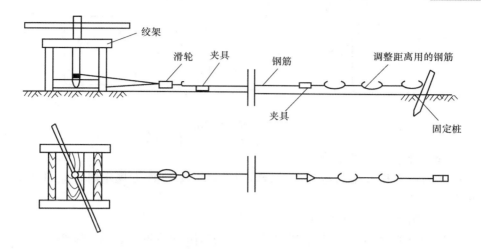

图 1-8　人工绞磨拉直钢筋的装置

据,将不同直径和不同长度的各号钢筋填写配料技术交底(表 1-7),按表列各种长度及数量进行配料,然后按型号规格分别切断弯制。

1. 钢筋的弯钩

为了增加受力主钢筋在混凝土内的抗滑移能力和锚固作用,绑扎钢筋骨架中的光圆钢筋的端部应做成半圆弯钩,弯心直径不小于 $2.5d$;螺纹钢筋因本身已有足够的粘结能力,一般可不设弯钩或仅设直钩;需要弯起的钢筋和斜钢筋的两端做成圆弧段,曲率半径不小于 $20d$ 见表 1-8。用 R235 级钢筋制作的箍筋,其末端应做弯钩,弯心直径应大于受力主筋的直径,且不小于箍筋直径的 2.5 倍。弯钩平直部分长度,一般结构不宜小于箍筋直径的 5 倍;有抗震要求的结构,不应小于箍筋直径的 10 倍。弯钩的形式,如设计无要求时,可按图 1-9(a)、(b)形式加工;有抗震要求的结构,应按图 1-9(c)形式加工。

钢筋配料技术交底　　　　　　　　　　　　　　　　　　　表 1-7

工程名称:				
技术交底部门:			时间:	
技术交底人:			职务:	
复核人:			职务:	
被交底工班:			时间:	
被交底人:			职务:	
构件号				
图号				
钢号				
钢筋编号				
直径				
形状				
下料长度				
根数				
总数				
备注				

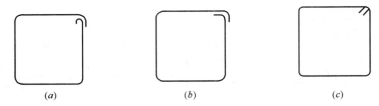

(a)　　　　　　　　　　(b)　　　　　　　　　　(c)

图 1-9　箍筋的弯钩形式

(a) 90°/180°；(b) 90°/90°；(c) 135°/135°

2. 钢筋下料长度的确定

钢筋的弯制和末端的弯钩应符合设计要求，如设计无规定时，应符合表 1-2 的规定。

（1）半圆弯钩（180°弯钩）

如图 1-10 所示，按弯心直径 D 不小于 $2.5d$，作 180°的圆弧弯曲，计算公式如下。

半圆弯钩全长：
$$3d + \frac{3.5\pi d}{2} = 8.5d$$

半圆弯钩增加长度：
$$8.5d - 2.25d = 6.25d$$

（2）斜弯钩（135°弯钩）

如图 1-11 所示，所增加的钢筋长度为：
$$3d + \frac{3}{8} \times 2\pi \times (2.5d/2 + d/2) - 2.25d = 4.9d$$

（3）直弯钩（90°弯钩）

如图 1-12 所示，所增加的钢筋长度为：
$$3d + \frac{1}{4} \times 2\pi \times (2.5d/2 + d/2) - 2.25d = 3.5d$$

钢筋弯曲时，内皮缩短，外皮伸长，中轴不变。

受力主钢筋制作和末端弯钩形状　　　　　　　　　　表 1-8

弯曲部位	弯曲角度	形状图	钢筋种类	弯曲直径	平直部分长度	备注
末端弯钩	180°		HPB235	≥2.5d	≥3d	d 为钢筋直径
	135°		HRB335	$\phi8 \sim \phi25$ ≥4d	≥5d	
			HRB400	$\phi28 \sim \phi40$ ≥5d		
	90°		HRB335	$\phi8 \sim \phi25$ ≥4d	≥10d	
			HRB400	$\phi28 \sim \phi40$ ≥5d		

弯曲部位	弯曲角度	形状图	钢筋种类	弯曲直径	平直部分长度	备注
中间弯钩	90°以下	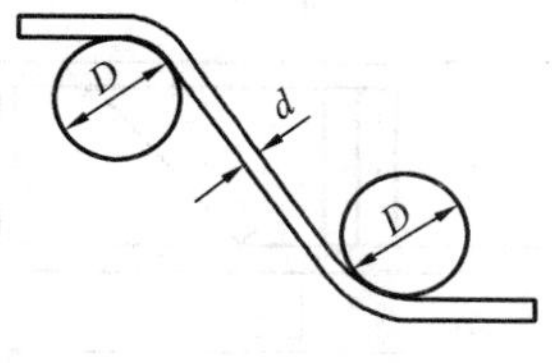 	各类	≥20d		d 为钢筋直径

图 1-10　半圆弯钩　　　　　　图 1-11　斜弯钩　　　　　　图 1-12　直弯钩

（4）弯曲伸长

钢筋弯曲后有所伸长，通常有 30°、45°、60°、90°、135°和 180°不同弯起角的钢筋弯曲伸长值可参照表 1-9 计算。

不同弯起角的钢筋弯曲伸长值计算　　　　　　　　　　表 1-9

弯起角度	30°	45°	60°	90°	135°	180°
弯曲伸长值	0.35d	0.5d	0.85d	1.0d	1.25d	1.5d

（5）下料长度计算

1）当不用搭接时：

下料长度＝钢筋原长＋弯钩增长量－弯曲伸长量。

2）当需要搭接时（搭接焊或绑扎接头）：

下料长度＝钢筋原长＋弯钩增长量－弯曲伸长量＋搭接长度。

3）【例 1-1】直径 ϕ10mm 的光圆钢筋，弯曲形状如图 1-13 所示，试计算钢筋下料长度？

图 1-13　钢筋下料

【解】　钢筋原长＝150×2＋100×2＋400＋150×1.414×2＝1748cm

2 个半圆弯钩增量＝6.25×2×1＝12.5cm

2 个 180°弯曲伸长量＝1.5×2×1＝3cm

2 个 90°弯曲伸长量＝1.0×2×1＝2cm

4 个 45°弯曲伸长量＝0.5×4×1＝2cm

若无搭接则钢筋下料长度为：$L=1748+12.5+7-3-2-2=1760.5$cm

【例 1-2】 计算梁体配筋各钢筋下料长度（图 1-14）？

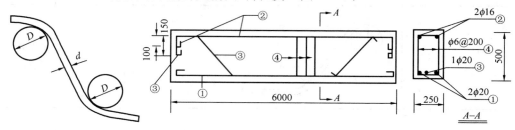

图 1-14 梁配筋图（尺寸单位 mm）

【解】 ①号筋下料长度为：$6000-100+2×6.25×20-1.5×20×2=6090$mm

②号筋下料长度为：$6000-100+2×100+2×6.25×16-1.5×16×2=6252$mm

③号筋下料长度为：$6000-100+(2\sqrt{2}-1)(500-2×50-2×6×1)+2×150-0.5×4×20-0.8×2×20+2×6.25×20=6821$mm

④号筋下料长度为：$(500-100+250-2×25)×2+44=1244$mm

（五）钢筋配料注意事项

（1）对于有接头的钢筋，配料时应注意使接头位置设在内力较小处，并错开布置。

（2）对于焊接接头，受拉钢筋接头的截面积在同一截面内不得超过钢筋总截面积的 50%。上述同一截面是指钢筋长度方向为 $30d$ 长度范围内，但不得小于 50cm。

（3）对于绑扎搭接接头，其截面积在同一截面内受拉区不得超过钢筋总截面积的 25%；受压区不得超过钢筋总截面积的 50%。上述同一截面是指钢筋搭接长度范围内，绑扎接头的最小搭接长度见表 1-10。

钢筋搭接长度表 表 1-10

混凝土强度等级	15 号		≥20 号	
受力情况 钢筋种类	受 拉	受 压	受 拉	受 压
HPB235 级钢筋	$35d$	$25d$	$30d$	$20d$
HRB335 级钢筋	$40d$	$30d$	$35d$	$25d$
HRB400 级钢筋	$45d$	$35d$	$40d$	$30d$

注：1. 位于受拉区的搭接长度不应小于 250mm，位于受压区的搭接长度不应小于 200mm；

2. d 为钢筋直径。

（4）所有接头与钢筋弯曲处应不小于 $10d$，也不宜位于构件的最大弯矩处。

（5）受力钢筋同一截面内，同一根钢筋，只准有一个接头。

（6）钢筋的代换，当施工图中采用的钢筋品种或规格与库存材料不一致时，进行钢筋代换：

1）等强度代换。结构构件系强度控制，钢筋按强度相等原则进行代换。

2）等面积代换。结构构件系最小含筋率控制，钢筋则按面积相等原则进行代换。

3）结构构件受裂缝控制时，钢筋代换需进行裂缝验算。

二、工程实际中的钢筋加工工作

（一）钢筋接长的方法有哪些？

钢筋接长的方法有闪光接触对焊、电弧焊（搭接焊、帮条焊、熔槽焊）和绑扎搭接三种。一般多用电焊接头，只有在没有焊接条件时，才可用绑扎接头。

1. 闪光接触对焊

闪光接触对焊，其优点是钢筋传力性能好、省材料、能电焊各种钢筋，能避免钢筋拥挤，便于浇筑混凝土。闪光接触对焊可分不加预热的连续闪光和加预热的闪光两种方法。一般常用不加预热的连续闪光焊，若对焊机功率不足，不能用连续闪光焊时，对直径较粗的钢筋，可采用加预热的闪光焊。HRB500 钢筋必须采用闪光接触对焊。

采用不加预热的连续闪光焊时，将夹紧于对焊机钳口内的钢筋，在接通电源时，以不大的压力移近钢筋两头，使轻微接触。在移近过程中，钢筋端隙间向四面喷射火花，而钢筋端头则逐渐发生熔化。缓慢地移拢钢筋端部，以保持连续闪光。在钢筋熔融到既定的长度值后，便对钢筋进行快速的顶锻，至此焊接操作完成。

采用预热闪光焊接时，将钢筋移拢，使两端面轻微接触，以便立即激发瞬时的闪光过程，然后移开钢筋。这种连续移拢或移开使钢筋端部逐渐加热。移近次数视钢筋直径、对焊机功率而定，一般在 3～20 次范围内变动，最后对钢筋进行快速顶锻。图 1-15 为接触对焊示意图。图 1-16 为接触对焊的接头形式。

钢筋对焊的质量应分批切取试件进行力学性能试验。当每次改变钢筋类型、直径或调换焊工时，应用同批的钢筋制作两个试件检查焊接质量。外观检查应满足下列要求：

（1）接头应有适当的镦粗和均匀的金属毛刺；

（2）钢筋表面没有裂缝和明显的烧伤；

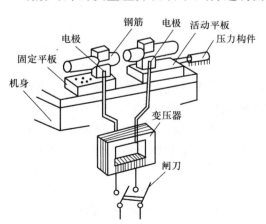

图 1-15　接触对焊示意图

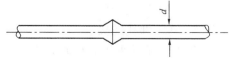

图 1-16　接触对焊接头

19

（3）接头如有弯折，其角度不得大于 4°；

（4）两根钢筋的轴线在接头处的偏移不得大于钢筋直径的 0.1 倍，不得大于 2mm。

2. 电弧焊接

采用电弧焊时，系将一根导线接在被焊钢筋上，另一根导线接在夹有焊条的焊钳上，合上开关，将接触焊件接通电流，此时立即将焊条提起 2～3mm，产生电弧。电弧温度高达 4000℃，将焊条和钢筋熔化并汇合成一条焊缝，至此焊接过程结束。图 1-17 为电弧焊接示意图。焊接接头其技术要求如下：

（1）被焊接的两根钢筋的轴线应位于同一直线上，即将两钢筋搭接端部预先折向一侧。

（2）当采用帮条焊接时，两帮条的轴线与被焊接的两钢筋轴线处于同一平面内。

（3）帮条焊接的帮条应用与被焊接钢筋同钢种、同直径的钢筋制作，其总截面面积不应小于被焊钢筋的截面积。

（4）钢筋接头采用搭接或帮条电弧焊接时，应尽量做成双面焊缝，只有当不能做成双面焊缝时，才允许采用单面焊缝。

（5）采用双面焊时，焊缝长度为 5d，采用单面焊时，焊缝长度为 10d（d 为钢筋直径）。

（6）接头处钢筋轴线的偏移不得大于钢筋直径的 0.1 倍，亦不得大于 3mm。

（7）焊缝高度应等于被焊接钢筋直径的 0.25 倍，且不小于 4mm；焊缝宽度应为直径的 0.7 倍，且不小于 10mm，如图 1-18 所示。

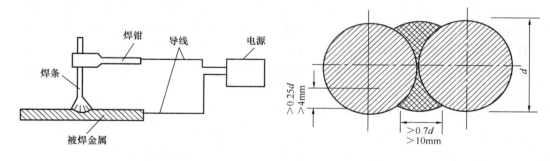

图 1-17　电弧焊接示意图　　　　图 1-18　焊缝宽度和高度

（8）钢筋接头外观检查和抗拉试验要求：焊缝表面平顺，没缺口、凹陷、气孔和焊瘤。抗拉极限强度应不小于被焊钢筋的抗拉极限强度。

（9）焊接时对施焊场地和焊工应有适当的防风、雨、雪、严寒和钢料预热高温侵害的保护设施。场地气温为 −20～5℃时，对被焊钢筋应采取技术措施，气温低于 −20℃不得施焊。

3. 钢丝绑扎搭接

当没有条件采用焊接时，直径等于或小于 25mm 的螺纹钢筋和光圆钢筋可采用钢丝绑扎接头；但对轴心受拉和小偏心受拉构件中的主钢筋均应焊接，不得采用绑扎接头。接头的搭接长度见表 1-11 规定，并注意以下要求：

（1）受拉区的 HPB235 级钢筋绑扎接头的末端应做弯钩，HRB335、HRB400 牌号钢筋的绑扎接头末端可不做弯钩。

（2）直径等于和小于 12mm 的受压 HPB235 级钢筋的末端，以及轴心受压构件中任意直径的受力钢筋的末端，可不做弯钩，但搭接长度不应小于钢筋直径的 30 倍。

（3）钢筋搭接处，应在中心和两端用钢丝扎牢。

受拉钢筋绑扎接头的搭接长度　　　　　　　　　　表 1-11

钢筋类型		混凝土强度等级		
		C20	C25	高于 C25
HPB235 级钢筋		$35d$	$30d$	$25d$
月牙纹	HRB335 牌号钢筋	$45d$	$40d$	$35d$
	HRB400 牌号钢筋	$55d$	$50d$	$45d$

注：1. 当带肋钢筋直径 d 不大于 25mm 时，其受拉钢筋的搭接长度应按表中值减少 $5d$ 采用；当带肋钢筋直径 d 大于 25mm 时，其受拉钢筋的搭接长度应按表中值增加 $5d$ 采用；

2. 当混凝土在凝固过程中受力钢筋易受扰动时，其搭接长度宜适当增加；

3. 在任何情况下，纵向受拉钢筋的搭接长度不应小于 300mm；受压钢筋的搭接长度不应小于 200mm；

4. 当混凝土强度等级低于 C20 时，HPB235 级、HRB335 级钢筋的搭接长度应按表中 C20 的数值相应增加 $10d$；HRB500 钢筋不宜采用；

5. 对有抗震要求的受力钢筋的搭接长度，当抗震烈度为七度（及以上）时应增加 $5d$；

6. 两根不同直径的钢筋的搭接长度，以较细的钢筋直径计算。

（二）钢筋接头在结构中的位置如何？

对于有接头的钢筋，配料时应注意使焊接或绑扎接头设置在内力较小处，并错开布置。

接头长度区段内受力钢筋接头面积的最大百分率　　　　表 1-12

接头形式	接头面积最大百分率（%）	
	受拉区	受压区
主钢筋绑扎接头	25	50
主钢筋焊接接头	50	不限制

注：1. 焊接接头长度区段内是指 $35d$（d 为钢筋直径）长度范围内，但不得小于 500mm，绑扎接头长度区段是指 1.3 倍搭接长度；

2. 在同一根钢筋上应尽量少设接头；

3. 装配式构件连接处的受力钢筋焊接接头可不受此限制；

4. 绑扎接头中钢筋的横向净距不应小于钢筋直径且不应小于 25mm；

5. 环氧树脂涂层钢筋绑扎搭接长度，对受拉钢筋应至少为涂层钢筋锚固长度的 1.5 倍且不小于 375mm；对受压钢筋为无涂层钢筋锚固长度的 1.0 倍且不小于 250mm。

对于绑扎接头，两接头间距离不小于 1.3 倍搭接长度。对于焊接接头，在接头长度区段内，同一根钢筋不得有两个接头，配置在接头长度区段内的受力钢筋，其接头的截面面积占总截面面积的百分率应符合表 1-12 的规定。对于绑扎接头，其接头的截面面积占总截面面积的百分率也应符合表 1-12 的规定。

电弧焊接和绑扎接头与钢筋弯曲处的距离不应小于 10 倍钢筋直径，也不应位于构件的最大弯矩处。

三、工程实际中钢筋骨架和钢筋网组成及安装

钢筋骨架或钢筋网必须具有足够的刚度和稳定性，以便在搬运、安装和灌注混凝土过程中不致变形、松散。钢筋骨架的焊接一般采用电弧焊，先焊成单片平面骨架，再将它组拼成立体骨架。钢筋在焊接过程中由于温度变化，骨架将会发生翘曲变形，使骨架的形状和尺寸不能符合设计要求，同时会在焊缝内产生收缩应力而使焊缝开裂。因此，为了防止施焊过程中骨架的变形，在施工工艺上要采取一定的措施。钢筋骨架的焊接拼装一般常在坚固的工作台上进行，采用先点焊后跳焊（即错开焊接次序）的方法进行焊接，另外采用双面焊缝使骨架的变形尽可能均匀对称。操作时应首先按设计图纸放大样，放样时要应考虑焊接变形和预留拱度。拼装钢筋前，对有焊接接头的钢筋应检查每根接头是否符合焊接要求。拼装时，在需要焊接的位置用楔形卡卡住，防止电焊时局部变形。待所有焊接点卡好后，先在焊缝两端点焊定位，然后进行焊缝施焊。骨架焊接时，不同直径的钢筋的中心线应在同一平面上。为此，较小直径的钢筋在焊接时，下面宜垫以厚度适当的钢板。施焊顺序宜由中到边对称地向两端进行，先焊骨架下部，后焊骨架上部。相邻的焊缝采用分区对称跳焊，不能顺方向一次焊成。

钢筋网焊点应符合设计规定，当焊接网的受力钢筋为 HPB235 级或冷拉 I 级钢筋时，如焊接网只有一个方向为受力钢筋，网两端边缘的两根锚固横向钢筋与受力钢筋的全部相交点必须焊接；如焊接网的两个方向均为受力钢筋，则沿网四周边缘的两根钢筋的全部相交点均应焊接，其余的交叉点，可根据运输和安装条件决定，一般可焊接或绑扎一半交叉点。当焊接网的受力钢筋为冷拔低碳钢丝，而另一方向的钢筋间距小于 100mm 时，除网两端边缘的两根钢筋的全部相交点必须焊接外，中间部分的焊点距离可增大至 250mm。

现场绑扎钢筋网时，钢筋接头的布置，应符合《公路桥涵施工技术规范》JTJ 041—2000 有关规定。钢筋的交叉点应用钢丝绑扎结实，必要时，亦可用点焊焊牢。除设计有特殊规定外，柱和梁中的箍筋应与主筋垂直。墩、台身和柱中的竖向钢筋搭接时，转角处的钢筋弯钩应与模板成 45°，中间钢筋的弯钩应与模板成 90°。如采用插入式振动器浇筑小型截面柱时，弯钩与模板的角度最小不得小于 15°，在浇筑过程中不得松动。箍筋弯钩的叠合处，在梁中应沿梁长方向置于上面并交错布置，在柱中应沿柱高方向交错布置，若是方柱则必须位于箍筋与柱角竖向钢筋交接点上。但有交叉式箍筋的大截面柱，其接头可位于箍筋与任何一根中间纵向钢筋的交接点上。圆柱或圆管涵螺旋形箍筋的起点和终点应分别绑扎在纵向钢筋上。

施工时一般通过在钢筋与模板间设置垫块来保证钢筋混凝土保护层厚度，垫块应与钢筋扎紧，并互相错开；非焊接钢筋骨架的多层钢筋之间，应用短钢筋支垫，保证位置准确。另外，在浇筑混凝土前，应对已安装好的钢筋及预埋件（钢板、锚固钢筋等）进行检查。

四、编制方案（实训）

1. 计算钢筋下料长度。
2. 在实训室，按图纸进行钢筋笼加工。

五、习题

1. 填空题

（1）钢筋骨架或钢筋网必须具有足够的（　　　）和（　　　），以便在搬运、安装和灌注混凝土过程中（　　　）。

（2）采用双面焊时，焊缝长度为（　　　），采用单面焊时，焊缝长度为（　　　）（d 为钢筋直径）。

2. 问答题

（1）钢筋工作主要包括哪些内容？

（2）钢筋接长的方法有哪几种？

（3）钢筋进场后如何保管？

（4）钢筋制作加工、成形有哪些具体规定和要求？

（5）如何安装钢筋骨架？

任务 3　混凝土施工

任务目标：

1. 学生能够掌握混凝土的材料及配合比。
2. 学生能够掌握混凝土的拌合方法、运输。
3. 学生能够掌握混凝土浇筑、振捣的注意事项。
4. 学生能够掌握混凝土的养护方法。

一、混凝土施工工序

混凝土工程包括配料、搅拌、运输、浇筑、振捣和养护等工序。在整个混凝土工程施工中任一工序出现问题，都会影响混凝土工程质量。现场施工技术人员必须保证每一工序的施工质量，以确保混凝土结构的强度、刚度、密实性和整体性。

（一）混凝土的材料

1. 水泥

选用水泥时，应以能使所配制的混凝土强度达到要求、收缩小、和易性好和节约水泥为原则。水泥应符合现行国家标准，并附有制造厂的水泥品质试验报告等合格证明文件。水泥进场后，应按其品种、强度、证明文件以及出厂时间等情况分批进行检查验收。对所用水泥应进行复查试验，为快速鉴定水泥的现有强度，也可用促凝压蒸法进行复验。袋装水泥在运输和储存时应防止受潮，堆垛高度不宜超过 10 袋。不同强度等级、品种和出厂日期的水泥应分别堆放。散装水泥的储存，应尽可能采用水泥罐或散装水泥仓库。水泥如受潮或存放时间超过 3 个月，应重新取样检验，并按其复验结果使用。

2. 细骨料

桥涵混凝土的细骨料，应采用级配良好、质地坚硬、颗粒洁净、粒径小于 5mm 的河砂，若不易采到时，也可用山砂或用硬质岩石加工的机制砂。对混凝土的强度要求较高时，更应注意砂子的细度、含泥量、坚固性等指标的控制，做到节约水泥并获得理想的混凝土强度。

3. 粗骨料

桥涵混凝土的粗骨料，应采用坚硬的卵石或碎石，应按产地、类别、加工方法和规格等不同情况，分批进行检验，粗骨料的试验可按现行《公路工程集料试验规程》JTG E42—2005 的规定执行。粗骨料的颗粒级配，可采用连续级配或连续级配与单粒级配合使用。在特殊情况下，通过试验证明混凝土无离析现象时，也可采用单粒级配。

粗骨料最大粒径应按混凝土结构情况及施工方法选取，但最大粒径不得超过结构最小结构尺寸的 1/4 和钢筋最小净距的 3/4；在两层或多层密布钢筋结构中，不得超过钢筋最小净距的 1/2，同时最大粒径不得超过 100mm。

4. 拌合用水

拌制混凝土用的水中不应含有影响水泥正常凝结与硬化的有害杂质或油脂、糖类及游离酸类等；污水、pH 值小于 5 的酸性及含硫酸盐量（按 SO_4^{2-} 计）超过水的质量 2700mg/L 的水不得使用；不得用海水拌制混凝土。供饮用的水，一般能满足上述条件，使用时可不经试验。

5. 外加剂

根据外加剂的特点，结合使用目的，通过技术、经济比较来确定外加剂的使用品种。如果使用一种以上的外加剂，必须经过配合比设计，并按要求加到混凝土拌合物中。在外加剂的品种确定后，掺量应根据使用要求、施工条件、混凝土原材料的变化进行调整。常用的外加剂有如下几种类型：

（1）普通减水剂：可改善混凝土的和易性，节约水泥，适用于普通混凝土、大体积混凝土、大流动度混凝土、泵送混凝土、防水混凝土及滑模施工混凝土。

（2）高效能减水剂：可显著改善混凝土的和易性并节约水泥，适用于高强度混凝土、大流动度混凝土、泵送混凝土、耐久性要求高的混凝土、预应力混凝土及滑模施工混凝土。

（3）早强剂及早强减水剂：早强剂能加速混凝土早期强度发展，早强减水剂兼有早强和减水功能，能提高混凝土的早期强度，具有一定的减水功能，混凝土后期强度和耐久性有所提高。

（4）缓凝剂及缓凝减水剂：其主要作用是延缓混凝土的凝结时间，并能降低水泥的早期水化热。适用于高温季节施工、大体积混凝土、滑模施工、泵送混凝土、长时间停放或长距离运输的混凝土。

（5）引气剂及引气减水剂：能经济有效地改进新拌混凝土的和易性及粘结力，还可增加硬化混凝土抗冻副循环作用而产生破坏作用的能力。适用于有防冻、抗渗要求的混凝土。引气剂会降低混凝土的强度，不适合抗压强度要求高的混凝土。

（6）防冻剂：能使混凝土在负温下硬化，并在规定的养护条件下达到预期性能的外加剂，因其成分主要是无机盐，掺量较大，目前抗渗、抗冻融试验数据还不够充分，对抗冻融和抗渗性要求较严的工程应通过试验确定掺量。

（7）膨胀剂：在混凝土拌制过程中与水泥、水拌合后经水化反应生成钙矾石或氢氧化钙，使混凝土产生膨胀的外加剂，适用于配制补偿收缩混凝土（砂浆），填充用膨胀混凝土（砂浆）和自应力混凝土（砂浆）。补偿收缩混凝土主要用于地下防水、混凝土构件补强等工程以及钢筋混凝土、预应力混凝土构件等。填充用膨胀混凝土主要用于梁柱接头的浇筑、管道接头的填充和堵漏等部位。

（8）防水剂：可在拌制混凝土过程中掺入，用以降低混凝土的吸水性或在静水压力下的透水性。

（9）混凝土泵送剂：专用于泵送混凝土的泵送剂一般是由高效减水剂、引气剂、缓凝剂、早强剂等多种成分复合而成，能改善混凝土拌合物的泵送性能。

6. 混凝土配合比

混凝土应根据强度等级、耐久性和工作性等要求进行配合比设计。混凝土的配合比，应以质量比计，并应通过设计和试配选定。试配时应使用施工实际采用的材料，配制的混凝土拌合物应满足和易性、凝结速度等施工技术条件，制成的混凝土应符合强度、耐久性（抗冻、抗渗、抗侵蚀）等质量要求。

普通混凝土的配合比，可参照现行《普通混凝土配合比设计规程》JGJ/T 55—1996，通过试配确定。混凝土的试配强度，应根据设计强度等级，考虑施工条件的差异和变化以及材料质量可能的波动计算确定。对于有特殊要求的混凝土的配合比设计（包括抗渗混凝土、抗冻混凝土、高强混凝土、泵送混凝土、大体积混凝土），亦可经过试配确定。

在施工过程中，应及时积累资料，为合理调整混凝土配合比提供依据。混凝土的最大水泥用量（包括代替部分水泥的混合材料）不宜超过 $500kg/m^3$，大体积混凝土不宜超过 $350kg/m^3$。

【例 1-3】　混凝土试验配合比为 1：2.28：4.47，水灰比 $W/C=0.63$，每立方米混凝土水泥用量 $C=285kg$，现场实测含水率 3%，石子含水率 1%，求施工配合比及每立方米混凝土各种材料用量？

【解】　施工配合比

水泥：砂：石子 $=1：x(1+W_X)：y(1+W_Y)$

$$=1：2.28(1+0.03)：4.47(1+0.01)=1：2.35：4.51$$

按施工配合比每立方米混凝土各组成材料用量：

水泥 $C'=C=285kg$

砂 $G'=285×2.35=669.75kg$

石 $G' = 285 \times 4.51 = 1285.35\text{kg}$

用水量 $W' = W - G_砂 \cdot W_X - G_石 \cdot W_Y$

$$= 0.63 \times 285 - 2.28 \times 285 \times 3\% - 4.47 \times 285 \times 1\% = 147.32\text{kg}$$

注：水灰比 W/C(不变)

混凝土混合料中的砂、石必须过磅，配料数量的允许偏差（以质量计）见表1-13。

配料数量允许偏差（kg）　　　　　　　　　表 1-13

材料类别	允　许　偏　差	
	现场拌制	预制场或集中搅拌站拌制
水泥、混合材料	±2	±1
粗、细骨料	±3	±2
水、外加剂	±2	±1

（二）混凝土的拌制

1. 人工拌合

人工拌合混凝土是在铁板或在不渗水的拌合板上进行。先将每次拌合所需的材料准备好，按双人对拌。

砂＋水泥(分层上料，6人3组，干拌均匀)，石子(6人3组，干拌均匀)中心扒槽，1/2水(6人3组，湿拌均匀)中心再次扒槽，1/2水(6人3组，湿拌均匀)，出料。

2. 机械拌合

机械拌合混凝土是在搅拌机内进行。混凝土拌合前，应先测定砂石料的含水率，调整配合比，计算配料单，水泥以包为单位。

3. 混凝土拌制设备

混凝土质量直接影响结构的承载能力和使用寿命，而混凝土拌制设备对混凝土质量好坏起着重要的作用。目前工程上常用的混凝土拌制设备有混凝土拌合机和混凝土拌合站（楼）等。

图 1-19　混凝土拌合机

（1）混凝土拌合机

混凝土拌合机按搅拌原理可分为自落式拌合机和强制式拌合机两大类。

自落式拌合机是指拌合叶片和拌筒之间无相对运动，其工作原理是依靠旋转的搅拌筒内壁上的弧形叶片将物料带到一定高度后自由落下而互相混合，由于混合能力比强制式差，所以只适宜搅拌塑性混凝土。自落式拌合机按形状和出料方式又可分为鼓筒式和双锥式。鼓筒式因搅拌效果不佳，已不再生产。双锥式又分为锥形反转出料式和锥形倾翻出料式两种。

锥形反转出料式代号JZ，如图1-19所

示，该拌合机主要特点是拌合筒轴线始终保持水平位置，筒内设有交叉布置的拌合叶片，在出料端设有一对螺旋形出料叶片。正转拌合时，物料一方面被叶片提升、落下，另一方面强迫物料做轴向窜动，拌合运动比较强烈。反转时由出料叶片将混凝土卸出。适用于拌合塑性较好的普通混凝土和半干硬性混凝土。

（2）混凝土拌合站（楼）

利用拌合站（楼）制备混凝土的全过程是机械化或自动化，如图 1-20 所示，生产量大，拌合效率高、质量稳定、成本低，劳动强度减轻。拌合站的生产能力较小，结构容易拆装，能组成集装箱转移地点，适用于施工现场；拌合楼体积大，生产效率高，只能作为固定式的拌合装置，适用于产量大的商品混凝土供应。拌合站（楼）主要由物料供给系统、称量系统、拌合主机和控制系统四大部分组成。

图 1-20　混凝土拌合站

（三）混凝土的运输

1. 混凝土运输的基本要求

（1）要选择合适的运输工具，在运输中不应产生分层离析现象，否则要在浇筑前进行二次搅拌。

（2）运输容器应严密、不漏浆、不吸水，减少水分蒸发，保证浇筑时符合规定的坍落度。

（3）尽量缩短运输时间，保证在下层混凝土初凝之前，将上层混凝土浇筑和振捣完毕，并应保证混凝土浇筑工作按计划连续进行。

2. 混凝土运输工具

混凝土的运输可分为地面水平运输、垂直运输和泵送运输等。

地面水平运输常用工具有手推车、机动翻斗车、混凝土搅拌运输车等。

（1）手推车：主要用于短距离水平运输，具有轻巧、方便的特点。

（2）机动翻斗车：具有机动灵活、装卸快速、操作简便等特点，运用于短距离混凝土的运输或砂石等散装材料的倒运。

（3）混凝土搅拌运输车：是一种用于长距离运输混凝土的施工机械。它是将拌合筒安装在汽车底盘上，把在拌合站生产的成品混凝土装入拌合筒内，然后运至施工现场。在整个运输过程中，混凝土拌合筒始终在慢速转动，从而使混凝土在长途运输后，仍不会出现离析，以保证混凝土的质量。

当运输距离很长，采用上述运输工具难以保证运输质量时，可采用装载干料运输、拌合用水另外存放的方法，当快到浇筑地点时再加水拌合，待到达浇筑地点时混凝土也已经拌合完毕，便可卸料进行浇筑。

垂直运输混凝土可采用塔式起重机、混凝土泵、快速提升斗和井架等。

混凝土泵（图 1-21）运输是以混凝土泵为动力，通过管道、布料杆，将混凝土直接运至浇筑地点，兼顾垂直运输与水平运输。它装在汽车上便成为混凝土泵车，与混凝土搅拌运输车相配合，可迅速地完成混凝土运输、浇筑任务。混凝土泵按其是否能移动及移动方式，可分为固定式、牵引式和车载式。

图 1-21　混凝土泵

（四）混凝土的浇筑和振捣

1. 混凝土的浇筑

浇筑混凝土前，应对支架、模板、钢筋和预埋件进行检查，模板内的杂物、积水和钢筋上的污垢应清理干净。模板如有缝隙，应填塞严密，模板表面应涂刷隔离剂。浇筑混凝土前，应检查混凝土的均匀性和坍落度。一切符合设计要求后方可浇筑。

（1）允许间歇时间

混凝土浇筑应依照次序，逐层连续浇完，不得任意中断，并应在前层混凝土开始凝固前即将次层混凝土拌合物浇捣完毕。如因故必须间歇时，应不超过表 1-14 所列的间歇时间。

混凝土的运输、浇筑及间歇的全部允许时间（min）　　　　表 1-14

混凝土强度等级	气候不高于 25℃	气候高于 25℃
≤C30	210	180
>C30	180	150

注：当混凝土中掺有促凝或缓凝剂时，其允许时间应根据试验结果确定。

（2）混凝土的自由倾落高度

为保证混凝土在垂直浇筑过程中不发生离析现象，应遵守以下规定：

1）浇筑无筋或少筋混凝土时，混凝土拌合物的自由倾落高度不宜超过 2m。当倾落高度超过 2m 时，应用滑槽或串筒输送。当倾落高度超过 10m 时，串筒内应附设减速设备。在串筒出料口下面，混凝土堆积高度不宜超过 1m。

2）浇筑钢筋较密的混凝土时，自由倾落高度最好不超过 30cm，以免因钢筋碰撞而导致石子与砂浆分离。

（3）混凝土浇筑的分层厚度

混凝土应按一定厚度、顺序和方向分层浇筑，应在下层混凝土初凝或能重塑前浇筑完成上层混凝土。上下层同时浇筑时，上层与下层前后浇筑距离应保持 1.5m 以上。在倾斜面上浇筑混凝土时，应从低处开始逐层扩展升高，保持水平分层。混凝土分层浇筑厚度不宜超过表 1-15 的规定。

混凝土分层浇筑厚度　　　　表 1-15

捣实方法		浇筑层厚度（mm）
用插入式振动器		300
用附着式振动器		300
用表面振动器	无筋或配筋稀疏	250
	配筋比较密	150
人工捣实	无筋或配筋稀疏	200
	配筋比较密	150

注：表列规定可根据结构物和振动器型号等情况适当调整。

（4）施工缝

当间歇时间超过表 1-14 的数值时，应设置施工缝，施工缝的位置应在混凝土浇筑之前确定，宜留置在结构受剪力和弯矩较小且便于施工的部位，并应按下列要求进行处理：

1）应凿除处理层混凝土表面的水泥砂浆和松弱层，但凿除时，处理层混凝土须达到下列强度：

A. 用水冲洗凿毛时，须达到 0.5MPa；

B. 用人工凿除时，须达到 2.5MPa；

C. 用风动机凿毛时，须达到 10MPa。

2）经凿毛处理的混凝土面，应用水冲洗干净，在浇筑上层混凝土前，对垂直施工缝宜刷一层水泥净浆，对水平缝宜铺一层厚为 10～20mm 的 1:2 水泥砂浆。

3）重要部位及有防震要求的混凝土结构或钢筋稀疏的钢筋混凝土结构，应在施工缝处补插锚固钢筋；有抗渗要求的施工缝宜做成凹形、凸形或设置止水带。

4）施工缝为斜面时应浇筑成或凿成台阶状。

5）施工缝处理后，须待处理层混凝土达到一定强度后才能继续浇筑混凝土。需要达到的强度，一般最低为 1.2MPa，当结构物为钢筋混凝土时，不得低于 2.5MPa。

2. 混凝土的振捣

混凝土的振捣方法有机械振捣和人工振捣两种。为了使混凝土具有足够的密实度，应用振动器进行机械振捣，仅在缺乏或不能用振动器时，方可采用人工振捣。

（1）人工振捣

采用人工振捣的混凝土，应按规定分层浇筑，每层需用捣钎捣实，并注意沿模板边缘捣边，捣边时要用手锤轻敲模板，使其抖动。捣实时应注意均匀，大力振捣不如用小力而加快振捣有效。

（2）机械振捣

使用较普通的机械振动设备有插入式振动器、附着式振动器、平板式振动器和振动台等。

图 1-22　插入式振动器

插入式振动器又叫内部振动器，如图 1-22 所示，主要由振动棒、软轴和电动机三部分组成。振动棒工作部分长约 500mm，直径 35～50mm，内部装有偏心振子，电机开动后，由于偏心振子的作用使整个棒体产生高频微幅的振动。振动棒和混凝土接触时，便将振动传给混凝土，很快使混凝土密实成型。插入式振动器主要用于振动各种垂直方向尺寸较大的混凝土体，如桥梁墩台、基础、柱、梁、坝体、桩及预制构件等。

附着式振动器是靠底部的螺栓或其他锁紧装置固定安装在模板外部（或滑槽料斗等），借助振动模板以捣实混凝土，效果并不理想，且对模板要求较高，故一般只有在钢筋过密而无法采用插入式振动器时方可采用。

在一个模板上，同时用多台附着式振动器振动时，各振动器的频率必须保持一致，相对面的振动器应交错布置。作业时，每次振动时间不超过 1min，当混凝土在模内泛浆流动成水平状不再出现气泡时，即可停振，不得在混凝土初凝状态时再振。

平板式振动器属外部振动器，它是直接放在混凝土表面上移动进行振捣工作。适用于坍落度不太大的塑性、半塑性、干硬性、半干硬性的混凝土或浇筑层不厚、表面较宽敞的混凝土，如水泥混凝土路面、平板、拱面等。

平板式振动器作业时，应使平板与混凝土保持接触，使振波有效地振实混凝土，待表面出浆，不再下沉后，即可缓慢向前移动，每一位置连续振动时间一般为 20～40s。振动器每次振捣的有效面积应与已振部分重叠，以使振动器平板能覆盖已振实部分 100mm 左右为宜。在振动的振动器不应放在已凝固或初凝的混凝土上，以免振伤振动器和振松已凝混凝土。

振动台为一个支撑在弹性支座上的工作平台，平台下设有振动机构，混凝土振动台是由电动机、同步器振动平台、固定框架、弹簧及偏振子等组成。工作时，振动机构做上下方向的定向振动。振动台主要用于混凝土制品厂预制件的振捣。具有生产效率高、振捣效果好的优点。混凝土振动台因承受强力振动而使混凝土振实成型，故应安装在牢固的基础上，混凝土构件厚度小于 20mm 时，可将混凝土一次装满振捣，如厚度大于 20mm 时，则需分层浇筑。振捣时间应根据实际情况决定，一般以混凝土表面呈水平，不再冒气泡，表面出现浮浆时为准。

（五）混凝土的养护

为了保证已浇筑的混凝土有适当的硬化条件，并防止发生不正常的收缩而产生表面裂缝，应对新浇筑的混凝土妥善地加以养护，一般有自然养护和人工养护两种方法（图 1-23）。

图 1-23　人工养护中的梁板

对于在施工现场集中养护的混凝土，应根据施工对象、环境、水泥品种、外加剂以及对混凝土性能的要求，提出具体的养护方案，并应严格执行规定的养护制度。具体要求如下：

（1）一般混凝土浇筑完成后，应在收浆后尽快予以覆盖和洒水养护。对干硬性混凝土、炎热天气浇筑的混凝土以及桥面等大面积裸露的混凝土，有条件的可在浇筑完成后立即加设棚罩，待收浆后再予以覆盖和洒水养护。覆盖时不得损伤或污染混凝土的表面。混凝土面有模板覆盖时，应在养护期间经常使模板保持湿润。混凝土养护用水的条件与拌合用水相同。

（2）当气温低于 5℃时，应覆盖保温，不得向混凝土表面洒水。

（3）混凝土的洒水养护时间一般为 7d，根据空气的湿度、温度和水泥品种及掺用的外加剂等情况，酌情延长或缩短。每天洒水次数以能保持混凝土表面经常处于湿润状态为度。用扣压成型、真空吸水等法施工的混凝土，其养护时间可酌情缩短。采用塑料薄膜或喷化学浆液等养护层时，可不洒水养护。

（4）当结构物混凝土与流动性的地表水或地下水接触时，应采取防水措施，保证混凝土在浇筑后 7d 以内不受水的冲刷侵袭。当环境水具有侵蚀作用时，应保证混凝土在 10d 以内，且强度达到设计强度的 70％以前，不受水的侵袭。

（5）对大体积混凝土的养护，应根据气候条件采取控温措施，并按需要测定浇筑后的混凝土表面和内部温度，将温差控制在设计要求的范围内，当设计无要求时，温差不宜超过 25℃。

（6）混凝土强度达到 2.5MPa 前，不得使其承受行人、运输工具、模板、支架及脚手架等荷载。

（7）在养护期间，当日平均气温低于＋5℃或日最低气温低于－3℃时，应按冬期施工要求进行养护。

（8）用蒸汽养护混凝土时，按《公路桥涵施工技术规范》JTJ 041—2000 的规定执行。

二、编制方案（实训）

1. 根据设计配合比调整施工配合比；
2. 在实训室，进行混凝土拌制。

三、习题

1. 填空题

（1）混凝土工程包括（　　）等工序。在整个混凝土工程施工中任一工序出现问题，都会影响混凝土工程质量。

（2）施工技术人员必须保证每一工序的施工质量，以确保混凝土结构的强度、刚度、（　　）和整体性。

2. 问答题

（1）混凝土浇筑、振捣的注意事项？

（2）组成混凝土的材料有哪些？

（3）如何进行混凝土的浇筑？

3. 计算题

现在试验室求得一立方米混凝土的各种材料用量为：水泥 325kg，水 180kg，砂 670kg，碎石 1308kg。

（1）试计算该混凝土试验室配合比？

（2）如工地所用砂含水率为 2.8％，碎石含水率为 3.2％，求该混凝土施工配合比？

（3）计算使用两包水泥（100kg）时各材料用量？

任务 4　钻孔桩基技术交底

任务目标：

1. 学生能够掌握桥梁基础施工技术交底要点；
2. 学生能够完成桥梁基础施工技术交底。

市政基础设施工程施工技术交底记录见表 1-16。

市政基础设施工程

施工技术交底记录

表 1-16

市政施工管理 10

编号：

工程名称		部位名称	桥梁工程
工序名称	桩基础	交底日期	2005 年 5 月 12 日
交底单位		交底人	
接收单位	钻孔桩施工队	接收人	

一、工程概况

本工程桥梁钻孔桩基础总桩数为 20 条，施工范围从 0 号桥台至 3 号墩，其中桥台桩基双排布置，桩径为 1.2m，桥墩桩基单排布置，桩径为 1.5m。桥台桩基桩端持力层要求嵌入微风化铁质粗砂岩 2.5m 以上，桥墩桩基桩端持力层要求嵌入微风化铁质粗砂岩 3m 以上，并且保证桩底下面有不小于 5m 的完整基岩。

二、质量标准

1. 保证项目

(1) 灌注桩用的原材料和混凝土强度必须符合设计要求和施工规范的规定。

(2) 成孔深度必须符合设计要求，桩端持力层为微风化铁质粗砂岩，遇软弱夹层时必须穿越软弱夹层。

(3) 桩身材料：混凝土等级为 C30，为水下混凝土；钢筋 R235 级，HPB235 级。纵筋的混凝土保护层厚度为 50mm。

(4) 分段钢筋笼中的纵筋采用对焊接长，加强筋采用双面焊；纵向钢筋接头应每隔一根错开，同一截面可接长 50％的总钢筋面积的钢筋，相邻接头错开 1000mm 以上；螺旋箍筋与纵筋点焊，螺旋箍筋采用单面搭接焊 $10d$ 接长。

(5) 采用正循环工艺成孔和清孔，桩身垂直度偏差要求不大于 0.5％，桩径偏差要求不得超过－50～＋100mm，桩位偏差不得大于 5cm，灌注混凝土前孔底沉渣厚度要求不大于 50mm。

(6) 必须按照设计要求在钢筋笼内布置好检测钢管。

(7) 成孔过程中泥浆相对密度应控制在 1.1～1.30。浇筑混凝土前孔底 500mm 以内的泥浆比相对密度应小于 1.25；含砂率≤8％，黏度≤28s；清孔至浇灌混凝土的时间不得大于 30min，否则须重新清孔；混凝土浇筑过程中要进行记录，混凝土充盈系数不得小于 1.0。

(8) 水下混凝土的坍落度为 180～220mm。水下混凝土必须连续施工，每根桩的浇筑时间按初盘混凝土的初凝时间控制。对浇筑过程中的一切故障均应记录备案。导管埋深宜为 2～6m，严禁导管提出混凝土面。工程桩施工应超灌至少 800mm 的混凝土。

2. 允许偏差

钻（冲）孔灌注桩允许偏差

项　目				允许偏差（mm）
钢筋笼	主筋间距			±10
	箍筋间距或螺旋箍螺距			±20
	笼直径			±10
	笼长度			±50
桩的位置偏移	泥浆护壁钻（冲）孔灌注桩	垂直于桩基中心线	1～2 根桩，单排桩、群桩、基础的边桩	$d/6$ 且≤100
		沿桩基中心线	条形基础的桩、群桩基础的中间桩	$d/6$ 且≤150
垂直度				0.5/100
钢筋笼主筋保护层厚度（水下混凝土）				±20

注：d 为桩的直径。

会签栏	参加单位	参加人员

复核人：　　　　　　　　　记录人：　　　　　　　　　2005 年 5 月 12 日

市政基础设施工程

施工技术交底记录   续表

市政施工管理10

编号：

工程名称		部位名称	桥梁工程
工序名称	桩基础	交底日期	2005 年 5 月 12 日
交底单位		交底人	
接收单位	钻孔桩施工队	接收人	

三、操作工艺

（一）泥浆的制备和处理

1. 除能自行造浆的土层外，泥浆制备要选用高塑性黏土或膨润土。

2. 泥浆护壁要符合下列规定：

（1）施工期间护筒内的泥浆面要高出地下水位 1.0m 以上，在受水位涨落影响时，泥浆面要高出最高水位 1.5m 以上。

（2）在清孔过程中，要不断置换泥浆，直至浇筑混凝土。

（3）浇筑混凝土前，孔底 500mm 以内的泥浆相对密度要小于 1.25；含砂率≤8%；黏度≤28s。

（4）在易产生泥浆渗漏的土层中要采取维持孔壁稳定的措施。

（5）废弃的泥浆、渣要按环境保护的有关规定处理。

（二）下套管（护筒）

（1）钻孔深度达到 5m 左右时，提钻（锤）下套管（护筒）。

（2）套管（护筒）内径应大于钻（冲）头 100mm。

（3）套管（护筒）位置要埋设正确和稳定，套管（护筒）与孔壁之间要用黏土填实，套管（护筒）中心与桩孔中心线偏差不大于 50mm。

（4）套管（护筒）埋设深度：在黏性土中不小于 1m，在砂土中不小于 1.5m，并要保持孔内泥浆面高出地下 1m 以上。

（三）桩机就位

钻（冲）孔机就位时，必须保持平稳，不发生倾斜、位移，为准确控制钻（冲）孔深度，要在机架或钢丝绳上作出控制的标尺，以便在施工中进行观测、记录。

（四）钻（冲）孔作业

为保证成孔直径，钻头或冲锤外径要与桩径一致。为防止表层土受振动坍塌，钻（冲）孔时不要让泥浆水位下降，当钻（冲）至持力层后，按设计要求钻（冲）至持力层深度，在施工过程中经常测定泥浆相对密度。

（五）孔底清理及钢筋笼安放

（1）在黏土和粉质黏土中成孔时，可注入清水，以原土造浆护壁。排渣泥浆的相对密度控制在设计要求范围。

（2）在砂土和较厚的夹砂层中成孔时，泥浆相对密度要根据实际情况作适当调整；在穿过砂夹卵石层或容易坍孔的土层中成孔时，泥浆的相对密度要相应提高。

（3）在钻（冲）孔至设计标高后，要对孔底沉渣进行清理。

会签栏	参加单位	参加人员

复核人：   记录人：   2005 年 5 月 12 日

市政基础设施工程
施工技术交底记录　　　　　　　　　　　续表
　　　　　　　　　　　　　　　　　　　　　　　市政施工管理 10

编号：

工程名称			部位名称	桥梁工程
工序名称	桩基础		交底日期	2005 年 5 月 12 日
交底单位			交底人	
接收单位	钻孔桩施工队		接收人	

（4）吊放钢筋笼：钢筋笼吊放前要绑好砂浆垫块；吊放时要对准孔位，吊直扶稳，缓慢下沉，钢筋笼放到设计位置时，要立即固定，防止上浮。

（六）水下混凝土浇筑

在清孔完成 30min 内要浇筑水下混凝土，随着混凝土不断增高，孔内沉渣将浮在混凝土上面，并同泥浆一同排回贮浆槽内。水下浇筑混凝土要连续施工。

（七）试块留置

同一配合比的试块，每班不得少于 2 组。每根灌注桩不得少于 2 组。

（八）雨期施工

雨天施工现场必须有排水措施，严防地面雨水流入桩孔内。要防止桩机移动，以免造成桩孔歪斜等情况。雨天禁止在室外进行焊接作业。

四、施工注意事项

1. 避免工程质量通病

（1）预防塌孔

1）在松散砂土或流砂中钻进时应控制进尺，选用较大相对密度、黏度、胶体率的优质泥浆，或投入黏土掺片石，低锤冲击，使黏土块、片石挤入孔壁。

2）如地下水位变化过大，可采取加高护筒、增大水头等措施。

3）严格控制冲程高度。

（2）预防钻孔漏浆

加稠泥浆或投入黏土，慢速转动或低锤密击，或在回填土内掺片石，反复冲击，增强护壁。

（3）预防斜孔与纠偏

1）安装钻（冲）桩机时，底座要水平。起重滑轮缘、钻头（冲锤）、护筒中心要在同一轴线上，并经常检查校正。

2）已经斜孔时，应该在孔内填充优质的黏土块和石块，将斜孔部分填平，慢速转动或低锤密击，往复扫孔纠正。

（4）预防钢筋笼放置与设计要求不符、钢筋笼变形、保护层不够、深度位置不符合要求

1）钢筋笼过长时应分段制作，吊放钢筋笼入孔时再分段焊接。

2）钢筋笼在运输和吊放的过程中，按要求设置加劲箍，并在钢筋笼内每隔 3~4m 装一个可拆卸的十字形临时加劲架，在钢筋笼吊放入孔时再拆除。

3）在钢筋周围主筋上每隔一定间距设置混凝土垫块，混凝土垫块根据保护层的厚度及孔径而定。

4）清孔时将沉渣清理干净，保证实际有效孔深满足设计要求。

会签栏	参加单位	参加人员

复核人：　　　　　　　　　　记录人：　　　　　　　2005 年 5 月 12 日

市政基础设施工程
施工技术交底记录

续表
市政施工管理 10

编号：

工程名称		部位名称	桥梁工程
工序名称	桩基础	交底日期	2005 年 5 月 12 日
交底单位		交底人	
接收单位	钻孔桩施工队	接收人	

5）钢筋笼应垂直缓慢放入孔内，防止碰撞孔壁。钢筋笼放入孔内后，要采取措施固定好位置。

6）对在运输、堆放及吊装过程中已经发生变形的钢筋笼，应进行修理后再使用。

（5）预防断桩

1）混凝土坍落度应严格按设计要求、规范要求控制。

2）边灌混凝土边拔导管，做到连续作业。灌注时勤测混凝土顶面上升高度，随时掌握导管埋入深度，避免导管埋入过深或导管脱离混凝土面。

五、成品保护

（1）钢筋笼在制作、运输和安装过程中，要采取措施防止变形。吊入桩孔内，要牢固确定其位置，防止上浮。

（2）灌注桩施工完毕进行基础开挖时，要制定合理的施工顺序和技术措施，防止桩的位移和倾斜，并要检查每根桩的纵横位置偏差。

（3）在桩机安装，钢筋笼运输及混凝土浇筑时，均要注意保护好现场的轴线桩、高程桩，并经常予以校核。

（4）桩头外留伸入冠梁的主筋插铁要妥善保护，不得任意弯折或压断。

（5）桩头的混凝土强度没有达到 5MPa 时，不得碾压，以防桩头损坏。

会 签 栏	参加单位	参加人员

复核人：　　　　　　　　　记录人：　　　　　　　　　2005 年 5 月 12 日

注：完成附表 1 桩基施工综合实训记录填写。

【酉水河特大桥钻孔桩基施工实例】

一、工程概况

酉水河特大桥位于洋县的酉水乡政府所在地与 108 国道酉水河桥之间的酉水河上。酉水河特大桥左幅全长为 437.84m，右幅全长 528.44m，桥梁平面位于直线段，纵面位于直线及与其相切的竖曲线上。桥面设置 2% 的单向横坡。主桥为预应力混凝土连续刚构，其中右幅桥增加了 3 孔 30m，预应力混凝土箱梁。主桥悬臂施工段分为 4m 和 5m 两种，中跨合拢段长度为 2.5m，边跨合拢段长度为 2.01m，采用单箱单室断面，支点梁高 5.5m，跨中梁高 2.2m，主桥箱梁采用三向预应力结构。本桥钻孔灌注桩共 66 根，其中左线 1 号墩、2 号墩、3 号墩、4 号墩，右线 1 号墩、2 号墩、3 号墩、4 号墩、5 号墩、6 号墩、7 号墩桩基设计桩径为 180cm。桥台桩基设计桩径为 150cm，左线 0 号、5 号桥台桩基长为 15m，右线 8 号桥台和主桥桩基长度均为 20m（主桥包括左线 1 号墩、2 号墩、3 号墩、4 号墩，右线 1 号墩、2 号墩、3 号墩、4 号墩、5 号墩），右线 6 号、7 号墩桩基长度为 25m。桩基设计 C25 混凝土。

地质条件从上至下依次为粉质黏土、强风化英安石、风化英安石、微风化英安石。根据现场场地条件及环保要求，本桥采用冲击式钻机和人工挖孔、成孔。其中 2 号墩位于河道内，采用筑岛法施工，筑岛高度高于最高施工水位 0.5～1m，筑岛面积根据机具大小而决定。本桥钻孔桩基施工工期 96 天，计划开工日期 2004 年 7 月 18 日，完工日期 2004 年 10 月 22 日。

二、人员设备情况

该桥桥梁工程师由×××担任，现场施工由桥梁一队具体负责施工。施工负责人×××，技术负责人×××，测量员配备 3 名：×××、×××、×××，试验员配备两名：××、×××，质检员和安全员各配备一名。根据酉水河特大桥桩基的现场地质情况和工期要求、工程数量，计划投入熟练工人 100 人，普通工人 55 人，现场管理人员 13 人，《单项工程现场施工人力表》见表1-17。

劳动力工种配置计划　　　　　　　　　表 1-17

序号	工　种	合计	桥梁一队	桥梁二队	综合一队	综合二队	综合三队
1	管理人员	13	4	3	2	2	2
2	技术人员	5	1	1	1	1	1
3	质检员	5	1	1	1	1	1
4	安全员	5	1	1	1	1	1
5	钻机司机	4	2	2			
6	汽车吊司机	1	1				
7	汽车司机	6	1	1	2	1	1
8	挖掘机司机	2	1	1			
9	装载机司机	2	1	1			
10	混凝土搅拌机司机	2	1	1			
11	混凝土输送泵司机	2	1	1			
12	混凝土输送车司机	2	1	1			
13	发电机司机	7	1	1	1	1	1
14	张拉工	8	4	4			
15	电工	7	1	1	1	1	1
16	电气焊工	4	2	2			
17	钢筋工	5	1	1	1	1	1
18	混凝土工	3	1	1	1		
19	木工	2	1	1			
20	测量工	2	1	1			
21	试验员	2	1	1			
22	合计	96	29	26	11	9	9

三、设备配备情况

（1）根据本工程特点，从环境保护的角度出发，根据工程数量和工期要求，为确保优质、高效按期完成任务，拟投入数量足够、类型适用、状况良好的施工机械设备。采用机械化为主的施工方案，拟投入装载机 1 台、冲击式钻机 5 台、泥浆泵 6 台、吊车 1 台、推土机 1 台、混凝土输送泵 2 台、混凝土输送车 2 台、空压机 3 台、发电机 1 台、电焊机 5 台、钢筋切断机 1 台、切割机 1 台、拌合站 1 座。目前机械设备已进入施工现场。在未经监理工程师许可的情况下，不随意调换、撤离，拟投入本工程的主要机械设备见表 1-18。

拟投入本工程的主要机械设备　　　　表 1-18

序号	设备名称	数量	序号	设备名称	数量
1	挖掘机	5 台	11	发电机	3 台
2	自卸汽车	15 辆	12	变压器	1 台
3	汽车吊	4 台	13	空压机	8 台
4	塔吊	11 台	14	钢筋弯曲机 WJ-40	2 台
5	混凝土输送车	10 辆	15	钢筋切断机 QJ40-1	2 台
6	混凝土输送泵车	2 辆	16	钢筋调直机 GT4-144	2 台
7	混凝土输送泵	4 台	17	对焊机 GQH32	2 台
8	混凝土拌合站	2 套	18	电焊机 BX1-315F-2	18 台
9	抽水机	25 台	19	泥浆泵 BW-200	2 台
10	装载机	2 台	20	风镐 G10	8 台

（2）主要试验检验及测量仪器设备配备。

根据该工程的实际情况，为了对各种原材料和半成品试件进行有效的检验和试验，对施工全过程进行有效测点控制，确保工程质量，在工地设置符合甲方要求、设施齐全、仪器配套的工地试验室和测量队。

工地试验室根据工程需要配备、配齐各种试验仪器和设备，按规范设置标准养护室。试验室主要负责对各种原材料的检验，对混凝土质量进行监督，对钻孔泥浆进行检测，对施工工程中的混凝土强度等指标进行控制。施工过程中负责取样、送检和部分试验工作。

测量队负责本桥的交接桩、复测、精测和控制，并对施工过程中施工队的测量工作进行复核控制。投入测量仪器拓普康 GTS—601 全站仪 1 台、经纬仪 1 台、水准仪 2 台。整个大桥布设三角网来进行测量，每个桩基中心放样后，按"十"

字线在护筒周围埋设四个护桩，用混凝土包桩保护好，再埋设护筒，然后进行测量，复测护筒位置是否正确。

工地试验室由具有专业理论知识和实践经验的试验工程师负责，同时配备具有专业资格的试验员。工程试验室建立全面的管理制度和操作规程。试验设备和测量仪器均按计量法规进行定期校验和检定。在开工前，将工程试验室的资质、配备的仪器设备等全部物品清单和人员名单、资格证明报监理工程师审批，当监理工程师需要抽检试验时，我方人员积极配合。

四、水中围堰及筑岛施工方法、施工工艺

（一）施工工艺

水中围堰及筑岛施工工艺如图 1-24 所示。

（二）施工方法

水中墩拟进行筑岛施工，为了不影响过水断面，水中墩采取两边分期筑岛施工。筑岛施工前先清除淤泥，岛体填料采用附近不透水的黏土填料，利用挖掘机和自卸汽车进行，小型设备夯实，岛体外侧修筑草袋或尼龙编织袋围堰。尼龙编织袋内装入松散黏性土，装填至袋容量的 60% 时，缝合袋口。施工时

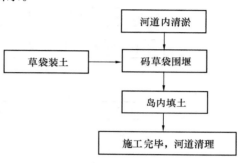

图 1-24　围堰筑岛施工工艺框

要求土袋平放，上下左右互相错缝码整齐。水中土袋可用带钩的木杆，钩送就位。将围堰内的水抽干后，载重汽车运土填筑，并压密实。

筑岛面比高潮水面高出 1m 左右，筑岛平面要预留施工信道，信道与滩地施工便道相连，保证工程机械和材料到墩位。

待水中桥墩施工完毕后，将河道内筑岛清理干净，保证河道畅通。

五、钻孔灌注桩施工工艺、施工方法

钻孔灌注桩施工工艺流程如图 1-25 所示。

施工方法

（一）钻机选型

钻孔桩基础优先采用冲击钻成孔。

（二）场地准备

根据施工场地情况，平整场地，清除杂草，夯打密实。

（三）钻机就位

采用全站仪测定桩孔位置，并埋设孔位护桩，采用"十"字定位，随时校核桩位坐标。钻机采用吊车吊装就位。

（四）泥浆制备

泥浆制备如图 1-26 所示，在施工现场 2～3 个墩之间开挖一个泥浆池，容积不小于 50m³，泥浆制备选用优质膨润土造浆，按表 1-19 控制孔内泥浆的性能指标。

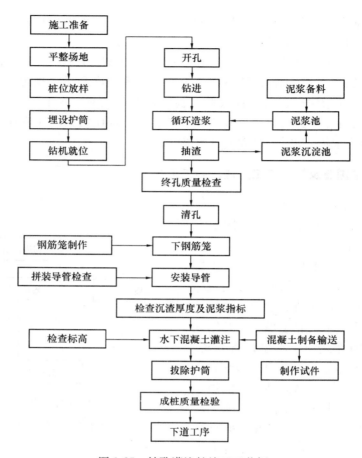

图1-25 钻孔灌注桩施工工艺框

图1-26 泥浆池制备泥浆

钻孔泥浆技术指标   表1-19

项目	名　称	一般地层	易坍塌地层	卵石土
1	相对密度	1.02～1.06	1.06～1.10	1.10～1.15
2	黏度（s）	16～20	18～28	20～35
3	含砂量（%）	≤4	≤4	≤4

续表

项目	名　　称	一般地层	易坍塌地层	卵石土
4	胶体率	≥95	≥95	≥95
5	失水量（mL/30min）	≤20	≤20	≤20
6	泥皮厚度（mm）	≤3	≤3	≤3
7	静切力	1～2.5	1～2.5	1～2.5
8	pH 值	8～10	8～10	8～10

　　填写泥浆试验记录表。根据地层情况及时调整泥浆性能，保证成孔速度和质量，施工中随着孔深的增加向孔内及时、连续地补充泥浆，维持护筒内应有的水头，防止孔壁坍塌。孔内水位始终高于护筒底 0.5m 以上。

　　（五）埋设护筒

　　孔口护筒采用 6mm 厚钢板制作，内径比桩径大 200～300mm，护筒长度根据实际的地质条件确定，一般按 2.0～3.0m 埋设。顶部高出施工地面 50cm。护筒埋设准确竖直，护筒孔口平面位置与设计偏差不大于 5cm，竖向倾斜度不大于 1%。钻机定位后利用钻机液压系统将护筒压入至指定深度。

　　（六）开孔及成孔

　　每个墩安排 1 台钻机施工，根据桩位布置情况从左到右，直至该墩桩基施工完毕，将钻机移至下一个墩施工，相邻孔施工的间隔时间应大于 24h。开钻前，将钻机调平，并对准钻孔，直接向孔内投入块石与黏土 1∶1 的混合物，以钻头冲击造浆。桩基工程分两个作业面同时进行：

　　第一作业面：

　　先施工右线桩基 2 号、3 号桩基，其后为 1 号、4 号、0 号、5 号、6 号、7 号、8 号桩基。第二作业面，先施工左线桩基 2 号、3 号桩基，其后为 1 号、4 号、0 号、5 号桩基。开孔时，采用 2m 以下的小冲程，钻进过程中，在通过砂、砂砾或砂量较大的卵石层时，采用 1～2m 中小冲程，并加大泥浆稠度，反复冲击使孔壁坚实，防止塌孔。在通过坚硬密实的岩层或卵石层时，采用 4～5m 的大冲程，钻孔作业连续进行不得中断。在钻进过程中，捞取渣样，注意地质层变化，判别土层和孔位地质柱状图对照，若与设计不符，随时进行变更设计，并随时检测泥浆稠度，保证不同土层的泥浆性能指标，不符合要求时应随时改正。泥浆的相对密度控制在 1.20 左右。为了满足浮渣能力和防止塌孔，钻孔泥浆应始终高出孔内水位或地下水位 1.0～1.5m，并可在黏土泥浆中掺加适量的烧碱或石灰，并加大泥浆相对密度，增加孔内压力；以提高孔外扩、浮渣能力，确保不出现孔壁坍塌现象。为了防止污染环境，废浆经沉淀池沉淀。在施工过程中，安排专人检查孔内泥浆水头，随着钻孔不断加深，必须随时补充泥浆，确保泥浆满孔，避免塌孔。

　　（七）清孔及验孔

　　清孔采用抽浆法清孔（二次清孔），钻孔至设计高程后，须经现场监理工程师检查孔位、孔深、孔形及孔底地质情况，经签认后，立即进行清孔工作，采用离心式吸泥泵清孔，并及时向孔内注入清水，保持孔内水头以防止塌孔。清孔须两次，沉渣厚度符合设计规范要求。第一次清孔：成孔结束后，立刻进行第一次清孔，目的是清除成孔时产生的沉渣。第二次清孔：第一次清孔后，提出钻锤，测量孔深，并抓紧时间吊放钢筋笼和混凝土导管，通过混凝土导管压入清浆，进行第二次清孔，目的是清除在安放钢筋笼及混凝土导管时产生的沉渣。清孔后，孔底沉渣满足设计及规范要求。二次清孔后，由专人测量孔深及孔底沉渣。清孔后，泥浆指标：相对密度 $1.03 \sim 1.10$，含砂率 $<2\%$。验孔采用自制钢筋笼作为探孔器，1.8m 和 1.5m 桩径探孔器直径各为 1.80m 和 1.50m，高 5m，在桩径探孔器顶端中心处设吊钩，成孔后将吊钩与钻机钢丝绳联结，校正探孔器垂直度，并使探孔器中心与桩径中心重合，然后缓慢放入孔中，检查桩身垂直度和桩孔直径是否满足设计要求。

（八）钢筋笼制作

钢筋笼严格按设计和规范要求制作。钢筋笼在钢筋加工厂加工制作，如图1-27所示，然后运至施工现场。钢筋笼主筋采用双面焊缝，钢筋笼每一截面上接头数量不超过 50%，钢筋笼骨架焊接前先根据设计图纸放样下料，做好焊接平台，在平台上固定加强钢筋，加强钢筋四周划出标记，标记出主筋位置，焊接主筋，然后点焊箍筋或螺旋筋。

钢筋骨架的保护层，通过在螺旋筋或箍筋上穿入中心开孔、厚 5cm 的圆形 C30 水泥砂浆垫块来保证保护层的厚度，直径根据设计确定，砂浆垫块按竖向每隔 2m 设一道，每一道沿圆周布置 6 个。在制作钻孔桩钢筋笼时，注意预埋 $\phi12$ 的接地钢筋。

图 1-27　钢筋笼制作

（九）安放钢筋笼和导管

钢筋笼采用分节制作，并预留一定搭接长度，施工现场搭设钢筋笼制作棚，并加工专用钢筋笼制作架子，钢筋骨架事先安设控制钢筋骨架与孔壁净距的混凝土垫块，垫块可靠地等距离绑扎在钢筋骨架上，沿桩长间距不超过 2m，横向周围不小于 4 处。钢筋笼制作标准详见表1-20。

钢筋笼主筋连接采用闪光对焊对接，焊条采用 J506 型。主筋接头长度 $\geqslant 35d$，在同一截面接头不大于 50%，主筋与箍筋采用点焊连接，螺旋筋与主筋交叉处采用绑扎和点焊连接，钢筋笼堆放场地应平整，并分别挂牌作好标识。笼体与地面不得接触，要支垫、用彩条布覆盖，防止污染。

钢筋笼骨架质量标准控制　　　　　　　　　　表 1-20

序号	项目	控制标准	检查方法	检测频次
1	钢筋骨架在承台以下长度	±100mm	尺量	全检
2	骨架直径	±20mm	尺量	全检
3	主筋间距	±0.5d（d：钢筋直径）	尺量	全检
4	加劲筋间距	±20mm	尺量	全检
5	箍筋间距	±20mm	尺量	全检
6	骨架垂直度	骨架长度1%	吊线尺量	全检

　　钢筋笼加工好后，运至现场，必须经钢筋工班长自检，安放前，由质检工程师会同监理进行验收，并当场进行隐蔽工程验收签证，未经验收的钢筋笼不得使用。钢筋笼吊放采用汽车吊整体放入孔内如图 1-28 所示。钢筋笼吊放后允许的偏差要符合设计规范要求。第一节钢筋笼 12m 放入孔内，在护筒顶用槽钢穿过加筋，下挂钢筋笼，并保持槽钢水平，吊放第二节钢筋笼与第一节对准后进行主筋单面电弧焊连接，保证钢筋连接质量，连接完毕后即循环下放。在钢筋笼顶端，沿钢护筒周边设置保护层垫圈，以保证钢筋笼居中。钢筋笼下到设计位置后，在孔口采取吊筋进行固定，防止灌注混凝土时钢筋笼上浮。钢筋笼安放好后，安放混凝土灌注导管（图 1-29）。导管采用内径 ϕ300mm 内壁光滑的钢管，底节 3m，普通节 2m，加配 1m 长的调节导管。灌注混凝土用的导管在安放前要作试拼和密封试验以检查是否渗、漏水。导管安放完毕后，其轴线误差不得超过孔深的 0.5%，也不得大于 10cm。下导管时要缓慢下放，防止碰挂钢筋笼。

图 1-28　安放钢筋笼

图 1-29　安放导管

　　钢筋加工、安装检查项目及标准如下：

　　（1）基本要求：钢筋、焊条品种规格和技术性能应符合国家现行标准规定和设计要求；冷拉钢筋的机械性能必须符合规范要求，钢筋平直，表面不应有裂皮油污；受力钢筋同一截面的接头数量、搭接长度和焊接质量应符合规范要求。

　　（2）外观鉴定：搭接表面无铁锈、无焊渣、砂眼，确保焊缝长度、宽度、厚度符合规范要求，钢筋骨架应保证足够的刚度。

（3）实测项目：钢筋加工及安装允许偏差应符合设计及规范要求。

导管长度根据孔深、漏斗高度等计算确定，导管底距孔底距离为 30～50cm。对于深度 20m 桩基导管采用 3m 节和 9 个 2m 节组成；对于深度 15m 桩基导管采用 3m 节和 6 个 2m 节，1 个 1m 节组成；对于深度 25m 桩基导管采用 3m 节和 11 个 2m 节，1 个 1m 节组成。

（十）灌注水下混凝土

清孔结束后，要尽快灌注混凝土（图 1-30），其间隔时间不大于 30min，混凝土由拌合站集中供应，混凝土灌车运输。混凝土泵灌注桩基混凝土要一次连续浇筑完成，中途不得中断，以保证整根桩基混凝土的均匀性。$V = \pi D^2 H_c/4 + \pi d^2 h_1/4$，$H_c$——灌注首批混凝土所需孔内混凝土面至孔底的高度，取 1.3m；h_1——孔内混凝土面高度达到 H_c 时，导管内混凝土柱需要的高度；D——桩孔直径；d——为导管直径；经计算后确定：$V = 4m^3$（对于深度 20m、直径 1.8m桩）；$V = 4.3m^3$（对于深度 25m、直径 1.8 m 桩）；$V = 2.8m^3$（对于深度 15m、直径 1.5m 桩）；为了保证封底后导管埋入深度不小于 1m，首批混凝土应严格按照计算数值一次连续灌注到位，在整个过程中，导管应始终埋入混凝土中 2～6m，导管随混凝土浇筑逐步提升。灌注中，由专人负责测量混凝土顶面高度，并计算导管埋入混凝土中的深度，做好记录，以便指导是否提升导管，防止埋管过深，造成提升困难和导管拔出混凝土面而造成断桩事故。混凝土灌注高度要大于设计高度至少 50cm 以上，在施工承台前凿除桩头浮浆，以确保混凝土质量。灌注将近结束时，由于导管内混凝土高度减小，超压力降低，而导管外的泥浆所含渣土稠度增加，相对密度增大，会出现混凝土顶升困难，可在孔内加水稀释泥浆，并掏出部分沉淀土，保证混凝土工作顺利进行，灌注时每根桩至少做两组抗压试件，以检测桩的混凝土质量。群桩施工时，跳桩间隔进行，上根桩水下混凝土灌注完成 24h 后，方可开始下一根桩孔的施工，以防止冲击振动对新浇桩的影响。

图 1-30 灌注混凝土

（十一）桩头清理

每根桩浇筑完成后，等混凝土达到一定的强度（一般不小于 2.5MPa），开始清理多余被泥浆浸泡的桩头，接近桩顶标高时，预留 20cm 高度，必须采用人工慢慢凿除（图 1-31），防止破坏桩身混凝土。钻孔桩混凝土达到设计强度后，根据设计要求、合同文件及 JTJ 041—2000 规范要求，对成品桩进行超声波检测和破坏荷载检测；在施工中，如对桩的质量有疑问，可进行钻心取样检测。标定成果合格率100％，优良率95％以上。

（十二）钻孔桩质量控制

技术人员向施工人员及时进行技术交底，对钻头提升，钢筋笼吊装，不同的地质情况，钻机挡位和速度，混凝土浇灌时导管抽拔速度等各种影响质量比较大的施工操作要严格要求，同时控制泥浆，混凝土半成品、钢筋笼

图1-31　桩头凿除

等材料使用，做好现场指标试验的组织和监督。粗骨料大颗粒（粒径大于5cm）的含量小于5％，砂不应太细。施工中及时测试混凝土坍落度是否符合规范要求，不符合要求不得浇灌混凝土。施工中做好各项施工记录并随时查验。

钻孔灌注桩施工记录包括：测量定位（桩位、钢筋笼、护筒位置）记录、钻孔记录、成孔测定记录、泥浆相对密度、测定记录、坍落度测定记录、渣厚度记录、钢筋笼制作安装检查表，混凝土浇捣记录、导管长度预算记录等。

钻孔桩施工质量按表1-21标准控制。

钻孔桩施工质量标准控制表　　　　　　　表1-21

序号	项目	控制标准	检查方法	检测频次
1	孔径	不小于设计	测孔仪测量	全检
2	孔深	不小于设计	测锤测量	全检
3	孔位中心	≤100mm	经纬仪测量	全检
4	倾斜度	<1％		全检
5	沉渣厚度	≤300mm	测锤测量	全检

六、工期计划

酉水河特大桥钻孔桩基采取两个作业面同时开展施工：

第一作业面：右线2号、3号墩桩基；

第二作业面：左线2号、3号墩桩基。

酉水河特大桥钻孔桩基计划总工期96天，计划开工时间2004年7月18日，计划完工时间2004年10月22日。

七、工期保证措施

为了保证桩基工程按期完成，采用如下措施保证工期：

（1）抽调我单位有类似工程施工经验的专业队伍及管理人员，建立以项目经理为组长，以各部、室、队负责人为成员的工期保证领导小组，从组织上保证

工期。

（2）提高施工机械化程度，以提高劳动生产率。

发挥机械施工的优势，调配性能和状况良好，适合本工程需要的机械设备，同时加强维修，提高机械设备完好性，确保工程顺利进行。

（3）加强网络计划控制，实行目标管理，实现工期目标。

选用先进的项目管理软件，实行网络计划管理。抓住关键线路加大设备、人力、物力、财力的投入，确保各工序按期完成。使施工计划做到日保旬，旬保月，月保年的高效完成。各部分工程要协调配合，对施工中发生的情况变化及时修改计划，每周一总结，提出问题，查出原因，提出措施，确保每月、每季度工期兑现。

（4）对施工进度进行科学监控。

施工中对全过程进行进度监控管理，原则为：目标明确、事先预控、动态管理、措施有效、履行合同，施工进度采用投资指标监控法、形象进度监控法、单项进度指标监控法、关键线路网络监控法等方法监控。

八、质量目标

确保本工程达到交通部《公路工程质量检验评定标准》JTJ 071—98 验收标准。确保工程一次验收合格率达到 100%，分项工程优良率达到 95% 以上，确保省部优，争创国优。

按照项目法组织施工，落实项目法人质量终身责任制，全面推行 ISO 9001 质量管理模式，建立完善的质量保证体系，成立专门质检机构，制定质量保证措施，确保质量目标的实现。拟建立如下质量保证体系：

1. 组建高素质施工队伍

（1）高标准选拔项目领导

从我单位选拔施工经验丰富且具有高中级职称、质量意识强的干部作为项目经理、总工等项目主管，对该标段工程质量负终身责任。

（2）充实施工现场的技术力量

选拔一批具有较高技术水平和丰富施工经验的高级工程技术人员，担任本标段的各项工程的技术负责人，建立岗位责任制，组建本工程的技术管理体系。

（3）抽调精干专业队伍

抽调业务精湛、技术过硬，有类似工程施工经验的技术工人，组建各专业队，从事关键工序施工，同时加强教育，以此确保施工质量。

（4）组建管理组织机构，健全管理体系

成立以项目经理为首的质量管理领导小组，全面负责本项目质量管理工作。项目经理部设安全质量部，配备专职质量检验工程师，工程队设专职质量检验员，工班设兼职质量检验员。对施工全过程进行质量检查，在施工过程中自下而上按照"队组自检"、"项目互检"、"监理专检"三个检测等级分别实施检测工作。

项目经理部设工地试验室，施工队设试验组，配备必要的检测、试验仪器设备，从原材料控制开始，实施施工全过程测量和试验控制。

（5）成立现场技术专家组

组织和聘请技术专家成立现场技术专家组，负责对施工过程中的施工方案进行审定，并负责对施工中遇到的技术难题进行指导。

2. 质量自检体系

自检体系由项目部、施工队、班组三级组成，项目部为自检核心。项目安全质量部为实施单位，工地试验室配合，施工队设专职质检员，现场设试验员，按照"跟踪检查"、"复检"、"抽检"等检测方法实施检测任务，实行质量一票否决制。

（1）健全质量管理制度：完善制度，狠抓落实，制度落实是保证工程质量的主要途径，我们将贯彻执行以下制度：工程测量双检复核制度；质量评定奖罚制度；质量定期检查制度；工程质量签证制度；工程质量事故逐级报告制度。

工程质量检查制度，具体包括以下五项：

隐蔽工程检查制度；工程队质量"三检"制度；开竣工检查制度；定期工程质量检查制度；不定期质量检查制度。

（2）贯彻 ISO9001 系列国际标准，进行全过程质量控制，严格按 ISO9001 系列进行质量管理，将质量管理纳入标准化、规范化，做到施工过程中每个环节都处于受控状态，每个过程都有《质量记录》，施工全过程实现可追溯性。

九、安全、环保体系及措施

（一）安全目标

安全目标：五无；二控制；三消灭，创建陕西省安全文明工地。

五无：无死亡事故；无重大交通事故；无重大机械操作事故；无火灾、无变压器等爆炸事故；无违法犯罪活动。

二控制：年重伤率控制在 0.6‰以内；年轻伤率控制在 6‰以内。

三消灭：消灭违章指挥；消灭违章作业；消灭事故隐患。

（二）安全保证体系

1. 安全保证组织机构

成立安全生产领导小组，由项目经理任组长，项目副经理任副组长；安全质量部门为专职管理部门，下设专职安全工程师；各施工队设安全生产小分组，由施工队长任小分组组长，小分组下设专职安全员。建立健全安全生产组织体系，监督施工中的安全生产，实施施工过程中的安全管理职能。

2. 安全保证检查程序

建立三级检查程序：班组执行"三工、三检"和"周一"安全检查活动，找出隐患，杜绝"三违"，把事故隐患消灭在萌芽状态。

施工队安全员在现场进行安全检查，发现问题，及时向项目部汇报，及时解决。项目部安全领导小组定期对各施工队的工作进行检查，并帮助各施工队解决现场实际问题。

3. 安全管理制度措施

健全和落实各项安全管理制度：安全生产责任制、安全教育培训制度、特殊工种持证上岗作业制度、安全检查制度、安全防护制度、安全评比制度、安全事故申报制度、机械设备安全管理制度、其他安全管理制度、用电须知及电力架设、养护作业制度，风、水、管路安设及养护制度、有关乘坐车辆的安全专项规定，工区防洪、防火、防雷击的安全专项规定。

4. 突发事故处理措施

凡发生事故或其他安全质量事故，应按有关规定立即报告监理工程师，并上报有关部门，并迅速展开救援、抢险工作，努力使事故损失降到最低点。

（三）环境保护目标

依照国家及陕西省有关环境和治理的相关法规，控制施工污染，减少污水、粉尘、空气及噪声污染，严格控制各项环保指标，做好绿色防护，保护生态环境，创绿色环保样板工地，配合全线建设一条绿色环保大道。

（四）建立健全环境保护保证体系

根据我单位的《环境管理手册和程序文件》建立环境保护组织机构，指定环境保护制度，加强环境保护基础工作，加强监督检查，落实各项工作责任制，形成环境保护保证体系，实现环保目标。

（五）施工环境保护主要技术措施

1. 水环境保护方案

施工期间的废水须澄清达标后排放；建筑垃圾及时清运；对当地丰富水资源进行保护，对施工含油废水及机械废水、废油应采取有效措施，设隔油池进行集中处理，不要使废水乱流或排入河流。

2. 大气环境保护方案

对汽车道路要经常洒水，防止尘土飞扬，污染空气。施工期间，严禁在现场焚烧任何废弃物。生活营地使用清洁能源，保证炉灶烟尘符合标准。对施工机械车辆加强维护，以减少废气排放量。

3. 防止固体废弃物污染的方案

做好弃土场的环境保护，弃土场内每填 1m 厚要整平、碾压，最表层覆土厚不小于 30cm，还耕覆土不小于 50cm，并按设计要求植草或还耕。施工期间不随意占用道路施工、堆放物料、搭设建筑物。生活垃圾定点堆放，掩埋覆盖。生活污水处理设化粪池，不直接排放。

（六）水土保持的主要技术措施

（1）临时道路、房屋及施工便道等临时工程的规划，做到在施工前和附近村庄的居民协商一致，尽量可加以利用，作为居民永久性使用。

（2）完工后，应对被破坏的环境及时整治，防止水土流失和适时进行线路两侧的植被恢复，按设计要求进行线路区间绿化整治。

（3）林木、植被、土地及地下水资源保护措施。

（七）降低噪声措施

在比较固定的机械设备附近，修建临时隔声屏障，减少噪声对居民的影响。合理安排施工作业时间，尽量降低夜间车辆出入频率，夜间施工不得安排噪声很大的机械。

项目 2 桥 梁 墩 台 施 工

学习要点：

1. 了解市政桥梁工程的墩台构造；

2. 了解桥梁工程墩台施工内业的基本知识；

3. 了解桥梁工程文明施工、安全施工的基本知识；

4. 读懂墩台施工大样图；了解墩台施工的工作流程；编制墩台施工方案

任务 1 桥 梁 墩 台 形 式

任务目标：

1. 学生能够掌握桥梁墩台的构造；

2. 学生能够独立的查阅资料；能够独立编制桥梁墩台施工方案；

3. 能够组织管理施工。

一、桥梁下部结构组成形式

桥梁下部结构施工通常指桥墩（台）以及承台等，如图 2-1 分类。

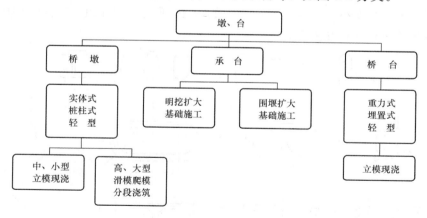

图 2-1　桥梁下部结构组成

（1）承台位于旱地、浅水河中采用土石筑岛施工桩基的桥梁，其承台的施工方法与扩大基础的施工方法相类似，可采取明挖基坑、简易板围堰后开挖基坑等方法进行施工。

对深水中的承台，可供选择的施工方法通常有：钢板桩围堰、钢管桩围堰、双壁钢围堰及套箱围堰等。不论何种围堰，其目的都是为了止水，以实现承台的施工。钢板桩和钢管桩围堰实际上是同一类型的围堰形式，只不过所用材料不同；双壁钢围堰通常是将桩基和承台的施工一并考虑，桩顶设钻孔平台，桩基施工结束后拆除平台，在围堰内进行承台施工；套箱现多采用钢材制作，分有底和无底两种类型，根据受力情况不同又可设计成单壁或双壁。

（2）墩（台）身的施工方法根据其结构形式的不同方法各异。对结构形式较简单、高度不大的中、小桥墩（台）身，通常采取传统的方法，立模（一次或几次）现浇施工。但对高墩及斜拉桥、悬索桥的索塔，则有较多的可供选择的方法，而施工方法的多样化主要反映在模板结构形式的不同。滑升模板、爬升模板和翻升模板等在高墩及索塔上应用较多，其共同的特点是：将墩身分成若干节段，从下至上逐段进行施工。

采用滑升模板（简称滑模）施工，对结构物外形尺寸的控制较准确，施工进度平衡、安全，机械化程度较高，但因多采用液压装置实现滑升，故成本较高，所需的机具设备较多。爬升模板（简称爬模）一般要在模板外侧设置爬架，因此这种模板相对而言费用较高，但不需设专门用于提升模板的起吊设备。

高墩的施工，应根据现场的实际情况，在进行综合比较后再选择适宜的施工方案。中、小桥中，有的设计为石砌墩（台）身，其施工工艺虽较简单，但必须严格控制砌石工程质量。

二、桥梁墩台的构造

（一）桥墩的构造

桥墩按其构造可分为实体墩、空心墩、柱式墩、排架墩、框架墩等类型；按其受力特点可分为重力式墩和轻型墩；按其截面形状可分为矩形、圆形、圆端形、尖端形及各种截面组合而成的空心墩，如图 2-2 所示；按施工工艺可分为就地砌筑或浇筑桥墩和预制安装桥墩。

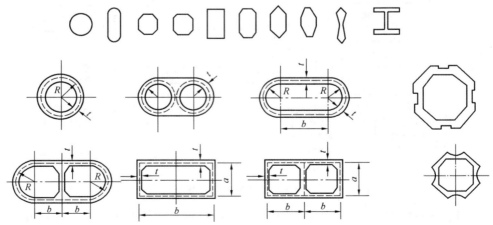

图 2-2　桥墩截面形式

1. 梁桥桥墩构造

（1）重力式桥墩

　　重力式桥墩主要依靠自身重力（包括桥跨结构重力）来平衡外力，从而保证桥墩的稳定。它往往是用圬工材料修筑而成，具有刚度大、防撞能力强等优点，但同时存在阻水面积大、圬工数量大、对地基承载力要求高等缺点。适用于荷载较大的大、中型桥梁或流冰、飘浮物多的河流中，以及砂石料丰富的地区和基岩埋深较浅的地基。如图 2-3 所示墩帽是桥墩的顶端，它通过支座支承上部结构，并将相邻两孔桥上的荷载传到墩身上。由于它受到支座传来的很大的集中应力作用，所以要求它有足够的厚度和强度。其最小厚度一般不小于 0.4m，中小跨径梁桥也不应小于 0.3m。墩帽

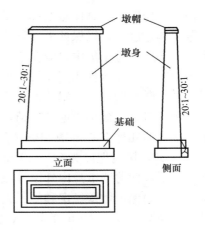

图 2-3　实心重力式桥墩

一般要用强度等级 C20 以上的混凝土浇筑，加配构造钢筋；小跨径桥非严寒地区可不设构造钢筋。构造钢筋直径一般取 8～12mm，采用间距 20cm 左右的网格布置。支座下墩帽内应布置一层或多层加强钢筋网，其平面分布范围取支座支承垫板面积的两倍，钢筋直径为 8～12mm，网格间距 5～10cm。当墩帽上相邻支座高度不同时，须加设混凝土垫石调整，并在垫石内设置钢筋网，墩帽钢筋布置如图 2-4 所示。对于小桥，也可用 M5 以上砂浆砌 MU25 以上料石作墩帽。

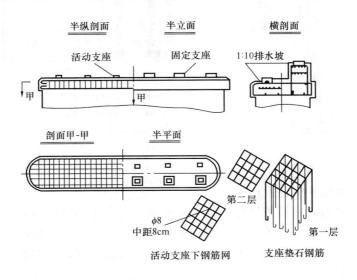

图 2-4　墩帽钢筋构造

（2）空心桥墩

　　空心桥墩有两种形式，一种为部分镂空式桥墩；另一种为薄壁空心桥墩。

　　部分中心镂空桥墩，是在重力式桥墩基础上镂空中心一定数量的圬工体积，旨在减少圬工数量，使结构更经济，减轻桥墩自重，降低对地基承载力的要求。但镂空有一个基本前提，即保证桥墩截面强度和刚度足以承担平衡外力，从而保

证桥墩的稳定性。具体镂空部位受到一定条件限制，在墩帽下一定高度范围内应设置实体过渡段，以保证上部结构荷载有效地传递给墩身壁；为避免墩身传力过程中局部应力过于集中，应在空心部分与实体部分连接处设倒角或配置构造钢筋；对于受船只、漂流物或流冰撞击的墩身部分，一般不宜镂空。薄壁空心墩是采用强度高、墩身壁较薄的钢筋混凝土构件，其最大特点是大幅度削减了墩身坯工体积和墩身自重，减小了地基负荷，因而适用于桥梁跨径较大的高墩和软弱地基桥墩。常见的几种空心桥墩如图 2-5、图 2-6 所示。薄壁空心墩的混凝土一般采用 C20～C30，墩身壁厚为 30～50cm，其构造除应满足部分镂空式桥墩规定的要求外，为了降低薄壁墩身内外温差或避免冻胀，应在墩身周围设置适当的通风孔与泄水孔；为保证墩壁稳定和施工方便，应按适当间距设置水平横隔板，对于 40m 以上的高墩，按 6～10m 的间距设置横隔板；墩顶实体段高度不小于 1.0～2.0m；主筋按计算配筋，一般配筋率在 0.5% 左右，并应配置承受局部应力或附加应力的钢筋。

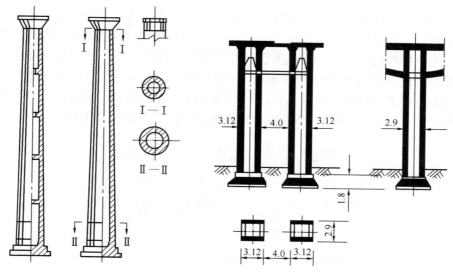

图 2-5 圆形空心桥墩   图 2-6 方形空心桥墩

（3）柱式桥墩和桩柱式桥墩

柱式桥墩和桩柱式桥墩是目前公路桥梁中广泛采用的桥墩形式，由柱式墩身和盖梁组成，一般可分为单柱、双柱和多柱等形式，这种桥墩的优点是能减轻墩本身重力，节约坯工材料，施工方便，外形轻巧又较美观，特别是对于桥宽较大的桥梁和立交桥。

柱式桥墩适用多种基础形式，可以在桩顶设置承台，然后在承台上设立柱（图 2-7a）；或在浅基础上设立柱（图 2-7b）。为了增强墩柱间抗撞击的能力，在两柱中间加做隔墙（图 2-7c）。当桥墩较高时，也可以把水下部分做成实体式，以上部分仍为柱式（图 2-7d）。

桩柱式桥墩的基础只适用桩基，在桩基础顶部以上（或柱桩连接处以上）称为柱，以下称为桩。图 2-7（e）为单柱式桩墩，适用于桥宽较窄的桥；图 2-7

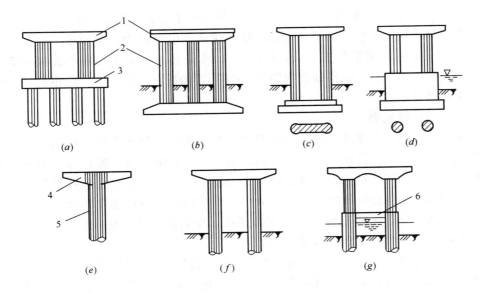

图 2-7　柱式桥墩和桩柱式桥墩
1—盖梁；2—立柱；3—承台；4—悬臂盖梁；5—单立柱；6—横系梁

（f）为等截面双柱式桩墩，桩位施工的精度要求高，图 2-7（g）为变截面双柱式桩墩。为了增加桩柱的横向刚度，在桩柱之间设置横系梁（图 2-7g）。

盖梁是柱式桥墩和桩柱式桥墩的墩帽，一般用 C20～C30 的钢筋混凝土就地浇筑，也有采用预制安装或预应力混凝土的。盖梁的横截面形状一般为矩形或者 T 形。盖梁宽度由上部构造形式、支座间距和尺寸等确定，高度一般为梁宽的 0.8～1.2 倍。盖梁的长度应保证上部构造放置与抗震构件设置需要的距离，并应满足上部构造安装时的要求，另外设置橡胶支座的桥梁应考虑预留更换支座所需位置。盖梁各截面尺寸与配筋需要通过计算确定，悬臂端高度应不小于 30cm。

墩柱一般采用 C20～C30 的钢筋混凝土，直径 0.6～1.5m 的圆柱或方形、六角形柱，其构造如图 2-8 所示。墩柱配筋由计算确定，纵向受力钢筋的直径应不小于 12mm，纵向受力钢筋截面积的配筋率应不小于混凝土计算截面的 0.5%，纵向受力筋之间净距不应小于 50mm 且不应大于 350mm，净保护层厚不小于 30mm（Ⅰ类环境）或 40mm（Ⅱ类环境）或 45mm（Ⅲ类环境）。箍筋直径不小于 8mm，在受力钢筋接头处，箍筋间距应不大于纵向钢筋直径的 15 倍或构件横截面的较小尺寸，亦不大于 400mm。为使桩柱与盖梁或承台有较好的整体性，桩柱顶一般应嵌入盖梁或承台 15～20cm，露出柱顶与柱底的主筋可弯成与铅垂线约成 15°倾斜角的喇叭形，伸入盖梁或承台中，喇叭形主筋外围应设置直径不小于

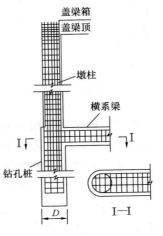

图 2-8　墩柱与桩的构造

8mm 的箍筋，间距一般为 10～20cm。单排桩基的主筋应与盖梁主筋连接。

当用横系梁加强桩柱的整体性时，横系梁的高度可取为盖梁箱桩（柱）径的 0.8～1.0 倍，宽度可取为桩（柱）径的 0.6～1.0 倍。横系梁一般不直接承受外力，可不做内力计算，按横截面积的 0.10% 配置构造钢筋即可。构造钢筋伸入桩内与主筋连接。

（4）柔性排架墩

柔性排架墩由单排或双排的钢筋混凝土桩与钢筋混凝土盖梁连接而成。其主要特点是，上部结构传来的水平力（制动力、温度影响力等）按各墩台的刚度分配到各墩台，作用在每个柔性墩上的水平力较小，而作用在刚性墩台上的水平力很大，因此，柔性桩墩截面尺寸得以减小。柔性墩是桥墩轻型化的途径之一，一般布设在两端具有刚性较大桥台的多跨桥中，全桥除一个中墩设置活动支座外，其余墩台均采用固定支座，如图 2-9 所示。

多跨长桥采用柔性墩时宜分成若干联，每联设置一个刚性墩（台），两个活动支座之间或刚性台与第一个活动支座间称为一联，以减小设置固定支座的墩顶位移，避免刚性桥台的支座所受水平力过大。

柔性排架桩墩分单排架和双排架墩，如图 2-10 所示。柔性排架墩多用于墩高为 5.0～7.0m，跨径 13m 以下，桥长 50～80m 的中小型桥中。单排架墩一般用于高度不超过 4.0～5.0m；桩墩高度大于 5.0m 时，为避免行车时可能发生的纵向晃动，宜设置双排架墩。对于漂浮物严重和流速较大的河流，由于桩墩容易磨耗，不宜采用。

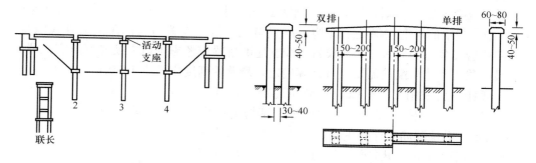

图 2-9　柔性排架墩　　　　　　图 2-10　柔性排架墩构造（单位：cm）

桩墩一般是采用预制的钢筋混凝土方桩，当桩长在 10m 以内时，横截面尺寸为 30cm×30cm；桩长大于 10m 时，为 35cm×35cm；大于 15m 时采用 40cm×40cm。桩与桩之间的中距不应小于桩径的 3 倍或 1.5～2.0m。盖梁一般为矩形截面，单排桩盖梁的宽度为 60～80cm，盖梁的高度一般采用 40～50cm。

盖梁与梁的接触面之间垫 1cm 的油毛毡；为使全桥形成框架体系，可用锚栓将上下部构造连接起来，锚栓的直径用 25～28mm，预埋在盖梁内。两孔的接缝处用水泥砂浆填实，最好设置桥面连续装置。桥台背墙与梁端接缝亦填以水泥砂浆，不设伸缩缝。

（5）轻型桥墩

轻型桥墩一般用于中小跨径的桥梁，与重力式墩相比，其圬工体积显著减小，自重减小，因而其抗冲击能力较低，不宜用于流速大并夹有大量泥沙的河流或可能有航船、冰等漂浮物撞击的河流中。

墩帽用混凝土浇筑，厚度不小于 30cm。墩帽四周挑檐宽度为 5cm，周边做成 5cm 削角。当桥面的横向排水不用三角垫层调整时，可在墩帽顶面以中心向两端加做三角垫层，如图 2-11 所示。墩帽上要预埋栓钉，位置与上部结构块件的栓孔相适应。

墩身用混凝土、浆砌块石或钢筋混凝土材料做成，其中钢筋混凝土薄壁桥墩最为典型，如图 2-12 所示，墩身宽度不小于 60cm，两边坡度为直立，两头做成圆端形。

基础采用 C15 混凝土或 MU5 浆砌片石（或块石）做成，平面尺寸较墩身底面尺寸略大（一般大 20cm）。基础多做成单层式的，其高度在 60cm 左右。

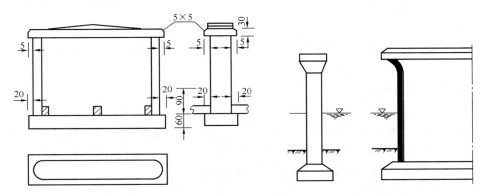

图 2-11 轻型桥墩（单位：cm）　　　图 2-12 钢筋混凝土薄壁桥墩

（6）框架式桥墩

框架式桥墩采用钢筋混凝土或预应力混凝土等压弯或弯曲构件组成平面框架代替墩身，支承上部结构，必要时可做成双层或多层框架。桥墩结构可采用顶部分开底部连在一起的 V 形桥墩（图 2-13a）和顶部分开、底部与直立桥墩连在一起的 Y 形桥墩（图 2-13b）。这类桥墩结构不仅轻巧美观，给桥梁建筑增添了新的艺术造型，而且使桥梁的跨越能力提高，缩短了主梁的跨径，降低了梁高，但其结构复杂，施工比较麻烦。

框架墩形式较多，受力形式常取决于它同桥面部分的连接方式，所有受力钢筋均应通过计算确定。

对于有分叉的墩来说，可用墩帽，也可无墩帽。无墩帽时，分叉张开角一般应小于 90°；有墩帽时，张角可略大些，视受力情况而定。墩帽内的配筋可参照柱式墩盖梁配筋。墩按计算配抗拉、抗压主筋，并应特别重视分叉点钢筋的配置与连接。分叉处的钢筋应与帽顶面（上）、柱侧面（下）外层主筋相连接，并在分叉附近加密箍筋（用多肢或减小箍筋间距）。墩柱中的筋对纵横两个方向应有不同的考虑，并与两叉上足够数量的主筋连接在一起，如图 2-14 所示。

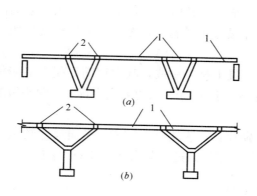

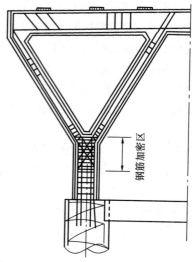

图 2-13　V 形桥墩和 Y 形桥墩
1—预制梁；2—接头

图 2-14　Y 形桥墩分叉处钢筋配置

2. 拱桥桥墩构造

（1）重力式桥墩

拱桥重力式桥墩，其形式基本上与梁桥重力式桥墩相仿。因为承受较大的水平推力，所以，拱桥重力式桥墩的宽度尺寸比梁桥大。同时，墩帽顶部做成斜坡（图 2-15），尽量考虑设置成与拱轴线正交的拱座。

由于拱座承受着较大的拱圈压力，故一般采用强度等级 C20 以上的整体式混凝土、混凝土预制块或 MU40 以上的块石砌筑。肋拱桥拱座由于压力比较集中，故应用高强度等级混凝土及数层钢筋网加固；装配式的肋拱以及双曲拱桥的拱座，可预留供插入拱肋的孔槽，就位后再浇混凝土封固，如图 2-16 所示。为了加强肋底与拱座的连接，底部可设 U 形槽浇灌混凝土，其强度等级不低于 C25。有时孔底或孔壁还应增设一些加固钢筋网。

拱桥墩身体积较大，除了用块石砌筑外，也有用片石混凝土浇筑。有时为了节省圬工砌体，可将墩身做成空心，中间填以砂石。

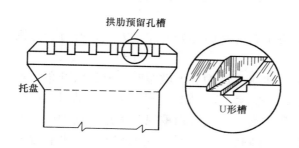

图 2-15　拱桥重力式桥墩

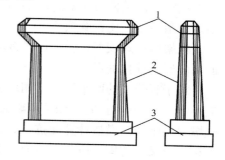

图 2-16　拱座构造
1—墩帽；2—墩身；3—基础

拱桥桥墩基础与梁桥相同。

（2）柱式桥墩和桩柱式桥墩

拱桥的柱式桥墩和桩柱式桥墩与梁桥相同。由于承受较大的水平推力，柱和桩的直径比梁桥大，根数也比梁桥多。当跨径较大（40～50m）时，可以采用双排桩。拱座（盖梁）采用钢筋混凝土，构造与重力式桥墩拱座基本相同。

（3）单向推力墩

多跨拱桥根据施工和使用要求，每隔3～5孔设置单向推力墩。目前常用的单向推力墩有以下几种形式：

1）普通柱墩加设斜撑的单向推力墩

这种单向推力墩是在普通墩柱上对称增设一对钢筋混凝土斜撑（图 2-17），以提高其抵抗单向水平推力的能力。接头只承受压力而不承受拉力。

2）悬臂式单向推力墩

悬臂式单向推力墩是在桥墩的顺桥向双向挑出悬臂（图 2-18）。当邻孔遭到破坏后，由于悬臂端的存在，使拱支座竖向反力通过悬臂端而成为稳定力矩，保证了单向推力墩不致遭到损坏。

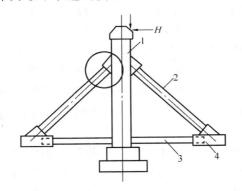

图 2-17　普通柱墩加设斜撑的单向推力墩
1—立柱；2—斜撑；
3—拉杆（用预应力）；4—基础板

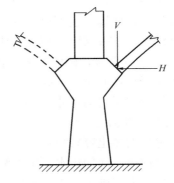

图 2-18　悬臂式单向推力墩

3）实体单向推力墩

当桥墩较矮及单向推力不大时，只需加大实体墩身的尺寸即可。

（二）桥台构造形式

桥台通常按其形式划分为：重力式桥台、埋置式桥台、轻型桥台、框架式桥台和组合式桥台。

1. 梁桥桥台构造

（1）重力式 U 形桥台

重力式 U 形桥台一般采用砌石、片石混凝土或混凝土等圬工材料就地砌筑或浇筑而成，主要依靠自重来平衡台后土压力，从而保证自身的稳定。U 形桥台构造简单，基础底承压面大，应力较小，但圬工体积大，并由于自身重力而增加对地基的压力，一般宜在填土高度不大而且跨径在 8m 以上的桥梁中采用。

桥梁 U 形桥台由台帽、台身（前墙和侧墙）和基础组成，在平面上呈 U 字形，如图 2-19 所示。前墙除承受上部结构传来的荷载外，还承受路堤的水平压力。前墙顶部设置台帽，以放置支座和安设上部构造，其构造要求与墩帽基本相同。台顶部分用防护墙将台帽与填土隔开，侧墙是用以连接路堤并抵挡路堤填土向两侧的压力。U 形桥台台身由前墙（含上端的防护墙）和侧墙组成。

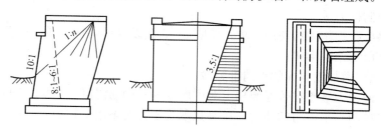

图 2-19　梁桥重力式 U 形桥台

梁桥 U 形桥台防护墙顶宽，对片石砌体不小于 50cm，对块石料石砌体及混凝土不小于 40cm。前墙任一水平截面的宽度，不宜小于该截面至墙顶高度的 0.4 倍，背坡一般采用 5∶1～8∶1，前坡为 10∶1 或直立，桥台前墙的下缘一般与锥坡下缘相齐。侧墙长度可根据锥形护坡长度决定。尾端上部做成垂直，下部按一定坡度缩短，前端与前墙相连，改善了前墙的受力条件。侧墙外侧直立，内侧为 3∶1～5∶1 的斜坡，侧墙顶宽一般为 60～100cm。任一水平截面的宽度，对片石砌体不小于该截面至墙顶高度的 0.4 倍，对块石、料石砌体及混凝土不小于 0.35 倍；如桥台内填料为透水性良好的砂性土或砂砾，则上述两项可分别相应减为 0.35 倍和 0.3 倍。

桥台内的填土容易积水，应注意防水，防止冻胀，以免桥台结构开裂。为了排除桥台前墙后面的积水，应于侧墙间略高于高水位的平面上铺一层向路堤方向设有斜坡的夯实黏土作为防水层，并在黏土层上再铺一层碎石，将积水引向设于桥台后横穿路堤的盲沟内。

桥台两侧设锥坡，坡度由纵向的 1∶1 逐渐变到横向的 1∶1.5，锥坡的平面形状为 1/4 椭圆，用土夯实填筑，其表面用片石砌筑。

（2）埋置式桥台

当路堤填土高度超过 6～8m 时，可采用埋置式桥台，如图 2-20 所示。它是将台身埋在锥形护坡中，只露出台帽，以安放支座和上部结构。埋置式桥台，仅适用于桥头为浅滩，溜坡受冲刷较小，填土高度在 10m 以下的中等跨径的多跨桥中。

埋置桥台的台身可用混凝土、片石混凝土或浆砌块石筑成，台帽及耳墙用钢筋混凝土做成。台身常做成向后倾斜，这样可减小台后土压力和基底合力偏心距。但施工时应注意桥台前均匀填土，以防倾倒。由于作用在桥台上的水平力较 U 形桥台小，台身底部可略大于顶部尺寸，最后由验算确定。埋置式桥台挡土采用耳墙，耳墙长度一般不超过 3～4m，厚度为 0.15～0.3m，高度为 0.5～2.5m，其主筋伸入台帽或背墙借以锚固。

　　埋置式桥台台顶部分的内角到路堤锥坡表面的距离不应小于 50cm，否则应在台顶缺口的两侧设置横隔板，使台顶部分与路堤锥坡的填土隔开，防止土壅到支承平台上。桥台通过耳墙与路堤衔接，耳墙伸进路堤的长度一般不小于 50cm。埋置衡重式高桥台，利用衡重台及其上的填土重力平衡部分土压力，在高桥中圬工较省，如图 2-21 所示。它适用于跨径大于 20m，高度大于 10m 的跨深沟及山区特殊地形的桥梁。

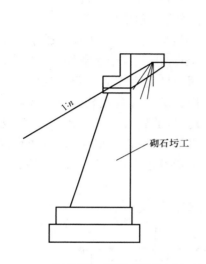

图 2-20　埋置式桥台

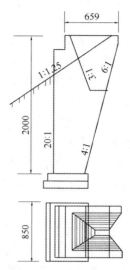

图 2-21　埋置衡重式高桥墩（单位：cm）

　　（3）轻型桥台

　　轻型桥台通常用钢筋混凝土或圬工材料砌筑。圬工轻型桥台只限于桥台高度较小的情况，而钢筋混凝土轻型桥台应用范围更广泛。从结构形式上分，轻型桥台有薄壁型轻型桥桥台和支撑梁型轻型桥台。

　　1）薄壁轻型桥台

　　薄壁轻型桥台常用的形式有悬壁式、扶壁式、撑墙式和箱式等，如图 2-22 所示，其主要特点是利用钢筋混凝土结构的抗弯能力来减少圬工体积从而使桥台轻型化。相对而言，悬臂式桥台的柔性较大，钢筋用量较大，而撑墙式和箱式桥台刚度大，但模板用量多。

　　2）支撑梁轻型桥台

　　轻型桥台用于跨径不大于 13m 的板（梁）桥，且不宜多于 3 孔，全长不大于 20m。在墩台基础间设置支撑梁，在上部结构与台帽之间设置锚固栓钉连接，使上部结构与支撑梁共同支撑桥台承受台后土压力，减小桥台尺寸，节省圬工数量。其主要特点是：①利用上部结构

图 2-22　薄壁轻型桥台

及下部的支撑梁作为桥台的支撑，防止桥台向跨中移动或倾覆；②整个构造物成为四铰刚构系统，台身按上下铰接支承的弹性地基梁验算。

台帽用钢筋混凝土浇筑，混凝土强度等级不低于 C20，厚度不小于 30cm，并应设 5～10cm 的挑檐。当填土高度较高或跨径较大时，宜采用有台背的台帽。当上部构造不设三角垫层时，可在台帽上做成有斜坡的三角垫层。

上部构造与台帽间应用栓钉连接，栓钉孔、上部结构与台背之间需用小石子混凝土（强度等级同上部结构）或砂浆（强度等级为 M12）填实。栓钉直径不宜小于上部构造主筋的直径，锚固长度为台帽厚度加上三角垫层和板厚。

台身可用混凝土或浆砌块石砌筑，混凝土强度等级不低于 C15，砂浆强度等级不低于 M5，块石强度等级不低于 MU25。台身厚度（含十字翼墙），块石砌体不宜小于 60cm，混凝土不宜小于 30～40cm，两边坡度为直立。两边翼墙与桥台连成整体，成为一字形桥台（图 2-23b），也有把翼墙与桥台设缝分离，翼墙与水流方向成 30°夹角，成为八字形桥台（图 2-23a）。为了节约圬工数量，也可在边柱上设置耳墙（图 2-23c）。为了增加桥台抵抗水平推力的抗弯刚度，也可将台身做成 T 形截面（图 2-23d）。八字翼墙的顶面宽度，混凝土不宜小于 30cm，块石砌体

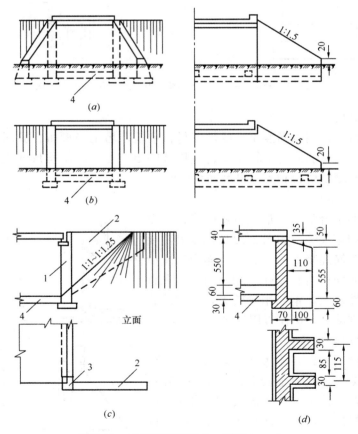

图 2-23　支撑梁轻型桥台（单位：cm）

1—桥台；2—耳墙；3—边柱；4—支撑梁

不宜小于 50cm，端部顶面应高出地面 20cm。

　　轻型桥台基础按支承于弹性地基上的梁进行验算，一般用混凝土浇筑。当其长度大于 12m 时，应按构造要求配筋。基础埋置深度一般在原地面（无冲刷时）或局部冲刷线以下不小于 1m。

　　桥台下端与相邻桥台（墩）之间设置支撑梁，并设在铺砌层及冲刷线之下。支撑梁可用 20cm×30cm 的钢筋混凝土筑成，或用尺寸不小于 40cm×40cm 的混凝土或块石砌筑。支撑梁按基础长度之中线对称布置，其间距为 2～3m。当基础能嵌入风化岩层 15～25cm 时，可不设支撑梁。

　　（4）框架式桥台

　　框架式桥台由台帽、立柱和基础组成，是一种在横桥向呈框架式结构的钢筋混凝土轻型桥台。它采用埋置式，台前设置溜坡，所受的土压力较小，适用于多种基础形式、台身较高、跨径较大的梁桥，是目前桥梁中采用较多的桥台形式。其构造形式有柱式、肋板式、半重力式和双排架式、板凳式等。

　　柱式桥台指台帽置于立柱上，台帽两端设耳墙以便与路堤衔接，台身与基础的构造和柱式与桩柱式桥墩相似，可以在浅基础上设立柱，形成柱式桥台；也可在桩基础顶部直接设立柱形成桩柱式桥台，这种结构的特点是构造简单、圬工数量小，适用于填土高度小于 5m 的情况（图 2-24）。柱式框架桥台的立柱可采用双柱式或多柱式，根据桥宽确定，尺寸可参照桩柱式桥墩拟定，并通过计算配筋。钢筋的上、下端分别伸入台帽和桩基与浅基。立柱一般用普通箍筋柱。

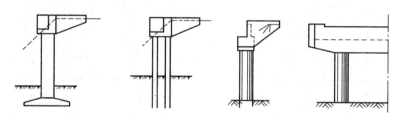

图 2-24　框架柱式桥台

　　当填土高度大于 5m 时，用钢筋混凝土薄墙（肋板）代替立柱支承台帽，即成为肋板式桥台，可以在浅基础上设置肋板；也可在桩基础顶部设承台，承台上设置肋板支承台帽，当水平力较大时，桩基础设置成双排或多排桩。台帽两端同样设耳墙便于同路堤衔接，必要时在台帽前方两侧设置挡土板（图 2-25）。肋板式桥台，墙厚一般为 0.4～0.8m，通过计算配筋。

　　半重力式桥台与肋板式桥台相似，只是墙更厚，不设钢筋。半重力式桥台与墙式桥台常用桩作基础，桩径一般为 0.6～1.0m，桩数根据受力情况结合地基承载力决定。当水平力较大时，桥台可采用双排架式或板凳式，它由台帽、台柱和承台组成。排架装配式桥台如图 2-26 所示。

　　（5）组合式桥台

　　为使桥台轻型化，可以将桥台上的外力分配给不同对象来承担，桥台本身主

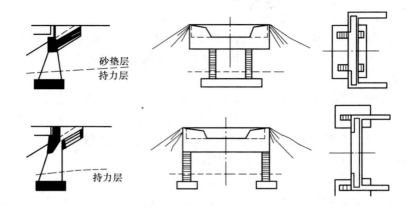

图 2-25　框架肋板式桥台

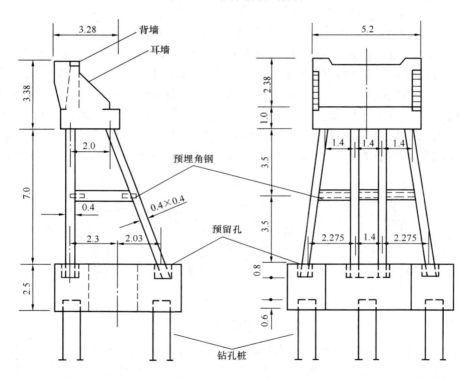

图 2-26　框架排架装配桥台（单位：m）

要承受桥跨结构传来的竖向力和水平力，而台后的土压力由其他结构来承担，这就形成了由分工不同的结构组合而成的桥台，即组合式桥台。常见的组合式桥台有锚碇板式、过梁式、框架组合式以及桥台与挡土墙组合式等。

1）锚碇板式组合桥台

锚碇板式组合桥台有分离式与结合式两种形式。分离式是台身与锚碇板、挡土结构与台身主要承受上部结构传来的竖向力和水平力，锚碇板结构承受土压力。锚碇板式由锚碇板、立柱、拉杆和挡土板组成，如图 2-27（a）所示，桥台与结构间预留空隙、基础，互不影响，受力明确。结合式是锚碇板结构与台身结合在一起，台身兼做立柱和挡土板（图 2-27b）。作用在台身的所有水平力假定均由锚碇板的抗拔力来平衡，台身仅承受竖向荷载，与分离式锚碇板结构相比，其结构简单，施工方便，工程量较小，但受力不明确。

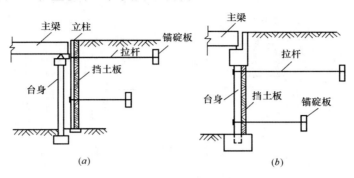

图 2-27　锚碇板式组合桥台

2）过梁式、框架式组合桥台

桥台与挡土墙用梁结合在一起的桥台为过梁式组合桥台，使桥台与桥墩的受力相同。当梁与桥台、挡土墙刚接，则形成框架式组合桥台（图 2-28）。

3）桥台与挡土墙组合桥台

由轻型桥台支承上部结构，台后设挡土墙承受土压力的组合式桥台。台身与挡土墙分离，上端做伸缩缝，使受力明确。当地基条件比较好时，也可将桥台与挡土墙放在同一基础之上（图 2-29）。这种桥台的主要优点是可以不压缩河床，但构造比较复杂。

在梁桥中，除上述桥台以外，还有一些特殊形式的桥台，如根

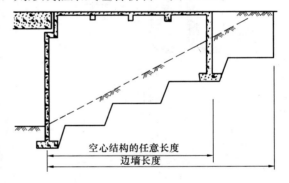

图 2-28　框架式组合桥台

据上部结构需要及受力要求，具有承压和承拉功能的承拉桥台（图 2-30）；桥台下土质比较密实，河床比较稳定，无冲刷，直接搁于地基上的枕梁式桥台（图2-31）等。

2. 拱桥桥台构造

（1）重力式 U 形桥台

重力式 U 形桥台在拱桥中用得最多，其构造与梁桥 U 形桥台相仿，也是由前墙、侧墙和基础三部分组成（图 2-32）。前墙承受拱圈推力和路堤填土压力。前墙上设有台帽，构造和拱桥墩帽相同。对空腹式拱桥，在前墙顶设有防护墙。侧墙和前墙连成整体，伸入路堤锥坡内 75cm，并抵挡路堤填土向两侧的压力。

（2）组合式桥台

组合式桥台由台身和后座两部分组成（图 2-33）。台身基础承受竖向力，一般采用桩基桩。

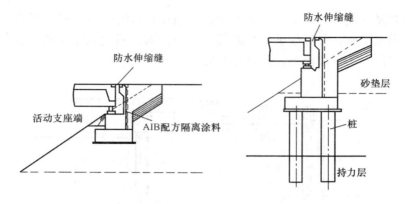

图 2-29　桥台、挡土墙组合桥台

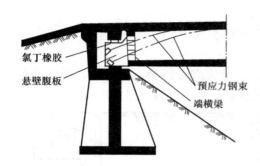

图 2-30　承拉桥台

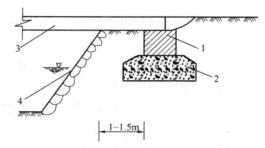

图 2-31　枕梁式桥台
1—桥台；2—桥下土质；
3—梁；4—河床

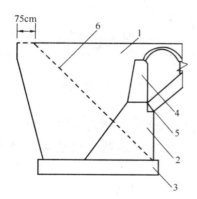

图 2-32　拱桥重力式 U 形桥台
1—侧墙；2—前墙；3—基础；
4—防护墙；5—台帽；6—锥坡

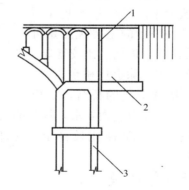

图 2-33　组合式桥台
1—沉降变形缝；2—后座；3—桩基

拱的水平推力则主要由后座基底摩阻力及台后的土侧压力来平衡。组合式桥台的承台与后座间必须密切贴合并设置沉降变形缝，以适应两者的不均匀沉降。后座基底标高应低于拱脚下缘标高，承台后土侧压力和基底摩阻力的合力作用点同拱座中心标高一致。

（3）轻型桥台

1）八字形轻型桥台

八字形桥台的台身可做成等厚度的或变厚度的。变厚度的台身背坡一般为 2∶1～4∶1，台口尺寸应满足抗剪强度要求。两边八字翼墙与台身分开，其顶宽为 40cm，前坡为 10∶1，后坡为 5∶1（图 2-34）。

2）前倾式轻型桥台

前倾式桥台由于台身向桥孔方向倾斜，因此比直立台身的受力情况要好，用料要省。前倾台身做成等厚度的，前倾坡度可达 4∶1，如图 2-35 所示。其缺点是施工比较麻烦。

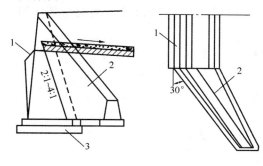

图 2-34　八字形桥台
1—台身；2—八字翼墙；3—基础

图 2-35　前倾式一字形桥台

拱桥轻型桥台还有多种形式，如 U 形桥台（图 2-36），由前墙（等厚度的）和平行于行车方向的侧墙组成。当桥台宽度较大时，为了保证前墙和侧墙的整体性，可在 U 形桥台的中间加一道背撑，成为山字形桥台。当拱桥在软土地基而桥台本身不高时可采用空腹 L 形桥台（图 2-37）、履齿式桥台、屈膝式桥台等。

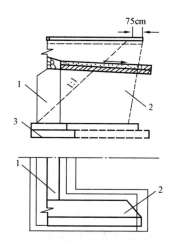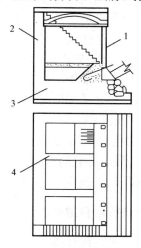

图 2-36　U 形桥台
1—前墙；2—侧墙；3—基础

图 2-37　空腹 L 形桥台
1—前墙；2—后墙；3—基础板；4—撑墙

三、桥梁墩台施工图识读

（一）为什么要识读施工图？

（1）保证工程施工质量，熟读桥梁墩台施工图包括桥位平面图、纵断面图、墩台构造图、墩台钢筋构造图、墩台工程数量表。

（2）审查结构图在几何尺寸、坐标、标高和说明等方面是否一致。

（3）审核施工图、核对施工图的正确性，并提出改正意见。

（4）审查设计图纸是否完整、齐全，以及设计图纸和资料是否符合国家有关工程建设的设计、施工方面的方针和政策。

（5）审查设计图纸与说明书在内容上是否一致以及设计图纸与其各组成部分之间有无矛盾和错误。

（6）工程地质、工程水文等条件是否一致。

（二）如何识读平面图？

识读时应主要搞清以下一些问题：

（1）图纸比例、说明和图例；

（2）每一个墩台的几何尺寸、坐标、标高；

（3）附属构筑物的平面位置；

（4）主要工程数量表。

（三）如何识读纵断面图？

识读时应主要搞清以下一些问题：

（1）平面线形、设计高程、竖曲线高程、现地高程；

（2）纵断图横向比例、竖向比例；

（3）桥梁总长度、跨径；

（4）竖曲线范围内括号中设计高程为切线高程；

（5）全线最大纵坡、最小纵坡；

（6）全线最小凸曲线半径、最小凹曲线半径。

（四）如何识读钢筋构造图？

识读时应主要搞清以下一些问题：

（1）钢筋搭接处采用何种焊接；

（2）钢筋弯起角度；

（3）计算钢筋下料长度；

（4）钢筋用量及钢筋直径；

（5）浇筑混凝土强度。

四、如何进行墩台放样？

墩台放样就是将设计图纸的墩台精确地在实际地理位置定位并显示出来。针对本桥必须建立平面控制网、三角网以确保桥梁走向、跨径、高程等符合规范和设计要求。墩台放样是在桩基完成的前提下进行的，利用已建好的平面控制网、三角网测设。

墩台放样三角网布控原则：

（1）三角网的布设除应满足三角测量本身的需要；

（2）构成三角网的各点，应便于采用前方交会法进行桩位放样，并应使各点间能互相通视；

（3）桥轴线应作为三角网的一边，两岸中线上应各设一个三角点，使之与桥台相距不远，以便于计算桥梁轴线的长度，并便于桩位、墩台放样；

（4）三角网的图形应力求简单，平差计算方便，并具有足够的强度；

（5）单三角形之内任一角应大于 $30°$，小于 $120°$。

五、安全知识

（一）生产安全管理

施工项目安全管理是在项目施工的全过程中，运用科学管理的理论、方法，通过法规、技术、组织等手段，使人、物、环境构成的施工生产体系达到最佳安全状态，实现项目安全目标所进行的一系列活动的总称。

（二）施工项目安全管理的内容

施工项目安全管理主要以施工活动中，劳动者、劳动手段与劳动对象、劳动条件（施工环境）构成的施工生产体系为对象，建立一个安全的生产体系，并制定相应的安全责任制，以确保施工活动的顺利进行。

（三）施工项目安全管理的特点

（1）施工项目安全管理的难点多；

（2）安全管理的劳保责任重；

（3）施工现场是安全管理的重点；

（4）施工项目安全管理安全体系服从企业的安全目标及安全制度。

（四）施工项目安全管理的基本原则

1. 安全第一、预防为主的原则

安全目标与施工项目管理的目标有高度的一致和完全的统一。"安全责任重于泰山"，安全第一是从保护生产力的角度和高度，表明施工安全与施工的关系，充分肯定了安全在工程项目施工中的地位和重要性；预防为主是在工程施工活动中，采取管理措施有效地控制不安全因素的发展与扩大，把可能发生的事故消灭在萌芽状态。

2. 全面动态管理的原则

安全管理是全体工程参与者共同的事，涉及从开工到竣工交付的全部施工过程，施工有关人员和全部的施工时间和一切变化着的因素，必须坚持全面动态安全管理。

3. 现场安全为重点的原则

安全事故多发生在施工现场，所以现场安全管理就成为安全管理的重点。

4. 不断提高安全管理水平的原则

工程施工活动是在不断发展与变化的，可导致安全事故的因素也处在变化之中，要随施工进程的变化调整安全管理工作的内容，不断地摸索新的规律、总结管理的办法与经验，提高安全管理水平。

（五）施工项目安全目标

施工项目安全目标是在项目施工过程中，安全工作所要达到的预期效果。施工项目安全目标应根据项目施工的特点制定，应具有先进性和可行性。施工项目总的安全目标值包括：项目施工过程控制伤亡事故发生的指标，控制交通安全事故的指标，尘毒治理要求达到的指标，控制火灾发生的指标等。

（六）采取哪些安全施工措施

安全施工措施应贯彻安全操作规程，对施工中可能发生的安全问题进行预测，有针对性地提出预防措施，以杜绝施工中伤亡事故的发生。安全施工措施主要包括：

（1）提出安全施工宣传、教育的具体措施；对于新工人，在进场上岗前必须接受安全教育及安全操作的培训。

（2）针对拟建工程地形、环境、自然气候、气象等情况，提出可能突然发生自然灾害时有关施工安全方面的若干措施及其具体的办法，以便减少损失，避免伤亡。

（3）提出易燃、易爆品严格管理及使用的安全技术措施。

（4）防火、消防措施；高温、有毒、有尘、有害气体环境下操作人员的安全要求和措施。

（5）土方、深坑施工，高空、高架操作，结构吊装、上下垂直平行施工时的安全要求和措施。

（6）各种机械、机具安全操作要求；交通、车辆的安全管理。

（7）各处电器设备的安全管理及安全使用措施。

（8）狂风、暴雨、雷电等各种特殊天气发生前后的安全检查措施及安全维护制度。

六、编制方案（实训）

1. 图纸会审记录
2. 安全技术交底记录
3. 墩台放样
4. 成果展示（PPT 文本）
5. 小组评价和教师总结

七、习题

1. 桥梁下部结构组成形式？
2. 桥墩的构造有哪些？
3. 桥台的构造形式有哪些？

任务2　桥梁墩台施工

任务目标：

1. 学生能够掌握混凝土墩台、石砌墩台施工技术；
2. 学生能够掌握装配式墩台类型及施工技术；
3. 学生能够掌握高桥墩施工技术；
4. 学生能够掌握墩台附属工程施工技术；
5. 学生能够独立的查阅资料；能够独立编制墩台施工方案。

一、石砌墩台施工

（一）石砌墩台挂线施工

墩台在砌筑之前，首先要放好样，才能使砌石工作的进行有所依据。放样是根据施工测量定出的墩台中心线，放出砌筑墩台的轮廓线，并根据墩台的轮廓线进行砌筑。砌筑过程石料的定位可采用下列两种方法进行。

1. 垂线法

当墩台身和基础较低时，可依平面轮廓线砌筑圬工，对于直坡墩台可用吊垂砣的方法来控制定位石的位置，为了吊砣方便，吊砣点与轮廓线间留有 1～2cm 的距离，如图 2-38 所示；对于斜坡墩台可以用规板控制定位石的位置，如图 2-39 所示。规板构造如图 2-40 所示，使用时以斜边靠近墩台面，悬垂线若与所划墨线重合，则表示所砌墩台斜度符合要求。

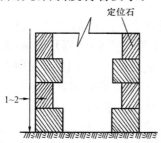

图 2-38　垂直墩台挂线（单位：cm）

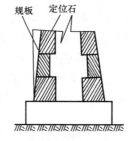

图 2-39　斜坡墩台挂线

2. 瞄准法

当墩台身较高时，可采用瞄准法控制定位石的位置，如图 2-41 所示。当墩台身每升高 1.5～2m 时，沿墩台平面棱角埋设铁钉，使上下铁钉位于一个垂直平面上，并挂以镀锌钢丝。砌筑时，拉直镀锌钢丝，使与下段镀锌钢丝瞄成一直线，即可依此安砌定位石于正确位置。采用这种方法定位时，每砌高 2～3m 时，应用仪器测量中线，进行各部尺寸的校核，以确保各部尺寸的正确。

（二）墩台砌筑程序和作业方法

1. 基础砌筑

当基础开挖完毕并进行处理后，即可砌筑基础。砌筑时，应自最外边缘开始

（定位行列），砌好外圈后填砌腹部（图 2-42）。

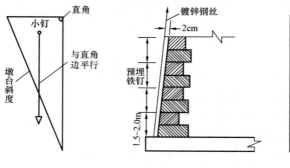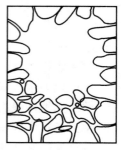

图 2-40　规板构造　　　　图 2-41　高墩台挂线　　　　图 2-42　基础砌筑

基础一般采用片石砌筑。当基底为土质时，基础底层石块可不铺坐灰，石块直接干铺于基土上；当基底为岩石时，则应铺坐灰再砌石块。第一层砌筑的石块应尽可能挑选大块的，平放铺砌，且轮流丁放或顺放，并用小石块将空隙填塞，灌以砂浆，然后开始一层一层平砌。每砌 2～3 层就要大致找平后再砌。

2. 墩台身砌筑

当基础砌筑完毕，并检查平面位置和高程均符合设计要求后，即可砌筑墩台身。砌筑前应将基础顶洗刷干净。砌筑时，桥墩先砌上下游圆头石或分水尖，桥台先砌四角转角石，后在已砌石料上挂线，砌筑边部外露部分，最后填砌腹部。

墩台身可采用浆砌片石、块石或粗料石砌筑（内部均用片石填腹）。表面石料一般采用一丁一顺的排列方法，使之连接牢固。墩台砌筑时应进度均匀，高低不应相差过大，每砌 2～3 层应大致找平。

为了美观和更好地防水，墩台表面砌缝，靠外露面需另外勾缝，靠隐蔽面随砌随刮平。勾缝的形式，一般采用凸缝或平缝，浆砌规则块材料也可采用凹缝（图 2-43）。勾缝砂浆强度等级应按设计文件规定，一般主体工程用 M10，附属工程用 M7.5。砌筑时，外层砂浆留出距石面 1～2cm 的空隙，以备勾缝。勾缝最好在整个墩台砌好后，自上而下进行，以保证勾缝整齐干净。

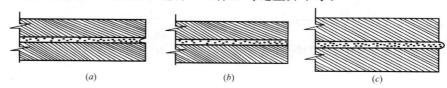

图 2-43　表面砌缝的形式
(a) 凹缝；(b) 平缝；(c) 凸缝

（三）墩台砌筑工艺及方法

1. 浆砌片石

（1）灌浆法

砌筑时片石应水平分层铺放，每层高度 15～20cm，空隙应以碎石填塞，灌以流动性较大的砂浆，边灌边撬。对于基础工程，可用平板振动器振捣，振捣时平板振动器应放置在石块上面的砂浆层上振动，直至砂浆不再渗入砌体后，方可结束。

（2）铺浆法

先铺一层坐灰，把片石铺上，每层高度一般不超过 40cm，并选择厚度合适的石块，用作砌平整理，空隙处先填满较稠的砂浆，再用适当的小石块卡紧填实。然后再铺上坐灰，以同样方法继续铺砌上层石块。

（3）挤浆法

先铺一层坐灰，再将片石铺上，左右轻轻柔动几下，再用手锤轻击石块，将灰缝砂浆挤压密实。在已砌好片石侧面继续安砌时，应在相邻侧面先抹砂浆，再砌片石，并向下和抹浆的侧面用手挤压，用锤轻击，使下面和侧面的砂浆挤实。分层高度宜在 70～120cm 之间，分层与分层间的砌缝应大致砌成水平。

2. 浆砌块石

一般多采用铺浆法和挤浆法。砌体应分层平砌，石块丁顺相间，上下层竖缝应尽量错开，错缝距离应不小于 8cm，分层厚度一般不小于 20cm。对于厚大砌体，如不易按石料厚度砌成水平层时，可设法搭配，使每隔 70～120cm 能够砌成一个比较平整的水平层，如图 2-44 所示。

3. 浆砌粗料石

砌筑前应按石料及灰缝厚度，预先计算层数，使其符合砌体竖向尺寸。石块上下和两侧修凿面都应和石料表面垂直，同一层石块和灰缝宽度应取一致。

砌筑时宜先将已修凿的石块试摆，为求水平缝一致，可先干放于木条或铁棍上，然后将石块沿边棱（A—A）翻开（图 2-45），在石块砌筑地点的砌石上及侧缝处铺抹砂浆一层并将其摊平，再将石块翻回原位，以木槌轻击，使石块结合紧密，垂直缝中砂浆若有不满，应补填插捣至溢出为止。石块下垫放的木条或铁棍，在砂浆捣实后即行取出，空隙处再以砂浆填补压实。

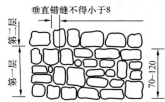

图 2-44　块石砌筑方法（单位：cm）

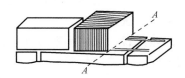

图 2-45　粗料石砌筑方法

（四）砌筑注意事项

为了使各个石块结合而成的砌体结合紧密，能抵抗作用在其上的外力，砌筑时必须做到下列几点：

（1）石料在砌筑前应清除污泥、灰尘及其他杂质，以免妨碍石块与砂浆的结合。在砌筑前应将石块充分润湿，以免石块吸收砂浆中的水分。

（2）浆砌片石的砌缝宽度不得大于 4cm；浆砌块石不得大于 3cm；浆砌料石不得大于 2cm。上下层砌石应相互压叠，竖缝应尽量错开，浆砌粗料石，竖缝错开距离不得小于 10cm，浆砌块石不得小于 8cm，这样集中力能分布到砌体整体上，否则集中力将由一个柱体承受（图 2-46）。

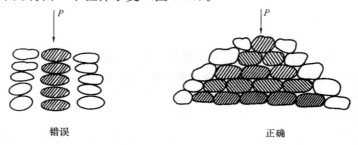

错误　　　　　　　　　　　　　　正确

图 2-46　错缝

（3）应将石块大面向下，使其有稳定的位置，不得在石块下面用高于砌砂浆层厚度的石块支垫。

（4）浆砌砌体中石块都应以砂浆隔开，砌体中的空隙应用石块和砂浆填满。

（5）在砂浆尚未凝固的砌层上，应避免受外力碰撞，砌筑中断后应洒水润湿，进行养护。重新开始砌筑时，应将原砌筑表面清扫干净，洒水润湿，再铺浆砌筑。

（五）如何控制砌筑墩台施工质量

对砂浆及小石子混凝土的抗压强度应按不同强度等级、不同配合比分别制取试件，重要及主体砌筑物，每工作班应制取试件 2 组，一般及次要砌筑物，每工作班可制取试件 1 组。小石子混凝土抗压强度评定方法同一般混凝土，砂浆抗压强度合格条件如下：

（1）同等级试件的平均强度不低于设计强度等级；

（2）任意一组试件最低值不低于设计强度等级的 75％，砌体质量应符合下列规定：

1）砌体所用各项材料类别、规格及质量符合要求；

2）砌缝砂浆或小石子混凝土铺填饱满，强度符合要求；

3）砌缝宽度、错缝距离符合规定，勾缝坚固、整齐，深度和形式符合要求；

4）砌筑方法正确；

5）砌体位置、尺寸不超过允许偏差，其允许偏差参见《公路桥涵施工技术规范》JTJ 041—2000。

二、装配式墩台施工

1. 柱式墩施工技术

装配式柱式墩系将桥墩分解成若干轻型部件，在工厂或工地集中预制，再运送到现场装配桥梁，其形式有双柱式、排架式、板凳式和刚架式等。图 2-47 为各种柱式墩构造示意图。施工工序为预制构件、安装连接与混凝土养护等。其中拼装接头是关键工序，既要牢固、安全，又要结构简单便于施工。常用的拼装接头有以下几种形式。

（1）承插式接头：将预制构件插入相应的预留孔内，插入长度一般为 1.2～1.5 倍的构件宽度，底部铺设 2cm 砂浆，四周以半干硬性混凝土填充，常用于立

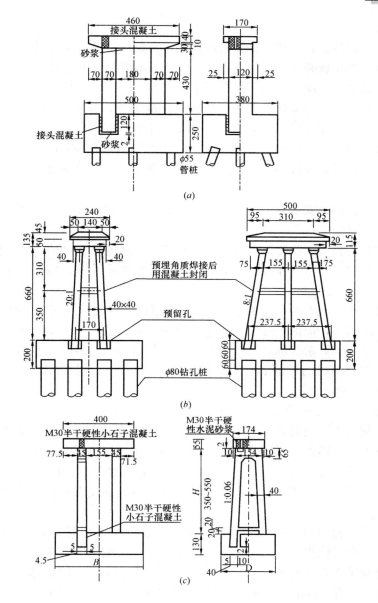

图 2-47　装配柱式墩示意（单位：cm）

（a）双柱式拼装墩；（b）排架式拼装墩；（c）刚架式拼装墩

柱与基础的接头连接。

（2）钢筋锚固接头：构件上预留钢筋或型钢，插入另一构件的预留槽内，或将钢筋互相焊接，再灌注半干硬性混凝土，多用于立柱与顶帽处的连接。

（3）焊接接头：将预埋在构件中的铁件与另一构件的预埋铁件用电焊连接，外部再用混凝土封闭。这种接头易于调整误差，多用于水平连接杆与立柱的连接。

（4）扣环式接头：相互连接的构件按预定位置预埋环式钢筋，安装时柱脚先坐落在承台的柱芯上，上下环式钢筋互相错接，扣环间插入 U 形短钢筋焊牢，四周再绑扎钢筋一圈，立模浇筑外围接头混凝土。要求上下扣环预埋位置正确，施工较为复杂。

（5）法兰盘接头：在相互连接的构件两端安装法兰盘，连接时用法兰盘连接，要求法兰盘预埋位置必须与构件垂直。接头处可不用混凝土封闭。

装配式柱式墩台应注意以下几个问题：

（1）墩台柱构件与基础顶面预留环形基座应编号，并检查各个墩、台高度是否符合设计要求；基坑口四周与柱边的空隙不得小于 2cm。

（2）墩台柱吊入基坑内就位时，应在纵横方向测量，使柱身垂直度或倾斜度以及平面位置均符合设计要求；对重大、细长的墩柱，需用风缆或撑木固定，方可摘除吊钩。

（3）在墩台柱顶安装盖梁前，应先检查盖梁口预留槽眼位置是否符合设计要求，否则应先修凿。

（4）柱身与盖梁（顶帽）安装完毕并检查符合要求后，可在基坑空隙与盖梁槽眼处灌注稀砂浆，待其硬化后，撤除楔子、支撑或风缆，再在楔子孔中灌填砂浆。

在基础或承台上安装预制混凝土管节、环圈作墩台的外模时，为使混凝土基础与墩台联结牢固，应由基础或承台中伸出钢筋插入管节、环圈中间的现浇混凝土内，插入钢筋的数量和锚固长度应按设计规定或通过计算决定。管节或环圈的安装、管节或环圈内的钢筋绑扎和混凝土浇筑，应按《公路桥涵施工技术规范》JTJ 041—2000 的规定执行。

2. 后张法预应力混凝土装配墩施工技术

装配式预应力钢筋混凝土墩分为基础、实体墩身和装配墩身三大部分。装配墩身由基本构件、隔板、顶板及顶帽四种不同形状的构件组成，用高强钢丝穿入预留的上下贯通的孔道内，张拉锚固而成（图 2-48）。实体墩身是装配墩身与基础的连接段，其作用是锚固预应力钢筋，调节装配墩身高度及抵御洪水时漂流物的冲击等。

施工工艺流程如图 2-49 所示，分成施工准备、构件预制及墩身装配三方面。全过程贯穿着质量检查工作。实体墩身灌注时要按装配构件孔道的相对位置，预留张拉孔道及工作孔（图 2-50）。构件装配的水平拼装缝采用 M5 水泥砂浆，砂浆厚度为 15mm，便于调整构件水平高程，不使误差积累。安装构件要求确保"平、稳、准、实、通"五个关键，即起吊平、构件顶面平、内外壁砂浆接缝要"抹平"；起吊、降落、松钩要"稳"；构件尺寸"准"、孔道位置"准"、中线"准"及预埋配件位置"准"；接缝砂浆要"密实"；构件孔道要"畅通"。张拉预应力的钢丝束分两种，一种是直径为 5mm 的高强度钢丝，用 18φ5 锥形锚；另一种是 7φ4mm 钢绞线，用 JM12-6 型锚具，采用一次张拉工艺。张拉顺序如图 2-51 所示。可以在顶帽上张拉，亦可在实体墩下张拉，两者的利弊比较见表 2-1，一般多在顶帽上张拉。孔道压浆前先用高压水冲洗。采用纯水泥浆，为了减少水泥浆的收缩及泌水性能，可掺入为水泥质量(0.8～1.0)/10000 的铝粉。压浆最好由下而上压注。压浆分初压与复压，初压后，约停 1h，待砂浆初凝即进行复压，复压压力可为 0.8～1.0Pa，初压压力可小一点。压浆时，若构件上的砂浆接缝全部湿润，说

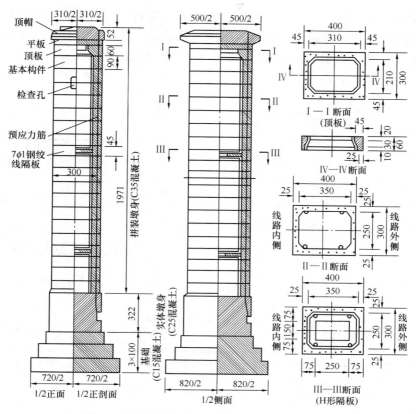

图 2-48　装配式预应力混凝土墩构造图（单位：cm）

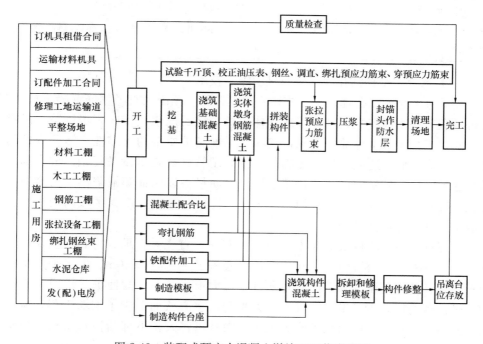

图 2-49　装配式预应力混凝土墩施工工艺流程图

明接缝砂浆空隙中压入了水泥浆，起到了密实接缝的作用。实体墩身的封锚采用与墩身同强度等级的混凝土，同时要采用防水措施。顶帽上的封锚采用钢筋网罩焊在垫板上，单个或多个连在一起，然后用混凝土封锚。

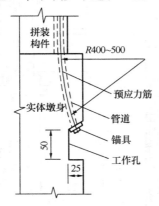

图 2-50　实体墩台的张拉工作孔（单位：cm）

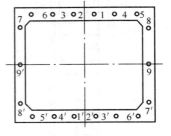

图 2-51　张拉顺序示意图

顶帽上和墩下张拉比较　　　　　　　　　表 2-1

顶 帽 上 张 拉	实 体 墩 下 张 拉
1. 高空作业，张拉设备需起吊，人员需在顶帽操作，张拉便于指挥与操作	1. 地面作业，机土设备搬运方便。但彼此看不见指挥，不如顶帽操作方便
2. 在直线段张拉，不计算曲线管道摩阻损失	2. 必须计算曲线管道摩阻损失
3. 向下垂直安放千斤顶，对中容易	3. 向上斜向安装千斤顶、对中较困难
4. 实体墩开孔小，削弱面积小，无需割断钢筋	4. 实体墩开孔大，增大削弱面积，必须割断钢筋，增加封锚工作量

3. 无承台大直径钻孔埋入空心桩墩施工技术

无承台大直径钻孔埋入空心桩墩系由预钻孔、预制大直径钢筋混凝土桩墩节、吊拼桩墩节并用预应力后张连接成整体、桩周填石压浆、桩底高压压浆、吊拼墩节、浇筑或组装盖梁等部分组成，它综合了预制桩质量的可靠性、钻孔成桩的工艺简单、成本低、适应性强等优越性；摒弃了管柱桩技术设备复杂、成本高、不易穿透砂砾层、桩易偏位及钻孔灌注桩桩身质量难以保证等缺陷，集当今桩基先进施工技术于一身该项技术在河南、湖南、江西、福建等广大区域内的桥梁工程中应用广泛，并获得显著效益。

钻埋预应力空心桩墩的技术特点是：其一，直径大，承载力高。桩径一般大于 2.5m，钻埋空心桩已达 5.0m，沉挖空心桩已达 6.0～8.0m。由于采用了桩周填石压浆、桩底高压压浆、桩节间通过预应力形成整体，故使桩基承受垂直荷载和水平荷载的能力成倍增大。其二，无承台，空心截面节省了围堰工程，减少了桩身混凝土体积，不仅简化了施工工序，而且可将大桥下部结构费用从全桥费用的 50％以上，降至 30％～40％。其三，施工快速，工期缩短，并由于采用大直径桩，桩数少，多数情况下可以单桩独柱，加之钻机设备的先进与完善，一个枯水季节可完成基础工程；预制桩节、墩节与钻孔平行作业，大大加速了工程进度。其四，钻埋空心桩墩适用于土质地基，沉挖空心桩适用于松散的砂、砾、漂石和风化岩层，且环保效果好，施工少振动、低噪声，城镇区施工对居民干扰少。其五，桩节、墩节预制，桩周、桩底压浆，节间用高强预应力筋连成整体，各项作业技术含量高，桩墩质量完全能得到保障。

图 2-52 为钻埋空心桩墩工序流程示意图，图 2-53 为钻埋空心桩墩成桩工艺图。切实解决钻孔机具设备、泥浆配制、桩节（墩节）段预制、桩节竖拼安装以及压浆（桩周压浆与桩底压浆）成桩等技术，是钻埋大直径空心桩墩成功的关键。

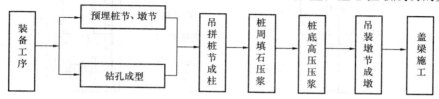

图 2-52　钻埋空心桩墩工序流程

鉴于沉埋空心桩墩施工技术难度较大，各工序应有严格的质量控制标准。

（1）成孔质量控制标准：孔深垂直度不大于±2%；成孔深度大于设计深度；成孔直径大于设计直径（钻头直径）。

（2）终孔泥浆指标（应检验排渣口泥浆）：相对密度为 1.08～1.10；黏度为 22～24s；pH 值为 7～8；含砂量小于 1%；胶体率为 100%。

（3）预制桩节质量控制标准：应符合《公路桥涵施工技术规范》JTJ 041—2000 和设计技术要求；桩节长度误差不大于±5mm；偏离水面不大于 2%。端面应平整，接头吻合良好，混凝土上下接头中心位置偏离不大于 2～3mm；壁厚误差不大于 5mm，内外径误差为±2mm；节长应依据施工起重能力决定。

（4）桩壁压浆结石混凝土质量控制标准：桩底与桩节间交界处应抛填 5～20mm 小石子作过渡段，厚度为 0.5m，以消除桩底注浆混凝土收缩缝集中在预制混凝土底节钢板下；UBW-1 型或 SCR 型絮凝混凝土隔离层厚度为 0.5～0.6m；抛掷落水高度不大于 0.5m；填石粒料直径应选 $\phi20mm$、$\phi40mm$、$\phi40～\phi60mm$ 或 $\phi40～\phi80mm$ 间断级配；压浆水泥应选 32.5 级以上普通硅酸盐水泥掺配膨胀剂，在条件许可时应尽量选用微膨胀水泥；水泥浆液流动度应根据孔隙率和吸浆量确定，以确保注浆结石混凝土抗压强度。

（5）桩底压浆结石混凝土质量控制标准：桩周压浆结石混凝土强度达到 60% 后，才能进行桩底高压压浆；压力值以扬压管为控制，标准不超过设计值的 ±1%；桩的上抬量不超过设计值的 ±1%；注浆量应大于计算量的 1.2～1.3 倍；闭浆时间应在 15～30min，由闭浆时的吸浆量决定。

4. 装配式墩台的允许偏差

根据《公路桥涵施工技术规范》JTJ 041—2000 规定，构件安装前必须检查其外形和构件的预埋件尺寸和位置，其允许偏差不得超过设计规定；构件安装就位

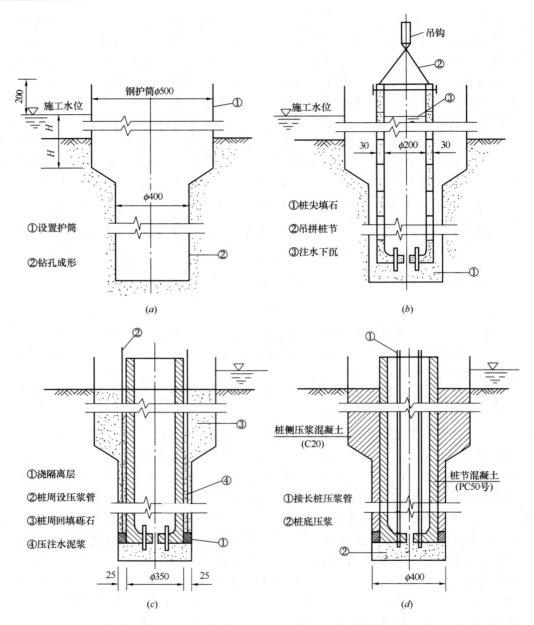

图 2-53　为钻埋空心桩墩成桩工艺（单位：cm）

（*a*）钻孔成形；（*b*）吊拼桩节；（*c*）桩周压浆；（*d*）桩尖压浆

完毕后，经过检查校正符合要求，才允许焊接或浇筑混凝土以固定构件；分段安装的构件继续安装时，必须在先安装的构件固定和受力较大的接头混凝土达到设计要求的强度后方可进行（一般应达到设计强度等级的 70%）；装配式墩台完成时的允许偏差为：

（1）墩台柱埋入基座内的深度和砌块墩、台埋置深度，必须符合设计规定；

（2）墩台倾斜为 0.3%H（H 为墩台高），最大不得超过 20mm；

（3）墩台顶面高程±10mm；墩、台中线平面位置±10mm；相邻墩、台柱间距±15mm。

三、高桥墩施工技术

目前，公路、铁路等级的不断提高，新桥型的不断推出以及高强度混凝土的不断推广应用，高桥墩（塔）也不断出现，但随着桥墩高度的增加，其施工难度及技术要求也相应增大和提高。现比较成熟的方法有：提升模板法、滑动模板法和预制拼装法。

（一）提升模板法

1. 单面整体提升模板法

单面整体提升模板可分为拼装式模板和自制式模板。索塔施工时，应分节段支模和浇筑混凝土，每一节段的高度应视索塔尺寸、模板数量和混凝土浇筑能力而定，一般宜为3～6m。用捯链或吊机吊起大块模板，安装好第一节段模板，其组装方法与高墩台组装模板相同。模板安装好后在浇筑第一节段混凝土时，应在塔身内预埋螺栓，以支承第二节段模板和安装脚手架，如图2-54和图2-55所示。

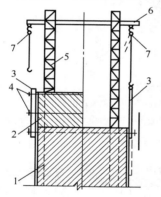 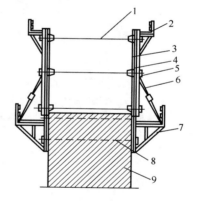

图 2-54　单面整体提升模板示意图　　　　图 2-55　拼装式模板的组装方式
1—已浇索塔；2—待浇节段；3—模板；　　　　1—拉杆；2—上脚手；3—模板；
4—对拉螺杆；5—钢架立柱；6—横梁；　　　　4—立柱；5—横肋；6—可调斜撑；
7—捯链　　　　　　　　　　　　　　　7—下脚手；8—预埋螺栓；9—已浇索塔

2. 翻模法

这种模板系统依靠混凝土对模板的黏着力自成体系，且制造简单，构件种类少，模板的大小可根据施工能力灵活选用，混凝土接缝易处理，施工速度快。但模板本身不能爬升，要依靠塔吊等起重设备提升。施工程序为先安装第一层模板（接缝节＋标准节＋接缝节），浇筑混凝土，完成一个基本节段的施工；以已浇混凝土为依托，拆除最下一层的接缝节和标准节（顶节接缝节不拆），向上提升，将标准节接于第一层的顶节接缝节上，并将拆下的接缝节立于标准节，安装对拉螺杆和内撑，完成第二层模板安装，如图2-56、图2-57、图2-58所示。

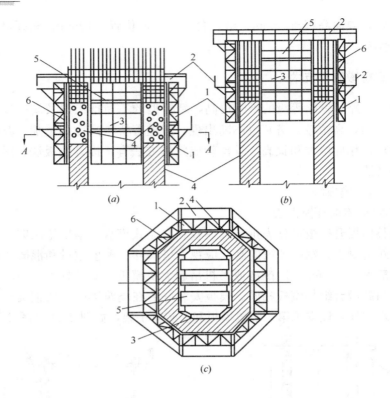

图 2-56　多节模板交替提升

（*a*）浇筑混凝土、安装钢筋；（*b*）模板交替提升；（*c*）A-A 剖面

1—模板桁架；2—工作平台；3—内模板；4—已浇混凝土；5—内模平台；6—外模板

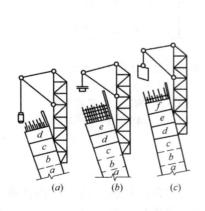

图 2-57　爬模施工步骤

（*a*）浇混凝土；（*b*）养护、绑扎钢筋；
（*c*）爬升模架、安装模板

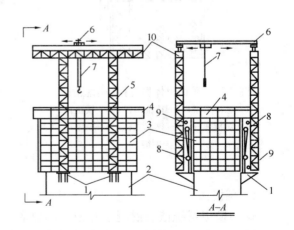

图 2-58　电动爬架拆翻模

1—支承系统；2—索塔；3—模板；4—工作平台；
5—钢立柱；6—桁车；7—倒链；8—提升系统；
9—导向轮；10—模板桁架

3. 爬模法

爬模按提升设备不同可分为倒链手动爬模、电动爬架拆翻模和液压爬升模。

（1）捯链手动爬模

该装置一般由钢模、提升桁架及脚手架三部分组成，其中模板由背模、前模、及左右侧模组成。其施工要点是：利用提升架上的起重设备，拆除下一节钢模，将其安装到上一节钢模上，浇筑上节钢模内的混凝土并养护。同时绑扎待浇节段的钢筋，待混凝土达到规定强度后，用捯链将提升架沿背模轨向上提升（捯链的数量、起吊力的选择一定要依据可提升物的重力等考虑足够的安全系数，并考虑做保险链），再拆除最下节钢模。如此循环操作，全部施工设备随塔柱的升高而升高，具体步骤如图 2-57 所示。

（2）电动爬架拆翻模

该装置由模架、模板、电动提升系统和支承系统四部分组成。其施工步骤为模架爬升、模板拆除、钢筋安装和混凝土施工，如图 2-59、图 2-60 所示。

（3）液压爬升模

该种装置由模板系统、网架主工作平台、液压提升系统等组成。当一个节段的混凝土已浇筑并达到规定强度后，即可进行模板的爬升。先将上爬架的四个支腿（爬靴）收紧以缩小外廓尺寸，然后操作液压控制台开关，两顶升油缸活塞杆支承在下爬架上，两缸体同时向上顶升，并通过上爬架、外套架带动整个爬模向上爬升。待行程达到要求的高度时，停止爬升，调节专门杆件，伸出四个支腿，并使就位爬靴支在爬升支架上，然后操纵液压控制台，使活塞杆收回，带动下爬架、内套架上升就位，并把下爬架支腿支撑好。爬升就位后，拆下一节模板，同时绑扎钢筋，并将拆下的模板立在上一节模板顶部，再进行下一个节段的施工，如图 2-60 所示。

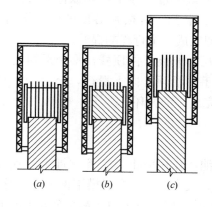

图 2-59　电动爬架拆翻模施工步骤
（a）钢筋及模板安装；（b）浇筑混凝土；
（c）提升模架

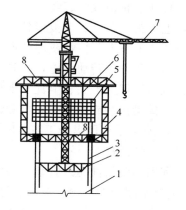

图 2-60　液压爬升模
1—已浇索塔；2—下爬架；3—爬架轨道
及液压提升系统；4—L 形爬架支腿；5—模板；
6—内吊脚手架；7—塔吊；8—网架主工作平台

（二）滑动模板法

滑动模板系将板悬挂在工作平台的围圈上，沿着所施工的混凝土结构截面的周围组拼装配，并随着混凝土的灌注由千斤顶带动向上滑升。

滑动模板的构造，由于桥墩类型、提升工具的类型不同也稍有差异，但其主要部件与功能则大致相同。一般主要由工作平台、内外模板、混凝土平台、工作吊篮和提升设备等组成，如图 2-61 所示。

（三）提升工艺

1. 螺旋千斤顶提升工艺（图 2-62）

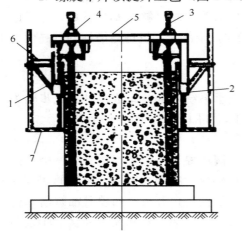

图 2-61　滑模构造示意图

1—模板；2—围圈；3—支承杆；4—千斤顶；
5—顶架；6—操作平台；7—吊架

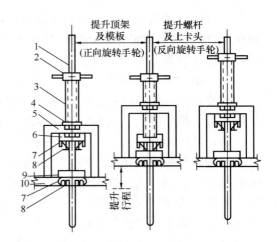

图 2-62　螺旋千斤顶提升示意图

1—顶杆；2—手轮；3—螺杆；4—顶座；
5—顶架上横梁；6—上卡头；7—卡瓦；
8—卡板；9—下卡头；10—顶架下横梁

转动手轮使螺杆旋转，使千斤顶顶座顶架上横梁带动整个滑模徐徐上升。此时，上卡头、卡瓦、卡板卡住顶杆，而下卡头、卡瓦、卡板则沿顶杆向上滑行，当滑至与上下卡瓦接触或螺杆不能再放置时，即完成一个行程的提升。

向相反方向转动手轮，此时，下卡头、卡瓦、卡板卡住顶杆，整个滑模处于静止状态。仅上卡头、卡瓦、卡板连同螺杆、手轮沿顶杆向上滑行，至上卡头与顶架上横梁接触或螺杆不能再旋转时为止，即完成一个循环。

2. 液压千斤顶提升工艺（图 2-63）

（1）进油提升

利用油泵将油压入缸盖 3 与活塞 5 间，在油压作用时上卡头 6 立即卡紧顶杆 1，使活塞固定在杆顶上。随着缸盖连同缸筒 4、底座 9 及整个滑模结构一起上升，直至上卡头 6、下卡头 8 顶紧时，提升暂停。此时，缸筒内排油弹簧完全处于压缩状态。

（2）排油归位

开通回油管路，解除油压。用排油弹簧推动下卡头使其与顶杆卡紧，推动上卡头将油排出缸筒，在千斤顶及整个滑模位置不变的情况下，使活塞回到进油前位置。至此，完成一个提升循环。为了使各液压千斤顶能协同一致地工作，应将油泵与各千斤顶用高压油管连通，由操纵台统一集中控制。

提升时，滑模与平台上临时荷载全由支承杆承受。顶杆多用 A3 与 A5 圆钢制

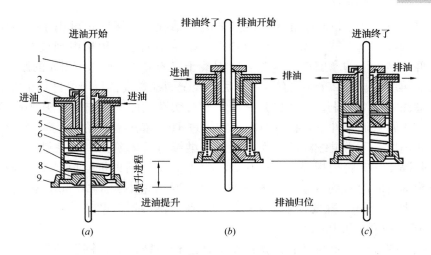

图 2-63　液压千斤顶提升示意图

1—顶杆；2—行程调整帽；3—缸盖；4—缸筒；5—活塞；

6—上卡头；7—非油弹簧；8—下卡头；9—底座

作，直径 25mm，A5 圆钢的承载能力约为 12.5kN（A3：10kN）。顶杆一端埋置于墩、台结构的混凝土中，一端穿过千斤顶芯孔，每节长 2.0～4.0m，用工具或焊接连接。为了节省钢材，使支承顶杆能重复利用，可在顶杆外安上套管，套管随同滑模整个结构一起上升，待施工完毕后，可拔出支承顶杆。

（四）施工工序要点

1. 滑模组装

（1）在基础顶面搭枕木垛，定出桥墩中心线。

（2）在枕木垛上先安装内钢环，并准确定位，再依次安装辐射梁、外钢环、立柱、顶杆、千斤顶、模板等。

（3）提升整个装置，撤去枕木垛，再将模板落下就位，随后安装余下的设施。内外吊架子待模板滑长至一定高度，及时安装。模板在安装前，表面需涂润滑剂，以减小滑升时的摩擦阻力。组装完毕后，必须按设计要求及组装质量标准进行全面检查，并及时纠正偏差。

2. 灌注混凝土

滑模宜灌注低流动度或半干硬性混凝土，灌注时应分层、分段进行，分层厚度以 20～30cm 为宜，灌注后混凝土表面距模板上缘宜有不小于 10～15cm 的距离；混凝土入模时，要均匀分布，应采用插入式振动器振捣，振捣时应避免接触钢筋模板，振动插入一层混凝土的深度不得超过 5cm；脱模时混凝土强度应为 0.2～0.5MPa，以加强提升，脱模后 8h 左右开始养护，用吊在下吊架上的不绕墩身的带小孔的水管来进行。养护水管一般设在距模板下缘 1.8～2.0m 处效果较好。

3. 提升与收坡

整个桥墩灌注过程可分为初次滑升、正常滑升和末次滑升三个阶段。从开始灌注混凝土到模板首次试升为初次滑升阶段，初灌混凝土的高度一般为 60～70cm，分三次灌注，在底层混凝土强度达到 0.2～0.4MPa 时即可试升，将千斤顶同时缓慢提升 5cm，以观察底层混凝土的凝固情况，现场鉴定可用手指按刚脱模的混凝土表面，基本按不动，但留有指痕，砂浆不沾手，用指甲划过有痕，滑升时能耳闻"沙沙"的摩擦声，这些表明混凝土已具备 0.2～0.4MPa 的脱模强度，可以开始再缓慢提升 20cm 左右。初升后，经全面检查设备，即可进行正常滑升阶段：每灌注一层混凝土，滑模提升一次，使每次灌注的厚度与每提升的高度基本一致。在正常气温条件下，提升时间不宜超过 1h。末次滑升阶段是混凝土已经灌注到需要高度，不再继续灌注，但模板尚需继续滑升的阶段。灌完最后一层混凝土后，每隔 1～2h 将模板提升 5～10cm，滑动 2～3 次后即可避免混凝土与模板胶合，滑模提升时应做到垂直、均衡一致，顶架间高差不大于 20mm，顶架横梁水平高差不大于 5mm，并要求施工班组连续作业，不得随意停工。

4. 接长顶杆、绑扎钢筋

模板每提升至一定高度后，就需要穿插进行顶杆、绑扎钢筋等工作。为不影响提升的时间，钢筋接头均应事先配好，并注意将接头错开。对预埋件及预埋的接头钢筋，滑模抽离后，要及时清理，使之外露。

5. 混凝土停工后的处理

在整个施工过程中，由于工序的改变，或发生意外事故，使混凝土的灌注工作停止较长时间，即需要进行停工处理，例如，每隔半小时左右稍微提升模板一次，以免粘结，停工时在混凝土表面要插入短钢筋等，以加强新老混凝土的粘结；复工时还需要将混凝土表面凿毛，并用水冲走残渣，湿润混凝土表面，灌注一层厚度为 2～3cm 的 1∶1 水泥砂浆，然后再灌注原配合比的混凝土，继续滑模施工。

四、墩台附属工程施工

（一）桥台翼墙、锥坡施工有哪些施工要点

（1）石砌锥坡、护坡和河床铺砌层等工程，必须在坡面或基面夯实、整平后，方可开始铺砌，以保证护坡稳定。

（2）护坡基础与坡角的连接面应与护坡坡度垂直，以防坡角滑走。片石护坡的外露面和坡顶、边口，应选用较大、较平整并略加修凿的块石铺砌。

（3）砌石时拉线要张紧，砌面要平顺，护坡片石背后应按规定做碎石倒滤层，防止锥体土方被水冲蚀变形。护坡与路肩或地面的连接必须平顺，以利排水，并避免背后冲刷或渗透坍塌。

（4）锥体填土应按设计高程及坡度填足。砌筑片石厚度不够时再将土挖去，不允许填土不足，临时边砌石边填土。锥坡拉线放样时，坡顶应预先放高 2～4cm，使锥坡随同锥体填土沉降后，坡度仍符合设计规定。

（5）锥坡、护坡及拱上等各项填土，宜采用透水性土，不得采用含有泥草、腐殖物或冻土块的土。填土应在接近最佳含水量的情况下分层填筑和夯实，每层厚度不得超过 0.30m，密实度应达到路基规范要求。

（6）在大孔土地区，应检查锥体基底及其附近有无陷穴，并彻底进行处理，保证锥体稳定。

（7）干砌片石锥坡，用小石子砂浆勾缝时，应尽可能在片石护坡砌筑完成后间隔一段时间，待锥体基本稳定再进行勾缝，以减少灰缝开裂。

浆砌砌体应在砂浆初凝后，覆盖养护 7～14d。养护期间应避免碰撞、振动或承重。

（二）台后填土有哪些要求

（1）台后填土应与桥台砌筑协调进行。填土应尽量选用渗水土，如黏土含量较少的砂质土。土的含水量要适量，在北方冰冻地区要防止冻胀。如遇软土地基，为增大土抗力，台后适当长度内的填土可采用石灰土（掺 5％石灰）。

（2）填土应分层夯实，每层松土厚 20～30cm，一般应夯 2～3 遍，夯实后的厚度 15～20cm，使压实度达到 85％～90％，并做压实度测定。靠近台背处的填土打夯较困难时，可用打夯机夯实，与路基搭接处宜挖成台阶形。

（3）石砌圬工桥台台背与土接触面应涂抹两道热沥青或用石灰三合土、水泥砂浆胶泥做不透水层作为台后防水处理。

（4）对于梁式桥的轻型桥台台后填土，应在桥面完成后，在两侧平衡地进行。

（5）台背填土顺路线方向长度，一般应自台身起，底面不小于桥台高度加 2m，顶面不小于 2m。

（三）台后搭板的施工要点

（1）设置搭板是解决台后错台跳车的重要工程措施，其效果与搭板之下的路堤压缩程度和搭板长度有密切关系。

（2）桥头搭板应设置一个较大的纵坡 i_2，若路线纵坡是 i_1，则搭板纵坡应符合 $10％≤（i_2-i_1）≤15％$，以保证在台后长度方向上的沉降分布较均匀，并逐渐减小。搭板末端顶面应与路基平齐；搭板前端顶面应留有路面面层的厚度。

（3）对台后填土应有严格的压实要求。应先清理基坑，使其尺寸符合要求。接着进行基底压实，如压路机使用困难可用小型手推式电动振动打夯机压实，并用环刀法测定压实度。基底填筑达到规定高程后，可填筑并压实二灰碎石，一般可用 12～15t 压路机压实，每层碾 6～8 遍，分层压实的厚度一般不大于 20cm，对于边角部位可用小型打夯机补压。可在填压达到搭板顶部的高程，压实或通行车辆一段时间后，再挖开浇筑搭板和枕梁。

（4）对上述填筑台后路堤材料有困难时，至少应选用透水性良好的砂性土，或掺用 40％～70％的砂石料，分层厚度 20～30cm，压实度不小于 95％。靠近后墙部位（1.5m 宽）可用小型打夯机，也可填筑块片石及级配砂砾石，用振动器振实。用透水性材料填筑时，应以干密度控制施工质量。

（5）台背填筑前应在土基上或某一合适高度设置泄水管或盲沟，并注意将泄水管或盲沟引出路基之外。

（6）桥头跳车是普通且复杂的问题，它涉及路堤沉降、台背回填、桥台类型等众多因素。但桥头跳车的直接原因是刚性结构物桥台与路堤连接处在行车荷载的反复作用下产生较大的沉降变形差异。因为桥台结构物刚度大，基础一般都经过处理，沉降很小，而台背路堤是一种刚度很小的非浅性材料，在行车荷载的作用下产生较大的塑性变形，而且视不同的土质需要不同的时间才趋于稳定。针对桥头跳车，目前采取的措施一般有：桥头搭板；选择恰当的填筑材料，充分压实；

修建低路堤，延长土方填筑与路面铺筑间隔时间等。

填高大于 20m 的路段按设计采用加筋处理。当地面横坡陡于 1：5 时，将地面挖成 4% 的反向台阶后再填土，台阶宽度大于 1.5m。底部先铺两层高强度土工格室，层间距 80cm，再在其上铺设土工格栅。土工格栅铺设时将强度高的方向垂直于路中线展开、拉直、平顺，紧贴下承层，用 U 形钢钉固定于台阶上，自由段反折 2m 以利锚固。层间距 100cm，搭接宽度 20cm，用细钢丝绑扎。每层土工材料的铺筑坡度（纵横坡）与路面平行，铺设土工格栅的土层表面平整，距土工格栅8cm 内的填料最大粒径不大于 6cm。图 2-64 为桥台土工格室加筋处理示意图。

（四）台后泄水盲沟施工技术要求

（1）地下水较多时，泄水盲沟以片石、碎石或卵石等透水材料砌筑，并按坡度设置，沟底用黏土夯实。盲沟应建在下游方向，出口处应高出一般水位 0.2m。平时无水的干河沟应高出地面 0.3m。

（2）如桥台在挖方内，横向无法排水时，泄水盲沟在平面上可在下游方向的锥体填土内折向桥台前端排水，在平面上呈 L 形。

（3）地下水较大时，盲沟的一般构造如图 2-65 所示。盲沟施工时应注意以下事项：

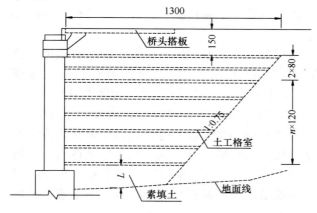

图 2-64　桥台土工格室加
筋处理示意图

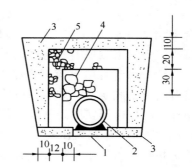

图 2-65　盲沟一般构造
1—渗水管基础；2—渗水管；
3—粗砂层；4—粒径 2～3cm 卵石；
5—粒径小于 2cm 卵石

1）盲沟所用各种填料应洁净、无杂质，含泥量应小于 2%。

2）各层的填料要求层次分明，填筑密实。

3）盲沟应分段施工，当日下管填料应一次完成。

4）盲沟滤管一般采用无砂混凝土管或有孔混凝土管，也可用短节混凝土管，但应在接头处留 1～2cm 间隙，供地下水渗入。

5）盲沟滤管基底应用混凝土浇筑，并与滤管密贴，纵坡应均匀，小于 2cm 卵石无反向坡；管节应逐节检查，不合格不得使用。

6）管道安装完毕后，应将管内砂浆残渣、杂物清除干净。

（五）导流建筑物施工要点

（1）导流建筑物应和路基、桥涵工程综合考虑施工，以避免在导流建筑物范围内取土、弃土破坏排水系统。

（2）砌筑用石料的抗压强度不得低于 20MPa；砌筑用砂浆强度等级，在温和及寒冷地区不低于 M5，在严寒地区不低于 M7.5。

（3）导流建筑物的填土应达到最佳密度 90％以上，坡面砌石按照锥体护坡要求办理。若使用漂石时，应采用栽砌法铺砌；若采用混凝土板护面，板间砌缝为 10～20mm，并用沥青麻筋填塞。

（4）抛石防护宜在枯水季节施工。石块应按大小不同规格掺杂抛投，但底部及迎水面宜用较大石块。水下边坡不宜陡于 1∶1.5。顶面可预留 10％～20％的沉落量。

（5）石笼防护基底应铺设垫层，使其大致平整。石笼外层应用较大石块填充，内层则可用较小石块码砌密实，装满石块后，用钢丝封口。石笼间应用钢丝连成整体。在水中安置石笼，可用脚手架或船只顺序投放，铺放整齐，笼与笼间的空隙应用石块填满。石笼的构造、形状及尺寸应根据水流及河床的实际情况确定。

五、编制方案（实训）

编制桥梁墩台施工方案。

六、习题

1. 填空题

（1）高桥墩（塔）也不断出现，但随着桥墩高度的增加，其施工难度及技术要求也相应增大和提高。目前比较成熟的方法有：（　　）、（　　）和预制拼装法。

（2）导流建筑物的填土应达到最佳密度（　　）以上，坡面砌石按照锥体护坡要求办理。

（3）砌体应分层平砌，石块丁顺相间，上下层竖缝应尽量错开，错缝距离应不（　　），分层厚度一般不小于 20cm。

2. 问答题

（1）墩台砌筑程序和作业方法有哪些？

（2）台后搭板的施工要点有哪些？

任务 3　模　板　加　工

任务目标：

1. 学生能够掌握模板类型；

2. 学生能够掌握模板设计、制作、安装要点；

3. 学生能够掌握模板施工技术；

4. 学生能够掌握模板拆除要求；

5. 学生能够独立的查阅资料；能够独立编制墩台施工方案。

一、模板

模板是供浇筑混凝土用的临时结构物，模板结构的坚固性、形状的正确程度、拼装的严密与否，直接影响混凝土构件的质量；模板构造的优劣、装拆的难易以及周转次数的多少又影响工程进度和造价。采用先进的模板技术，对于提高构件质量、加快施工速度、提高劳动生产率、降低工程成本和实现文明施工，都具有十分重要的意义。

二、模板按使用材料的分类

（一）木模

木模主要由紧贴于混凝土表面的壳板（又称面板）、支承壳板的肋木和立柱或横挡组成，基本构造如图 2-66 所示。木模制作容易，但木材耗损大，成本较高。壳板可以竖直拼装或水平拼装，壳板的接缝可做成平缝、搭接缝或企口缝。当采用平缝拼接时，应在拼缝处衬压塑料薄膜或水泥袋纸以防漏浆。为了增加木模的周转次数并方便脱模，往往在壳板面上加钉一层薄钢板。

壳板的厚度一般为 20～50mm，宽 150～180mm，不宜超过 200mm，过薄与过宽的板容易变形。肋木、立柱或横挡的尺寸可根据经验或计算确定。肋木的间距一般为 0.7～1.5m。

（二）钢模

钢模是用钢板代替木板，用角钢代替肋木和立柱（图 2-67）。钢板厚度一般为 4mm。角钢尺寸应根据计算确定。钢模虽然一次投入资金较多，但由于钢模板具有通用性强、装拆方便、周转次数多等特点，所以实际成本较低。施工时可事先按设计要求将钢模组拼成主梁或墩柱的大型模板，整体吊装就位，也可散装散拆。钢模由于结实耐用，接缝严密，能经受强力振捣，浇筑的构件表面光滑，应用广泛。

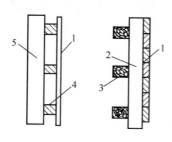

图 2-66　木模构造

1—木面板；2—巨挡；3—横挡；

4—肋木；5—立柱

图 2-67　平面模板

组合式定型钢模是目前使用较广泛的一种通用性组合模板，如图 2-68 所示。

它由具有一定模数的若干类型的板块、角模、支撑和连接件组成，用它可以拼出多种尺寸和几何形状，以适应建筑物的梁、柱、板、墙和基础等施工的需要，也可用它拼成大模板和台模等。施工时可以在现场直接组装，亦可以预拼装成大块模板或构件模板用起重机吊运安装。组合钢模板的部件主要由钢壳板、连接件和支承件等部分组成。

1. 钢壳板

钢壳板采用 Q235 钢材制成，钢板厚度 2.5mm，对于 400mm 以上宽面钢模板的钢板厚度应采用 2.75mm 或 3.0mm 钢板。主要包括平面模板、阴角模板、阳角模板和连接角模等，如图 2-67 和图 2-68 所示。

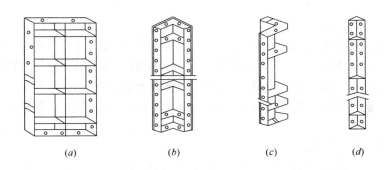

图 2-68　组合钢模板部件

(a) 平面模板；(b) 阴角模板；(c) 阳角模板；(d) 连接角模

2. 连接件

常用的连接件主要有钩头螺栓、L 形插销、U 形卡和紧固螺栓等。

3. 支承件

支承件包括支承梁、模板的托架、支撑桁架和顶撑及支撑墙模板的斜撑。这些支撑多为工具式支撑，在高度或宽度上均可调整。这些工具支承必要时可按《钢结构设计规范》GB 50017—2003 的有关规定进行验算，以确保模板体系的强度、刚度和稳定性。

(三) 胶合板模板

胶合板模板可分为木胶合板模板和竹胶合板模板，现已成为我国模板工程的主材，广泛应用于现浇混凝土结构工程中，用于面板的竹胶板是用竹片或竹帘涂胶粘剂，纵横向铺放，组坯后热压成型，板面光滑平整，便于脱模和增加周转次数。竹胶板表面一般采用涂料或浸胶纸复面处理，以利于防水。胶合板模板具有以下优点：

(1) 钢框竹胶板模板不仅富有弹性，而且耐磨耐冲击，强度、刚度和硬度都比较高；

(2) 能多次周转使用，寿命长，可降低工程造价；

(3) 在水泥浆中浸泡，受潮后不变形，模板接缝严密，不易漏浆；

(4) 板幅大，自重轻，板面平整，可设计成大面积模板，减少模板拼缝，提高装拆工效，加快施工进度；

（5）加工方便，可加工成各种规格尺寸，适用性强；

（6）不会生锈，可露天存放；

（7）保温性能好，能防止温度变化过快，冬期施工有助于混凝土的保温；

（8）便于按工程的需要弯曲成型，用作曲面模板；

（9）用于清水混凝土模板，最为理想。

（四）钢木结合模

如果将钢模板中的钢制壳板换成水平拼装的木壳板，用沉头螺栓连接在角钢竖肋上，在木壳板上再钉一层薄钢板，这样就做成钢木结合模板，这种模板可以节约木材，降低成本，而且具有较大的刚度和紧密稳固性，是一种较好的模板结构。

（五）钢框胶合板模板

钢框胶合板模板是由钢框和防水胶合板组成，防水胶合板平铺在钢框上，用沉头螺栓与钢框连牢。这种模板在钢边框上可钻有连接孔，用连接件纵横连接，组装各种尺寸的模板，它们也具备定型组合钢模板的某些优点，而且质量比组合钢模板轻，施工方便。钢框竹胶板模板是由钢框和竹胶板组成，其构造与胶合板模板相同。

（六）充气橡胶芯模

充气橡胶芯模是由橡胶与纤维加强层硫化而制成的产品，具有很高的抗张强度、弹性和气密性，充入高压空气后，能代替原有的木模、竹模、钢模，可以多次重复使用，是一种降低成本和加快施工进度的混凝土制品配套产品。

橡胶芯模常用规格如图 2-69 所示。国外，还采用混凝土管、纸管等做成不抽拔的芯模。不管何种模板，为了避免壳板与混凝土粘连，通常均需在壳板面上涂刷隔离剂，如石灰乳浆、肥皂水、色拉油等。

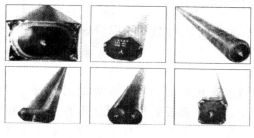

图 2-69　充气橡胶芯模

（七）土模

土模的优点是节约木料和铁件，缺点是用工较多，制作要求严格，预埋构件较难固定，雨期施工困难。土模按其位置高低可分为下列三种：

（1）地下式土模：在已平整的地坪上就地放样，挖槽成型，构件大部埋入地坪下，外露 5cm 左右；

（2）半地下式土模：构件一半埋入地坪下，所挖出的土作为两边侧模；

（3）地上式土模：构件全部外露在地坪上，侧模由填土夯筑而成。

三、模板按施工方法分类

（一）拼装式模板

将各种尺寸的标准模板利用销钉连接，并与拉杆、加劲构件等组成结构所需形状的模板，如图 2-70（a）所示。在拼装钢模板时，所有紧贴混凝土的接缝内都用止浆垫使接缝密闭不漏浆，止浆垫一般采用柔软、耐用和弹性大的 5～8mm 橡胶板或厚 10mm 左右的泡沫塑料。拼装式模板由于在厂内加工制造，所以板面平整、尺寸准确、体积小、质量轻、拆装容易、运输方便。

墩身模板采用无拉杆式设计模板如图 2-70 (b)、图 2-70 (c) 所示，模板 1.5m 高一个节段，面板厚 8mm。承台混凝土浇筑前，依据墩身模板结构尺寸在承台上预埋型钢铁件。

墩身模板采用汽车运输至墩位附近，现场拼装成整体，安装桁架支撑，采用 25t 汽车吊整体吊装就位，与承台预埋型钢连接固定。

模板整体拼装时要求错台小于 1mm，拼缝小于 1mm。安装时，用缆风绳将钢模板固定，利用经纬仪校正钢模板两垂直方向的倾斜度。各种不同类型的墩身模板组装如图 2-70 所示，墩身模板安装允许偏差见表 2-2。

墩身模板安装允许偏差表　　　　　　　　　　表 2-2

序号	检查项目	允许偏差(mm)	序号	检查项目	允许偏差(mm)
1	模板标高	±10	5	模板表面平整	5
2	模板内部尺寸	±20	6	预埋件中心线位置	3
3	轴线偏位	10	7	预留孔洞中心线位置	10
4	相邻两板表面高低差	2			

（二）整体吊装模板

如图 2-71 所示，将模板水平或竖直分成若干段，每段模板组成一个整体，在地面拼装后，吊装就位。分段高度可视起吊能力而定。整体吊装模板的优点是：安装时间短，无需设施工接缝，加快施工进度，提高了施工质量；将拼装模板的

(a)

图 2-70　模板示意图（一）
(a) 拼装式模板

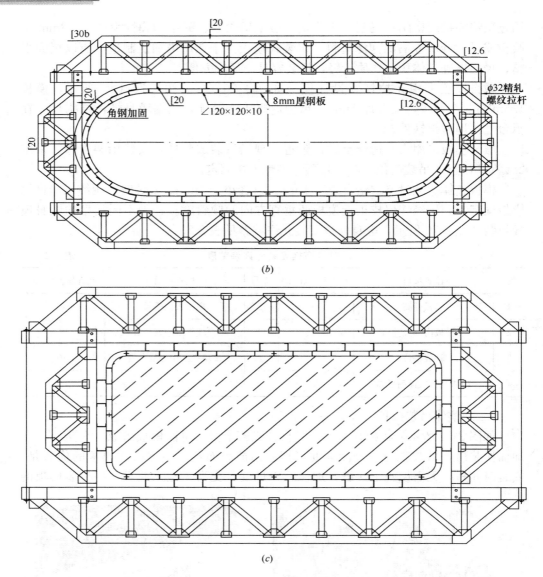

图 2-70　模板示意图（二）

（b）圆端形实体墩身桥墩模板图；（c）矩形实体墩身桥墩模板图

高空作业改为平地操作，有利于施工安全；模板刚性较强，可少设拉结筋或不设拉结筋，节约钢材；可利用模外框架作简易脚手架，不需另搭施工脚手架；结构简单，装拆方便。

（三）滑升模板

滑升模板简称滑模，是一种能随混凝土的浇筑自行向上滑升的模板装置。用于现场浇筑高耸的建筑物，尤其适于浇筑桥塔、高桥墩和沉井等截面变化较小的混凝土结构。滑模可节省大量模板和脚手架，加快施工进度，降低工程费用，但滑模设备一次性投资较多，耗钢量较大，只适宜用来浇筑混凝土结构的竖向结构，对建筑物截面变化频繁者施工起来比较麻烦。

图 2-71　整体吊装模板

（四）爬升模板

爬升模板（即爬模），是一种适用于现浇钢筋混凝土竖直或倾斜结构施工的模板工艺。目前已逐步发展形成"模板与爬架互爬"、"爬架与爬架互爬"和"模板与模板互爬"三种工艺。

四、模板制作及安装

（一）模板制作技术要求

1. 木模板制作

（1）木模可在工厂或施工现场制作，木模与混凝土接触的表面应平整、光滑，多次重复使用的木模应在内侧加钉薄钢板。木模的接缝可做成平缝、搭接缝或企口缝。当采用平缝时，应采取措施防止漏浆。此外，木模的转角处应加嵌条或做成斜角，以便脱模。

（2）重复使用的模板应始终保持其表面平整、形状准确，不漏浆，有足够的强度和刚度。

2. 钢模板制作

（1）尽可能利用原钢板制作，板面应进行加工，使表面平整光洁，以保证混凝土外观质量。至于是否加工成整体大模板，要根据施工时的吊装能力决定。原钢板一次投入高，但刚度大，拆装不易变形，可多次使用。

（2）钢模板制作时，应注意保证模板的刚度，否则将因模板变形而导致质量问题。

(3) 钢模的隔离剂应通过试验选定，以避免影响混凝土表面质量。

3. 其他材料模板制作

(1) 钢框覆面胶合板模板的板面组配宜采取错缝布置，支撑系统的强度和刚度应满足要求。吊环应采用 HPB235 级钢筋制作，严禁使用冷加工钢筋。吊环计算拉应力不应大于 50MPa。

(2) 高分子合成材料面板、硬塑料或玻璃钢模板，制作接缝必须严密，边肋及加强肋安装牢固，与模板成一整体。施工时安放在支架的横梁上，以保证承载能力及稳定。

(3) 圬工外模：

1) 土胎模制作的场地必须坚实、平整，底模必须拍实找平，土胎模表面应光滑，尺寸要准确，表面应涂隔离剂。

2) 砖胎模与木模配合时，砖做底模，木做侧模，砖与混凝土接触面应抹面，表面要抹隔离剂。

3) 混凝土胎模制作时要保证尺寸准确，表面要抹隔离剂。

(二) 模板安装技术要求

1. 基本要求

(1) 模板及其支架应具有足够的承载能力、刚度和稳定性，能可靠地承受浇筑混凝土的重力、侧压力和施工荷载等。

(2) 要保证工程结构和构件各部分形状尺寸和相互位置的正确，宜优先使用胶合板和钢模板。

(3) 构造简单，装拆方便，并便于钢筋的绑扎和安装，符合混凝土的浇筑及养护等工艺要求。

(4) 模板板面之间应平整，接缝严密，不漏浆，保证结构物外露面美观，线条流畅。

(5) 浇筑混凝土之前，模板应涂刷隔离剂，外露面混凝土模板的隔离剂应采用同一品种，不得使用废机油等油料，且不得污染钢筋及混凝土的施工缝处。

(6) 重复使用的模板应经常检查、维修。

2. 普通模板安装技术要求

(1) 模板与钢筋安装工作应配合进行，妨碍绑扎钢筋的模板应待钢筋安装完毕后安设。模板不应与脚手架连接（模板与脚手架整体设计时除外），避免引起模板变形。

(2) 安装侧模板时，应防止模板移位和凸出。基础侧模可在模板外设支撑固定，墩、台、梁的侧模可设拉杆固定。浇筑在混凝土中的拉杆，应按拉杆拔出或不拔出的要求，采取相应的措施。对小型结构物，可使用金属线代替拉杆。

(3) 模板安装完毕后，应对其平面位置、顶部高程、节点联系及纵横向稳定性进行检查、签认后方可浇筑混凝土。浇筑时，发现模板有超过允许偏差变形值的可能时，应及时纠正。

(4) 模板在安装过程中，必须设置防倾覆设施。

（5）当结构自重和汽车荷载（不计冲击力）产生的向下挠度超过跨径的
1/1600时，钢筋混凝土梁、板的底模板应设预拱度，预拱度值应等于结构自重和
1/2汽车荷载（不计冲击力）所产生的挠度。纵向预拱度可做成抛物线或圆曲线。

（6）后张法预应力梁、板，应注意预应力、自重和汽车荷载等综合作用下所
产生的上拱或下挠，应设置适当的预挠或预拱。

3. 中小跨径空心板芯模技术要求

（1）充气胶囊在使用前应经过检查，不得漏气，安装时应有专人检查钢丝头，
钢丝头应弯向内侧，胶囊涂刷隔离剂。每次使用后，应妥善存放，防止污染、破
损及老化。

（2）从开始浇筑混凝土到胶囊放气时止，其充气压力应保持稳定。

（3）浇筑混凝土时，为防止胶囊上浮和偏位，应采取有效措施加以固定，并
应对称平衡地进行浇筑。

（4）胶囊的放气时间应经试验确定，以混凝土强度达到能保持构件不变形
为宜。

（5）木芯模使用时应防止漏浆和采取措施便于脱模。要控制好拆芯模时间，
过早易造成混凝土坍落，过晚拆模困难。应根据施工条件通过试验确定拆除时间。

（6）钢管芯模应由表面匀直、光滑的无缝钢管制作，混凝土终凝后，即可将
芯模轻轻转动，边转动边拔出。

（7）充气胶囊芯模在工厂制作时，应规定充气变形值，保证制作误差不大于
设计规定的误差要求。

4. 滑升、提升、爬升及翻转模板技术要求

（1）滑升模板的结构应有足够的强度、刚度和稳定性，模板高度宜根据结构
物的实际情况确定、滑升模板的支承杆及提升设备应能保证模板竖直均衡上升。
滑升时应检测并控制模板位置，滑升速度宜为 100～300mm/h。

（2）滑升模板组装时，应使各部尺寸的精度符合设计要求。组装完毕须经全
面检查试验后，一起进行浇筑。

（3）滑升模板施工应连续进行，如因故中断，在中断前应将混凝土浇筑齐平。
中断期间模板继续缓慢地提升，直到混凝土与模板不粘时为止。

（4）爬升及翻转模板、模架爬升或翻转时，结构的混凝土强度必须满足拆模
时的强度。

（5）承受底层立柱的地基上必须有排水措施；对湿陷性黄土，必须有防止沉
陷的措施；对冻胀性土还必须有防冻融措施。

五、模板拆除

（一）拆除期限要求

模板的拆除期限应根据结构物特点、模板部位和混凝土所达到的强度来决定。

（1）非承重侧模板应在混凝土强度能保证其表面及棱角不致因拆模而受损坏
时方可拆除，一般应在混凝土抗压强度达到 2.5MPa 时方可拆除侧模板。

（2）芯模和预留孔道内模，应在混凝土强度能保证其表面不发生塌陷和裂缝

现象时方可拔取。

（3）钢筋混凝土结构的承重模板应在混凝土能承受其自重力及其他可能的叠加荷载时，方可拆除，当构件跨度不大于 4m 时，在混凝土强度符合设计强度标准值的 50％的要求后，方可拆除；当构件跨度大于 4m 时，在混凝土强度符合设计强度标准值的 75％的要求后，方可拆除。如设计上对拆除承重模板另有规定，应按照设计规定执行。

（4）对后张法预应力混凝土结构构件，侧模宜在预应力张拉前拆除；底模支架的拆除应按施工技术方案执行，当无具体要求时，不应在结构构件建立预应力前拆除。

（二）拆除技术要求

（1）模板拆除应按设计的顺序进行，设计无规定时，应遵循先支后拆、后支先拆的顺序，拆卸时严禁抛扔。

（2）墩、台模板宜在其上部结构施工前拆除。拆除模板时，不允许用猛烈地敲打和强扭等方法进行。

（3）模板拆除后，应维修整理，分类妥善存放。

（4）拆除的模板宜分散堆放并及时清运。

六、编制方案（实训）

1. 在实训室进行模板放样；
2. 在实训室进行模板加工制作；
3. 在实训车间进行滑升模板施工实训。

七、习题

1. 模板按使用材料的不同可分为哪几种？
2. 模板按施工方法的不同可分为哪几种？
3. 为了确保混凝土的质量，对模板有哪些要求？
4. 在模板内安装钢筋之前，模板检查有哪些要求？
5. 拆除模板有哪些技术要求？

任务 4　下部结构施工技术交底

任务目标：

1. 学生能够掌握桥梁下部结构施工技术交底要点；
2. 学生能够完成桥梁下部结构施工技术交底；
3. 学生能够进行钢筋加工、混凝土施工技术交底；
4. 学生能够进行安全技术交底；
5. 学生能够进行质量交底。

市政基础设施工程施工技术交流记录见表 2-3。

市政基础设施工程
施工技术交底记录

表 2-3
市政施工管理

编号：

工程名称		部位名称	桥梁工程
工序名称	下部结构	交底日期	2005 年 6 月 30 日
交底单位		交底人	
接收单位	桥梁施工组	接收人	

一、工程概况

本工程下部结构包括 0 号桥台、1～3 号桥墩共 12 条墩柱和双悬臂矩形钢筋混凝土盖梁三个。桥台采用座板式桥台，墩柱直径为 1.2m，盖梁尺寸为高 1.3m×宽 1.6m，采用 C30 混凝土。

二、操作工艺、施工要求

（一）墩柱施工

（1）测量放样，修凿接头混凝土，搭设脚手架。

（2）钢筋制作：在钢筋制作场完成加工后，运到现场安装。主筋绑好后，再按设计要求将箍筋点焊于主筋四周。钢筋骨架要保证垂直度，并在骨架外侧挂水泥砂浆保护层垫块。

（3）模板安装：墩柱模板采用定型钢模板，由两个半圆形钢模用 $\phi20$ 螺栓连接拼装而成，每节长 1.5m，要求设调节段，长 0.5m。模板应先试拼检查，调整其拼缝。模板安装前涂好隔离剂，安装时保证不漏浆。固定模板时从模板顶端向四个方向拉出四条风缆绳，以便调整偏位、垂直度和固定模板。

（4）混凝土浇筑：C30 商品混凝土通过输送泵经导管借助串筒运送混凝土入模，按每层浇筑厚度 30cm，分层浇筑分层振捣密实，混凝土坍落度控制在 120～140mm，插入式振动器振捣密实。拆模后及时淋水养护，养护时间不少于设计或规范要求。

（二）桥台施工

会签栏	参加单位	参加人员

复核人：　　　　　记录人：　　　　　　　　　　　2005 年 6 月 30 日

市政基础设施工程
施工技术交底记录

续表

市政施工管理

编号：

工程名称		部位名称	桥梁工程
工序名称	下部结构	交底日期	2005 年 6 月 30 日
交底单位		交底人	
接收单位	桥梁施工组	接收人	

（1）施工前先进行软基处理，填土压实至高于桩顶标高 100cm，填土稳定桩基施工完成后，经初步测量放样，反开挖施工桥台座板。

（2）测量放线：进行准确中线放样，并在纵横轴线上引出控制桩，控制钢筋绑扎和模板调整，严格控制好各部顶面标高。

（3）钢筋下料成型及绑扎：

钢筋由钢筋班集中下料成型，编号堆放，运输至作业现场，进行绑扎。钢筋均应有出厂质量证明书或试验资料方可使用。钢筋绑扎严格按图纸进行现场放样绑扎，绑扎中注意钢筋位置、搭接长度及接头的错开。钢筋绑扎成型后，按要求进行验收。

（4）支模板：采用 2.44m×1.22m 酚醛板拼装，用 10×10 木方做肋。底口、中部、上部均用 ϕ20 对拉螺杆，外侧用方木支撑固定。

（5）浇筑混凝土：钢筋、模板经监理工程师检查合格后，开始浇筑混凝土。混凝土采取商品混凝土，罐车运输。浇筑时采用吊车吊斗浇筑。浇筑中控制好每层浇筑厚度，防止漏振和过振，保证混凝土密实度。混凝土浇筑要连续进行，中间因故间断不能超过前层混凝土的初凝时间，混凝土浇筑到顶面，应按要求修整、抹平。

（6）养护：混凝土浇筑后要及时覆盖养护，经常保持混凝土表面湿润。

（7）拆模：模板拆除按照结构的不同和混凝土规定强度来决定，桥台达到设计强度的 50% 可拆模板，模板拆除时要小心按顺序拆卸，防止撬坏模板和碰坏结构。

会签栏	参加单位	参加人员

复核人：　　　　　　　记录人：　　　　　　　　　　　　　2005 年 6 月 30 日

市政基础设施工程
施工技术交底记录　　　　　　　　　　续表

市政施工管理

编号：

工程名称		部位名称	桥梁工程
工序名称	下部结构	交底日期	2005 年 6 月 30 日
交底单位		交底人	
接收单位	桥梁施工组	接收人	

（三）盖梁施工

（1）钢筋制作安装：钢筋接头采用搭接焊，钢筋接头应错开布置，对于焊接接头，在接头长度区段内，同一根钢筋不得有两个接头，配置在接头长度区段内（$35d$ 长度范围内）的受力钢筋，钢筋搭接端部应预先折向一侧，使两接合钢筋轴线一致。接头焊缝的长度除按设计要求外，双面焊应不小于 $5d$，单面焊应不小于 $10d$。钢筋骨架拟采用预先在地下绑扎好，临时搭钢管架子支撑，再吊装至柱顶。安装好的钢筋骨架要顺直，主筋及弯起筋的位置、尺寸，严格按设计要求。施工时采取有效措施，保证钢筋保护层的厚度，做到不漏筋、不少筋、不错位。

（2）立模：采用定型钢模板拼装而成，上口用对拉螺栓进行对拉。下部支承采用在钢管支架，然后上架"工"字钢，再在上面铺枕木。采用大头楔进行高度调整。在相邻柱间及帽梁向外悬挑处的"工"字钢下面，采用四棱钢柱或圆木进行顶撑，防止混凝土浇筑时挠度过大。另外模板两侧用捯链进行对拉，保证模板具有足够的强度、刚度、稳定性，支撑牢固。模板的架立要精确，特别是模板的几何尺寸、轴线位置、顶面高程、模板牢固以及美观程度，并设专人在混凝土灌注时经常检查模板及预埋钢筋的位置和保护层的尺寸，确保其位置正确不发生变形，做到不跑模、不漏浆、不错位。另外模板内面应刷隔离剂，使工程质量达到内实外美。

	参加单位	参加人员
会签栏		

复核人：　　　　　记录人：　　　　　　　　　2005 年 6 月 30 日

市政基础设施工程
施工技术交底记录

续表
市政施工管理

编号：

工程名称		部位名称	桥梁工程
工序名称	下部结构	交底日期	2005 年 6 月 30 日
交底单位		交底人	
接收单位	桥梁施工组	接收人	

（3）混凝土浇筑：混凝土坍落度为 80～100mm，采用泵车泵送。盖、帽梁混凝土采用插入式振动捧进行振捣，振捣时应分层进行，厚度为 30～40cm（即振动器作用部分长度的 1.25 倍），且一次连续灌注。严格控制混凝土坍落度，混凝土适当振捣，以混凝土不再下沉，表面开始泛浆，不出现气泡为止。

（四）垫石、支座施工

（1）垫石采用 C40 混凝土。

（2）支座采用板式橡胶支座及球冠圆板式橡胶支座。

三、施工注意事项

（1）在桥台基坑的开挖过程中，应注意保证基坑边坡的稳定，采取措施防止边坡失稳，做好基坑排水工作，保证基底原状土不被水浸泡，严禁超挖。

（2）桥台座板施工时应注意预埋背墙、耳墙等预埋钢筋。

（3）桥台前、台后填土时应同时进行，台后填土的压实度不低于 98%。

会签栏	参加单位	参加人员

复核人：　　　　　　　记录人：　　　　　　　　　　　　2005 年 6 月 30 日

注：完成附表 2 桥梁墩台施工综合实训记录表填写。

【酉水河大桥下部结构施工实例】

一、工程概况

酉水河特大桥位于洋县的酉水乡政府所在地与 108 国道酉水河桥之间的酉水河上。酉水河特大桥左幅全长为 437.84m，右幅全长 528.44m，桥梁平面位于直线段，纵面位于直线及与其相切的竖曲线上。桥面设置 2‰的单向横坡。

酉水河特大桥承台共计 9 个，尺寸均为 12m×7.5m×3m，混凝土设计为 C30。墩身高度在 26～62m 之间，其中右线 2 号墩最高为 62m。墩身形式除右线 6 号、7 号墩为柱式墩外，其余均为薄壁空心墩，薄壁空心墩共计 9 个，其截面尺寸为 6m×4.5m 和 6m×3.5m 两种。薄壁空心墩混凝土浇筑分三部分，墩底 2m 采用 C30 混凝土，主梁以下 2m 段采用 C50 混凝土，其余部分为 C40 混凝土。每个墩身沿高度方向每 15m 设置一道横隔板，墩身通气孔沿墩身每 10m 布一圈，一圈 8 个，待 0、1 号块养护完成，排完养护水后把标高设计在水位线以下的通气孔全部堵死。

盖梁共计 7 个，其中右线 5 号墩盖梁，平面尺寸为 11.25m×1.5m，6 号、7 号墩盖梁平面尺寸为 11.25m×1.9m，左线 0 号台盖梁、5 号台盖梁、右线 0 号台盖梁平面尺寸为 13.1m×2.1m，右线 8 号台盖梁平面尺寸为 13.1m×1.6m，盖梁均采用 C30 混凝土。

二、人员配备

桥梁工程师由担任，现场施工由桥梁一队与综合队具体负责。施工负责人，技术负责人；测量配备 3 名；试验员配备 3 名；质检员和安全员各配备 2 名。根据酉水河大桥下部构造的现场地质情况和工期要求、工程数量，计划投入熟练工人 158 人，普通工人 100 人，现场管理人员 15 人。

三、设备配备情况

（1）根据本工程特点，从环境保护的角度出发，根据工程数量和工期要求，为确保优质、高效按期完成任务，拟投入数量足够、类型适用、状况良好的施工机械设备。采用机械化为主的施工方案，拟投入挖掘机 1 台、塔吊 4 台、振动机 20 个、轮胎式起重机 1 台、混凝土输送泵 2 台、混凝土搅拌输送车 2 台、发电机 1 台、电焊机 8 台、钢筋切断机 3 台、钢筋弯曲机 3 台、拌合站 1 座。目前机械设备已进入施工现场。在未经监理工程师许可的情况下，不随意调换、撤离拟投入本工程的主要机械设备。

（2）主要试验检验及测量仪器设备配备

根据该工程的实际情况，为了对各种原材料和半成品件进行有效的检验和试验，对施工全过程进行有效测点控制，确保工程质量，在工地设置符合甲方要求、设施齐全、仪器配套的工地试验室和测量队。

工地试验室根据工程需要配备、配齐各种试验仪器和设备，按规范设置标准养护室。试验室主要负责人对各种原材料的检验，对混凝土质量进行监督，对施工工程中的混凝土强度等指标进行控制。施工过程中负责取样、送检和部分试验工作。

测量队负责本桥的复测、精测和控制，并对施工过程中施工队的测量工作进行复核控制。投入测量仪器拓普康 GTS—601 全站仪 1 台、经纬仪 1 台、水准仪 2 台。整个大桥布设三角网进行测量。

工地试验室由具有专业理论知识和实践经验的试验工程师负责，同时配备具有专业资格的试验员。工程试验室建立全面的管理制度和操作规程。试验设备和测量仪器均按计量法规进行定期校验和检定。

四、承台施工方案

（一）承台施工工序（图 2-72）

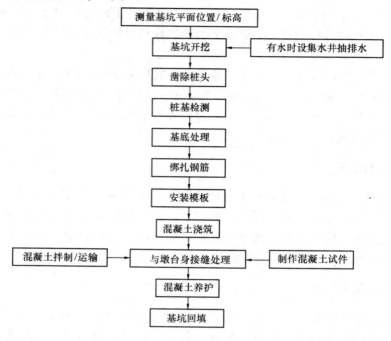

图 2-72 承台施工工艺图

（二）基坑开挖

用挖掘机粗略整平场地，水准仪测量地面标高 H_A（承台底设计标高为 H_B）。根据基坑为砂类土的土质情况，基坑坡度定为 1：1.5。基坑底部开挖尺寸按承台尺寸每边多出 1m，以便设排水沟集水井。基坑开挖长为 $(H_A-H_B) \times 1.5+14m$，宽为 $(H_A-H_B) \times 1.5+9.5m$。采用全钻仪精确定出承台四个角桩位，并且沿四个角洒出白灰线，用挖掘机进行开挖，人工配合修整边坡。当挖至距承台底设计标高 30cm 时，应停止机械开挖，采用人工清底，基坑底标高误差控制在 50mm 之内。基坑四周挖设 40cm×40cm 排水沟和 80cm×80cm×80cm 集水井。备足抽水机，及时将基坑内积水排除。在基坑周围做好挡水小坝和开挖排水沟，防止地表水流入基坑。

基坑土方一部分留做基坑回填，其余部分直接用自卸汽车运走。待挖至设计承台底标高后，用 C20 混凝土进行基底处理，再用全站仪进行第二次精确定位，用墨线弹出轮廓线，以便绑扎钢筋和支立承台模板。

（三）桩头凿除及桩身检测

每根桩浇筑完成后，待混凝土达到一定强度（一般不小于 2.5MPa），挖出桩头，按设计承台底标高向上量150mm，用红油漆画出凿除位置，先用冲击钻凿除上面部分，下部由人工慢慢凿除（防止破坏桩身混凝土）以确保桩头高度。桩身混凝土达到设计强度后，根据设计要求、合同文件和JTJ 041—2000 规范要求，对成品桩进行超声波检测和小应变检测。检测合格后才允许进行下一道工序施工。

（四）钢筋绑扎

1. 底部钢筋网绑扎

按设计图纸所标出的底层钢筋的间距和根数，用墨线在硬化后的基坑底面上弹出，按照墨线摆放、绑扎底层钢筋网。在钢筋网底部安放与承台混凝土同级别的混凝土垫块（厚度为底层钢筋保护层厚度）以保证保护层厚度。如遇主筋与钻孔桩主筋相互干扰，适当调整主筋位置。底部第一层钢筋网与第二层钢筋网之间距离用马凳来控制，马凳制作高度为两层钢筋网的高度。

2. 上部钢筋网的绑扎

制作专门用于摆放绑扎上部钢筋网的扣件式架子，立杆底端支立在硬化后的基坑底面上，支架高度为 2.87m，支架的搭设要符合JTJ041—2000公路桥涵施工规范要求，在支架横杆上吊铅垂线定出承台中心轴线，按设计图纸摆放和绑扎上部钢筋网。

3. 支立钢筋和水平钢筋安装

按照从内向外、由下至上的顺序逐根安装到位，避免错位；若采用点焊固定时，不得烧伤主筋；钢筋外侧安放与构件混凝土同级别的混凝土垫块以确保保护层厚度满足要求。

安装成型的钢筋应做到整体性好，几何尺寸、平面位置、高程均须符合JTJ 041—2000公路桥涵施工规范要求。

（五）模板支立

承台模板采用组合钢模板，计划投入一套承台模板，其中1.50m×1.40m 52块，1.50m×0.40m×0.25m 8块，面板为6mm厚钢板。模板接缝采用U形卡连接，模板固定采用 10 号槽钢横竖带（横向间距0.5m，竖向间距0.8m）和套管拉筋固定。拉筋采用φ16圆钢，其层间距为0.5m，排间距为0.3m。模板接缝采用橡胶带止浆，板面用802胶贴PVC片，按测量放样点，弹出承台的边线，模板按所弹出的边线支立固定，做到一次安装到位。模板缝应符合设计线形，有规则，水平和竖直线条一直贯穿整个承台。

（六）混凝土施工

混凝土由拌合站集中供应，混凝土搅拌输送车输送。混凝土水平分层浇筑，每层厚度控制在30cm之内，插入式振动振捣，由专人负责振捣，振动器移动间距不超过振动器作用半径1.5倍，与侧模保持5～10cm距离，每振动一处完毕后，应边振动边徐徐提出振动棒，避免接触模板及钢筋。混凝土浇筑过程中，设专人随时检查钢筋和模板的稳固性，发现问题及时处理。对每一振动部位，必须振动到该部位密实为止，密实标志是混凝土停止下沉，不再冒气泡，表面呈平坦，泛浆。在施工过程中派专人检测混凝土的坍落度，不符合要求的退回。混凝土浇筑到设计高度后，用人工抹平表面。混凝土浇筑完毕后及时进行养护，在混凝土表面覆盖草袋，浇水养护，待混凝土达到设计要求强度后，方可拆除模板。

基坑回填采用原土或不透水土进行回填，顶部采用 3：7 灰土夯填封闭。在部分基础周围设防水板，防水板入土深度不小于 1.0m。

五、墩身施工方案

（一）空心薄壁墩施工

1. 详见施工工艺流程（图 2-73）

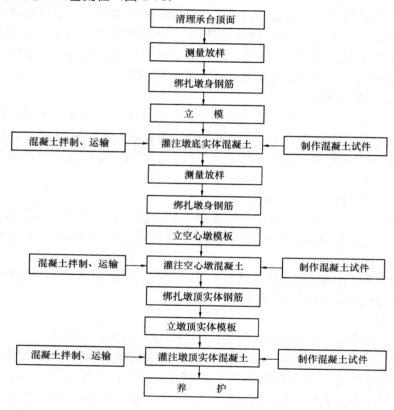

图 2-73　墩身施工工艺流程图

2. 测量放样

用水准仪检查承台顶面立模处标高及平整度，用 M20 砂浆充分整平，为立模做好准备工作。用全站仪在承台顶面进行墩柱轮廓线精确放样，按所放点弹出墨线，并在外侧作辅助点，以供检查模板位置及垂直度之用。

3. 钢筋绑扎

墩柱伸入承台以下的主筋应与承台钢筋一同绑扎，承台以上可先进行部分绑扎，形成骨架便于定位，剩余的在承台混凝土浇筑完成后绑扎，钢筋在钢筋加工场集中加工，墩身钢筋竖向连接采用电渣压力焊焊接。墩身箍筋安装按设计图纸所标示的箍筋的间距、数量用石笔标示在主筋上，然后按所标示的位置进行箍筋安装绑扎，最后安装其他钢筋，钢筋外侧绑扎混凝土垫块，采用梅花状布置，以确保主筋的保护层厚度，混凝土垫块强度等级同墩身混凝土，垫块厚度同钢筋保护层厚度。

4. 支架搭设

为便于钢筋绑扎、模板支立、拆除，在墩柱周围用 φ50mm 钢管搭设脚手架，墩柱每边搭设 4 排脚手架，并用揽风绳和斜撑支撑牢固，基地夯实并做好排水。立于地面上的立杆底部加设宽度不小于 20cm，厚度不小于 10cm 的垫木。每根立杆的支垫面积不小于 $0.6m^2$。设置足够数量的抛撑、剪刀撑、斜撑，每排设置一组双向剪刀撑，斜杆与地面夹角为 45°～60°，剪刀撑必须用扣件与立杆相连接。扣件的扭紧力矩符合规范要求，脚手板的铺设要符合规范，确保安全。支架外挂设安全网，支架上搭设步行板便于施工人员上下。

5. 模板的支立

（1）墩身模板的构造

计划投入墩身模板 4 套，共 12 节。本桥墩柱为薄壁空心墩及圆柱墩，薄壁空心墩断面尺寸为 6m×4.5m 和 6m×3.5m，其中右线 5 号墩断面尺寸为 6m×3.5m，其余薄壁空心墩均为 6m×4.5m，根据墩身断面尺寸分别制作不同尺寸的模板，每节模板高度为 2.5m，每节分 8 块，为 2 个 A 块和 2 个 C 块及 4 个 B 块，A 块与 B 块及 B 块与 C 块连接，通过两片角钢垫压胶条栓接，A 块与 A 块，C 块与 C 块通过拉杆固定，围带在模板四角分开。施工中利用焊接在围带两端上的角钢进行栓接。节与节之间通过角钢垫压胶条栓接。面板采用 δ=6mm 的钢板，面板竖向加劲肋采用 [10 槽钢，间距 35cm 布置，围带采用 2 [12 槽钢，间距 90cm 布置。每节模板上围带共设置 3 道。

（2）模板支立

钢筋骨架完成以后，进行施工缝处理，墩柱轮廓线以内的承台面必须凿毛，并用水冲洗，然后用吊车支立第一节、第二节、第三节柱模。模板支立牢固后用砂浆填实模板下口缝隙，以防漏浆。用水准仪精确测量顶部高程，并且垂球校核墩柱的中心位置偏差及模板的垂直度，是否满足 JTJ 041—2000 公路桥涵施工技术规范。最下面一节钢模的下端设一钢柱箍，主要作用是固定钢模板的位置及调整垂直度。底箍必须用射钉枪或混凝土钉固定在地面上，可按柱箍孔洞设钉。上箍及柱中间箍设三根 8mm 的钢丝绳拉条，呈 120°水平角，并用花篮螺栓调整柱模垂直度，待混凝土浇筑完毕后，拆除下面两节模板，保留上面一节模板，支立已拆除的两节模板于留置的一节模板上，实现"三节两循环模板支立法"。下面一节模板支承采用 φ50mm 钢管，沿墩身四周搭设一排扣件式脚手架，每根钢管底端支立在 20cm×20cm 钢板上，顶端焊接 15cm×15cm 钢板，钢板厚度均为 5mm，扣件式螺栓的扭紧力满足规范要求，横杆间距 1m，搭设足够数量的剪刀撑、斜撑，钢管纵向间距为 50cm，横向间距为 60cm，横杆间距为 1m。模板支立如图 2-74 所示。

支架稳定性计算：

3 节模板重量为 6.7t×3＝20.1t。考虑到浇筑混凝土时操作员各种脚手架振捣机械的重量以及倾注混凝土的冲击力等，一般经验值为混凝土重量的 120% 左右，即 20.1×1.2＝24t。

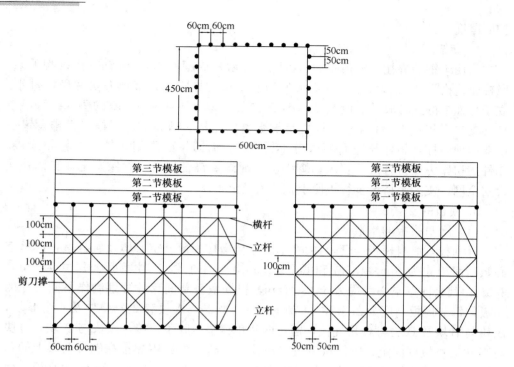

图 2-74　模板支立

钢管共计 38 排,每根钢管支承重量为 24t/38＝0.6t。每根钢管能支承 2t,0.6t＜2t。

6. 内模施工

内模面板采用 18mm 木胶板,在面板上涂刷隔离剂。面板接缝采用胶带纸密封,确保接缝不漏浆。内模架支于临时立柱上,内模架由木板和 10cm×10cm 方木组成,内模架每隔 0.5m 布设一组。内模临时立柱支承在底部预制块上。内模板每节高度为 2.5m。内模制作严格按照 JTJ 041—2000 桥涵施工技术规范有关要求进行。在墩身钢筋安装完成后,人工配合吊车或塔吊完成内模组拼,内模安装及组拼要求位置准确,平整度及接缝符合相关施工技术规范,内模之间采用钯钉连接。拆除时敲掉钯钉,拆除内模。

7. 混凝土浇筑

混凝土采用拌合站集中供应,混凝土搅拌运输车输送,混凝土输送泵泵送,水平分层浇筑,每层厚度控制在 30cm 之内,插入式振动器振动,由专人负责振捣,振动器移动间距不超过振动器作用半径 1.5 倍,与模板保持 5～10cm 距离,每振动一处完毕后,应边振动边徐徐提出振动棒,避免接触模板及钢筋。混凝土浇筑过程中,设专人随时检查钢筋和模板的稳固性,发现问题及时处理。对每一振动部位,必须振动到该部位密实为止,密实标志是混凝土停止下沉,不再冒气泡,表面呈平坦,泛浆。在施工过程中派专人检测混凝土的坍落度,不符合要求的退回。混凝土浇筑到设计高度后,用人工抹平表面。混凝土浇筑完毕后及时进行养护,在混凝土表面覆盖草袋,浇水养护,待混凝土达到设计要求强度后,方可拆除模板。

8. 模板拆除

混凝土浇筑完成后，拆除模板按 JTJ 041—2000 桥涵施工技术规范执行。拆模时先拆除拉杆，然后按照由上到下沿开口处逐渐剥离，严禁用撬杆等尖硬工具硬撬。模板拆除后，及时清理干净，分类堆放。内模拆除时，首先解除内模模架之间的斜撑，拆除临时立柱下的木楔，使顶模脱膜，拆模时用力适当，单块传递。拆除后立即清洗干净、涂油，按规格分类堆放整齐。

9. 混凝土养护

结构混凝土表面水分蒸发量大，易产生收缩裂缝、温差裂缝，因此混凝土的初期养护十分重要，混凝土的养护由专人负责。对拆模后的墩柱立即进行浇水养护，并用塑料布覆盖，养护期最少保持 14d。

（二）双柱墩施工

右线引桥双柱墩共 4 个。其中 6 号墩标高为 10m、24m，7 号墩柱高度为 3m、10m。高度为 24m 的墩柱，分二次浇筑成型，其余墩柱一次浇筑成型。计划投入模板三套，其中 3m 节两套，1m 节一套，施工时按薄壁空心墩施工方法施工。

六、盖梁施工方案

（一）柱式墩盖梁施工工艺（图 2-75）

1. 支架施工

（1）场地硬化

为保证碗扣式脚手架的稳定性和支撑稳固，支架下均采用混凝土进行硬化。基础底采用机械夯实，确保基底密实。场地硬化采用 C15 混凝土，硬化层厚 10cm。

（2）支架选择

根据工程特点，选用操作简便、安装速度快、劳动强度低、功能多且综合承载力强的 WDJ 碗扣脚手架作为支撑材料。

（3）支架设计及计算

支架的荷载考虑到模板与全部混凝土、钢材的质量及支架与浇筑混凝土时

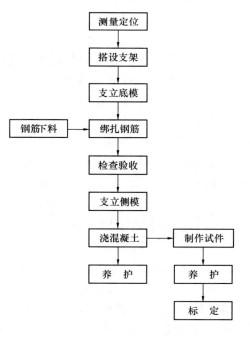

图 2-75　盖梁施工工艺框图

的操作人员、各种振捣机械的重量，以及倾注混凝土的冲击力等，一般经验值约为混凝土盖梁的 120% 左右。在支架搭设完工后，以 120% 盖梁重量以砂袋或钢筋杆件等采用堆载法均布压于支架上，并设观测点进行观测。荷载的持荷时间不少于三昼夜，如此一方面使耐力达到浇筑混凝土后的承压要求，另一方面可减少或消除支架的构造变形，以保证盖梁在浇筑后不发生计算外的挠度变形。

支架设计：纵向步距采用 4×0.9m，横向步距采用 15×0.9m，如图 2-76

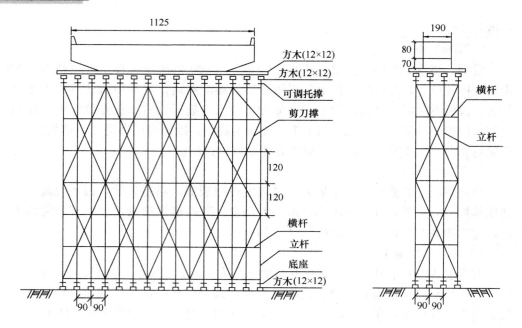

图 2-76　支架设计

所示。

支架安全性计算：盖梁混凝土重量：$30.2m^3 \times 2.6t/m^3 = 78.5t$。

支架上荷载总重量：$78.5t \times 120\% = 94.2t$。

碗扣式支架共计：15×4 排 $= 60$ 排

每根立杆上承受重量为：$94.2t/60 = 1.57t < 2.7t$。

（4）立杆高度的确定

首先，根据地面的高差将杆件分为若干拼装方块进行搭设，拼装方块立杆高度的确定为：底模厚度 $h_1 + 12cm$ 方木 $+ 12cm$ 方木 $+ (0\sim40)cm$ 上托量 $+ h_2$ 立杆 $+ (0\sim40)cm$ 下托量 $+ 12cm$ 方木。

对于盖梁的横向坡度，利用上托来调整盖梁底模板以实现盖梁坡度。

（5）支架施工

2. 模板支立

盖梁模板采用组合钢模板，计划投入一套盖梁模板，面板为 6mm 厚板，模板接缝采用 U 形卡，模板固定采用 10 号槽钢模竖带（横向间距 0.5m，竖向间距 0.8m）和套管拉筋固定。拉筋采用 $\phi16$ 圆钢，其层间距为 0.5m，排间距为 0.3m。模板接缝采用橡胶带止浆，板面用 802 胶贴 PVC 片，按测量的样点，弹出盖梁的边线，模板按所弹出的边线支立固定，做到一次安装到位。模板缝应符合设计线形，有规则，水平和竖直线条一直贯穿整个盖梁。

3. 钢筋绑扎

（1）钢筋骨架的制作与安装

按设计图纸所标出的底层钢筋的间距和根数，用红漆漆点在底模上标示。钢筋骨架按照设计图纸所标示的长、宽、高在硬化后的场地上制作。制作完成后，吊装就位。就位时按照所标示的红油漆漆点，依次摆放，且焊接固定筋，对钢筋骨架进行固定。

（2）钢筋制作与安装

按照设计图纸所标出的钢筋的间距和根数，用墨线在固定的钢筋骨架顶面上弹出。按照墨线依次安装钢筋，在安装钢筋的同时，绑扎底层钢筋垫块（垫块厚度）以保证保护层厚度。垫块采用 C30 混凝土制作。如遇墩身主筋与盖梁钢筋相互干扰，应适当调整盖梁的钢筋位置。

（3）上层水平钢筋安装

按照设计图纸所标出的水平筋的间距根数，从内向外顺序逐根安装到位，若采用焊接固定时，不得烧伤主筋，钢筋外侧安放 C30 混凝土垫块。安装成型的盖梁钢筋应做到整体性好，几何尺寸、平面位置、高程均符合 JTJ 041—2000 公路桥梁施工规范要求。

4. 混凝土施工

混凝土由拌合站集中供应，混凝土搅拌车输送，混凝土输送泵泵送。

（二）柱式台盖梁

柱式台盖梁底模采用胎膜（即混凝土垫层，用 C15 混凝土浇筑，厚度为10cm），其余同柱式墩盖梁。

1. 混凝土质量保证措施

混凝土由拌合站集中拌合，用"双掺"技术，确保混凝土强度及和易性，混凝土搅拌及振捣严格按规定程序进行，防止出现漏振。

2. 模板质量保证措施

（1）模板要经过结构设计，保证有足够的强度和刚度，并要装拆方便。

（2）加工钢模板要严格按规范施工，实行三级程序验收。

（3）钢模板统一调拨，安装时要涂隔离剂，加贴封缝胶带，并注意控制高差、平整度、位置、尺寸、垂直度等技术要求。

（4）拆卸模板，应按规定顺序拆除，小心轻放，决不允许猛敲猛打，并将配件收齐规范堆放。

3. 钢筋质量保证措施

（1）钢筋采购：必须要有出厂质量保证书，没有出厂质量保证书的钢筋不能采购；对使用的钢筋，严格规定取样试验合格后方能使用。

（2）钢筋焊接：操作人员必须持证上岗；焊条采用 J506 型或 J502 型；焊接要经过试验合格后，才能正式使用；在一批焊件中，进行随机抽样检查，并以此作为加强焊接作业质量的监督考核。

（3）钢筋配料卡必须经过技术主管审核后才能下料，下料成型的钢筋应按图纸编号顺序挂牌，整齐堆放。钢筋的堆放场地要采取防锈措施，专人负责钢筋保护层垫块的制作，其混凝土强度等级同所浇构件混凝土强度等级，要确保垫块规格齐全，数量充足，并达到足够的强度，垫块的安放要均匀。

（4）钢筋绑扎完毕要经过监理工程师验收合格后方可浇筑混凝土，在混凝土浇筑过程中，必须派钢筋工值班，以便处理施工过程中发生的钢筋及预埋钢筋移位等问题。

七、下部结构混凝土施工注意事项

（1）所有混凝土材料必须合格。砂、石要做筛分试验，必须符合级配要求；水泥必须做强度、安定性试验。

（2）通过设计和试验配制的混凝土满足施工所需的和易性、强度和黏性。混凝土施工中严格控制水泥用量，防止因混凝土水化热过高而引起开裂。

（3）浇筑混凝土前将模板内杂物和钢筋上的油污清理干净，模板要涂隔离剂，并对模板适当洒水润湿，经监理工程师检查合格后，方可浇筑混凝土。浇筑过程中按水平分层浇筑，一次浇筑完成。

（4）浇筑过程中，须派有经验的混凝土工负责振捣。采用插入式振动器振动，插入式振动器移动间距不超过其作用半径的 1.5 倍，与侧模应保持 5～10cm 的间距，插入下层混凝土 5cm 左右，每处振捣完毕，慢慢提出振动棒，避免产生气泡及碰撞模板与钢筋。

（5）混凝土浇筑完成后及时进行洒水养护以保证混凝土质量。

八、工期计划

施工进度横道图。

九、工期保证措施

为保证酉水河大桥下部结构工程按期完成，采取如下措施：

（1）抽调我单位有类似工程施工经验的专业队伍及管理人员，建立以项目经理为组长，以各部、室、队负责人为成员的工期保证领导小组，从组织上保证工期。

（2）提高施工机械化程度，以提高劳动生产率。

发挥机械施工的优势，调配性能和状况良好，适合本工程需要的机械设备，同时加强维修，提高机械设备完好性，确保工程顺利进行。

（3）加强网络计划控制，实行目标管理，实现工期目标。

选用先进的项目管理软件，实行网络计划管理。抓住关键线路加大设备、人力、物力、财力的投入，确保各工序按期完成。

使施工计划做到日保旬，旬保月，月保年的高效完成。各部分工程要协调配合，对施工中发生的情况变化及时修改计划，每周一总结，提出问题，查出原因，提出措施，确保每月、每季度工期兑现。

（4）对施工进度进行科学监控。

施工中对全过程进行进度监控管理，原则为：目标明确、事先预控、动态管理、措施有效、履行合同、施工进度采用投资指标监控法、形象进度监控法、单项进度指标监控法、关键线路网络监控法等方法监控。

项目3 预应力混凝土桥梁施工

学习要点：

1. 常用张拉机具的类型及使用要领；
2. 张拉的方法、特点、要求及程序；
3. 预应力筋放松的方法及程序；
4. 制孔器的抽拔时间及孔道压浆的时间和要求；
5. 编制预应力混凝土桥梁施工方案。

任务1 预应力混凝土

任务目标：

1. 学生能够掌握预应力混凝土施工方面的知识；
2. 学生能够独立地查阅资料；能够独立选用张拉机具。

一、预应力混凝土结构

预应力混凝土是预应力钢筋混凝土的简称，在桥梁工程施工中已得到了广泛应用。

普通钢筋混凝土的抗拉极限应变只有 0.0001～0.0015，在正常使用条件下受拉区混凝土开裂，导致构件的刚度变小、挠度增大。若要使混凝土不开裂，受拉钢筋的应力只能达到 30MPa；对允许出现裂缝的构件，当裂缝宽度限制在 0.2～0.3mm 时，受拉钢筋的应力也只能达到 200MPa 左右。为了克服普通钢筋混凝土过早出现裂缝和钢筋不能充分发挥作用这一矛盾，采用对混凝土施加预应力的方法。即在结构或构件受拉区域，通过对钢筋进行张拉后将钢筋的回弹力施加给混凝土，使混凝土受到一个预压应力，产生一定的压缩变形。当该构件受力后，受拉区混凝土的拉伸变形，首先与压缩变形抵消，然后随着外力的增加，受拉区混凝土才逐渐被拉伸，明显推迟了裂缝出现的时间。

预应力混凝土的特点：

（1）抗裂性能好，基本上解决了钢筋混凝土构件的裂缝问题，提高了预制构件的可靠性；

（2）采用高强度材料，提高了建桥的经济效益，节约大批钢材和混凝土，减轻桥梁构筑物自重，增加了大跨度结构的跨越能力；

（3）通过施加预应力使混凝土材料经受了一次强度检验，能保证构件制造质量；

（4）抗渗性、耐久性能大大提高，满足某些抗渗性能要求较高的构件，并使之免受外界有害因素对结构内部的侵蚀；

（5）能提高构件的刚度和受压构件的稳定性；提高薄壁构件的抗剪能力；提高桥梁的抗疲劳性能；

（6）利用预应力工艺作为构件连接、索长调整的手段，发展了许多新型结构物，如斜拉桥等；

（7）对建立预应力的工艺、材料要求高，某些材料如水泥用量要适当增加；对技术人员和熟练的专业化队伍要求高；

（8）采用预应力后，需要相应增加必要的张拉机具和台座，特别是后张法构件，生产工艺较复杂，要消耗数量较多并有一定精度要求的锚具，增加了金属消耗和制作成本；

（9）施加预应力过程之中和施加之后，会损失大量的预应力，造成劳力、资源等浪费；

（10）预应力技术的采用，为现代装配式结构提供了最有效的装配、拼装手段。根据需要，可在纵向、横向和竖向施加预应力，使装配式结构集整成理想的整体，扩大了装配式梁的使用范围。

二、施加预应力的方法

施加预应力一般是靠张拉在混凝土中的高强度钢筋来实现的。桥梁工程中施加混凝土预加应力的常用方法有先张法和后张法两种。

（一）先张法

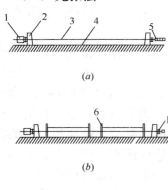

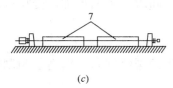

图 3-1 先张法施工程序
（a）张拉钢筋；（b）浇筑混凝土；
（c）切断预应力筋
1—锚具；2—台座；3—预应力筋；
4—台面；5—张拉千斤顶；6—模板；
7—预应力混凝土构件

先张法是先将预应力筋在台座上按设计要求的张拉控制应力张拉，然后立模浇筑混凝土，待混凝土强度达到设计强度等级的 75% 后，放松预应力筋，由于钢筋的回缩，通过其与混凝土之间的粘结力，使混凝土得到预压应力。

先张法的优点是只需夹具，可重复使用，它的锚固是依靠预应力筋与混凝土的粘结力自锚于混凝土中。工艺构造简单，施工方便，成本低。

先张法的缺点是需要专门的长拉台座，一次性投资大，构件中的预应力筋只能直线配筋，一般只适合于制作跨径 25m 以内的中小跨径梁（板）。如图 3-1 为先张法施工程序示意图。

（二）后张法

后张法是先制作留有预应力筋孔道的梁体，待混凝土达到设计强度的 75% 后，将预应力筋穿入孔道，并利用构件本身作为张拉台座张拉预应力筋并锚固，然后进行孔道压浆并浇筑封闭锚具的混凝土，混凝土因有锚具传递压力而得到预压应力。

后张法的优点是：预应力筋直接在梁体上张拉，不需要专门台座；预应力筋可按设计要求配合弯矩和剪力变化布置成直线形或曲线形；适合于预制或现浇的大型构件。

后张法的缺点是：每一根预应力筋或每一束两头都需要加设锚具，在施工中还增加留孔、穿筋、灌浆和封锚等工序，工艺较复杂，成本高。图 3-2 所示为后张法的施工程序示意图。

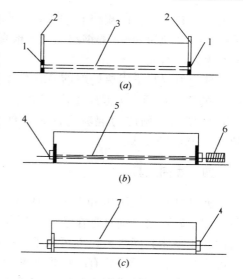

图 3-2　后张法施工程序
(a) 制作混凝土构件；(b) 张拉钢筋；
(c) 封锚孔道压浆；
1—预埋钢板；2—模板；3—预留孔道；
4—锚具；5—预应力钢筋；
6—张拉千斤顶；7—孔道压浆

三、预应力混凝土材料

（一）混凝土

预应力混凝土应采用高强、轻质及高耐久性的混凝土，混凝土强度不低于C30。当采用碳素钢丝、钢绞线、热处理钢筋（Ⅴ级钢筋）作预应力钢筋时，混凝土强度等级不宜低于C40、C50，而普通钢筋结构常用的是C25、C30混凝土。

用于预应力混凝土结构的混凝土，不仅要求高强度，而且要求有很高的早期强度，以便能早日施加预应力，从而提高构件的生产效率和设备的利用率。

（二）预应力筋

预应力混凝土结构中的钢材有钢筋、钢丝和钢绞线三大类，桥涵工程中常用的有下列几种。

1. 冷拉钢筋及Ⅴ级钢筋

目前，使用较多的是冷拉Ⅳ级钢筋，冷拉Ⅲ钢筋大多用作竖向及横向预应力钢筋，冷拉Ⅱ级钢筋因其强度较低，较少使用。需要注意的是冷拉Ⅳ级钢筋虽使用性能良好，但可焊性能较差，在使用时必须有合理的焊接工艺。Ⅴ级钢筋（热处理钢筋）强度较高，可直接用作预应力钢筋。

2. 高强钢丝

在预应力混凝土结构中，常用的高强钢丝有碳素钢丝和刻痕钢丝。我国生产的高强钢丝有直径 2.5mm、3.0mm、4.0mm 和 5.0mm 四种，直径越细强度越高，其中直径 2.5mm 的钢丝强度最高。

3. 冷拔低碳钢丝

冷拔低碳钢丝是由Ⅰ级钢丝（多为小直径的盘圆）经多次冷拔后得到的钢筋，有直径为 3mm、4mm、5mm 三种。由于冷拔低碳钢丝材性不稳定、分散性大，所以仅用于次要结构或小型构件中。

4. 钢绞线

钢绞线是把多根平行的高强钢丝围绕一根中心芯线用绞盘绞捻成束而成的。

我国生产的钢绞线的规格有 7φ2.5、7φ3.0、7φ4.0、7φ5.0 四种。如 7φ5.0 钢绞线系由六根直径为 5mm 的钢丝围绕一根直径为 5.15～5.20mm 的钢丝扭结后，经过温回火处理而成。

预应力混凝土用热处理钢筋应符合《预应力混凝土用热处理钢筋》GB 4463—1984 的要求；预应力混凝土用钢丝应符合《预应力混凝土用钢丝》GB/T 5223—2002 的要求；预应力混凝土用钢绞线应符合《预应力混凝土用钢绞线》GB/T 5224—2003 的要求。

四、锚固工具

夹具是在张拉阶段和混凝土成型过程中夹持预应力筋的工具，可重复使用，一般用于先张法。锚具是在预应力混凝土构件上永久锚固预应力筋的工具，它与构件联成一体共同受力，不再取下，一般用于后张法。有些锚夹具既可作为锚具也可作为夹具使用，故有时也将夹具和锚具统称为锚具。

把预应力钢筋锚固在张拉台座或锚固在构件上时需用锚固装置。在用后张法制作预应力构件时需用的装置叫锚具；在用先张法施加预应力时需用的工具叫夹具。锚具、夹具的类型很多。

（一）夹具

夹具是先张法制作预应力构件时可重复使用的工具，按照所锚固的钢筋类型类别分类有：钢丝、钢绞线和钢筋等夹具；按形状分类有：锥形、楔形、墩粗、波纹等夹具，如图 3-3～图 3-6 所示。常用的夹具主要有圆锥形和墩粗夹具两种，它们是利用摩擦锚固原理以固定力筋，它们与力筋间的压紧力与摩擦力最初由压打锚板或夹片销子而产生，放松千斤顶时因力筋回缩带动锚板、销子等把力筋嵌紧，摩擦力增大后能阻止钢筋滑动。

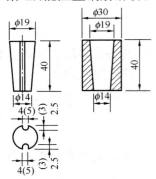

图 3-3　圆锥形钢丝
夹具（单位：cm）

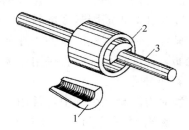

图 3-4　圆锥形钢筋夹具
1—夹片；2—锚环；3—钢筋

夹钢筋用的锥形夹具由套筒与圆锥形夹片组成，套筒内壁的圆锥应与夹片锥度吻合，夹片为两个半圆形薄片，并刻有细齿的凹槽，钢筋靠槽夹紧；夹钢丝用的夹具由套筒与销子组成，套筒内呈锥形，上宽下窄，直径一般在 11～19mm，高为 40mm，外筒为圆柱形，直径为 30mm 左右，销子上凿刻有刀片的浅槽，槽

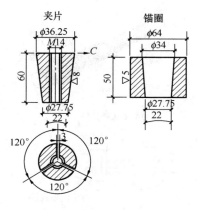

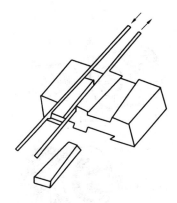

图 3-5　三片式锥形夹具　　　　　　　图 3-6　楔形夹具

深 2.5～3.0mm，为半圆弧形，直径为 1～5mm，为锚固冷拔或碳素钢丝面用；钢绞线用的夹具由套筒与圆锥形夹片组成，其夹片有三片，用 15 号铬钢制作。墩粗夹具由锚板、螺杆、螺母组成，用 A15 钢制作经热处理后才能使用。锚板为圆形或方形，使用时，用墩头机将钢筋端部先墩粗后，再锚固在板上，构件制作后切断锚板上的力筋，使之与墩粗的钢筋头随整个夹具从构件上脱落，回收重复使用。夹具使用时，应注意以下方面：

（1）粗钢筋的张拉端宜采用螺栓端杆或墩粗头；

（2）若钢筋束或钢丝束用锚塞与锚环做锚具时，因需用油压双作用千斤顶张拉，故其夹具应与锚具同一形式；

（3）若成束的钢丝在端部采用锥形螺杆锚或筒式锚时，可与粗钢筋的夹具一样处理；

（4）张拉单根冷拔低碳钢丝可用简单夹具。

（二）锚具

锚具是后张法传递预应力的工作锚。按力筋类别划分有钢丝、钢绞线和钢筋用的三种；按形状有锥形（弗氏锚）、墩粗头、螺杆、环销、星形、JM-12 型、迪维达克锚等多种，如图 3-7 所示。锚具在制作预应力构件后附在其上，作为构件的组成部分共同工作。锚具（又叫锚头）除用于锚固力筋外，尚可锚固斜拉桥、吊桥的钢拉索、吊索等。常用的锚具用于钢丝束的有锥形锚、螺杆锚、环销锚；用于粗钢筋的有螺栓端杆锚、墩头锚等；用于钢绞线的有星形锚等。

锚具根据端头构成形式可概括为螺母式、楔挤式和套筒灌铸式三大类型：

（1）螺母式：将力筋束端头搞成螺杆式后，扭上螺母使之形成端头，如迪维达克锚、墩头锚等，此锚具锚固后仍可进一步张拉，对调整预应力力筋、钢拉索的应力很方便，并可接长力筋和拉索，能在任何长度处接长钢束，其制作和拆卸均很方便，不足的是丝口易锈，除锈处理麻烦。锚杆或锚杯内外的丝口留有足够的长度，在施工时，不能将水泥浆沫等粘在其上，导致进一步张拉时扭进锚杯或锚帽。

（2）楔挤式：靠楔挤的摩擦力连接端头，如弗氏锚、环销锚等，但须注意使

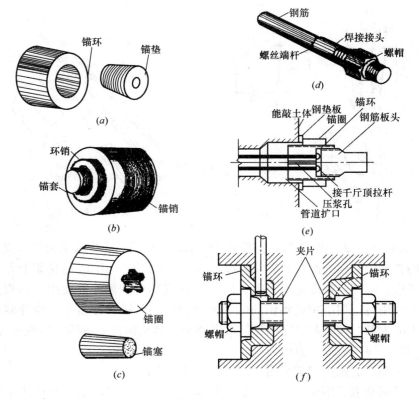

图 3-7 锚具

用这种锚具时易滑丝，锚固后再张拉时，安长钢束较困难，需要更换钢束也不易拆卸。

（3）套筒灌铸式：把钢束端头插入套筒内散开，以冷铸或热铸连接，例如冷铸墩头锚、热铸墩头锚等，它拆卸更换较容易，若在端头设带内螺纹的锚环时，再张拉和接长均很方便，但在调整钢束、索力和变形时需加设叉形垫片。

（三）常用锚具简介

弗氏锚：又叫锥形锚，如图 3-7（a）所示；由锚环和锚塞组成，用 A45 钢制作，经热处理后使用。锚固时可将力筋穿入锚环内，用锚塞塞入环内顶紧，力筋被夹紧在刻有细齿槽的锚塞上。此种锚具适合与锥锚式千斤顶（双作用和三作用千斤顶）配套张拉预应力力筋。

环销锚：主要由锚套、环销和锥销等组成，如图 3-7（b）；它由细石子混凝土配螺旋钢筋制成，钢丝锚固在锚套与环销以及环销与锥销这两者之间，即力筋束可分为两圈被嵌紧在锚内不滑动。它主要适合与双作用千斤顶配套张拉碳素钢丝。

螺栓端杆锚：由螺栓端杆与螺母组成，如图 3-7（a）所示；用 A45 和 A3 钢制造。使用时应将力筋与端杆焊接成整体，用机具张拉螺栓杆，用螺帽锚固预应力力筋。

星形锚：由星形锚圈、锥形锚塞组成，如图 3-7（c）所示，锚圈中间成星形孔，五星角端为嵌线槽，塞为圆锥形，用 A45 钢制作。锚固时将钢绞线束从五星角端穿过，将锚塞顶入圈内后挤紧钢绞线束至角端嵌线槽内，使之不得滑动才进行张拉。它可与穿心式千斤顶配套，但只能用于张拉端锚固，非张拉端应该用其他锚具。

墩头锚：由锚圈、锚杯、垫板、管道口等组成，如图3-7（e）所示；锚杯的底口有蜂窝眼，杯壁内外有螺纹，先将钢筋穿入锚杯，后用墩头机墩粗端头，在锚杯内选入与千斤顶连接的拉杆，用锚塞旋套在锚杯外壁固定。张拉时，先将拉杆旋入锚杯内一定位置后，旋紧锚圈，使之通过垫板将压力传到混凝土结构上，再慢慢放松千斤顶。使用墩头锚预应力损失较小；也不会因摩阻锚具而产生滑丝；不需为张拉而增加备料长度；它张拉方便，能节约高强钢筋；对钢筋下料长度要求精度高，不允许端头有弯曲现象。此锚具适合于直线和较缓和的曲线配筋，其工作原理属于承压锚固。

JM-12型锚固：由锚环和夹片组成，如图3-7（f）所示；用A45钢制造，夹片应经热处理才能使用。它与穿心式千斤顶配套使用。

迪维达克锚是在预应力结构上采用最早，历时很久的一种锚具，它与迪维达克系统配套使用，它的锚头、锚座常与要张拉的力筋、连接套管（波纹薄钢板套筒）、张拉千斤顶组成迪维达克系统。迪氏锚属于螺帽式锚具。使用时，可边张拉，边旋紧螺母，其锚座有平板式和钟形两种（图3-8）。迪氏锚在我国又叫轧丝锚，它常用于锚固粗钢筋，无需焊接螺杆或帮条就可以操作；其锚固可靠，受力明确，不滑丝，省工省料；还可利用螺纹丝口加套筒接长力筋，它的适应性较大，既适用于短小构件，也适用于长大构件的配筋，可用于张拉端和非张拉端，亦可埋入混凝土内。

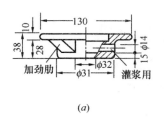 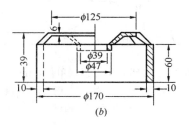 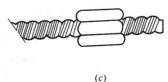

(a)　　　　　　　　　　(b)　　　　　　　　　　(c)

图3-8　迪氏锚的锚座与锚杆
(a) 平板锚具；(b) 钟形锚具；(c) 锚杆

（四）锚具、夹具的选择

选择合适的锚具、夹具对节约材料，提高生产率，保证构件的可靠度，扩大预应力混凝土的应用有重大意义。

先张法选用夹具时，锚固钢筋选用墩粗夹具和一般钢筋夹具；钢丝选用弗氏锚等；钢绞线选用三片式锚形夹具。后张法选用锚具时，冷拉钢筋选用迪氏锚、帮条锚，JM-12型锚等；碳素钢丝束选用锥形锚、环销锚；钢绞线束选用星形锚、JM-12型锚。选择时，应根据构件外形特点，预应力力筋的规格，配筋数量等加以考虑，并使选出的锚具夹具符合如下要求：

（1）材料性能符合规定的技术指标；加工尺寸精确，锚固力筋的可靠性好，不产生滑动；

（2）使用时可靠，装卸容易；

（3）构造简单，制作容易，节约材料，经济效益高；

（4）能与张拉机具配套使用。

五、张拉设备

张拉机具是制作预应力构件的专门设备，它主要由张拉千斤顶、高压油泵和压力表三部分组成。

（一）张拉千斤顶

液压千斤顶按其构造可分为锥锚式、拉杆式和穿心式三种形式。

1. 锥锚式千斤顶

锥锚式千斤顶适用于张拉用锥形锚具锚固的钢筋束。它主要由张拉油缸、顶压油缸、退楔装置、楔形卡盘等组成，其构造简图如图3-9所示。其操作顺序见表3-1。

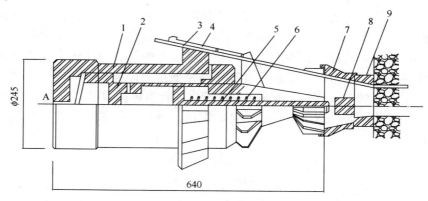

图3-9　锥锚式千斤顶（单位：mm）

1—张拉杆；2—顶压缸；3—钢丝；4—楔块；5—顶锚活塞杆；
6—弹簧；7—对中套；8—锚塞；9—锚环

锥锚式千斤顶操作顺序　　　　　　　　　　表3-1

顺序	工序名称	进、回油情况		动　作　情　况
		A油嘴	B油嘴	
1	张拉前准备	回油	回油	（1）油泵停车或空载运转； （2）安装锚环、对中套、千斤顶； （3）开泵后将顶压油缸伸出一定长度，供退楔用； （4）将钢丝按顺序嵌入卡盘槽内，用楔块夹紧
2	张拉预应力筋	进油	回油	（1）顶压缸右移顶住对中套、锚环； （2）张拉缸带动卡盘左移张拉钢丝束
3	顶压锚塞	关闭	进油	（1）张拉缸持荷，稳定在设计的张拉力； （2）顶压活塞杆右移，将锚塞强力顶入锚环内； （3）弹簧压缩

顺序	工序名称	进、回油情况		动 作 情 况
		A 油嘴	B 油嘴	
4	液压退楔 （张拉缸回程）	回油	进油	（1）拉缸（或顶压缸）右移（或左移）回程复位； （2）退楔翼板顶住楔块使之松脱
5	顶压活塞杆弹簧回程	回油	回油	（1）油泵停车或空载运转； （2）在弹簧力作用下，顶压活塞杆左移复位

2. 拉杆式千斤顶

拉杆式千斤顶适用于张拉带有螺杆式和墩头式锚具的单根粗钢筋、钢筋束、钢丝束。拉杆式千斤顶主要由油缸、活塞、拉杆、端盖、撑脚、张拉头和动、静密封圈等部分组成，其构造如图 3-10 所示。YL60 型千斤顶操作顺序见表 3-2。

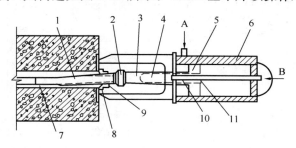

图 3-10　拉杆式千斤顶

1—预应力筋；2—连接器；3—拉杆；4—副缸；5—主缸活塞；6—主缸；
7—预留孔道；8—垫板；9—锚固螺母；10—副缸活塞；11—油封

YL60 型千斤顶操作顺序　　　　　　　　　　　　　　　　表 3-2

序号	工程名称		进、回油情况		动 作 情 况
			A 油嘴	B 油嘴	
1	张拉前准备		回油	回油	（1）油泵停车或空载运转； （2）连接头拧入螺栓端杆； （3）千斤顶对中就位
2	张拉预应力钢筋		进油	回油	（1）油缸和撑脚顶住构件端面； （2）活塞拉杆右移张拉钢筋； （3）钢筋张拉到设计张拉力后持荷，拧紧螺栓端杆上的螺母
3	液压差动回程	单路进油回程	关闭	进油	（1）差动阀活塞杆顶开锥阀，A、B 油腔连通，活塞拉杆右移回程； （2）复位后，打开油泵的控制阀； （3）油泵停车或空载运转； （4）卸下连接头
		双路进油回程	（卸荷后）进油	进油	
		带压双路进油回程	进油	进油	

注：YL60 型千斤顶有张拉保护装置，满行程张拉到底时，张拉缸油压不升高。但无回程保护装置，操作时应注意防止回程超压，或调整泵上安全阀的控制压力。

3. 穿心式千斤顶

穿心式千斤顶主要用于张拉带有夹片式锚、夹具的单根钢筋、钢绞线或钢筋束、钢绞线束。图 3-11 所示为常用的 YC-60 型千斤顶构造，它的主要部分有：张拉缸、顶压缸、顶压活塞及弹簧等。YC-60 型千斤顶张拉顺序见表 3-3。

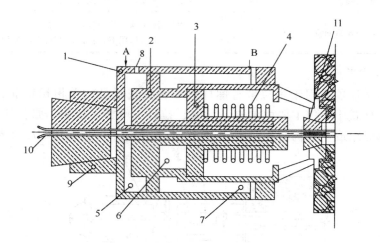

图 3-11　穿心式千斤顶

1—大缸；2—小缸；3—顶压活塞；4—弹簧；5—张拉工作油室；
6—顶压工作室；7—张拉回程油室；8—后油嘴；9—工具式锚具；
10—钢绞线；11—锚具

YC-60 型千斤顶操作顺序　　　　　　　　　　　　　表 3-3

顺序	工序名称	进、回油情况		动作情况
		A 油嘴	B 油嘴	
1	张拉前准备	回油	回油	（1）油泵停车或空载运转； （2）安装锚具、穿筋后安装工具锚； （3）千斤顶对中就位
2	张拉预应力筋	进油	回油	（1）顶压缸和撑套右移顶住锚环； （2）张拉缸左移，张拉预应力筋
3	顶压锚固	关闭	进油	（1）张拉缸持荷，稳定在设计的张拉力； （2）顶压活塞右移，将夹片强力顶入锚环内； （3）顶压活塞回程弹簧压缩
4	张拉缸液压回程	回油	进油	张拉缸（或顶压缸）右移（或左移）回程复位、工具锚松脱

顺序	工序名称	进、回油情况		动作情况
		A 油嘴	B 油嘴	
5	顶压活塞杆弹簧回程	回油	回油	(1) 油泵停车或空载运转； (2) 在弹簧力作用下，顶压活塞左移复位； (3) 卸下工具锚和千斤顶

注：1. 顶压锚固时，张拉缸内油压将会升高，应控制其升高值，使预应力筋的应力不超过流限（钢筋束）或条件流限（钢绞线束）；

2. 在张拉、顶压和液压回程时，为防止误操作产生过高的油压，可调整油泵相应油路中安全阀的溢流压力；

3. 作为拉杆式千斤顶使用时，操作顺序为表中的 1、2、4、5。

（二）高压油泵

高压油泵与液压千斤顶配套使用，为千斤顶供油。常用的有电动高压油泵和手动高压油泵两种。图 3-12 为目前常用的 ZB/500 电动高压油泵，由泵体、控制阀、油箱小车和充电设备等部分组成。

（三）油压表

油压表是测量压力的仪表。它安装在油泵上，从油压表的读数上反映出千斤顶工作活塞

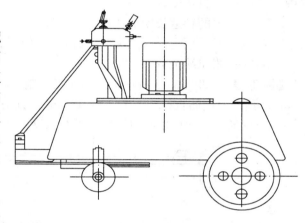

图 3-12　电动高压油泵

上单位面积所承受的压力。千斤顶对钢筋施加的拉力，可由油压表上的读数与千斤顶工作活塞面积的乘积求得。油压表的种类很多，为了保证读数的精度，并确保安全且不易损坏，一般均选用精度不低于 1.5 级的弹簧管油压表。其表面的最大读数，应为实际使用读数的 1.5～2.0 倍。

六、预应力筋制作

（一）预应力筋下料

预应力筋的下料长度需要计算，计算时应考虑构件或台座长度、锚具夹具长度、千斤顶长度、焊接接头或墩头预留量、冷拉伸长值、张拉伸长值和外露长度。

计算公式：
$$L = \frac{L_0}{1 + \delta_1 - \delta_2} + n_1 l_1 + l_2$$
$$L_0 = L_1 + L_2 + L_3$$

式中　L ——下料长度；

δ_1 ——钢筋冷拉率（对 L 而言）；

δ_2 ——钢筋回缩率（对 L 而言）；

n_1——对焊接头的数量；

l_1——每个对焊接头的预留量；

l_2——墩粗头的预留量；

L_0——钢筋的要求长度；

L_1——长线台座的长度（包括横梁、定位板在内）；

L_2——夹具长度；

L_3——张拉机具所需的长度（按具体情况决定）。

（二）预应力钢丝束下料

预应力钢丝束的下料长度应根据锚具类型、张拉设备来确定。

计算公式：
$$L = L_0 + n_1(l_1 + 0.15)$$

式中　L——下料长度；

　　　L_0——梁的管道长度加两端锚具长度；

　　　l_1——千斤顶支承端到夹具外缘距离；

　　　n_1——张拉端个数。

【例 3-1】　如图 3-13 所示，采用先张法制作预应力桥面空心板，长线台座长77.5m，预应力钢筋直径为 12mm 的 44Mn$_2$Si 直条钢筋，每根长 9m，锚固端用镦粗头，一端张拉。计算预应力钢筋的下料长度？

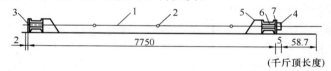

图 3-13　长线台座预应力筋下料

1—预应力筋；2—对焊接头；3—镦粗头；4—夹具；

5—台座承力支座；6—横梁；7—定位板

【解】　根据题意得
$$L_0 = L_1 + L_2 + L_3 = 7750 + 5 + 58.7 = 7813.7 \text{cm}$$

根据测定结果
$$\delta_1 = 3\%, \delta_2 = 0.3\%, n_1 = 8, l_1 = 1.5 \text{cm}, l_2 = 2 \text{cm},$$
$$L_1 = 7750 \text{cm}, L_2 = 5 \text{cm}, L_3 = 58.7 \text{cm}$$

$$L = \frac{L_0}{1 + \delta_1 - \delta_2} + n_1 l_1 + l_2 = \frac{7813.7}{1 + 0.03 - 0.003} + 8 \times 1.5 + 2 = 7622.3 \text{cm}$$

实际下料长为 8 根 9m 钢筋和 1 根 4.223m 钢筋。

（1）预应力筋的下料长度应通过计算确定，计算时应考虑结构的孔道长度或台座长度、锚夹具厚度、千斤顶长度、焊接接头或墩头预留量、冷拉伸长值、弹性回缩值、张拉伸长值、和外露长度等因素。

钢丝束两端采用墩头锚具时，同一束中各根钢丝下料长度的相对差值，当钢丝束长度小于或等于 20m 时，不宜大于 1/3000；当钢丝束长度大于 20m 时，不宜大于 1/5000，且不大于 5mm。长度不大于 6m 的张拉构件，当钢丝成组张拉时，同组钢丝下料长度的相对差值不得大于 2mm。

（2）钢丝、钢绞线、热处理钢筋、冷拉Ⅳ级钢筋、冷拔低碳钢丝及精轧螺纹钢筋的切断，宜采用切断机或砂轮锯，不得采用电弧切割。

（三）冷拉钢筋接头

冷拉钢筋的接头，应在钢筋冷拉前采用一次闪光顶锻法进行对焊，对焊后应进行热处理，提高焊接质量。钢筋焊接后其轴线偏差不得大于钢筋直径的 1/10，且不得大于 2mm，轴线曲折的角度不得超过 4°。采用后张法张拉的钢筋，焊接后尚应敲除毛刺，但不得减损钢筋截面面积。

预应力筋有对焊接头时，除非设计另有规定，宜将接头设置在受力较小处，在结构受拉区及在相当于预应力筋直径 30 倍长度的区段（不小于 500mm）范围内，对焊接头的预应力筋截面面积不得超过该区段预应力筋总截面面积的 25%。

冷拉钢筋采用螺栓端锚具时，应在冷拉前焊接螺栓端杆，并应在冷拉时将螺母置于端杆端部。

（四）预应力筋镦粗头

预应力筋镦头锚固时，对于高强钢丝，宜采用液压冷镦；对于冷拔低碳钢丝，可采用冷冲镦粗；对于钢筋，宜采用电热镦粗，但Ⅳ级钢筋镦粗后应进行电热处理。冷拉钢筋端头的镦粗及热处理工作，应在钢筋冷拉之前进行，否则应对镦头逐个进行张拉检查，检查时的控制应力应不小于钢筋冷拉的控制应力。

（五）预应力筋的冷拉

预应力筋的冷拉，可采用控制应力或控制冷拉率的方法。但对不能分清炉批号的热轧钢筋，不应采取控制冷拉率的方法。

当采用控制应力方法冷拉钢筋时，其冷拉控制应力下的最大冷拉率，应符合表 3-4 的规定。冷拉时应检查钢筋的冷拉率，当超过表中的规定时，应进行力学性能检验。

控制应力及最大冷拉率 表 3-4

钢筋级别	钢筋直径（mm）	冷拉控制应力（MPa）	最大冷拉率（%）
Ⅳ级	10～28	700	4.0

当采用控制冷拉率方法冷拉钢筋时，冷拉率必须由试验确定。测定同炉批钢筋冷拉率时，其试样不少于 4 个，并取其平均值作为该钢筋实际采用的冷拉率。测定冷拉率时钢筋的冷拉应力应符合表 3-5 的规定。

测定冷拉率时钢筋的冷拉应力 表 3-5

钢筋级别	钢筋直径（mm）	冷拉应力（MPa）
Ⅳ级	10～28	730

注：当钢筋平均冷拉率低于 1% 时，仍应按 1% 进行冷拉。

冷拉多根连接的钢筋，冷拉率可按总长计，但冷拉后每根钢筋的冷拉率应符合表 3-4 的规定。

钢筋的冷拉速度不宜过快，宜控制在 5MPa/s 左右。冷拉至规定的控制应力（或冷拉率）后，应停置 1～2min 再放松。冷拉后，有条件时宜进行时效处理。应按冷拉率大小分组堆放，以备编束时选料。冷拉钢筋时应做记录。

当采用控制应力方法冷拉钢筋时，对使用的测力计应经常进行校验。

（六）预应力筋的冷拔

预应力筋采用冷拔低碳钢丝时，应采用 6～8mm 的 HPB235 级热轧钢筋盘条拔制。拔丝模孔为盘条原直径的 0.85～0.9，拔制次数一般不超过 3 次，超过 3 次时应将拔丝退火处理。拉拔总压缩率应控制在 60%～80%，平均拔丝速度应为 50～70m/min。冷拔达到要求直径后，应按有关规定进行检验，以决定其组别和力学性能（包括伸长率）。

（七）预应力筋编束

预应力筋由多根钢丝或钢绞线组成时，同束内应采用强度相等的预应力钢材。编束时，应逐根理顺，绑扎牢固，防止互相缠绕。

七、滑丝、断丝的原因和处理

预应力筋（钢丝、钢绞线、钢筋）在张拉与锚固时，由于各种原因，会不可避免地产生个别筋滑移和断裂的现象。

（一）滑丝的原因

滑丝的原因很多，一般是锚圈锥孔与夹片之间有杂物；力筋和千斤顶卡盘内有油污，锚下垫板喇叭口内有混凝土和其他残渣；锚具偏离锚下垫板止口；锚具（锚圈、锚塞、夹片）质量存在问题，由于其硬度不足不均而产生变形。此外，回油过猛，力筋粗细不一致也是滑丝产生的因素之一。滑丝一般在退顶后发生，有时张拉结束后半天至一天内发生。

（二）断丝的原因

断丝的发生，一般是钢材材质不均匀或严重锈蚀；锚圈口处分丝时交叉重叠；操作过程中没有做到孔道、锚圈、千斤顶三对中，造成钢丝偏中，受力不均，个别钢丝应力集中；油压表失灵，造成张拉力过大；千斤顶未按规定校验。

（三）滑丝、断丝的处理原则

在预应力张拉的过程中或锚固时，预应力筋滑丝、断丝数量超过设计或表 3-6、表 3-7 的规定，应予以处理。

先张法预应力筋断丝限制 表 3-6

项次	类　别	检查项目	控制数
1	钢丝、钢绞线	同一构件内断丝数不得超过总数的比例	1%
2	钢筋	断筋	不容许

后张法预应力筋断丝、滑丝限制（钢丝、钢绞线、钢筋） 表 3-7

项次	类　别	检查项目	控制数
1	钢丝束、钢绞线束	每束钢丝断丝或滑丝	1 根
		每束钢绞线断丝或滑丝	1 丝
		每个断面断丝之和不得超过该断面钢丝总数的比例	1%
2	单根钢筋	断筋或滑移	不容许

注：1. 钢绞线断丝是指钢绞线内钢丝的断丝；
　　2. 断丝包括滑丝失效的钢丝；
　　3. 滑移量是指张拉完毕锚固后部分钢丝或钢绞线向孔道内滑移的长度。

（四）滑丝的处理

张拉完成后应及时在钢丝（或钢绞线）上做好标记，如发现滑丝，解决的措施一般是：采用 YC122 千斤顶和卸荷座，将卸荷座支撑在锚具上，用 YC122 千斤顶张拉滑丝钢绞线，直至将滑丝夹片取出，换上新夹片，张拉至设计应力即可。如遇严重滑丝或在滑丝过程中钢绞线受到了严重的伤害，则应将锚具的所有钢绞线全部卸荷，找出原因并解决，再重新张拉（图 3-14）。

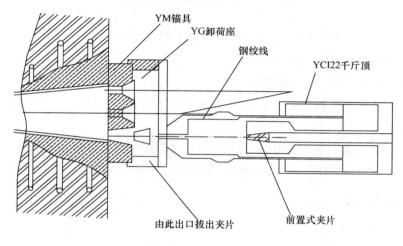

图 3-14　滑丝处理

（五）断丝的处理

断丝的处理，常用的方法有：

（1）提高其他钢筋束的控制张拉力作为补偿。

（2）换束。卸荷、松锚、换束、重新张拉至设计应力值。

（3）备用束。对于一些重要的结构，设计时往往留有备用孔道或备用束，当施工过程中发生严重断丝特殊情况时，即启用备用束。

滑丝与断丝现象发生在顶锚以后，处理方法还可以采用如下方法：

（1）钢筋束放松。将千斤顶按张拉状态装好，并将钢丝在夹盘内楔紧。一端张拉，当钢丝受力伸长时，锚塞稍被带走。这时立即用钢钎卡住锚塞螺纹（钢丝可用 5mm 的钢丝，端部磨尖制成，长 20～30cm）。然后主缸缓慢回油，钢丝内缩，锚塞因被卡住而不能与钢丝同时内缩。主缸再次进油，张拉钢丝，锚塞又被带出。再用钢钎卡住，并使主缸回油，如此反复进行至锚塞退出为止。然后拉出钢丝束更换新的钢丝束和锚具。

（2）单根滑丝单根补拉。将滑进的钢丝楔紧在卡盘上，张拉到达应力后顶压楔紧。

（3）人工滑丝放松钢筋束。安装好千斤顶并楔紧各根钢丝。在钢筋束的一端张拉到钢丝的控制应力仍拉不出锚塞时，打掉一个千斤顶卡盘上钢丝的楔子，迫使 1～2 根钢丝产生抽丝。这时锚塞与锚圈的锚固力就减小了，再次拉锚塞就较易拉出。

八、施加预应力的一般规定

（1）张拉机具应与锚具配套使用，在进场时进行检查和校验。千斤顶与压力表配套校验，以确定张拉力与压力表读数之间的关系曲线。张拉机具应由专人使用和保管，并经常维护，定期校验。

（2）预应力钢材及所有锚具、夹具应有出厂合格证书，进场时应按有关要求分批进行检验。

（3）预应力筋的张拉控制应力 σ_k 应符合下列规定：

对于钢丝、钢绞线：$\sigma_k \leqslant 0.75R_y^b$。

对于冷拉粗钢筋：$\sigma_k \leqslant 0.90R_y^b$。

预应力筋的最大控制应力：钢丝、钢绞线不应超过 $0.8R_y^b$；冷拉粗钢筋不超过 $0.95R_y^b$。

（4）张拉时应采用应力和伸长值双控制，实际伸长值与理论值相比较，应控制在 $\pm 6\%$ 以内，否则应暂停张拉，待查明原因并采取措施加以调整后，方可继续张拉。

九、编制方案（实训）

1. 预应力筋下料；
2. 张拉机具选用；

十、习题

1. 填空题

（1）施加预应力一般是靠张拉在混凝土中的高强度钢筋来实现的。桥梁工程中常用的方法有（　　　　）和（　　　　）两种。

（2）常用的锚具主要有（　　　　　）、锥形锚具（　　　　　）、钢绞丝墩头锚具等四类。

2. 问答题

（1）施加预应力的一般规定？

（2）预应力混凝土结构的特点？

（3）断丝的处理，常用的方法有？

3. 综合分析题

某预应力混凝土连续刚构桥在施工到某一节段时出现预应力筋断丝超限，同时发现前面已完成某节段混凝土强度未达到要求，试分析原因，并提出可能的处理方法？

任务 2　先张法施工

任务目标：

1. 学生能够掌握后张法施工工艺；

2. 学生能够独立的查阅资料；能够独立编制先张法施工方案。

一、先张法基本工艺流程

先张法生产工序少、效率高，适宜工厂化大批量生产。张拉钢筋时，只需夹具，无需锚具，预应力钢筋自锚于混凝土之中。但先张法需要专门的张拉台座，构件中钢筋一般只能采用直线配筋，施加的应力较小，一般只适合于制作跨径在 25m 内的中小跨径梁（板）。基本工艺流程如图 3-15 所示。

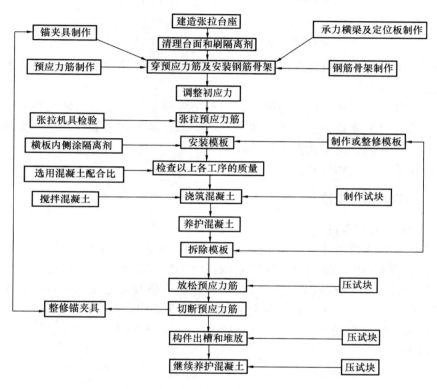

图 3-15 预应力混凝土先张法施工工艺流程

二、张拉台座

台座是先张法施加预应力的主要设备之一，它承受预应力钢筋在构件制作时的全部张拉力。张拉台座必须在受力后不倾覆、不移动、不变形。台座主要由承力架、横梁、台面和定位板组成（图 3-16），常见的有墩式和槽式台座两种。台座的长度要根据施工现场的实际情况决定，一般为 50～100m。

（1）承力架台座的主要受力结构，也是台座的支架。它要承受预应力力筋制作时的全部荷载而不致使台座变形和变位，其形式很多，如爆扩桩式、重力式、槽式等。

（2）台面制作预应力构件的底模，施加预应力的工作面，应光滑和平整，其宽由制作预应力构件的宽度决定。

（3）横梁传力构件，由型钢或钢筋混凝土材料制作，它在张拉力筋时将力传

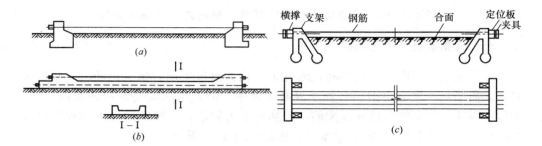

图 3-16 张拉台座的形式与构造

（a）墩式台座；（b）槽式台座；（c）台座构造

给承力架，其断面尺寸由台座的跨径和自身跨径以及张拉力决定，并要求有抵抗变形足够的可靠度。

（4）定位板主要用于固定力筋位置，常用钢板制作，板上的钻孔位置和孔径大小应符合设计的张拉力筋位置、规格，也要求有足够的可靠性，免遭破坏及让钢筋在张拉时弹出、避免发生工伤事故。

台座又有永久性和临时性台座的区别。

三、预应力筋的张拉

（一）张拉前的准备工作

张拉前应先在端梁上安装并检查定位钢板，其孔位和孔径应符合设计要求，然后将定位钢板固定在横梁上。安装定位板时要保证最下层和最外侧预应力筋的混凝土保护层尺寸。进而在台座上安装预应力筋，将其穿过端横梁和定位板后用锚具固定在板上，沿面每隔一定距离放置钢筋头垫起预应力筋，对于长线台座，预应力筋或者预应力筋与拉杆、拉索的连接，必须先用连接器串联后才能张拉，如图 3-17 所示。

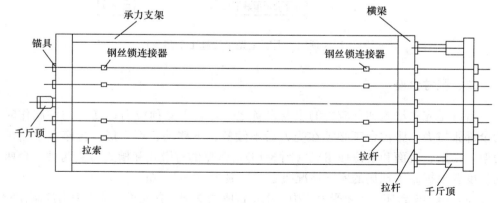

图 3-17 先张法张拉台座

（二）张拉工艺

先张法张拉预应力筋，分单根张拉和多根整批张拉，单向张拉和双向张拉。单根张拉设备比较简单，吨位要求小，但张拉速度慢，为避免台座承受过大的偏心力，应先张拉靠近台座截面重心处的预应力筋，然后向两侧对称张拉。多根同时张拉需一个或两个大吨位千斤顶，张拉速度快，但控制要求高，要保证每根钢筋的初始长度一致，活动横梁与固定横梁保持平行。如遇钢筋的伸长值大于千斤顶油缸最大工作行程时，可采用重复张拉的办法解决。图 3-18～图 3-20 为单根张拉与多根同时张拉的示意。

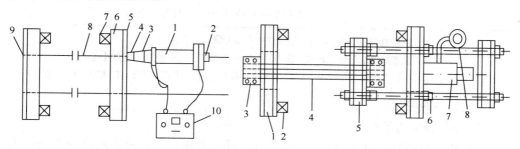

图 3-18　单根筋张拉

1—YC18 型穿心式千斤顶；2—千斤顶
尾部锥形锚具；3—预压头；4—圆锥
形夹具；5—定位板；6—横梁；
7—承力支架；8—预应力筋；
9—镦粗头；10—高压油泵

图 3-19　多根筋成批张拉

1—横梁；2—承力支架；
3—夹具；4—预应力筋；
5—张拉架；6—螺母；
7—千斤顶；8—压力表

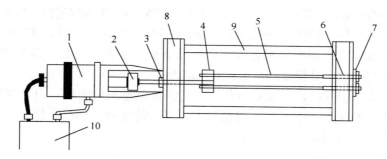

图 3-20　多根钢筋成批张拉

1—拉杆式千斤顶；2—千斤顶套碗；3—固定螺母；
4—镦头夹具；5—预应力筋；6—螺栓端杆锚具；
7—定位板；8—横梁；9—承力压杆；10—高压油泵

（三）张拉程序

钢筋张拉的程序依钢筋的类型而异，如表 3-8 所示。表中初应力一般取 10% σ_d，以保证成组张拉时每根钢筋应力均匀，张拉至 $105\%\sigma_d$ 是超张拉方法，目的是减少预应力损失。应力由 $105\%\sigma_d$ 退至 $90\%\sigma_d$，主要是为了设置预埋件、绑扎钢筋和支模时的安全。

先张法预应力筋张拉程序　　　　　　　　　　　　　表 3-8

预应力筋种类	张 拉 程 序
钢筋	0→初应力→$1.05\sigma_{con}$（持荷 2min）→$0.9\sigma_{con}$→σ_{con}（锚固）

预应力筋种类	张 拉 程 序
钢丝、钢绞线	$0 \rightarrow$ 初应力 $\rightarrow 1.05\sigma_{con}$（持荷 2min）$\rightarrow 0\sigma_{con} \rightarrow \sigma_{con}$（锚固） 对于夹片式等具有自锚性能的锚具： 普通松弛力筋 $0 \rightarrow$ 初应力 $\rightarrow 1.03\sigma_{con}$（锚固） 低松弛力筋 $0 \rightarrow$ 初应力 $\rightarrow 0\sigma_{con}$（持荷 2min 锚固）

注：1. 表中 σ_{con} 为张拉时的控制应力值，包括预应力损失值；

　　2. 超张拉数值超过规定的最大超张拉应力限值时，应按规定的限制张拉应力进行张拉；

　　3. 张拉钢筋时，为保证施工安全，应在超张拉放张至 $0.9\sigma_{con}$ 时安装模板、普通钢筋及预埋件等。

（四）一般操作

1. 调整预应力筋长度

采用螺栓杆锚具，拧动端头螺母，调整预应力筋长度，使每根预应力筋受力均匀。

2. 初始张拉

初始张拉一般施 10% 的张拉应力，将预应力筋拉直，锚固端和连接器处拉紧，在预应力筋上选定适当的位置刻画标记，作为测量延伸量的基点。

3. 正式张拉

（1）一端固定，一端单根张拉。张拉顺序由中间向两侧对称进行，如横梁、承力架受力安全也可从一侧进行。单根预应力筋张拉吨位不可一次拉至超张拉应力。

（2）一端固定，一端多根张拉。千斤顶必须同步顶进，保持横梁平行移动，预应力筋均匀受力。分级加载拉至超张拉应力。

（3）一端单根张拉，一端多根张拉。先张拉单根预应力筋，由延伸量和油表压力读数双控制施加 30%～40% 的张拉力，同时使预应力筋受力均匀，先顶锚固一端，再张拉多根预应力筋至超张拉应力。

（4）持荷：

按预应力筋的类型选定持荷时间 2～5min，使预应力筋完成部分徐舒，完成量约为全部量的 20%～25%，以减少钢丝锚固后的应力损失。

4. 锚固

补足或放松预应力筋的拉力至控制应力。测量、记录预应力筋的延伸量，并核对实测值与理论计算值，其误差应在 ±6% 范围内，如不符合规定，则应找出原因及时处理。张拉满足要求后，锚固预应力，千斤顶回油至零。

四、预应力筋的放松

当混凝土强度达到设计规定的放松强度后（若设计无规定，一般应不小于设计强度的 70%），可放松受拉的预应力筋，然后再切割端部的预应力筋。常用的放松方法有以下几种：

（一）千斤顶放松

当混凝土达到规定强度后，再安千斤顶重新将钢筋张拉至能够扭松固定螺母时止，如图 3-21 所示。随着固定螺母的扭松，逐渐放松千斤顶，让钢筋慢慢回缩。

当逐根放松预应力筋时，应严格按有利于梁受力的次序分阶段地进行。通常自构件两侧对称地向中心放松，以免较后一根钢筋断裂时使梁承受大的水平弯曲冲击作用。放松的分阶段次数应视张拉台座至梁端外露钢筋长短而定，较长时分阶段次数可少些，过短时次数应增多。

（二）砂筒放松

在张拉预应力筋之前，在承力架（或传力柱）与横梁间各放置一个灌满（约达 2/3 筒身）烘干细砂子的砂筒（图 3-22）。张拉时筒内砂子被压实，需要放松预应力筋时，可将出砂口打开，使砂子慢慢流出，活塞徐徐顶入，直至张拉力全部放松为止。利用砂筒放松，易于控制放松的速度，能较好地保证预应力梁的质量。

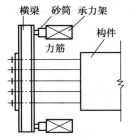
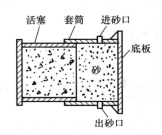

图 3-21　千斤顶放松　　　　　　　图 3-22　砂筒放松

代替上述的砂筒，也可用图 3-23 所示的钢制滑楔来放松张拉力。滑楔由三块钢模块组成，中间一块上装有螺栓，将螺栓拧进螺杆就使三个楔块连成一体。需要放松时，将螺栓慢慢往上拧松，由于钢筋的回缩力，随着中间楔块的向上滑移，张拉力就被放松。

（三）螺杆、张拉架放松

在台座的固定端设置用来锚固预应力筋的螺杆和张拉架（图 3-24）。放松时，拧松螺杆上的螺母，钢筋慢慢回缩，张拉力即被放松。但由于作用在螺母上的压力很大，拧松螺母比较费力。

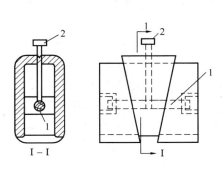
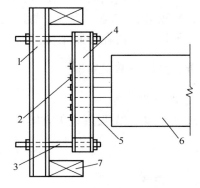

图 3-23　钢滑楔
1—螺杆；2—螺栓

图 3-24　螺杆、张拉架放松
1—横梁；2—夹具；3—螺杆；4—张拉架；
5—预应力筋；6—构件；7—承力架

放松程序见表 3-9。

钢筋放松后可用氧炔焰切割，但应防止烧坏钢筋端部。钢筋放松后，可用锯断或剪断的方法切割。切割后的外露端头，应用砂浆封闭以防生锈。

先张法预制梁预应力筋的放松程序 表 3-9

阶段	每阶段放松数量（cm）	第一次	第二次	第三次
I	1～2	1，4	2，3	5，6
II	2～4	1，4	2，3	5，6
III	全部	6，5	1，4	2，3

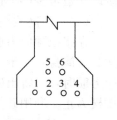

五、安全技术和注意事项

（一）安全技术

（1）张拉前要对张拉设备、锚具作认真检查。张拉时要有统一指挥，按操作程序施工。

（2）钢筋拉到张拉力后，要停 2～3min，待稳定后再锚固。

（3）使用千斤顶时不准超载，张拉时，台座两端不得站人，操作人员应站在张拉台座侧面的油泵外侧面进行工作。

（4）台座两端应有防护措施。张拉时，沿台座长度方向每隔 4～5m 应放一防护架。

（二）注意事项

（1）张拉时，张拉方向与预应力钢材在一条直线上。

（2）用三横梁、四横梁整批张拉时，千斤顶应对称布置，防止活动横梁倾斜。

（3）预应力筋张拉完毕后，位置偏差不得大于 5mm，亦不得大于构件截面最短边长的 4%。

（4）当多根钢筋同时张拉时，必须先调整初应力，确保应力一致。

（5）顶紧锚塞时，用力不要过猛，以防钢丝折断；在拧紧螺母时，应注意压力表读数始终保持在控制张拉力上。

六、编制方案（实训）

1. 张拉前准备。
2. 编制梁体先张法施工方案。

七、习题

1. 填空题

（1）当混凝土强度达到设计规定的放松强度后（　　　　　　），可放松受拉的预应力筋，然后再切割端部的预应力筋。

（2）张拉台座是先张法生产的主要设备之一，它承受预应力筋的全部张拉力，因此必须有足够的（　　　　　）、（　　　　）和（　　　　）。

2. 问答题

（1）先张法施工的台座有哪几种类型？其构造如何？分别适合于什么情况下使用？张拉程序是怎么样的？

（2）"初应力"与"超张拉"的要求及目的分别是什么？

（3）预应力筋放松的方法有哪几种？

任务 3　后 张 法 施 工

任务目标：

1. 学生能够掌握后张法施工工艺；

2. 学生能够独立的查阅资料；能够独立编制后张法施工方案。

一、后张法施工基本工艺流程

后张法的张拉设备简单，不需要专门台座，便于在现场施工，预应力筋可布置成直线和曲线，施加的力较大，适合预制大型构件。

后张法施工工艺是先浇筑留有预应力筋孔道的梁体，待混凝土达到规定强度后，再在预留孔道内穿入预应力筋进行张拉锚固（有时预留孔道内已事先埋束，待梁体混凝土达到规定强度后，再进行预应力筋张拉锚固）。最后进行孔道压浆并浇筑梁端封头混凝土。

后张法梁施加预应力时，构件的混凝土强度一般不低于设计强度等级的85%。力筋张拉前必须完成梁内预留孔道、制束、制锚、穿束和张拉机具设备的准备工作。但后张法生产预应力混凝土梁，不需要大型的张拉台座，便于在桥梁工地现场施工，而且又适宜于配置曲线形预应力筋的中、大型构件制作，因此在桥梁工程施工上应用广泛。其后张法施工工艺流程如图 3-25 所示。

二、张拉前准备

张拉前需要完成梁内预留孔道、制索、制锚、穿索和张拉机具的准备工作。

（一）预留孔道工艺

预留孔道是后张构件制作的特殊工艺，孔道的形状、尺寸和质量对后张拉构件的质量有直接影响，其预留孔道主要有直线和曲线两种形式。

1. 制孔的方法

埋设管道法，主要用于曲线管孔的制作。一般采用薄钢板管和铝合金波纹管，它在梁体制成后将留在梁内，使用后不能回收，成本高，金属材料耗用量大。

抽芯管法，主要用于直线管孔制作。是预先将其安放在预应力筋的设计位置上，待混凝土终凝后将它拔出，构件内即具有孔道，它能周转使用，应用较广。抽拔式制孔器有橡胶、金属伸缩管和钢管三种形式，抽拔制孔器的时间与预制时所处环境的气温有关，必须严格掌握，否则将会出现塌孔或拔不出的情况。一般以混凝土抗压强度达到 0.4~0.8MPa 时为宜。抽拔时间通过试验确定，也可参考表 3-10 进行。

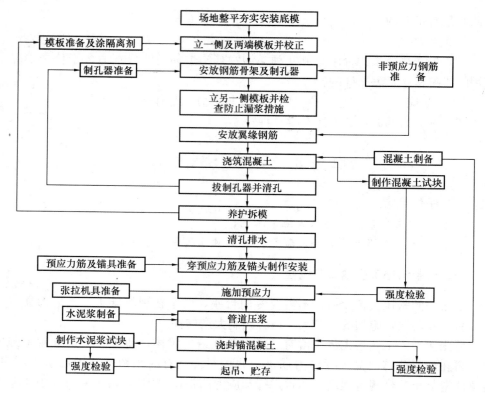

图 3-25 预应力混凝土后张法施工工艺流程

制孔器抽拔时间参考表　　　　　　　　　　　　　　　　　表 3-10

环境温度（℃）	抽拔时间（h）	环境温度（℃）	抽拔时间（h）
30 以上	3	10～20	5～8
20～30	3～5	10 以下	8～12

抽拔制孔器的顺序宜先上后下，先曲后直，分层浇筑的混凝土应根据各层凝固情况确定抽拔顺序。芯管采用橡胶管或钢管时，可用机械抽拔，抽拔时拖拉方向应和管道轴线重合；胶管先抽出芯棒，再抽胶管，抽出后清洗干净，卷盘存放。

2. 制孔器和通孔器

制孔器可采用橡胶管、无缝钢管、薄钢板管、金属波纹管等。现将几种常见的制孔器简介如下。

橡胶管，此法应用较普通。常见的胶管有：外径 48±2mm、内径 26mm、六层布筋橡胶管；外径 51mm、内径 21mm 的纯橡胶管等。一般胶管抗拉力约为 5kN，在拉力作用下管道径向收缩不小于 2mm，取消拉力后残余变形小，有良好的挠曲性和耐磨性。它不仅适用于直线孔，也能用于曲线孔中。制孔时，胶管位置靠定位架固定，定位架间距为 40～60cm，沿箍筋间隔设置，曲线孔道适当加密。为增加胶管的刚性和防止浇筑混凝土过程中胶管挠曲离开设计位置及局部变形，需在橡胶管内置一圆钢筋或钢丝束（称芯棒），芯棒直径应较胶管内径小 8～10mm，长度较胶管长 1～2m，以便先抽拔芯棒。对于曲线束的孔道，宜由两段胶管在跨中对接，对接接头处套一段长为 0.3～0.5m 薄钢板管，也可用塑料布包裹后并用钢丝绑扎。接头要牢固严密，以防浇筑混凝土时脱节和漏浆，胶管从梁的两端抽拔，薄钢板管则留在架内。为易于胶管拔出，也有采用胶管内充气、充水的方法，充气后胶管径向扩张 3～5mm，通常需气压 0.7～0.8MPa，混凝土初凝后终凝前即可放气使胶管收缩抽出。

无缝钢管，用于直线孔道制孔。钢管要求平直，表面应光滑，焊接接头处应仔细清理干净保持平顺，过长孔道的中间活动接头，可用镀锌钢管套接，钢管架立间距以钢管无下垂为度，在活动接头处至少要架立两点，使镀锌套管不受力；结构混凝土浇筑完成后，应定时转动钢管，防止钢管与混凝土粘结，钢管长度以混凝土浇筑后能使钢管转动为宜，钢管预埋前应除锈、刷油。

薄钢板管，预埋在孔道内成为孔道的一部分，常用 0.5～0.75mm 厚薄钢板卷制而成。为防止漏浆，纵向采用咬口接缝，并与节之间采用套接，大头直径放大 2mm。接头间用氧乙炔焊焊接。曲线管道在木模上压制成型。为便于穿过预应力钢束，各管节均按同向套接。为防止咬口处漏浆，可涂热沥青一道。薄钢板管架设应符合孔道形状，绑扎在钢筋骨架上要牢固，防止平移或上浮。预埋薄钢板管成孔方法需要大量薄钢板，故多用于抽拔胶管有困难的梁体上或管道十分密集的部位，以防互相串浆。

金属伸缩套管，主要由铝锌合金等制作。为防止漏浆，增加套管可靠度，伸缩套管层数至少在两层以上。操作时，将伸缩套管穿入定位架或孔道筋位置后，将套管孔径扩大到预留孔径，使其与孔道筋绑牢，接头处可用薄钢板管处理，在管内 50cm 以上时，管径可比伸缩套管扩大后的直径大 1～2mm，并用腻子把接头抹死。

金属波纹管，如图 3-26 所示，金属波纹管一般是用厚 0.3～0.6mm 的镀锌钢带，由制管机卷制而成，管分为"通用段"和"连接段"。钢带的厚度根据管径而定，管表面有螺旋状的凸肋，既增加了管的刚性，又可在接头处旋入直径稍大的连接管段。成型后的管沿纵向和径向具有一定的刚度，沿长度又有较好的柔性，而且便于排布各种曲线道，故称为半刚性管。管的直径通常以 25mm 为起点，按 5mm 的模数递增直到 130mm。在需要接长时两管段之间旋入一段长约 40mm 的连接管段作为搭接头，在接缝处缠绕塑料胶带密封，以防止漏浆。

图 3-26　金属波纹管

"连接段"与"通用段"两种管的形状相同，"连接段"仅直径增大 3～5mm。金属波纹管的连接，用金属波纹管做孔道预埋管，可提高孔道位置的准确度和防止孔道间掉浆。

通孔器是检查制孔质量的仪器，用圆钢制作，长 100～120mm，中间一段呈圆柱形，直径比预应力筋孔道小 4～7mm，两端为截头圆锥形，并各钻一小孔，通过小孔来固定牵引钢丝。

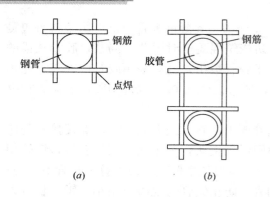

图 3-27　固定架
(a) 单孔井字架；(b) 双孔井字架

3. 制孔器的安装

安装制孔器时，可先将其沿梁体长度方向顺序穿越各定位钢筋的"井"字网眼，如图 3-27 所示，然后在梁中部安装好接头，最后穿入钢筋芯棒。"井"字位钢筋的位置可依预应力筋坐标图来确定，如图 3-28 下部所示。其间距一般为 0.4～0.6m，曲线管道应适当加密。接头布置在跨中附近，但不同孔道接头不宜在同一断面上（同一断面是指顺制孔器长度方向为 1m 的范围内）。

4. 压降孔及排气孔的预留

除非锚具上已设置，无论何种管道或孔道均需设置压浆孔及排气孔，一般排气孔应设在孔道最高位置。压浆孔直径为 8～10mm，可用木塞或钢筋头顶紧预留，混凝土初凝后拔出。螺栓端杆、锥形螺杆锚具的垫板上有槽口，只留灌浆孔，可不留排气孔；锥形锚具、JM 锚具在锚塞正中留有小孔能灌浆及排气，不需留灌浆孔和排气孔。

（二）孔道检查

制孔后，应用通孔器检查，若发现孔道堵塞，应清除孔道内的杂物，为力筋穿孔创造条件。检查时，一般用大小不一的两种直径通孔器（相差 10mm 左右），先用大直径的试通，若通不过，再用小直径的试通，并用芯棒检查堵孔位置并作以标记。对仅能通过小直径的孔道可采用螺纹钢筋在孔内通捣（或来回拉孔）；对不通的孔，查明原因后，分别采取措施，若是由于断胶管、水泥浆或铁皮接头堵塞，则可在芯棒上焊制钢钩将其钩出或用力将其捣通；若是金属伸缩套管或其他接头因拉断残留在孔中等原因，堵塞严重，则应标出准确位置，从侧面凿开取出，疏通孔道，重设制孔器，修补缺口。

（三）穿束

穿束前应全面检查锚垫板和孔道，锚垫板应位置正确，若锚垫板移位，造成垫板平面和孔道中轴线不垂直时，应用楔形垫板加以纠正；孔道内应畅通，无水分和杂物，孔道应完整无缺。制好的钢筋束应检查其绑扎是否牢固、端头有无弯折现象；钢筋束按长度和孔位编号，穿束时核对长度，对号穿入孔道。穿束工作一般采用人工直接穿束，较长的预应力筋可借助一根长钢丝作为引线，用卷扬机进行穿束。

三、预应力筋的张拉

（一）张拉原则

（1）对曲线预应力筋或长度不小于 25m 的直线预应力筋，宜在构件两端同时张拉。如设备不足时，可先在一端张拉锚固后，再在另一端张拉补足预应力值。

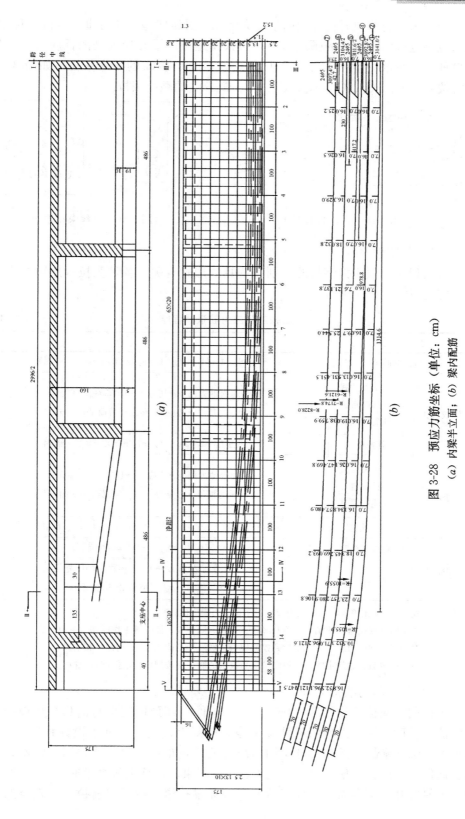

图 3-28 预应力筋坐标（单位：cm）

(a) 内梁半立面；(b) 梁内配筋

（2）为避免张拉时构件截面呈过大的偏心受压状态，应分批、分段对称张拉，先张拉靠近截面重心处的预应力筋，再张拉距截面重心较远处的预应力筋。如图 3-29 所示的钢筋束宜按 C_4、C_5、C_6、C_7、C_3、C_2、C_1 的顺序张拉，如图 3-30 所示宜按 C_5、C_4、C_6、C_8、C_2、C_7、C_9、C_1、C_3 的顺序张拉。

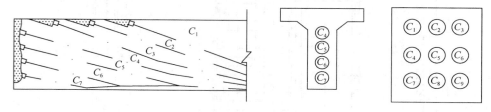

图 3-29　钢丝束布置 1　　　　　　　　图 3-30　钢丝束布置 2

（二）张拉程序

张拉程序与预应力钢材的类别和锚具的形式有关，各种张拉程序可按表 3-11 的规定进行。

后张法预应力筋张拉程序　　　　　　表 3-11

预应力筋		张　拉　程　序
钢筋、钢筋束		$0 \rightarrow$ 初应力 $\rightarrow 1.05\sigma_{con}$（持荷 2min）$\rightarrow \sigma_{con}$（锚固）
钢绞线束	对于夹片式等具有自锚性能的锚具	普通松弛力筋 $0 \rightarrow$ 初应力 $\rightarrow 1.03\sigma_{con}$（锚固）
		低松弛力筋 $0 \rightarrow$ 初应力 $\rightarrow \sigma_{con}$（持荷 2min 锚固）
	其他锚具	$0 \rightarrow$ 初应力 $\rightarrow 1.05\sigma_{con}$（持荷 2min）$\rightarrow \sigma_{con}$（锚固）
钢丝束	对于夹片式等具有自锚性能的锚具	普通松弛力筋 $0 \rightarrow$ 初应力 $\rightarrow 1.03\sigma_{con}$（锚固）
		低松弛力筋 $0 \rightarrow$ 初应力 $\rightarrow \sigma_{con}$（持荷 2min 锚固）
	其他锚具	$0 \rightarrow$ 初应力 $\rightarrow 1.05\sigma_{con}$（持荷 2min）$\rightarrow 0 \rightarrow \sigma_{con}$（锚固）
精轧螺纹钢筋	直线配筋时	$0 \rightarrow$ 初应力 $\rightarrow \sigma_{con}$（持荷 2min 锚固）
	曲线配筋时	$0 \rightarrow \sigma_{con}$（持荷 2min）$\rightarrow 0$（上述程序可反复几次）$\rightarrow$ 初应力 $\rightarrow \sigma_{con}$（持荷 2min 锚固）

注：1. 表中 σ_{con} 为张拉时的控制应力值，包括预应力损失值；
　　2. 两端同时张拉时，两端千斤顶升降压、画线、测伸长、插垫等工作应基本一致；
　　3. 梁的竖向预应力筋可一次张拉到控制应力，然后于持荷 5min 后测伸长和锚固；
　　4. 超张拉数值超过规定的最大超张拉应力极限值时，应按规定的限值进行张拉。

（三）张拉前的准备工作

张拉前，应检验构件的外观和尺寸，构件端部预埋钢板与锚具和垫板接触处的焊渣、毛刺、混凝土残渣应清除干净。混凝土强度不应低于设计强度的 70%。穿筋前，螺栓端杆的丝扣部分要用水泥袋纸或破布缠绕两三层并用细钢丝扎牢或用套筒保护，防止损伤螺口。钢丝束、钢绞线束、钢筋束等穿束时，将一端打齐，顺序编号并套上穿束器，将穿束器的引线穿过孔道，然后向前拉动，直至两端均露出所需长度为止。穿束器如图 3-31 所示。

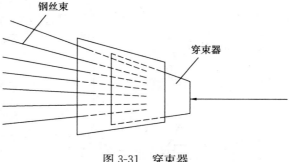

图 3-31　穿束器

（四）操作方法

预应力筋张拉操作方法与配用的锚具及千斤顶的类型有关，现介绍两种常见的操作示例。

钢绞线束、钢筋束配 JM12 型穿心式千斤顶的张拉操作步骤和方法如下：

（1）在穿束前先将 JM12 型锚具圆锚环用电焊固定在构件预埋钢板上。锚具的位置应与孔道中心对正，焊接时可用木塞固定其位置，以保证位置准确。对曲线孔道，当端头面与孔道中心线不垂直时，可在锚环下另加斜垫板调整准确。

（2）穿束时，将每一束内的各根钢材顺序编号，在构件两端对号检查，防止其在孔道内交叉扭结。

（3）将清洗过的夹片，按原来在锚具中的片位号依次嵌入预应力钢材之间。此时注意当预应力钢材为螺纹钢筋时应将其两条纵肋放在两夹片的空隙间，不可将其夹在夹片中，否则容易造成钢筋滑动。夹片嵌入后，随后用手捶轻轻敲击，使其夹紧预应力钢材，但夹片外露长度应整齐一致。

（4）安装千斤顶。将预应力钢材束穿入千斤顶，锚环对中，并将张拉油缸先伸出 2～4cm，再在千斤顶尾部安上垫板及工具锚，将预应力钢材夹紧。为了便于松开销片，工具锚环内壁可涂少量润滑油。

（5）使顶压油缸处于回油状态，向张拉缸供油，开始张拉。同时注意工具锚和固定端的工作锚，使夹片保持整齐（一般差 3mm 时影响不大）；张拉至初应力，做好标记，作为测量伸长值的起点。

（6）按规定程序张拉至规定吨位或换算的油压值，并测量预应力钢材的伸长值以校核应力。

（7）在保持张拉油缸调压阀阀口开度不变的情况下向顶压缸供油，直至需要的顶压力。在顶压过程中，如张拉油缸升压超过张拉力规定时，应使张拉油缸适当降压。

（8）在保持继续向顶压油缸供油的情况下，使张拉油缸缓慢回油，完成油缸回油动作。

（9）打开顶压阀的回油缸，油泵停车，千斤顶借助其内部回程弹簧作用，顶压活塞自动回程，张拉锚固结束。

钢丝束配用钢质锥形锚具、锥锚式千斤顶的张拉操作步骤和方法如下：

（1）张拉前的准备工作。先把锚环套在钢丝束的外面，锚塞放在钢丝束的中央，并将钢丝均匀分布在锚塞周围，用手捶轻敲锚塞；装上对中套，千斤顶就位，将钢丝按顺序嵌入千斤顶的分丝盘槽沟和卡环槽口内，再用楔块卡住。然后调整千斤顶的位置，使管道、锚圈、千斤顶处在一条轴线上。轻敲楔块使钢丝初步固定在卡环上，图 3-32 所示为钢丝束张拉示意图。

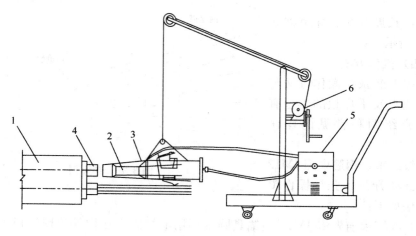

图 3-32　钢丝束张拉

1—梁体；2—锥锚式千斤顶；3—张拉钢丝；4—锚具；5—高压油泵；6—手动升降绞车

（2）初始张拉。使千斤顶大缸进油，两端同时张拉至初应力。由于钢丝在卡环上未楔紧，允许钢丝有滑移现象，从而可调整钢丝长度，使张拉中均匀受力。滑丝停止后，打紧楔块或工具锚锚塞（用穿心千斤顶时），使钢丝牢牢地固定在卡环上或工具锚上。然后，两端同时补足张拉至初应力。在分丝盘沟槽处的钢丝上刻划标记，作为测量钢丝伸长量的基点，并在卡环前端的钢丝上刻划标记，用以辨认是否滑丝。

（3）正式张拉。初拉调整后，继续开动油泵，稳步使千斤顶大缸进油，当张拉到超张拉值时，稳住进油量，持荷 5min，大缸回油，使张拉力退回到控制张拉力为止。此时，测量钢筋伸长量。

（4）顶锚。当测量的钢丝伸长值与计算值相符合，即可进行顶压锚塞。顶锚时，关闭大缸油路，小缸进油，使小缸活塞猛顶锚塞，将钢丝锚紧。然后大小缸同时回油，打去卡环上的楔块，退出千斤顶。顶锚后，钢丝因内缩而发生预应力损失，因此，应在另一端张拉时补足损失。如果在另一端顶锚时，回缩大于 3mm，必须再张拉，以补回预应力损失。

四、孔道压浆和封锚

（一）压浆的目的

孔道压浆是用水泥浆填满孔道中预应力筋周围的空隙，目的是为了保护预应力筋（束）与混凝土粘结，并使预应力筋与梁体结成整体，从而提高梁的承载能力、抗裂性能和耐久性。孔道压浆是用专门的活塞式压浆机进行，要求张拉后尽快压浆（一般不宜超过 14d），压浆时要求密实、饱满。

（二）压浆工艺

压浆的顺序，应先压下孔道，后压上孔道；压浆是用压浆机（拌合机加水泥泵）将水泥浆压入孔道，并使孔道从一端到另一端充满水泥浆，且不使水泥浆在凝结前漏掉。为此需在两端锚具上或锚具附近的预制梁上设置连接带阀压浆嘴的接口和排气孔。

一般在水泥浆中掺加塑化剂（或掺铝粉），以增加水泥浆的流动性。使用铝粉能使水泥浆凝固时的膨胀稍大于体积收缩，因而使孔道能充分填满。

压浆前应将孔道冲洗洁净、湿润，并用吹风机排除积水，然后从压浆嘴慢慢地、均匀地压入水泥浆，这时另一端的排气孔有空气排出，直至有水泥浆流出为止，再关闭压浆和出浆口的阀门。

压浆时，对曲线孔道和竖向孔道应由最低点的压浆孔压入，由最高点的排气孔排气和泌水。比较集中和附近的孔道，宜尽量连续压浆完成，以免串到邻孔的水泥浆凝固堵塞孔道，不能连续压浆时，后压浆的孔道应在压浆前用压力水冲洗畅通。

压浆后应从检查孔抽查压浆的密实情况，如有不实，应及时处理和纠正。压浆过程中及压浆后 48h 内，结构混凝土温度不得低于 +5℃，否则应采取保温措施。当气温高于 35℃时，压浆宜在夜间进行。

施锚后压浆前须将预应力筋（束）露于锚头外的部分（张拉时的工作长度）截除。当采用分阶段张拉力筋时，应在各阶段分别制取试件，并用标准养护方法及与梁体同条件养护两种方法鉴定其强度。

（三）压浆注意事项

（1）水泥浆应在管道内畅通无阻，因此浇筑之前管道应畅通，不塌陷、不堵塞。

（2）拌合水泥浆应注意检查配合比、计量的准确性、材料往拌合机掺放的顺序、拌合时间、水泥浆的流动性。

（3）水泥浆进入压浆泵之前，应过筛，压浆时压浆泵应缓慢进行，检查排气孔的水泥浆浓度，尤其在排气孔关闭之后，泵的压力应达到 0.5MPa 以上，并要保持一定时间。

（4）压浆作业不能中断，应连续地进行。还要检查有没有忘记应灌注的管道。

（5）寒冷季节压浆时，做到压浆前管道周围的温度在 5℃以上，水泥浆的温度在 10～20℃之间，尽量减小水灰比。

（6）为了避免高温引起水泥浆的温度上升和水泥浆的硬化，一般夏季中午不得进行压浆施工。在夏季压浆前，应先将管道用水湿润，应尽量避免使用早强硅酸盐水泥，外加材料最好具有缓凝性，水泥浆一经拌合，就应尽早在短时间内结束作业，防止铝粉过早膨胀。

（四）封锚

压浆后将锚具周围冲洗干净并凿毛，设置钢筋网并浇筑封锚混凝土。

封锚混凝土的强度等级应符合设计要求，一般不宜低于梁体混凝土强度等级的 80%，并不宜低于 C30。封锚混凝土必须严格控制梁体长度。长期外露的金属锚具，应采取防锈措施。

五、安全操作注意事项

（1）操作高压油泵人员应戴护目镜，防止油管破裂时或接头不严时喷油伤眼。

（2）高压油泵与千斤顶之间所有连接点、紫铜管的喇叭口或接口必须完好无损，并应将螺母拧紧。

（3）张拉时，构件两端不得站人，并应设置防护罩。高压油泵应放在构件端部的两侧；拧紧螺母时，操作人员应站在预应力钢材位置的侧面。张拉完毕后，稍等几分钟再拆卸张拉设备。

（4）雨天张拉时应搭设防雨棚，防止张拉设备淋雨；冬季张拉时，张拉设备应有保暖措施，防止油管和油泵受冻，影响操作。

（5）孔道压浆时，掌握喷浆嘴的人必须戴护目镜、穿水鞋、戴手套。喷嘴插入孔道后，喷嘴后面的胶皮垫圈须压紧在孔洞上。堵压浆孔时应站在孔的侧面，以防灰浆喷出伤人。

（6）张拉地区应有明显标记，禁止非工作人员进入张拉场地。

（7）作业应由专人负责指挥，操作时严禁摸踩及碰撞力筋，在测量伸长量及拧螺母时，应停止开动千斤顶。

（8）已张拉完尚未压浆的梁体，严禁剧烈振动，以防预应力筋断裂造成重大事故。

六、编制方案（实训）

1. 张拉前准备。

2. 编制梁体后张法施工方案。

七、习题

1. 填空题

（1）孔道（   ）是用水泥浆填满孔道中预应力筋周围的空隙，目的是为了保护预应力筋不致锈蚀，并使预应力筋与梁体结成整体。

（2）压浆工艺有（   ）和（   ）两种。

2. 问答题

（1）后张法预应力筋的孔道是怎样形成的？对制孔器的抽拔有哪些要求？张拉程序是怎么样的？

（2）孔道压浆的目的是什么？怎样操作？

任务4 14m 边跨现浇箱梁满堂支架施工受力验算

任务目标：

学生能够掌握现浇箱梁满堂支架施工受力验算；能够编制支架施工方案。

注：完成附表3预应力混凝土梁施工综合实训记录表填写。

一、工程概况

大桥现浇箱梁为单箱单室结构，每边跨现浇段长14m，顶板宽19m，底板宽11m，翼板悬臂长4m，箱梁顶板设置成1.5%双向横坡，梁高4m，腹板厚50cm，底板厚 32cm。边跨现浇梁端设一道 2m 厚横隔板，且设置人洞以便施工，边跨梁段底板，设有一人洞供施工及成桥运营后检查用。

箱梁为三向预应力结构。所有纵向预应力采用大吨位群锚体系，顶板预应力钢束采用 $22\phi^S15.24$ 钢绞线束，其标准强度为 1860MPa，底板预应力钢束采用 $19\phi^S15.24$ 钢绞线。横向预应力钢束采用 $3\phi^S15.24$ 钢绞线，其标准强度为 1860MPa，扁锚体系，间距 0.5m，规格为 BM15—3，采用一端张拉、另一端固定的锚固方式，张拉端与固定端沿桥纵向交错布置。竖向预应力钢束采用 $4\phi^S15.24$ 钢绞线，纵向间距 50cm。

施工方法：东阳岸现浇段位于料场内，场地已硬化，无需再处理地基，采用扣件式满堂支架现浇施工工艺进行施工。施工时，翼缘模板及外侧模采用定制钢模板，内模采用组合钢模板，底模采用大块钢模板或竹胶板，内模支撑采用 $\phi48\times3.5$mm 脚手管做排架。

二、满堂支架预压

安装模板前，要对支架进行预压如图 3-33 所示。支架预压的目的：①检查支架的安全性，确保施工安全。②消除地基非弹性变形和支架非弹性变形的影响，有利于桥面线形控制。

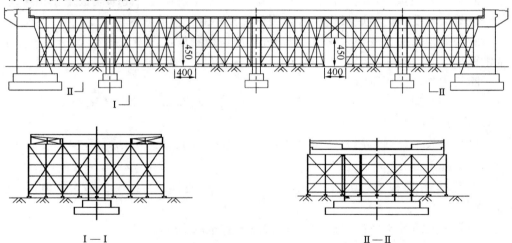

图 3-33　支架

本方案拟按 7m 一段分段预压法进行预压，预压方法依据箱梁混凝土重量分布情况，在搭好的支架上堆放与梁跨荷载等重的砂袋（或钢材、水箱）（梁跨荷载统一考虑安全系数为 1.2）。施工前，每袋砂石按标准重进行分包准备好，然后用汽车吊或简易扒杆进行吊装就位，并按箱梁结构形式合理布置砂袋数量。

为了解支架沉降情况，在预压之前测出各测量控制点标高，测量控制点按顺桥向每 2m 布置一排，每排 4 个点。在加载 50% 和 100% 后均要复测各控制点标高，加载 100% 预压荷载并持荷 24h 后要再次复测各控制点标高，如果加载 100% 后所测数据与持荷 24h 后所测数据变化很小时，表明地基及支架已基本沉降到位，可卸载，否则还须持荷进行预压，直到地基及支架沉降到位方可卸压。支架日沉降量不得大于 2.0mm（不含测量误差），一般梁跨预压时间为三天。卸压完成后，要再次复测各控制点标高，以便得出支架和地基的弹性变形量（等于卸压后标高减去持荷后所测标高），用总沉降量（即支架持荷后稳定沉降量）减去弹性变形量为支架和地基的非弹性变形（即塑性变形）量。预压完成后要根据预压成果通过可调顶托调整支架的标高。

三、支架受力验算

（一）底模板下次梁（10cm×15cm 木枋）（15cm 面竖放）验算

底模下脚手管立杆按照 90cm（腹板下 60cm，并增强两列普通钢管）布置，纵向次梁木枋腹板处满铺，底板其余处间距 25cm，对于纵向次梁木枋的验算，取计算跨径为 0.9m，按简支梁受力考虑，分别验算底模下腹板对应位置和底板中间位置：

底模处混凝土箱梁荷载：$P_1 = 4.0\text{m} \times 25\text{kN/m}^3 = 100\text{kN/m}^2$（取 4.0m 混凝土厚度计算）

模板荷载：$P_2 = 4949.13 \times 9.8 \times 10^{-3} / (14 \times 0.5) = 6.93 \text{ kN/m}^2$

腹板内外模重量及内模顶板模板重量由其下木枋承受，翼缘模板重量由翼缘部分钢管架承受，内模底板模板（含倒角模板）由底板下的木枋承受。

腹板外模与底板底模采用厚度 5mm 大面钢板制作，内模采用 1.5m×0.3m 组合钢模板。

腹板内外模模板重量为：

$2.9175 \times 14 \times 0.005 \times 7.85 \times 10^3 + (108.56 + 252.99 + 150.02 + 209.75)/100/ 0.3 \times 14/1.5 \times 14.91 = 4949.13\text{kg}$

设备及人工荷载：$P_3 = (10 \times 60 + 8 \times 25 + 1000) \times 9.8 \times 10^{-3} / (14 \times 0.5) = 2.52 \text{ kN/m}^2$

假设单侧腹板有 10 名工人，60kg/人；振动棒 8 台，25kg/台；其他设备 1000kg。

混凝土浇筑冲击及振捣荷载：（取混凝土重量的 25%）

$$P_4 = 0.25 \times 100\text{kN/m}^2 = 25 \text{ kN/m}^2$$

则有 $P = (P_1 + P_2 + P_3 + P_4) = 134.45\text{kN/m}^2$

取 0.2 安全系数，则有 $P_{\text{计}} = P \times 1.2 = 161.34\text{kN/m}^2$

因为腹板下木枋满铺，故取间距为 10cm，则有：

$q_1 = P_{\text{计}} \times 0.10 = 161.34 \times 0.10 = 16.134\text{kN/m}^2$

$$W = bh^2/6 = 10 \times 15^2/6 = 375\text{cm}^3$$

由梁正应力计算公式得：

$\sigma = q_1 L^2/8W = 16.134 \times 0.9^2 \times 10^6 / (8 \times 375 \times 10^3)$

$= 4.356 \text{ MPa} < [\sigma] = 10\text{MPa} [\sigma = M_{\max}/W, M_{\max} = q_1 L^2/8]$

强度满足要求。

由矩形梁弯曲剪应力计算公式得：$\tau = 3Q/2A = 3 \times 16.134 \times 10^3 \times (0.9/2)/(2 \times 10 \times 15 \times 10^2) = 0.72603$MPa $< [\tau] = 2$MPa（参考一般木质）

强度满足要求。

由矩形简支梁挠度计算公式得：

$$E = 0.1 \times 10^5 \text{MPa}; \quad I = bh^3/12 = 2812.5 \text{cm}^4$$

$f_{\max} = 5q_1 L^4/384EI$

$\qquad = 5 \times 16.134 \times 10^3 \times 10^{-3} \times 0.9^4 \times 10^{12}/(384 \times 2812.5 \times 10^4 \times 0.1 \times 10^5)$

$\qquad = 0.4$mm $< [f] = 2.25$mm（$[f] = L/400 = 900/400 = 2.25$mm）

刚度满足要求。

底板混凝土仅厚 32cm，底板下木枋布置间距为 25cm，其强度验算同上，能满足要求。

（二）顶托横梁 10cm×15cm（15cm 面竖放）木枋验算

腹板处脚手管立杆纵向间距为 0.9m，横向间距为 0.9m、0.6m（腹板加强后间距为 0.3m）两种，为简化计算，按简支梁受力进行验算，实际为多跨连续梁受力，取计算跨径为 0.3m，仅验算底模腹板对应位置即可：

$$q_1 = P_{\text{计}} \times 0.3 = 161.34 \times 0.3 = 48.402 \text{kN/m}$$

$$W = bh^2/6 = 10 \times 15^2/6 = 375 \text{cm}^3$$

由梁正应力计算公式得：

$\sigma = q_1 L^2/8W = 48.402 \times 0.3^2 \times 10^6/(8 \times 375 \times 10^3)$

$\qquad = 1.45206$MPa $< [\sigma] = 10$MPa

强度满足要求；

由矩形梁弯曲剪应力计算公式得：

$\tau = 3Q/2A = 3 \times 48.402 \times 10^3 \times (0.3/2)/(2 \times 10 \times 15 \times 10^2)$

$\qquad = 0.72603$MPa $< [\tau] = 2$MPa（参考一般木质）

强度满足要求；

由矩形简支梁挠度计算公式得：

$$E = 0.1 \times 10^5 \text{MPa}; \quad I = bh^3/12 = 2812.5 \text{cm}^4$$

$f_{\max} = 5q_1 L^4/384EI$

$\qquad = 5 \times 48.402 \times 10^3 \times 10^{-3} \times 0.3^4 \times 10^{12}/(384 \times 2812.5 \times 10^4 \times 0.1 \times 10^5)$

$\qquad = 0.01805$mm $< [f] = 0.75$mm（$[f] = L/400 = 300/400 = 0.75$mm）

刚度满足要求。

（三）立杆强度验算

脚手管（$\phi 48 \times 3.5$）立杆的纵向间距为 0.9m，横向间距为 0.9m、0.6m 和 0.3m，因此单根立杆承受区域即为底板 0.9m×0.9m、0.9m×0.6m 或 0.9m×0.3m 箱梁均布荷载，由横桥向木枋集中传至杆顶。根据受力分析，不难发现腹板对应的间距为 0.6m（0.3m）×0.9m 的立杆受力比其余位置间距为 0.9m×0.9m 的立杆受力大，故以腹板下间距为 0.6m（0.3m）×0.9m 的立杆作为受力验算杆件。

则有 $P_{\text{计}} = 161.34 \text{kN/m}^2$

对于脚手管（$\phi 48 \times 3.5$），已知：

i——截面回转半径，$i = 1.578 \text{cm}$

f——钢材的抗压强度设计值，$f = 205 \text{MPa}$

A——立杆的截面面积，$A = 4.89 \text{cm}^2$

由于大横杆步距为 1.2m，长细比为 $\lambda = L/i = 1200/15.78 = 76$

由长细比查表（参考文献 2）可得轴心受压构件稳定系数 $\varphi = 0.744$，则有：
$$[N] = \varphi A f = 0.744 \times 489 \times 205 = 74.582 \text{kN}$$

而 $N_{max} = P_{计} \times A = 161.34 \times 0.3 \times 0.9 = 43.5618 \text{kN}$

可见 $[N] > N$，抗压强度满足要求。

另由压杆弹性变形计算公式得（按最大高度 10m 计算）：

$\Delta L = NL/EA = 43.5618 \times 10^3 \times 10 \times 10^3 / (2.1 \times 10^5 \times 4.89 \times 10^2)$

$= 4.242 \text{mm}$，压缩变形不大。

单幅箱梁每跨混凝土 295.5m^3，自重约 753t，按上述间距布置底座，则每跨连续箱梁下共有 $24 \times 17 = 408$ 根立杆，可承受 1249t 荷载（每根杆约可承受 30kN），安全比值系数为 $1249/753 = 1.6587$，完全满足施工要求。

经计算，本支架其余杆件受力均能满足规范要求。

（四）地基容许承载力验算

边跨合拢段满堂支架布于料场内，其内场地已硬化，可按 C15 混凝土考虑，即每平方米地基容许承载力为 1530t/m^2，而箱梁荷载（考虑各种施工荷载）最大为 16.13t/m^2，满足施工要求。

若顶托横梁采用 I16 工字钢的验算：

假设：脚手管立杆纵向间距为 0.9m，横向间距为 0.9m 和 0.45m，顶托工字钢横梁按横桥向布置，间距 90cm。因此计算跨径为 0.9m 和 0.45m，为简化计算，按简支梁受力进行验算，实际为多跨连续梁受力，计算结果偏于安全，仅验算底模腹板对应位置即可：

平均荷载大小为 $q_2 = P_{计} \times 0.9 = 161.34 \times 0.9 = 145.206 \text{kN/m}$

另查表（参考材料力学）可得：
$$W_{I16} = 141 \times 10^3 \text{mm}^3; \quad I = 1130 \times 10^4 \text{mm}^4; \quad S = I/13.8$$

跨内最大弯矩为：
$$M_{max} = q_2 L^2/8 = 145.206 \times 0.45 \times 0.45/8 = 3.676 \text{kN} \cdot \text{m}$$

由梁正应力计算公式得：

$\sigma_w = M_{max}/W = 3.676 \times 10^6 / (141 \times 10^3)$

$= 26.07 \text{MPa} < [\sigma_w] = 145 \text{MPa}$ 满足要求；

挠度计算按简支梁考虑，得：
$$E = 2.1 \times 10^5 \text{MPa}$$

$f_{max} = 5q_2 L^4/384EI = 5 \times 145.206 \times 0.45^4 \times 10^{12} / (384 \times 2.1 \times 10^5 \times 1130 \times 10^4) = 0.0327 \text{mm} < [f] = 1.125 \text{mm}$（$[f] = L/400$）刚度满足要求。

四、编制方案（实训）

1.20m 边跨现浇箱梁满堂支架施工受力验算

2.25m 边跨现浇箱梁满堂支架施工受力验算

五、习题

1. 安装模板前，要对支架进行预压，支架预压的目的？
2. 为何在预压之前应测出各测量控制点标高？

【T 梁预制与架设施工实例】

一、编制说明

（一）编制依据

（1）工程施工总价承包招标文件、招标设计图纸及施工设计图纸。

（2）国家及地方有关工程建设的相关法律、法规及规定，现行的建设工程设计、施工规范、技术规程、质量验收评定标准及本工程的特殊规范要求等。

（3）国家、地方及业主有关工程建设施工管理及确保施工安全的行业规定、管理办法和实施细则等。

（4）施工现场踏勘所取得的有关工程地质、水文、气象、材料供应、施工场地、水电、交通运输状况，以及当地民风民俗、自然环境、水土资源状况等调查资料。

（5）我单位在以往工程施工中获得的施工经验，包括在新建和改建工程施工中积累的成熟技术、科技成果、施工工艺方法等。

（6）我单位现有的技术力量、施工人员、机械设备等资源情况及管理水平。

（7）施工作业执行的具体强制性法律、法规、规范、标准：

《安全生产法》；

《建设工程安全生产管理条例》；

《普通混凝土用砂、石质量及检验方法标准》JGJ 52—2006；

《铁路桥涵工程施工质量验收标准》TB 10415—2003；

《钢筋焊接及验收规程》JGJ 18—2003 J 253—2003；

《预应力筋用锚具、夹具和连接器》GB/T 14370—2007；

《预应力混凝土用钢绞线》GB/T 5224—2003；

《混凝土外加剂》GB 8076—2008；

《混凝土膨胀剂》GB 23439—2009；

《通用硅酸盐水泥》GB 175—2007；

《混凝土强度检验评定标准》GBJ 107—87；

《钢筋机械连接技术规程》JGJ 107—2010。

（二）编制原则

（1）遵循设计图纸的原则。认真阅读核对设计文件，领会设计意图，把握设计标准，保证结构特点。针对本工程重难点采取相应措施以保证工程顺利进行。

（2）遵循技术规范和验收标准的原则。严格按施工技术规范要求编制施工方案，认真执行工程质量检验及验收标准。工程质量满足业主的要求和期望，单位工程创优质工程。

（3）遵循安全第一、预防为主的原则。从制度、管理、方案、资源等方面制定切实可行的措施，严格按规章程序办事，确保施工安全。

（4）遵循确保工期的原则。工期适度提前，确保节点工期和总体工期。

（5）遵循保护环境的原则。认真贯彻"全面规划，合理布局，预防为主，综合治理，强化管理"的方针，充分考虑具体项目施工特点，及本工程特殊的地理位置，合理布置施工场地，科学安排作业顺序，从场地布置、施工顺序、施工工艺等方面入手，减少对周边环境的影响。

（6）遵循资源投入合理的原则。投入的机械设备、劳动力与工程相匹配，同时考虑一定的富余系数。

（7）遵循贯标机制的原则。现场建立完善的质量、环境和职业安全健康管理体系，制定相应的保证措施，确保三大标准体系在本项目自始至终得到有效运行。

二、工程概况

全标段预制、架设预应力简支 T 梁 519 孔，其中 32m 预应力简支 T 梁 499 孔，24m 预应力简支 T 梁 10 孔，16m 预应力简支 T 梁 10 孔，采用的通桥（2005）2101 后张法预应力混凝土 T 梁，布置 1 个 T 梁预制厂和 1 个架梁队负责施工。

三、T 梁预制与架设施工方案

（一）T 梁场布置与预制方案

预制场设在既有灌水站附近。预制场布置遵循少占耕地、布局合理、经济适用、方便施工的原则。根据进度要求、生产能力、机械设备、人员装备等情况布置梁场的生产、生活设施。制梁场设计制梁台座 16～24m1 个，32m20 个，最大生产能力 5 片/天，最大存梁能力为 100 孔。梁体生产区内侧模型和底模按照"一对三"的形式；设置 3 台 10t 龙门吊和 2 台 80t 龙门吊；混凝土灌注设备采用一台 60m³ 搅拌站和两台输送泵。紧靠制梁台座设混凝土拌合站和钢筋加工场。梁场布置见"灌水站铺架基地平面布置图"。

（二）施工工艺

如图 3-34 所示。

（三）施工方法

1. 材料技术要求

采用品质稳定、强度等级不低于 42.5 级的低碱硅酸盐水泥或低碱普通硅酸盐水泥。水泥性能应符合 GB 175—2007《通用硅酸盐水泥》的有关规定。水泥从出厂日期到使用日期不超过 3 个月，否则将经试验重新鉴定强度等级后视情况使用。水泥入库存放时考虑防潮、防水要求。

细骨料采用级配合理、硬质洁净的天然中粗河砂，细度模数为 2.6～3.0，含

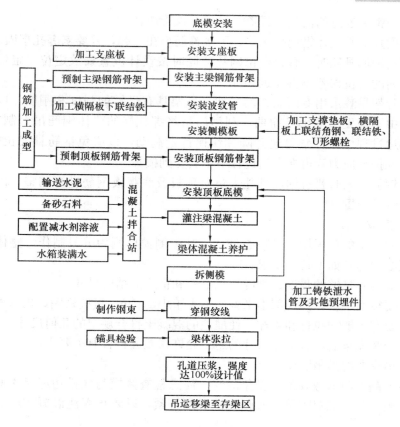

图 3-34 T 形预应力梁预制施工工艺流程图

泥量不大于 1.5％。其余技术性能符合《铁路混凝土与砌体工程施工规范》TB 10210—2001 的规定。

粗骨料采用级配合理、质地均匀、坚硬耐久的碎石，压碎指标不大于 10％，母岩抗压强度与梁体混凝土设计强度之比大于 2；粒径为 5～25mm，最大不超过 30mm，且不超过混凝土设计保护层厚度的 2/3 和钢筋最小间距的 3/4，其余技术要求符合《铁路混凝土与砌体工程施工规范》TB 10210—2001 的规定。

2. 钢筋工程

钢筋均采用质量达标的大厂钢筋，钢筋主筋接头用闪光对焊连接，闪光对焊按照 TB 10210 的规定执行，要求接头熔接良好，完全焊透，且不得有钢筋烤伤及裂纹等现象。焊接后按规定经过接头冷弯和抗拉强度试验。

钢筋冷拉采用 5t 的卷扬机，钢筋的冷拉伸长率应控制在如下范围：HPB 235 级钢筋不得超过 2％；HRB 335、HRB 400 级钢筋不得超过 1％。钢筋拉伸调直后不得有死弯。

钢筋弯制过程中，如发现钢材脆断、过硬、回弹或对焊处开裂等现象应及时查出原因正确处理。钢筋加工质量应符合规范要求。

预应力管道定位网片采用点焊加工，其尺寸误差±2mm，网眼尺寸误差不大于 3mm。

预应力钢束通过的混凝土管道，采用波纹管成孔。

定位网片应与梁体纵向分布筋、下缘箍筋绑在一起，并要求绑扎牢固。

在绑扎钢筋骨架时，管道定位网片应同时按设计位置安放定位，定位网片在沿梁长方向的定位误差不得超过 5mm。

钢筋骨架吊装采用专门制作的吊架，吊架具有足够的强度和刚度，以保证在吊运过程中不会发生变形及扭曲。利用门吊将绑扎好的梁体钢筋吊至制梁台位。起吊及移运过程中，严禁急速升降和快速行走制动，以避免钢筋骨架扭曲变形，同时注意保护预应力管道在吊运过程中不会受到损坏。

桥面钢筋吊入时要有钢筋绑扎人员对顶板及底腹板钢筋进行调整，以保证钢筋不偏离设计位置。

3. 钢模板工程

本工程所用的模板均经过精心设计，其中侧模单侧为分段制作。整体拼装底模。模板必须达到如下技术要求：

模板应具有足够的强度、刚度、稳定性和精确的结构尺寸。

模板要板面平整，其局部不平整度不大于 1mm/m。接缝密贴，确保模板不漏浆。模板要有足够的拉杆和支撑，使灌注的混凝土符合规定的几何尺寸。

模板安装完毕后，各部分尺寸的施工允许误差应符合有关要求。

侧模由小龙门吊吊装就位。

底模外侧上凹形橡胶条，以免漏浆。注意检查侧模与底模边缘是否吻合。侧模拉杆必须上紧并戴双螺母，底脚楔铁必须打紧，以防止灌注混凝土时底脚开缝或跑模。

将侧模安装好以后，试拼端模，将端模就位，使之与侧模连接孔对齐并用螺栓上紧，检查端模是否对中，各预应力管道位置是否符合图纸要求，如都符合要求，则模板组装完毕拆开待用。

4. 混凝土工程

混凝土拌合采用 HLS60 自动计量混凝土搅拌站生产，粗、细骨料中的含水量应及时测定，并按实际测定值调整用水量及砂石骨料用量；禁止拌合物出机后加水。

混凝土搅拌时投料顺序为：先向搅拌机投入细骨料、水泥、粗骨料、矿物掺合料和外加剂，搅拌均匀后，再加入所需用水量，并继续搅拌至均匀为止。上述每一阶段的搅拌时间不少于 30s，总搅拌时间不宜少于 2min，也不宜超过 3min。

用 1 台 40m³/h 混凝土输送泵，以满足梁体混凝土连续灌注、一次成型，灌注时间不超过 6h。混凝土灌注采用从一端开始，逐步推进，分层灌注的方式，每层混凝土厚度不宜超过 30cm。

泵送过程中，混凝土拌合物应始终连续输送。高温或低温环境下输送管路应分别采用湿帘或保温材料覆盖。

采用附着式振动器侧振和插入式高频振动棒联合振动成型的方式进行振动，插入式高频振动棒应垂直点振，不得平拉，并防止过振、漏振。

预制梁在灌注混凝土过程中，要随机取样进行温度和坍落度检验，同时随机取样制作混凝土强度、弹性模量试件。

5. 养护工程

为加快制梁速度，缩短工期，拆模前采用蒸汽养护并加养护罩形式，拆模后进行洒水自然养护。在灌注混凝土收面时养护罩要及时跟进，做到收面与覆盖基本同步。蒸汽管道分别布置在外模的两侧，蒸汽不得直接吹向混凝土和模板。

拆完模后应注意对桥面的养护，特别是端边墙比较薄弱，拆完模后应立即将其覆盖，以防风吹干裂。

蒸汽供应采用 1 台 4t 的蒸汽锅炉进行。在梁两侧布设蒸汽管道。整个养护过程由专人测温，分别对养护棚内和环境温度进行监控，采取合理的养护方案防止因温差造成梁开裂。

自然养护采用草袋或麻袋覆盖洒水，并在其上覆盖塑料薄膜养护。洒水次数以能保持混凝土表面充分潮湿为度。

6. 预应力工程

初张拉：当梁体混凝土强度达到设计值的 80％ 并拆除外模后，按照设计要求对梁体进行初张拉。初张拉在预制台座上进行，初张拉结束后，方可将梁体移出台座。张拉时采用双控，即以油表读数为主，精轧螺纹钢伸长值为辅。在使用正常的情况下，油表每周校验一次，千斤顶每月校验一次。

终张拉：当梁体混凝土强度及弹性模量达到设计值，且混凝土龄期不少于 10d 时进行终张拉。终张拉结束时要对梁体上拱度进行测量，实测上拱值不宜大于 1.05 倍的设计计算值。终张拉结束 30d 后，应由质检人员对梁体进行上拱度测量，梁体上拱度应在 $L/1000$ 的范围内。

预应力张拉操作方法：张拉方法为按照设计的张拉顺序，两端同时对称张拉（即 2 台张拉千斤顶同时工作），当油表读数达到 $0.2\sigma_k$ 时，测量出各千斤顶活塞伸出长度，待梁体受力稳定后，2 台千斤顶分三阶段进行张拉到 σ_k，每阶段应力达到相应的规定后，2 台千斤顶全部停止工作待梁体受力稳定后，才可进行下一次张拉，通过计算得出工作锚夹片回缩及自由长度的伸长值，从而与理论伸长值进行校核。如果实测伸长值与理论伸长值之差超出设计规定，须将钢绞线松开，重新进行张拉。

张拉程序：$0 \rightarrow 0.2\sigma_k$（作伸长量标记）$\rightarrow \sigma_k$（静停 5min）$\rightarrow$ 补拉 σ_k（测伸长量）$\rightarrow$ 锚固。

注：σ_k—指设计应力与各种实测摩阻之和。

按每束根数与相应的锚具配套，带好夹片，将钢绞线从千斤顶中心穿过。张拉时当钢绞线的初始应力达到 $0.2\sigma_k$ 时停止供油。检查工具夹片情况完好后，画线做标记。向千斤顶油缸供油并对钢绞线进行张拉，张拉力的大小以油压表的读数为主，以预应力钢绞线的伸长值加以校核，实际张拉伸长值与理论伸长值的误差应控制在 ±6％ 范围内，每端钢绞线回缩量应控制在 6mm 以内。油压达到张拉吨位后，关闭主油缸的油路，并持荷 5min，测量钢绞线伸长量加以校核，若油压有所下降，须补油到设计吨位的油压值，千斤顶回油，夹片自动锁定则该束张拉结束，及时做好记录。全梁断丝、滑丝总数不得超过预应力钢丝总根数的 0.5%，且一束内断丝不得超过一根，也不得在梁体的同一侧。每孔梁张拉时，必须有专人负责及时填写张拉记录。千斤顶不准超载，不准超出规定的行程。转移油泵时必须将油压表拆卸下来另行携带转送。张拉钢绞线时，必须两边同时给千斤顶主油缸徐徐供油张拉，两端伸长应基本保持一致，严禁一端张拉。如设计有特殊规定可按设计要求办理。张拉期间应对锚具及预应力筋进行遮盖，以避免锚具、预应力筋受雨水、养护用水浇淋，而造成锚具及预应力筋出现锈蚀。

7. 压浆、封锚工程

管道压浆：预应力管道压浆采用真空压浆工艺。压浆泵采用连续式，同一管道压浆应连续进行，一次完成。压浆前先清除管道内杂物及积水，水泥浆拌制均匀后，须经 2.5mm×2.5mm 的滤网过滤方可压入管道。管道出浆口应装有三通管，必须确认出浆浓度与进浆浓度一致后，方可封闭保压。压浆前管道真空度应稳定在 -0.10～-0.09MPa 之间；浆体注满管道后，在 0.50～0.60MPa 的压力下保持 2min，以确保压入管道的浆体饱满密实；压浆的最大压力不得超过 0.60MPa。终张拉结束后，宜在 48h 内进行管道真空压浆。压浆用的胶管一般不得超过 30m，最长不超过 40m。水泥浆自搅拌结束至压入管道的间隔时间，不得超过 40min，管道压浆应控制在正温下施工，并应保持无积水无结冰现象。压浆时及压浆后 3d 内，梁体及环境温度不得低于 5℃。冬季压浆时要采取保温措施，并掺加防冻剂。

封锚：封锚混凝土采用无收缩混凝土，抗压强度不应低于设计要求。浇筑梁体封锚混凝土之前，应先将锚垫板表面的粘浆和锚环外面上部的灰浆铲除干净，并对锚圈与锚垫板之间的交接缝进行防水处理，同时检查无漏浆的管道后，才允许浇筑封锚混凝土。为保证与梁体混凝土接合良好，应将混凝土表面凿毛，再放置钢筋网片。

8. 桥梁面防水层保护层工程

防水层：桥梁面防水层在制作之前应对预制梁混凝土表面进行检查，桥梁面混凝土基层表面质量应符合 TB/T2 965 的规定。平整度用 1m 长靠尺检查，空隙只允许平缓变化，且不大于 5mm。防水层铺设前应采用高压风枪清除基层表面灰尘。防水卷材应在桥梁面铺设至挡渣墙、竖墙根部，并顺上坡方向逐幅铺设。防水卷材纵向宜整幅铺设，当防水卷材进行搭接时，先进行纵向搭接，再进行横向搭接，纵向搭接接头应错开。纵向搭接宽度不得小于 120mm，横向搭接宽度不得小于 80mm。铺设工艺及材料用量应符合 TB/T 2965 的规定。

保护层：防水层完全干固后，方可浇筑保护层。保护层应采用 C40 细石聚丙烯腈纤维或聚丙烯纤维网高性能混凝土。混凝土原材料配合比、混凝土拌合、浇筑和养护应符合有关规定和设计要求。桥面保护层横向设置断缝，断缝设置应符合设计要求。当保护层混凝土强度达到设计强度的 50% 以上时，用聚氨酯防水涂料将断缝填实、填满，但不得污染保护层及梁体。混凝土桥面道砟槽内保护层表面应平整，流水坡度应符合设计要求。采用平板振动器捣实，振捣时间为 20s 左右，并无可见空洞为止。混凝土接近初凝时方可进行抹面，抹刀应光滑以免带出纤维，抹面时不得过量加水，抹面次数不宜过多。

（四）梁体吊装工程施工工艺和方法

1. 施工工艺

如图 3-35 所示。

2. 施工方法

架梁工序如图 3-36 所示。

铁路梁运至架梁现场，采用 TJ-165 型架桥机架设。TJ-165 架桥机架设铁路预应力钢筋混凝土梁，安全可靠，架设速度较快。主要工序是用机车推送梁车（一次 3 孔）、桥头龙门架倒梁、运梁车运梁至主机，供主机架设。该机采用空中横移梁新技术，一次落梁就位。既保证安全，又加快进度。

架梁前一个月，对墩台进行复测，检查支撑垫石高程和支座十字线、锚固孔位置、深度、大小是否符合要求，如有问题，及时通知施工单位纠正。对桥台后 50m 范围的路基反复机车压道，确保架桥机的安全。

架桥机对位，同时立倒装龙门架。

龙门架倒装梁片到 2 号车上后，2 号车运梁到主机尾部。

将梁从运梁车上拖拉到主机上。

主机吊梁后出梁到位。

落梁到一定高度，利用大臂上横移装置进行横移，将梁直接横移到位。

安装支座，落梁就位。

架桥机铺桥面轨，电焊连接板。

重复架其余各孔，收龙门架及完成架梁收尾工作，退架桥机。桥梁架设完后，必须及时灌注锚栓孔砂浆。

3. 横向张拉工程施工工艺和方法

横向张拉前的准备工作按设计图纸设置横向张拉预留孔，并保证位置准确。当两片梁放置在桥墩上时，应设临时连接，当桥梁架设完毕后进行横向张拉。两片梁之间的预应力管道采用波纹管。首先灌注湿接缝，当达到设计强度时进行横向张拉。横向张拉完成后，在横隔墙表面使用 881-J 型聚氨酯防水涂料进行封锚，遵循 GB/T 19250—2003 标准。同时要如同纵向张拉一样进行压浆和封锚。

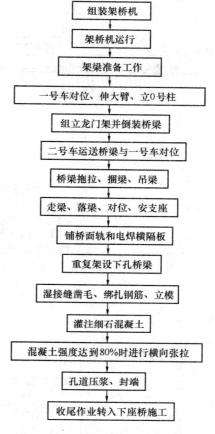

图 3-35　机械架梁施工工艺流程图

组装架桥机
↓
架桥机运行
↓
架梁准备工作
↓
一号车对位、伸大臂、立0号柱
↓
组立龙门架并倒装桥梁
↓
二号车运送桥梁与一号车对位
↓
桥梁拖拉、捆梁、吊梁
↓
走梁、落梁、对位、安支座
↓
铺桥面轨和电焊横隔板
↓
重复架设下孔桥梁
↓
湿接缝凿毛、绑扎钢筋、立模
↓
灌注细石混凝土
↓
混凝土强度达到80%时进行横向张拉
↓
孔道压浆、封端
↓
收尾作业转入下座桥施工

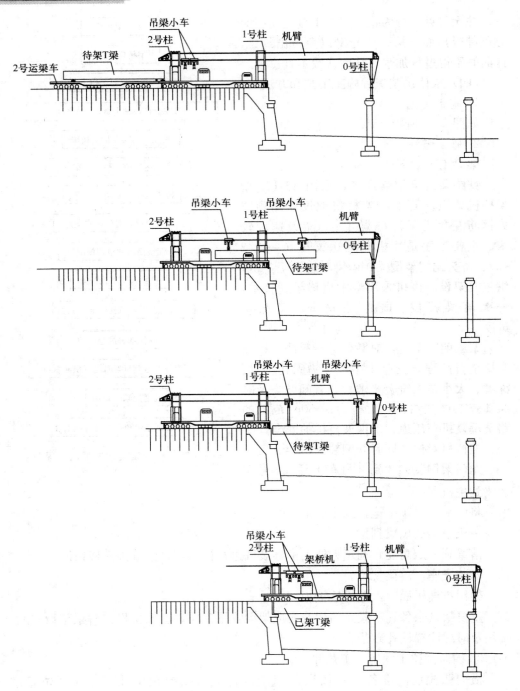

图 3-36　TJ-165 型架桥机施工步骤图

四、梁体预制、架设施工措施

（一）梁体预制施工技术措施

1. 钢筋施工质量保证技术措施

钢筋采购必须要有出厂质量保证书，没有出厂质量保证书的钢筋，不能采购，对使用的钢筋，要严格规定取样试验合格后方可使用。

钢筋焊接的操作人员必须持证上岗，焊接接头要经过试验合格后，才允许正式作业，在一批焊接中，进行随机抽样检查，并以此作为加强对焊接作业质量的监督考核。

钢筋绑扎完毕后，要经过监理工程师验收合格后，方可浇筑混凝土，在混凝土浇筑过程中，必须派钢筋工值班，以便处理在施工过程中发生的钢筋及预埋件位移等问题。

2. 模板施工质量保证技术措施

模板要经过结构设计，保证有足够的强度和刚度，并要装拆方便；加工钢模板时要严格按技术规范施工，实行三级验收程序。

钢模板统一调配，安装时要涂隔离剂，模板缝隙要严密填塞，并注意控制高差、平整度、轴线位置、尺寸、垂直度等技术要求，流水作业，逐一检查，防止漏浆、错装等错误。

3. 混凝土施工质量保证技术措施

根据混凝土的强度要求准确计算出混凝土的配合比，申报监理工程师审批，监理工程师同意后方可使用，使用过程中，要严格按照配合比执行。

派专人（试验人员）到搅拌站监督检查配合比执行情况以及原材料、坍落度、试件取样、称量衡器检查校准及拌合时间是否与要求相符。

混凝土运抵现场后，必须经过坍落度试验，符合要求后才能浇筑，若坍落度损失过大，试验人员可根据实际情况征得监理工程师的同意后适量加入水泥浆，确保混凝土的水灰比不变，并要搅拌均匀后方可浇筑。

浇筑混凝土，全部模板和钢筋要清洗干净，不得有杂物，模板若有缝隙应嵌填密实，并经监理工程师检查批准后方可开始浇筑，混凝土的浇筑方法，必须经监理工程师的批准。

混凝土浇筑施工时，要严格控制分层厚度，最大层厚不得超过 30cm，同时要严格控制混凝土自由下落高度，最高不能超过 2m，超过 2m 要使用串筒或溜槽，以免混凝土产生离析。

混凝土浇筑作业应连续进行，如因故发生中断，其中断时间应小于前次混凝土的初凝时间或能重塑时间，超过中断时间，应采取相应措施处理，并立即向监理工程师汇报。

混凝土振捣时，振动器的插入或拔出时的速度要慢，振捣点均匀，在振动器不能达到的地方应辅以插铲式振捣，以免发生漏振现象。

混凝土终凝后要采取适当措施养护，并在浇筑部位注明养护起止日期，以免养护时间不足。

预应力张拉应严格按照技术规范的要求，即梁体混凝土强度达到设计要求后进行，不得提前进行张拉。

（二）架梁施工措施

1. 架梁施工技术措施

架梁前应对所有桥墩台中线及支座十字线、水平等进行一次复测，并对锚栓孔位置、深度、孔眼大小等进行检查并做好记录，对不符合要求的及时通知墩台施工单位进行整改。

落梁就位安放支座时，支座底面中心线应与墩台支承垫石顶面十字线重合。支座为盆式橡胶支座的其支座四角高差不得大于 2mm，并且活动端支座要根据梁温对正上下支座，上下导块要保持平行，其夹角不得大于 5°。支座底面与支承垫石顶面应密贴，上座板与梁底之间应无缝隙，整孔梁不应有三条腿现象。

成品梁倒装、运输、起吊过程中，铁瓦保护棱角，支撑牢固安全，确保梁体不受损伤。

2. 跨越公路架梁的安全措施

认真调查当地的地形及汽车的运营情况，制定可行的施工方案和安全保护措施，报告相关单位批准后严格执行。

跨线前对铺架机械及时进行检修，保证机械状况性能良好，确保以良好的运行状态跨过公路和铁路。

跨越公路时，施工现场附近设标语、标志牌和警戒人员，提醒车辆、人员临时避让。

夜间架梁时严格按公路交通部门的要求设置各种施工标志和灯光。

跨公路施工前及时与交警部门取得联系，让交警部门配合，临时封锁公路施工。

架梁之后及时将梁片焊连，并进行横向联结施工。及时完成梁上补碴、整道作业，保证桥上火车运输安全和桥下汽车、行人安全。

五、质量目标、创优规划和保证措施

（一）质量目标

（1）创优目标：争创部优质工程。

（2）消灭重大、大质量事故。

（3）工程全面达到设计要求和国家及铁路现行的工程质量验收标准。

（4）分项、分部、单位工程质量一次验收合格率达 100％。

（二）质量保证体系

项目经理部依据 GB/T 19001—2000、ISO 9001：2000《质量管理体系要求》，建立完善的工程质量管理及保证体系，形成项目程序文件，并在工程施工过程中加以运行、实施、保持。项目经理部工程质量保证体系如图 3-37 所示。

（三）创优规划

标段所属工程一次成优，达到业主全线创部优工程的质量目标要求。

项目部成立以项目经理为组长，项目总工为副组长，工程部和安质部部长、主管工程师和质检工程师参加的创优领导小组，具体落实创优规划。组织施工中遵循"高标准、严要求，一次成优，全线创优"的原则。

（四）保证质量的管理措施

1. 建立健全工程质量管理体系

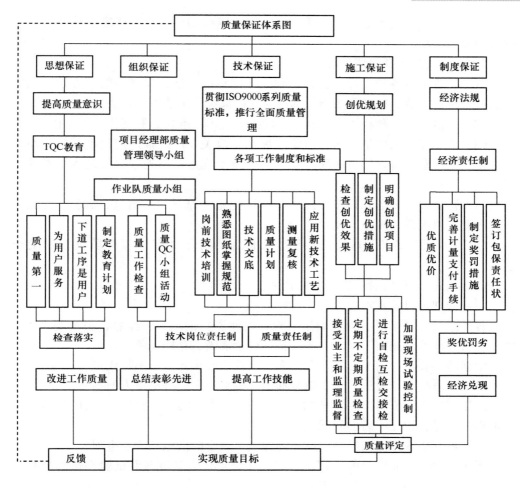

图 3-37　质量保证体系图

（1）在工程建设项目施工中，将工程质量管理作为一项重要管理内容，建立健全工程纵向到底、横向到边的质量管理体系，抓好全员全过程控制。

（2）积极参加和服从业主组织的对工程质量进行全过程、全方位的监督检查和管理。

（3）项目经理部成立以项目经理为组长，副项目经理、总工程师为副组长，各专业工程师为组员的施工质量管理领导小组，按照《建设工程质量管理条例》确定的职责，加强对施工质量工作的领导，建立和完善决策层、管理层、作业层三级职责清楚、权限明晰的质量管理、质量保证体系，配齐各级质检人员和质量管理人员，保证质量管理体系能够有效运作。

（4）负责工程质量监督检查及日常管理工作的各级专职质检人员应具有工程师以上技术职称，熟悉本行业规范、规章、标准，掌握各种材料的技术要求和性能，具备一定的工作经验。

2. 建立健全创优组织机构

建立健全创优组织机构，形成高效的创优网络，并从机构、人员和制度方面形成完善、务实、高效的质量内控网络，紧紧围绕创优目标，坚定不移地走质量效益型发展道路。

（五）认真推行全面质量管理

（1）熟练掌握各种设计、施工、验收评定标准，推行先进的管理方法，制定一套符合现行规范、标准和实施细则的企业内部技术标准管理办法。

（2）严格执行各种技术管理制度，使技术管理标准化、制度化、程序化。

（3）依靠先进的科学技术，组织开展课题攻关，广泛推广应用新技术、新材料、新工艺、新设备，用"四新"技术突破技术难点，用先进的工艺水平确保工程质量。

（4）强化施工现场和档案管理工作，严把施工原材料、测量、试验、检验关口，内业资料准确、规范、及时。

（5）将贯彻 ISO9001：2000 系列标准活动始终贯穿于工程质量控制的全过程。

（六）加强工程质量管理资料的管理

质量管理资料的基本要求：

各种质量管理资料必须为原始材料，内业资料的填写、编制、报批要求"及时、真实、准确、完整"以及字迹工整、目录清晰、存档规范。

依据验标要求，内业资料中有关人员的签字必须齐全，不得代签。

施工日志应装订成册，防止随意抽换，每页记录应有记录人的签字。

严格实行内业资料换手复核制度，所有内业资料必须经另外一人的复核，避免出现错、漏、相互矛盾的问题发生。

在技术交底或作业指导书中应有确保施工安全的措施和注意事项。

要建立健全内业资料的填写、整理、保管责任人制度，对试验和进场材料要建立完整、准确的台账，并有可追溯性。

检查证、检验批应采用人工填写，不得打印。

质保资料与施工现场同步。

现场所有施工按工序分步报检，报检办法贯彻"三检制"（自检、互检、交接检）和"三工序"制度（检查上道工序、保证本道工序、服务下道工序）。检验批资料必须按工序与现场保持一致，原则上要求现场报检的当天，检验批资料要上报至监理单位。

（七）保证质量的技术措施

加大管理力度，主攻质量通病：

针对以往工程质量通病，组织进行技术攻关，有预见性地采取防范措施，把质量管理由事后检查变为事前预防和过程控制中，使质量通病得到有效克服及控制，确保全标段创优目标的实现。

成立以项目经理部总工程师为组长，安质部长为副组长，各主管工程师、专职质检员为组员的治理质量通病专项小组。

治理质量通病小组根据以往施工中常见的质量通病，制定针对性的预防措施，装订成册，在施工前的技术交底时作为一重点，专项交底。

各施工队在施工中，根据针对性的预防质量通病措施，严格按施工规范要求及技术交底要求操作，坚决防止质量通病发生。

治理质量通病专项小组定期或不定期对各工点质量及预防措施的实施情况进行检查并统计分析，对效果不明显的，进一步进行原因分析，并制定相应的纠正和预防措施。

组建工地中心试验室，试验人员全部持证上岗，试验仪器必须由国家指定部门标定认可。

组建精干的精测队伍，配备先进的测量仪器，确保工程几何尺寸符合规范要求，达到优良标准。

加大装备投入，投入先进的机械设备用于工程施工，确保混凝土工程内实外美，一次达标。

常见的质量通病及预防措施见表 3-12、表 3-13。

钢筋工程质量通病及预防措施　　　　　　　　　　表 3-12

序号	项　目	具　体　措　施
1	咬边防治	根据被焊接钢筋直径选择合适的焊接电流。 　　钢筋端部熔化到一定程度后，上钢筋迅速下送，适当加大顶压量，以便钢筋端头在熔池中压入一定深度，保持上下钢筋在熔池中有良好的结合。 　　根据钢筋直径适当控制焊接通电时间
2	气孔防治	焊剂在使用前必须烘干，否则不仅降低保护效果，且容易形成气孔。 　　焊前把钢筋端部铁锈及油污清除干净，避免在焊接过程中产生有害气体，影响接头质量
3	夹渣预防	焊前将钢筋端部 120mm 范围内的铁锈和油污清除干净；夹具电极上黏附的熔渣及氧化物清除干净；焊前把钢筋夹紧

混凝土工程质量通病及预防措施　　　　　　　　　　表 3-13

序号	项　目	具　体　措　施
1	保证混凝土的和易性	合理选择水泥强度等级，通过适量掺加混合材料、减水剂等技术措施，改善混凝土拌合物的和易性。严格配合比，利用自动计量拌合站拌制混凝土，控制拌合、灌注、振捣施工工艺。随机检查混凝土的坍落度，及时反馈调整水灰比，确保混凝土的和易性。 　　防止混凝土表面出现麻面措施：模板表面洁净，无杂物，模板隔离剂要涂刷均匀，不漏刷。混凝土必须按操作规程分层均匀振捣密实，严防漏振，每层混凝土均振捣至气泡排除为止
2	预防蜂窝措施	严格控制配合比，保证材料计量准确；混凝土拌合均匀，颜色一致；采用辅助手段下料，控制混凝土自由倾落度；严格振捣工艺，防止过振、漏振现象发生。 　　高温季节灌注混凝土时，灌注时间避开中午高温时段，选择温度相对较低的时段进行灌注。 　　控制混凝土拆模时间，防止拆模过早，混凝土表面粘连，拆模过晚，引起混凝土表面干裂。 　　混凝土浇筑时，掌握好振动时间，并观察模板、堵缝等情况

序号	项　目	具体措施
3	防止露筋措施	浇筑混凝土前，检查钢筋位置和保护层厚度是否准确，发现问题及时修整。为保证混凝土保护层的厚度，要注意固定好垫块
4	混凝土裂缝预防	混凝土采用"双掺技术"，即采取用一定数量的粉煤灰包裹式塑料薄膜洒水养护法，有效防止出现细小裂纹或龟裂
5	防止混凝土表面错台	隧道二次衬砌、墩台身采用大模板，其他部位采用定型模板施工，减少模板接缝数量，避免出现混凝土表面错台现象
6	防止混凝土表面色差	混凝土拌合用原材料采用相同的料源和料场，尤其是水泥采用同一厂家同一批号的产品，混凝土采用自动计量拌合，保证混凝土配合比的一致性，混凝土及时养护，并保证养护时间，控制拆模时间，从而有效地避免混凝土表面的色差
7	防止混凝土表面冷缝	合理确定混凝土的初凝时间和混凝土分层厚度的关系，做好施工机械设备的保养，备用相应的施工设备，保证混凝土灌注的连续性，避免出现冷缝
8	防止混凝土表面气泡	优化混凝土施工配合比，根据以往成功的施工经验，混凝土掺加粉煤灰可有效地避免表面出现气泡。按照施工规范结合施工经验确定混凝土振捣参数，防止混凝土过捣和欠捣

六、安全目标和安全保证体系及措施

（一）安全目标

无行车 D 类及以上责任事故；无人身重大伤亡事故；无火灾爆炸事故；无刮碰挖断电缆事故；无环境污染事故。

（二）安全生产保证体系

结合工程实际建立安全管理体系，编制安全计划和施工作业安全操作规程，严格按职业安全健康管理体系运行。为本工程建立施工安全保证体系如图 3-38 所示。

（三）组织保证

建立健全安全管理体系，建立以项目经理为首的安全组织机构，坚持管生产必须管安全的原则，建立健全岗位责任制，从组织上保证安全体系的有效运行。项目经理部安质部设安全监察、检查工程师，各施工队设专职安全员，各作业工班设兼职安全员，形成系统的安全管理、检查、监督组织机构。安全组织机构设置如图 3-39 所示。

为加强对本工程施工安全管理工作的领导，项目经理部设施工安全领导小组。工程安全领导小组设置如图 3-40 所示。

（四）思想保证

工程开工前，对所有参加工程施工人员进行安全生产教育，组织学习有关施工安全的各项管理办法、规定等。施工负责人需具备必须的施工安全素质，安全员、防护员和工班长必须经过培训考试合格后，持证上岗。同时，在施工过程中，

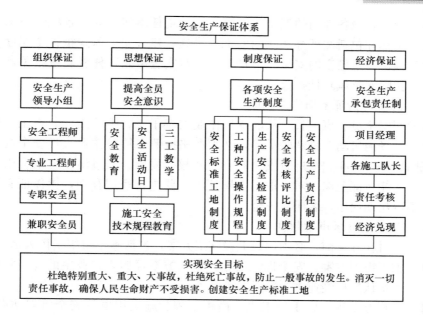

图 3-38　施工安全保证体系框图

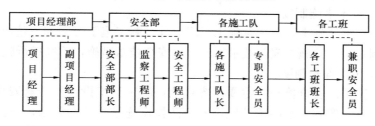

图 3-39　安全组织机构框图

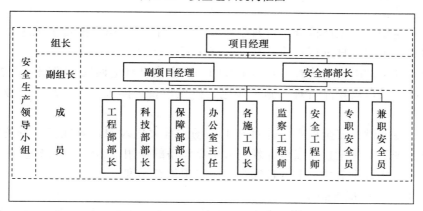

图 3-40　安全领导小组框图

结合开展安全活动日和三工教学活动，坚持每周不少于 2h 的安全教育，由安全工程师及安全员结合施工项目，上安全技术课，从思想上提高全员的安全意识。

（五）制度保证

1. 安全生产责任制

建立健全各级各部门的安全生产责任制，责任落实到人。各项经济承包有明确的安全指标和包括奖惩办法在内的保证措施。建立安全风险抵押金制度，项目经理部将预留一定额度的安全风险抵押金。对安全事故责任者除按有关规定受罚外，还将扣除安全风险抵押金。

2. 特殊工种持证上岗作业制度

对专职安全员、班组长、从事特种作业的架子工、钢筋工、起重工、电气焊工、电工、场内机动车辆驾驶员等，必须严格按照《特种作业人员安全技术考核管理规则》GB 5306—85 进行安全教育、考核、复验，经过培训考试合格，获取操作证者才能持证上岗。对已取得上岗证者，要进行登记存档，操作证必须按期复审，不得超期使用，名册应齐全。

3. 施工方案逐级审批制度

所有项目在开工前，必须逐级上报施工方案，包括施工组织指挥人员的资历、能力以及施工组织方案、安全保证措施。施工方案经监理、业主的逐级审核和审查，并逐级签认最后经业主批准后方可开工。

对于土石方工程、脚手架工程、模板工程、施工用电等安全重点防范工程，结合现场和实际情况，单独编制安全技术方案。

4. 安全技术措施制度

项目经理部、施工队在编制施工组织设计、制定施工方案和下达施工计划时，必须同时制定和下达施工安全技术措施，无安全技术措施，不准进行施工。

5. 安全生产检查制度

（1）开工前的安全检查。主要内容包括：施工组织设计是否有安全措施，施工机械设备是否配齐安全防护装置，安全防护设施是否符合要求，施工人员是否经过安全教育和培训，施工安全责任制是否建立，施工中潜在事故和紧急情况是否有应急预案等。

（2）定期安全生产检查：每月组织安全生产检查，积极配合上级进行专项和重点检查，班组每日进行自检、互检、交接班检查。

（3）经常性的安全检查：安检工程师、安全员日常巡回安全检查。检查重点：土石方施工及危爆物品管理、施工用电、机械设备、模板工程、高处作业、龙门架等。

（4）专业性的安全检查：针对施工现场的重大危险源，对施工现场的特种作业安全、现场的施工技术安全、现场大中型设备的使用、运转、维修进行检查。

（5）落实好季节性、节假日安全生产专项检查制度。

6. 安全生产报告制度

按照铁道部技术管理规程规定的时限、方法、程序执行安全生产报告制度，内部报告由下至上分单位逐级进行。报告方式：书面报告、电报、电话并办理登记。

7. 安全事故报告制度

施工中一旦发生重大责任伤亡事故，将按安全事故报告制度和程序立即报告上级主管部门和当地劳动部门、检察机关，并及时通知业主代表。

8. 安全防护制度

在工程施工中，对安全有影响的重要环节，以及易燃、易爆物品的购置、仓储、使用和运输等，在施工前要制定出具体可行的安全防护措施和实施细则，并报请监理工程师代表批准后，方可进行施工。开工前由工点安全负责人进行书面安全交底，施工中严格执行安全规则，关键工序技术人员、安全员需跟班作业，现场监督。

9. 安全评比制度

班组在班前要进行上岗交底、上岗检查、上岗记录的"三上岗"和每周一次的"一讲评"安全活动，对班组的安全活动，要有考核措施。

10. 机械设备安全管理制度

（1）岗前培训、定期考核制度

提高机械作业人员的技术素质和操作维修技能。

（2）定人、定机、定岗制度

保证机械作业人员的相对稳定，使各个环节责任明确，责任到人。

（3）岗位责任制度

使用机械必须坚持"两定三包"即定人、定机、包使用、包维修、包保养；操作人员做到"三懂四会"即懂构造、懂原理、懂性能，会使用、会保养、会检查、会排除故障。

（4）持证上岗制度

机械作业人员必须经过技术培训，经考核合格，发给机械操作合格证后方能上机操作。

（5）交接班制度

交接内容有机械运转记录、完成任务和生产情况、设备技术状况、维修保养情况、备件、附件、工具情况等。

（六）现场安全管理措施

（1）制定适合本项工程且具有可操作性的各项规章制度，为安全生产提供一整套行之有效的行为规范和作业制度，使安全工作有章可循，有法可依。

（2）组织全体干部职工认真学习施工安全的各项规章制度，加强劳动纪律、作业标准、施工程序教育培训，所有人员必须经考试合格方准上岗操作。

（3）加强安全防护工作，施工中严格按照施工方案和安全措施进行施工，不擅自变更方案。同时，将提取一定安全措施经费并全额投入到安全生产方面，以增强预防事故的能力。

（4）严格按技规安全防护要求设置安全标志、减速牌信号等，配备好通信联络工具和各种信号，选派有施工经验、责任心强、熟悉业务的职工进行统一培训，考试合格后担任工地安全防护员，不准其他人员代替，每一工点安排工地防护人员 3～4 名。

（5）对重点、难点工程项目的施工，提前 3d 约请建设、监理单位检查施工准备工作情况，并进一步落实细化施工方案和配合责任，施工前技术人员及施工人员到现场进一步进行技术交底及施工预演。

（6）大力推进安全标准工地建设，以贯彻实施 ISO 9001：2000 标准为载体，以施工现场作业控制为重点，严格按规范、程序、标准施工，消灭违章操作、违章指挥、违反劳动纪律现象，不断提高职工素质，最大限度地减少事故的发生。

（7）认真搞好安全检查，在搞好日常安全自查的基础上，项目经理部每月对各工点进行一次全面的安全检查，主要查安全措施的落实情况，查事故苗头，查安全隐患，查现场作业纪律，查监控与管理。对发现的问题，都按"三不放过"的原则，查明责任，分析原因，制定纠正和预防措施，并跟踪验证，发现重要问题立即停止作业，防止问题延伸，杜绝事故的发生；在各种检查评比活动中，严格执行"安全一票否决权"制度。

（8）对全体职工实施不间断的安全教育，彻底清除个别职工在顺利情况下出现的麻痹、侥幸心理。此外，还将结合现场实际，对非正常情况下的安全知识和技能进行培训，不断提高全体职工的安全意识。

（9）推广实施安全风险抵押金制度，对全体职工尤其安全管理人员按工资的一定比例扣留安全风险抵押金，未发生安全责任施工者，除全额返还押金外，还按"安全奖惩制度"的有关规定奖励，未达标者不再返还，并根据事故的轻重给予罚款直至下岗处理。

（10）加强劳动安全管理，确保人身安全，各级管理者要遵守施工生产的客观规律，组织管理生产严格按有关规章、规则办理，杜绝因抓进度而忽视安全的现象发生，布置施工生产要同时布置安全工作；施工中严格按规程操作，实行标准化作业，杜绝人身伤亡事故。

七、施工环保、水土保持措施

（一）施工环保、水土保持目标及保证体系

1. 施工环保、水土保持目标

实现防治环境污染与生态破坏的措施与铁路建设工程同时设计、同时施工、同时投产。各项排放指标满足国家环保、水保部门的有关规定。

坚持做到"少破坏、多保护，少扰动、多防护，少污染、多防治"。使环境保护监控项目与监控结果达到设计文件及有关规定，教育培训率达 100％，贯彻执行率和覆盖率达 100％。

2. 施工环保、水土保持保证体系

结合工程所在地环境保护、水土保持特点和工程建设施工的实际，搞好工程施工过程中的环境保护和水土保持工作，实现施工环保、水土保持目标，建立完善的工程施工环保、水土保持保证体系，全方位保证环保工作的正常开展，完善的环保体系是衡量本工程施工整体质量水平的重要标志。工程施工环保、水土保持保证体系如图 3-41 所示。

（1）组织机构

根据本工程所处的特殊环境，为确保工程施工期间当地政府的各项环境保护措施的落实，把工程施工对环境造成的不可避免的污染和破坏降低到最低限度，杜绝由于工程施工导致的水土流失的加剧，项目经理部特设环保部，配置环保、

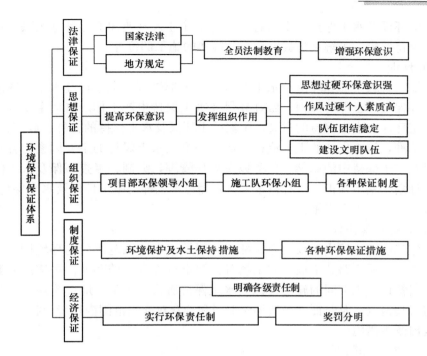

图 3-41　施工环保与水土保持保证体系框图

水保人员，各施工队配备环保监察员，各作业工班配备环保员，负责本工程施工中的施工环保、生态环保及水土保持监督和管理工作。同时，为加强对施工环保、水土保持工作的领导，项目经理部成立施工环保、水土保持领导小组和组织机构，在当地政府环保部门和业主的指导和监督下，做好工程建设中的施工环保及水土保持工作。

（2）管理措施

认真组织全体人员学习国家、铁道部、地方政府对环境保护和治理的有关政策法规，增强环保意识，提高做好环保工作的自觉性。加强对施工人员的宣传教育培训管理，使人人心中明确环保工作的重大意义，积极主动参与环保工作，自觉遵守环保各项规章制度。

1）宣传

以宣传栏、板报、广播、学习讲座、印制宣传资料、张贴标语和设立标语牌等多种形式，大张旗鼓地开展施工环保、水土保持的宣传活动，大力加强对国家颁布的《环境保护法》、《水土保持法》、《水污染防治法》、《大气污染防治法》、《全国生态环境保护纲要》等环保法规的宣传工作，强化全体人员的施工环保和水土保持意识。

2）教育

把经常性环保及水土保持教育贯穿于管理工作的全过程，并根据接受教育的对象不同，采取多层次、多渠道进行。结合本工程施工特点和当地环境状况，加强对参建职工关于施工环保、水土保持意义、必要性、重要性的教育，学习施工细则中有关必须遵守的环保及水土保持要求规定。根据从事生产工作的性质，进行必要的环保及水土保持知识教育，使每个作业人员熟知本工种施工操作的环保及水土保持要求，了解和掌握容易疏忽麻痹的施工部位等。

　　3）培训

　　定期对各级干部和环保及水土保持管理干部进行培训，提高水平，熟悉施工工艺、环保及水土保持知识，做好环保及水土保持生产工作。培训主要内容主要有：施工环保及水土保持的意义，国家关于环保及水土保持的方针、政策、法规、条例、标准，施工生产的工艺流程和影响环保及水土保持的主要因素，各级领导在环保及水土保持中的职能、任务以及如何管理，编制、审查环保及水土保持技术措施计划等基本知识。所有技术工人要经过本工种的施工环保及水土保持培训，考试合格后，方可上岗施工。

　　4）签订环保协议

　　在施工前，邀请当地政府环保部门共同做好本标段范围内的环境调查，包括河流水文、交通道路、植被、取土场等。制定行之有效的环境保护实施方案。与环保部门签订施工期间的施工环保及水土保持协议，无条件地接受环保部门的指导、监督和检查。及时征求当地环保部门和群众对施工范围内环境保护工作意见，及时提出改进措施。

　　5）落实环保制度

　　依照国家颁布的《环境保护法》、《水土保持法》、《水污染防治法》、《大气污染防治法》等环保法规，并结合当地政府、业主针对环境保护的管理办法，按照"谁破坏谁治理"的原则，及早采取预防措施，制定施工环保、水土保持实施细则，健全目标责任制度、监督检查制度、经济奖罚制度等，把施工现场环境保护和水土保持与个人经济利益挂起钩来，把定期检查和经常性管理结合起来，对照法律法规和设计要求，严格日常施工环保与水土保持工作的管理。

　　6）开展环保检查

　　通过开展施工环保及水土保持检查活动，增强广大职工的施工环保及水土保持意识，促进企业以及国家有关环保及水土保持的方针、政策、规章制度的贯彻执行，解决施工中存在的环保及水土保持方面的问题。

　　成立由项目经理为首的环保及水土保持检查组，建立健全环保及水土保持检查制度，有计划、有目的、有整改、有总结、有处理地进行检查。

　　项目经理部每月组织检查一次，施工队每旬进行一次环保及水土保持施工检查。

　　按照施工准备工作环保及水土保持检查，季节性环保及水土保持检查，专业性施工环保及水土保持检查和专职环保员日常进行检查。

　　检查内容：

　　坚持以自查为主，互查为辅，边查边改的原则，主要查思想、查领导、查施工。结合本标段工程主要查取土坑的位置，路基基底的处理，桥涵明挖及桩基施工。

　　检查方法和手段：

　　采取领导和群众相结合，自查和互查相结合，定期和经常性检查相结合，专业和综合检查相结合的方法和手段进行施工环保及水土保持检查。

3. 大气污染防治措施

加强施工机械设备的维护保养，减少排放废气对大气的污染。

进入现场的各种车辆尾气排放均须达到排放标准并经有关部门检验合格。

禁止在施工现场熔化沥青或焚烧油毡、油漆及其他会产生有害烟尘、恶臭气体的物质，有毒有害的废弃物不得用于回填，不得污染施工现场。

生活区及生产区均严禁使用煤作为燃烧材料进行炊事、烧水和取暖。热水供应采用电热炉，食堂采用液化气灶，采用清洁燃烧材料，如天然气、液化气。

4. 粉尘污染防治措施

对施工现场和运输便道等易产生粉尘的地段定时进行洒水降尘，勤洗施工机械车辆，使产生的粉尘危害减至最小限度。

易于引起粉尘发生的细料或松散料必须遮盖或适当洒水湿润。运输时必须用帆布、盖套及类似遮盖物覆盖；同时，砂子、石子运输车辆封闭，堆放均采用封闭式料仓。装卸时注意轻装轻放，严禁扔摔，以免包装破损，运至现场后一律在库内保存。运转时有粉尘发生的施工场地，如水泥混凝土拌合机站（场）、灰土拌合场等均必须有防尘设备等措施。

土方开挖过程中，安排专人指挥挖土机司机，对需外运的车辆按标准装车，不能盲目多装，出口处设车辆冲洗台，安排专人进行车辆清洁，防止将泥土带到道路上。

现场临时道路及材料堆放场采用混凝土进行硬化处理，其他裸露场地种植花草等绿化植物。

搅拌站采取防尘措施，降低扬尘产生。

建筑垃圾密闭储存及时清运，清运时适当洒水，减少污染。

扬尘监测：

项目经理部配置粉尘测试器具（袖珍式 PC3A 型激光可吸入粉尘浓度连续测试仪），对现场扬尘等进行监测，对环保指标超标的项目及时采取有效措施进行处理。

5. 噪声污染防治

在施工期间，严格执行《环境噪声污染防治法》和《建筑施工场界噪声限值》中的有关规定，采取有效措施，施工机械尽量避免夜间扰民施工，使噪声等污染对周围环境的影响降到最低限度。

合理安排工作人员轮流操作机械。穿插安排低噪声工作，减少接触高噪声工作的时间，并配有耳塞。加工棚采取封闭措施，并采取吸声措施，降低噪声，同时注重机械保养，降低噪声。

合理安排施工作业时间，在人口聚集区尽量减少夜间车辆出入频率，在夜间不安排爆破及噪声大的机械施工。

货场料库、生产房屋和振动设备等位置远离居住地。

机械运输车辆途径居住地时减速慢行，不鸣喇叭。控制机械动力布置的密度，拉开一定空间，减少噪声叠加。

6. 固体废弃物处理

施工期间的固体废物，按照国家《固体废物污染防治法》和当地有关规定与当地环保和水保部门协商妥善处理，避免造成新的污染源。

生活垃圾、施工遗弃物应集中堆放，装运至指定的垃圾处理厂处理，不得随意丢弃堆放，造成新的污染源。

对有害物质（如染料、油料、废旧材料和生产垃圾等）经处理后运至当地环保部门所指定的地点进行掩埋，防止泄露、腐蚀造成对生态资源的破坏。

（二）生态环境保护措施

在自然保护区、风景名胜区施工，应严格遵守有关规定，做好有关边界线、标示牌的设置，限制人员、机械的活动范围，严禁有关人员偷猎野生动物和采摘、践踏及随意铲除植物等。

施工期间工程破坏植被的数量应严格控制，除了不可避免的工程占地砍伐外，严禁发生其他形式的人为破坏。应尽量保护铁路用地范围之外的现有林草植被。若因修临时工程破坏了现有植被，应在拆除临时工程时予以恢复。

（三）水土保持措施

根据本标段的地形条件和水文特征，坚决按《水土保持法》的规定，合理设置施工营地、材料场、拌合站、机械保养场、临时工棚、施工便道等，做好水土保持防护工作，不强行改变地表径流方向或改沟、改河、不随意切割植被，人为任意扩大活动范围造成水土的流失。

不得将取土场、弃渣场设置在植被发育良好的地段，不得随意大面积开挖、破坏地表草皮及地层结构。否则应采取及时、有效的防护或恢复措施，以防止引起局部植被退化、荒漠化和水土流失。除对取、弃土场采取平整、防护措施外，有条件时还应对其表面撒种草籽，防止水土流失。

路基、站场的土石方工程尽量安排在非雨期施工；开挖或填筑的路基土质边坡应及时采取工程或植物防护措施，防止雨水冲刷造成水土流失。

桥梁、涵洞、隧道施工时的弃渣，不得随意丢弃和挤压沟渠堆放，尽量用作填方或选择合适场地进行堆放。对施工垃圾及原有河道及沟渠进行清理与处置，保证水流畅通。

八、文明施工

（一）文明施工目标及保证措施

1. 文明施工目标

现场布局合理，环境整洁，物流有序，标识醒目，达到"一通、二无、三整齐、四清洁、五不漏"。施工现场办公地点搭建彩钢板房、道路硬化。创建部级文明工地。

2. 文明施工保证措施

加强工程施工现场的管理，真正把"文明"二字贯穿于整个项目施工管理过程之中，争创一流文明工地，树立一流企业形象，增强企业信誉。

（1）制定目标

明确创建一流文明工地的施工目标，加强职工教育，强化职工文明施工意识，提高文明施工水平。结合本工程的特点和施工现场的实际情况作好现场文明施工设计，确保创一流文明施工工地目标的实现。

（2）健全组织

本工程项目经理部设立文明施工领导小组，建立以项目经理为组长，办公室具体负责，项目经理部相关部门以及各施工队直至工班参加的文明施工监督组织机构，负责现场文明施工的指挥管理和监督检查。

（3）完善体系

结合工程施工实际，按工程所在地政府和业主现场文明施工标准制定文明施工作业、施工场地、施工安全、工地卫生、环境保护、成品保护管理等实施细则和规章制度。建立健全文明施工管理责任制，以安全生产为突破口，以工程质量为基础，狠抓"窗口"达标，推动"两新"活动，杜绝一切工程责任事故、禁止野蛮施工和违章作业行为，全面、全方位、全过程开展创建文明施工工地活动。

（二）文明施工管理措施

1. 强化文明施工意识

对全体参建职工实行定期文明施工教育，认真学习《环境保护法》和《文明施工管理办法》，统一思想，使全体职工认识到文明施工是企业的形象，是队伍素质的反映，是安全生产的保证。提高职工文明施工和加强现场管理的自觉性，形成人人讲文明，处处现文明的良好氛围。

2. 建立文明施工责任制度

在明确文明施工目标后，要建立各级领导文明施工责任制。项目经理作为文明施工第一责任人，项目经理部和施工队各级领导要对项目经理负责，项目经理对业主负责，明确分工，落实文明施工责任区，定期或不定期地对工地进行检查评定，做到事事有人负责，处处有人管理，真正把文明施工落到实处。

3. 提高文明施工水平

加强工程现场文明施工的管理，维护现场整洁和安全，使文明施工规范化、标准化、制度化；认真贯彻地方政府和业主有关文明施工的各项要求，推行现代管理方法，科学组织施工，做好现场文明施工的各项管理工作。

4. 严格奖惩制度

加强对文明施工现场的检查监督，从严要求，持之以恒，使文明施工现场管理真正抓出成效。项目经理部对文明施工现场实行定期或不定期检查，每月组织一次专项检查，对照评分，严格奖惩，交流经验，查纠不足。

5. 争创文明标准工地

按照当地政府有关部门和业主的指示要求，同时认真听取驻地监理工程师和周边群众的意见和建议，协调好各方面关系，争创标准文明的施工工地。

（三）文明工地创建措施

1. 施工现场平面布置

严格按照施工总平面图布置各项临时设施，做好施工现场场地美化，悬挂各类标志牌。做到场地清洁，道路平顺，排水畅通，标志醒目，生产环境达到标准化、规范化作业要求，体现出与周边环境相匹配的特色。

2. 用电线路

施工现场的用电线路及设施的安装和使用必须符合安装规范和安全操作规程的有关要求，并严格按施工组织设计总平面布置图进行架设，严禁任意拉线接电，施工现场必须设有保证施工安全的电压和工地照明设备。

3. 机械、车辆管理

施工机械、车辆按照施工总平面布置图规定的位置和线路行驶，不得任意侵占场内道路。各种施工机械进场必须进行安全检查，经检查合格后方能使用；施工机械定机、定员、定岗位，落实责任制，坚持持证上岗，禁止无证人员操作。

4. 现场办公设施管理

现场办公采用计算机网络系统，实现高效、便捷的信息化管理。用于工程建设的计算机进行联网，并按照业主的规定进行计算机管理。

5. 临时生产设施管理

保持施工现场道路畅通，排水系统处于良好状态。随时清除建筑垃圾，保持场地的整洁。在车辆、行人通行的区域施工，必须设置沟、井、坎、穴覆盖物和施工标志。

（四）现场标准化管理

积极与当地政府、环保等部门联系协作，在施工中做好环保工作。

积极开展文明施工窗口达标活动，对所有施工人员开展以创建文明工地为主要内容的思想教育工作，确保做到施工中无重大工伤事故发生。施工现场的设备、材料堆放，场地道路、临时生产和生活设施统一合理布置，并纳入施工组织设计，经业主和监理单位审核同意后执行。

施工现场道路平整，清洁通畅，排水设施齐全、有效，场内无积水，保持干燥。

对施工便道经常洒水，防止尘土飞扬并且做好施工用水及废水的处理，确保工地生活设施清洁不受污染。

现场材料定点分类存放，堆放整齐，挂牌标识，专人整理。材料的采购与发放按计划办理，避免材料积压或随意浪费。

现场施工管理人员和作业人员必须佩戴个人身份卡标，卡标上标明个人照片、姓名、工种、职务及所属单位。

在市区、村庄或居住区附近施工时，选择低噪声的施工机械，高噪声的施工机械不在夜间或午休时间作业，以防影响群众正常休息；必须的夜间施工必须取得有关部门的批准。

施工车辆出入施工现场时要有交通警戒，加强安全保卫工作，实行二十四小时值班警卫制度，杜绝各类违法、犯罪行为的发生。

建立奖惩制度，对评定为文明施工的单位和个人实行奖励，对不文明的单位和个人进行处罚。

工程竣工后，认真清理现场、恢复周边地貌及植被，文明撤离。

与当地政府和群众广泛开展共建活动，尊重当地的风俗习惯，搞好团结，化解纠纷，积极推进两个文明建设，做到工程干到哪里，就把文明带到哪里。

1. 现场机械管理

配备专职的设备管理员，负责现场的机械管理维修、保养，建立机械账卡，严格执行机械操作规程。

保持机械状况的良好，机身清洁无灰尘。机械的标记、编号明显，安全装置可靠。

对清洗机械排出的污水有排放措施，不得随地流淌。

在拌合站和使用的搅拌机、砂浆机等旁设有沉淀池，不得将污水直接排放。

装运建筑材料、土石方、建筑垃圾等车辆，采取覆盖措施，确保行驶途中不污染道路和环境。

2. 现场物资管理

进场材料"三证"齐全，符合设计要求。

各种材料按平面布置图和不同的规格、型号、品种码放整齐，做到一头齐、一条线。

水泥库做到上不漏水、下不积水，满足防潮要求。水泥按品种、强度等级堆码成方，底层离地面高 20cm，堆高不超过 2m，离墙保持 30cm 的间隙，并做到先进先用，零星先用。及时清运水泥库内外散落水泥，水泥袋认真打包回收。

钢材、木材、模板及钢拱架等材料按品种、规格、型号堆放整齐。

砂石料等分别堆放见方，方便施工，并挂牌说明。

贵重物资、装备器材存放于库内，并专库专用，加设明显标志，建立严格的领退料手续。

3. 施工营地及施工便道绿化

为更好地做好现场文明施工和营地建设，创造良好的生产和生活环境，在规划和准备各项大小临时工程时，积极做好绿化规划工作。

根据现场施工营地的规划和布置情况，做好施工营地的绿化。营地四周采用植树绿化的方式，营地内设置花坛和种草。

临时施工便道两侧在与当地绿化部门协商后，进行植树绿化，以使便道两侧形成绿化带。

4. 现场消防、治安措施

施工过程中始终坚持"预防为主、确保重点、打击破坏者"和"预防为主、以消为辅"的指导思想，保证本工程建设过程的安全。

严格贯彻"谁施工、谁负责"的原则，项目经理部建立专门的保卫机构，统一领导治安、安全保卫工作。施工队建立、健全现场保卫组织或派专职保卫干部，在现场保卫机构的统一领导下，实行分片包干，协同作战。

在工程区域内所发生的各类案件，当事单位和个人及时报告现场保卫机构和属地公安机关，各施工队治保组予以积极配合，认真处理。

对施工现场的贵重物资、重要器材和大型设备，加强管理，严格有关制度，设置防护设施和报警设备，防止物资被哄抢、盗窃或破坏。

广泛开展法制宣传和"四防"教育，提高广大职工群众保卫工程建设和遵纪守法的自觉性。

经常开展以防火、防爆、防盗为中心的安全大检查，堵塞漏洞，发现隐患及时向施工队发"隐患整改通知书"，限期整改，一时整改不了的，采取临时措施，防止发生问题。

严格执行消防有关要求，按规定配备各种消防器材，并定期检查。

加强施工队伍的管理，对所有施工人员进行法制、规章制度、消防知识教育，对参加施工的民工进行审查、登记造册、申报临时户口、发工作证，方可上岗工作。对民工中的可疑人员进行调查了解，做到心中有数，防止流窜犯、在逃犯等坏人混入施工队伍。

对管理不善、执法不严、防范措施不力而发生火灾、盗窃、破坏建设和设施等重大案件，影响工程建设以及隐瞒恶性事故不报的，追究单位主管负责人责任。

项目4 预应力混凝土连续刚构—连续组合梁桥施工

学习要点：

1. 悬浇施工的程序和施工要点，挂篮的作用及类型；

2. 块件预制的方法和要求；

3. 顶推施工的主要设备，预应力束的特点及保证施工稳定、安全的措施；

4. 逐孔施工的程序和施工要点。

任务1 悬 臂 施 工 法

任务目标：

1. 学生能够掌握0号段施工及墩梁临时固结；

2. 构件的吊装和拼接，接缝处理。

注：完成附表40号、1号块施工综合实训记录表填写

一、悬臂施工法

悬臂施工法也称为分段施工法。悬臂施工法是以桥墩为中心向两岸对称的、逐节悬臂接长的施工方法。悬臂施工法通常分为悬臂浇筑和悬臂拼装。

悬臂施工的特点：

（1）预应力混凝土连续梁及悬臂梁桥采用悬臂施工时需进行体系转换，即在悬臂施工时，梁墩采取临时固结，结构为T形刚构，合龙前，撤销梁墩临时固结，结构呈悬臂梁受力状态，待结构合龙后形成连续梁体系。设计时应对施工状态进行配束验算。

（2）桥跨间不需搭设支架，施工不影响桥下行车及通航。施工过程中，施工机具和人员等重力均全部由已建梁段承受，随着悬臂施工逐渐延伸，机具设备也逐步移至梁端，需用支架作支撑。所以悬臂施工法可应用于通航河流及跨线立交大跨径桥梁。

（3）多孔桥跨结构可同时施工，使施工进度加快。

（4）悬臂施工法充分利用预应力混凝土承受负弯矩能力强的特点，将跨中正弯矩转移为支点负弯矩，使桥梁跨越能力提高，并适合变截面桥梁的施工。

（5）悬臂施工用的悬拼吊机或挂篮设备可重复使用，减少施工费用，可降低工程造价。

二、悬臂浇筑

悬臂浇筑（简称悬浇）采用移动式挂篮作为主要施工设备，以桥墩为中心，对称向两岸利用挂篮浇筑梁段混凝土，待混凝土达到要求强度后，张拉预应力束，再移动挂篮，进行下一阶段的施工。悬臂浇筑每个节段长度一般为 2～6m，节段过长，将增加混凝土自重及挂篮结构重力，同时还要增加平衡重及挂篮后锚设施；节段过短，影响施工进度。所以施工时，应根据设备情况及工期，选择合适的节段长度。

（一）悬臂浇筑的分段及程序

悬臂浇筑施工时，梁体一般要分四部分浇筑，如图 4-1 所示。Ⅰ 为墩顶梁段（0 号块），Ⅱ 为由 0 号块两侧对称分段悬臂浇筑部分，Ⅲ 为边孔在支架上浇筑部分，Ⅳ 为主梁在跨中合龙段。主梁各部分的长度视主梁形式和跨径、挂篮的形式及施工周期而定。0 号块一般为 5～10m，悬浇分段一般为 3～5m，支架现浇段一般为 2～3 个悬臂浇筑分段长，合龙段一般为 1～3m。

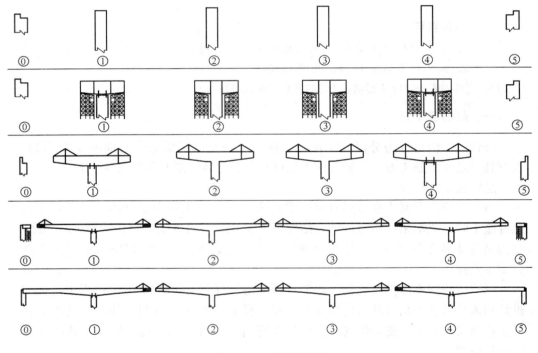

图 4-1　悬臂浇筑流程

（1）在墩顶托架上浇筑 0 号块，并实施墩梁临时固结系统。

（2）在 0 号块上安装悬臂挂篮，向两侧依次对称地分段浇筑主梁至合龙前段。

（3）在临时支架或梁端与边墩间的临时托架上支模浇筑现浇梁段。当现浇梁段较短时，可利用挂篮浇筑；当与现浇段相接的连接桥是采用顶推施工时，可将现浇梁段锚固在顶推梁前端施工，并顶推到位。此法无需现浇支撑，省料省工。

（4）主梁合龙段可在改装的简支挂篮托架上浇筑，多跨合龙段浇筑顺序按设计或施工要求进行。

（二）墩顶梁段（0号块）施工

墩顶0号块采用在托架上立模现浇，如图4-2所示，并在施工过程中设置临时梁墩锚固，使0号块能承受两侧悬臂施工时产生的不平衡力矩。

图4-2 托架上浇筑墩顶0号块

0号块结构复杂，预埋件、钢筋、各向预应力钢束及其孔道、锚具密集交错，梁面有纵横坡度，端面与待浇段密切相连，务必精心施工。视其结构形式及高度，一般分为2～3层浇筑，先底板、再腹板、后顶板。

1. 施工程序

安装墩顶托架平台——浇筑支座垫石及临时支座——安装永久盆式橡胶支座——安装底、侧钢梁及降落木楔或千斤顶——安装底板部分堵头模板——托架平台试压——调整模板位置及标高——绑扎底板和腹板的伸入钢筋——安装底板上的竖向预应力管道和预应力筋——监理工程师验收——浇筑底板第一层混凝土——混凝土养护——绑扎腹板、横隔梁钢筋——安装腹板纵向、横隔梁横向预应力管道和预应力筋——安装全套模板——监理工程师验收——浇筑腹板横隔板——混凝土养护——拆除部分内模后安装顶板模板——安装顶板端模——绑扎顶板底层钢筋网及管道定位筋——安装顶板纵向预应力管道及横向预应力管道和预应力筋——安装顶板上层钢筋网——监理工程师验收——浇筑顶板混凝土——纵向胶管抽拔——管孔清理及混凝土养护——拆除顶、底板端模——两端混凝土连接面凿毛——混凝土强度达到设计要求强度后张拉竖、横向预应力筋——竖、横向预应力管道压浆——拆除内模、侧模和底模——拆除墩顶托架平台。

若墩梁刚性固结时，可省去第二、第三步施工程序。

2. 施工托架

施工托架可根据承台形式、墩身高度和地形情况，分别支撑在承台、墩身或地面上。常用施工托架如图4-3～图4-6所示，有扇形托架、高墩托架、墩顶预埋

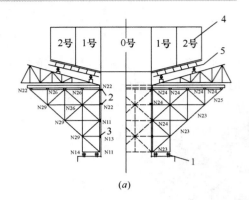
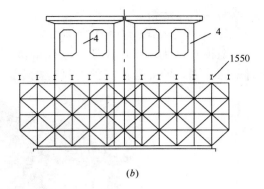

(a)　　　　　　　　　　　　　　(b)

图 4-3　扇形托架（单位：mm）

（<i>a</i>）顺桥向；（<i>b</i>）横桥向

1—ϕ18 预埋螺栓；2—预埋钢筋；3—硬木；4—箱梁；5—底模垫梁

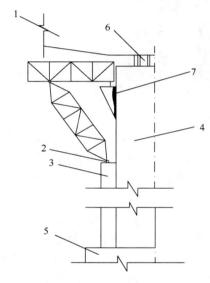
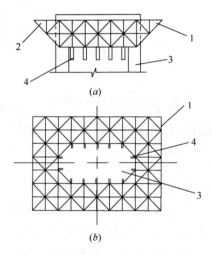

(a)
(b)

图 4-4　高墩托架　　　　　图 4-5　墩顶预埋牛腿托架平台

1—箱梁；2—圆柱形铰；3—承托槽钢；4—墩　　　1—万能杆件托架；2—平台面层结构；

身；5—承台；6—支座；7—预埋牛腿　　　　3—桥墩；4—预埋牛腿支点

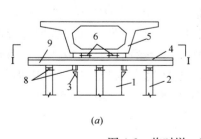
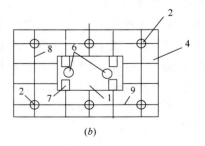

(a)　　　　　　　　　　　　(b)

图 4-6　临时墩、型钢结构支承平台

1—墩柱；2—临时墩；3—牛腿；4—支承平台；5—箱梁；6—支座；

7—临时支座；8—平台纵梁；9—平台横梁

牛腿托架平台、临时墩及型钢结构支撑平台等。托架的顶面尺寸,视拼装挂篮的需要和拟浇筑段的长度而定,横桥间的宽度一般应比箱梁底板宽出 1.5～2m,以便设立箱梁边肋的外侧模板。

3. 支座

(1) 支座垫石

垫石是永久支座的基石。由于支座安装平整度和对中精度要求高,因此垫石四角及平面高差应小于 1mm,为此垫石分两层浇筑。首层浇筑高程比设计高程低15cm。第二层应利用带微调整平器的模板,控制浇筑高程比设计高程稍高,再利用整平器及精密水准仪量测,反复整平混凝土面。在安装支座前凿毛垫石,铺 2～3cm 厚与墩身等强的砂浆,砂浆浇筑高程较设计高程略高 3mm,然后安放支座就位,用锤振击,使符合设计高程,偏差不得大于 1mm;水平位置偏差不得大于 2mm。

(2) 临时支座

临时支座的作用是在施工阶段临时固结墩梁,结构为 T 形刚构,能承受两侧悬臂施工时产生的不平衡力矩,并便于拆除和体系转换。

临时支座一般采用 C40 混凝土,并用塑料包裹的锚固钢筋穿过混凝土预埋梁底和墩顶中。在混凝土支座中层设有 10～20cm 厚夹有电阻丝的硫黄砂浆层,便于拆除时加热熔化,或采用静态爆破等其他方法解除固结,布置如图 4-7 所示。

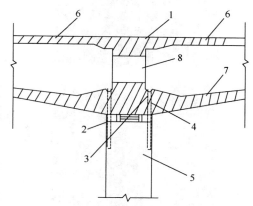

图 4-7　连续梁悬浇施工墩顶临时锚固支座
1—悬浇箱梁;2—临时锚固支座;3—支座垫石及永久支座;4—临时支座预埋临时锚固钢筋;5—桥墩;6—箱梁顶板;7—箱梁底板;8—通道

(三) Ⅱ 梁段悬浇施工

1. Ⅱ 梁段悬浇施工程序

施工程序如图 4-8 所示。

挂篮是悬臂浇筑施工的主要机具,悬挂在已经张拉锚固的梁段上,它是一个能沿着轨道行走的活动脚手架,悬臂浇筑时的模板安装、钢筋绑扎、管道安装、混凝土浇筑、预应力张拉、压浆等工作均在挂篮上进行。当一个梁段的施工程序完成后,挂篮解除后锚,移至下一梁段施工。所以挂篮既是空间的施工设备,又是预应力筋未张拉前梁段的承重结构。

2. 挂篮的分类

随着施工技术的不断改进,挂篮已由过去的压重平衡式,发展成现在通用的自锚平衡式。自锚式施工挂篮结构的形式主要有桁架式和斜拉式两类,如图 4-9、图 4-10 所示。

(1) 桁架式

按构成形状的不同,可分为平行桁架式、平弦无平衡重式、弓弦式、菱形等多种,如图 4-11 所示。

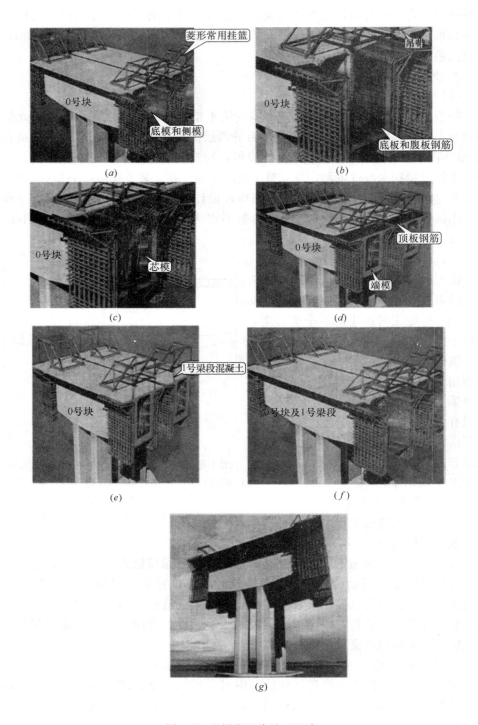

图 4-8　Ⅱ梁段悬浇施工程序

（a）拼装挂篮，安装底模和侧模；（b）绑扎底板和腹板钢筋，安装预应力管道；（c）安装芯模；（d）浇筑底板、腹板混凝土，绑扎顶板钢筋，安装预应力管道；（e）浇筑顶板、腹板混凝土，达到强度后，穿束、张拉、压浆；（f）挂篮从 0 号块移至 1 号梁段，开始浇筑 2 号梁段；（g）重复上述步骤，逐节接长悬臂

图 4-9 桁架式挂篮悬浇Ⅱ梁段图 　　　 图 4-10 斜拉式挂篮悬浇Ⅱ梁段

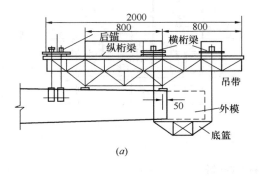

(a)

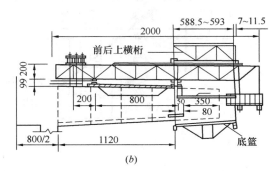

(b)

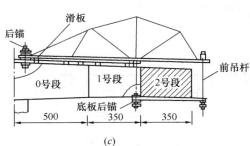

(c)

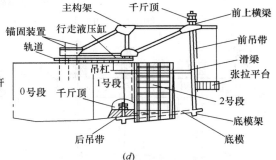

(d)

图 4-11 常用桁架式挂篮（尺寸单位：cm）

（a）平行桁架式挂篮；（b）常用平弦无平衡重挂篮；（c）常用弓弦式挂篮；（d）常用菱形挂篮

（2）斜拉式

斜拉式挂篮也叫轻型挂篮，随着桥梁跨径越来越大，为了减轻挂篮自重，以达到减少施工阶段增加的临时钢丝束，在桁架式挂篮的基础上研制了斜拉式挂篮。

斜拉式挂篮主要有三角斜拉、预应力斜拉、体内斜拉等多种，如图 4-12 所示。

3.挂篮的构造

挂篮构造如图 4-13 所示。

（1）主纵、横桁梁

主纵、横桁梁是挂篮悬臂承重结构，可由万能杆件或贝雷桁架（或装配式公路钢桁架）组拼或型钢加工而成。

179

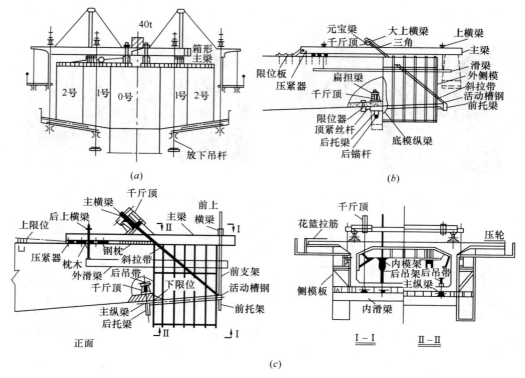

图 4-12 常用斜拉式挂篮

(a) 三角组合式常用挂篮；(b) 滑动斜拉式常用挂篮；(c) 滑动斜拉式挂篮

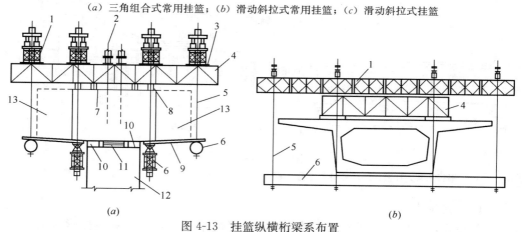

图 4-13 挂篮纵横桁梁系布置

(a) 挂篮施工纵断面；(b) 挂篮施工正面

1—主横桁梁；2—后锚点；3—行走滑板；4—主纵桁梁；5—吊杆；6—底篮横梁（钢管）；7—后支点；
8—前支点；9—底模；10—临时固定支座；11—永久支座；12—桥墩；13—待浇梁段

（2）行走系统

行走系统包括支腿和滑道及拖移收紧设备。采用电动卷扬机牵引，通过圆棒滚动或在铺设的滑道上移动。滑道要求平整光滑，摩阻小，铺拆方便，能反复使用。目前大多采用上滑道覆一层不锈钢薄板，下滑道用槽钢，内设聚四氟乙烯板，行走方便、安全、稳定性好。

（3）底篮

底篮直接承受悬浇梁段的施工重力，可供立模板、绑扎钢筋、浇筑混凝土、养护等工序用。由下横桁梁和底模纵梁及吊杆（吊带）组成。横梁可用万能杆件、贝雷桁架、型钢、钢管构成，底模纵梁用多根 24～30 号槽钢或工字钢；吊杆一般可用 ϕ32mm 的精轧螺纹钢筋或 16Mn 钢带。

（4）后锚系统

后锚是主纵桁梁自锚平衡装置，由锚杆压梁、压轮、连接杆、升降千斤顶等组成，目的是防止挂篮在浇筑混凝土梁段时倾覆失稳。

4. 挂篮的安装

挂篮组拼后，应全面检查安装质量，并做载重试验，以测定其各部位的变形量，并设法消除永久变形。

在起步长度内梁段浇筑完成并获得要求的强度后，在墩顶拼装挂篮。有条件时，应在地面上先进行试拼装，以便在墩顶熟练有序地开展挂篮拼装工作。拼装时应对称进行。

挂篮的操作平台下应设置安全网，防止对象坠落，以确保施工安全。挂篮应呈全封闭形式，四周设维护，上下应有专用扶梯，方便施工人员上下挂篮。

挂篮行走时，须在挂篮尾部压平衡重，以防倾覆。浇筑混凝土梁段时，必须在挂篮尾部将挂篮与梁进行锚固。

5. 挂篮试压

为了检测挂篮的性能和安全，并消除结构的非弹性变形，应对挂篮试压。试压通常采用试验台加压法、水箱加压法等。

（1）试压台加压法

新加工的挂篮可用试验台加压法检测桁架受力性能和状况。试验台可采用桥台或承台和在岸边梁中预埋的拉力筋锚住主桁梁后端，前端按最大荷载计算值施力，并记录千斤顶逐级加压变化情况，测出挂篮弹性变形和非弹性变形参数，用作控制悬浇高程依据，如图 4-14所示。

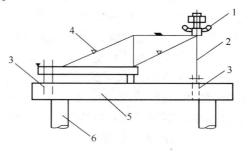

图 4-14 菱形挂篮试验台试压示意图
1—压力表千斤顶；2—拉杆；3—预埋钢筋；
4—观测点；5—承台；6—桩基

（2）水箱加压法

对就位待浇混凝土的挂篮，可用水箱试压法检查挂篮的性能和状况。加压的水箱一般设于前吊点处，后吊杆穿过紧靠墩顶梁段边的底篮和纵桁架，锚固于横桁梁上，或穿过已浇箱梁中的预留孔，锚固于梁体，在后吊杆的上端装设带压力表的千斤顶，反压挂篮上横桁梁，计算前后施加力后，分级分别进行灌水和顶压，记录全过程挂篮变化情况即可求得控制数据。

6. 浇筑混凝土时消除挂篮变形的措施

每个悬浇段的混凝土一般可两次或三次浇筑完成（混凝土数量少的可采用一次浇筑完成）。为了使后浇混凝土不引起先浇混凝土的开裂，需要消除后浇混凝土引起挂篮的变形。

一般可采取如下的几种措施：

（1）箱梁混凝土一次浇筑法

箱梁混凝土的浇筑采用一次浇筑，并在底板混凝土凝固前全部浇筑完毕。也就是要求挂篮的变形全部发生在混凝土塑性状态之间，避免裂缝的产生。但需在浇筑混凝土前预留准确的下沉量。

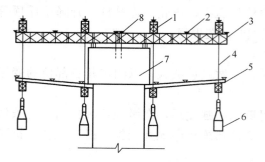

图 4-15   挂篮水箱法试压示意
1—横桁梁；2—观测点；3—纵横梁；4—吊杆；
5—底篮；6—水箱；7—墩身梁段；8—后锚固

（2）水箱法

水箱法的布置如图 4-15 所示，浇筑混凝土前先在水箱中注入相当于混凝土质量的水，在混凝土浇筑过程中，逐步放水使挂篮的负荷和挠度基本不变。

（3）抬高挂篮的后支点法

浇筑混凝土前将模板前段设计高程抬高 10～30mm，预留第一次浇筑混凝土的下沉量，同时用螺旋式千斤顶顶起挂篮后支点，使之高于滑道或

钢轨顶面（一般顶高约 20～30mm）。在浇筑第一次混凝土时千斤顶不动，浇筑混凝土质量使挂篮的下沉量与模板的抬高量相抵消。在浇筑第二次混凝土时，将千斤顶分次下沉，并随即收紧后锚系的螺栓，使挂篮后支点逐步贴近滑道面或轨道面。随着后支点的下降，以前支点为轴的挂篮前端必然上升一数值，此数值应正好与第二次混凝土质量使挂篮所产生的挠度相抵消，保证箱梁模板不发生下沉变形。此法需用设备很少，较水箱法简单，但需顶起量合适，顶起量应由实测确定。

斜拉式挂篮因其总变形小，一般可在浇筑混凝土前预留下沉量，不必在浇筑过程中进行调整。也可试用某桥的施工实践，挂篮底模承重横梁采用直径 1～1.2m 加劲钢管，管内与水泵及泄水管连通，使加卸载控制灵活。在梁段混凝土浇筑过程中，逐渐泄水，保持挂篮的荷载和挠度基本不变。

（四）现浇Ⅲ梁段施工

Ⅲ梁段为边跨支架上的现浇部分，支架可在墩旁搭设临时墩支承平台，一般采用万能杆件、贝雷架等拼装，在其上分段浇筑。当与采用顶推法施工的连接桥相接时，可把Ⅲ梁段临时固结在顶推梁上，到位后再进行梁的联结。

（五）Ⅳ梁段（合拢段）施工和连续梁施工的体系转换

连续梁的分段悬浇施工，常采用对称施工。全梁施工过程是从各墩顶 0 号段开始至该 T 构的完成，再将各 T 构拼接而形成整体连续梁，这种 T 构的拼接就是合龙。合龙是连续梁施工和体系转换的重要环节，合龙施工必须满足受力状态的设计要求和保持梁体线形，控制合龙段的施工误差。

利用连续梁成桥设计的负弯矩预应力筋为支承，是连续梁分段悬浇施工的受力特点。悬浇过程中各独立 T 构的梁体处于负弯矩受力状态，随着各 T 构的依次合龙，梁体也依次转化为成桥状态的正负弯矩交替分布形式，这一转化就是连续

梁的体系转换。因此，连续梁悬浇施工的过程就是其应力体系转换的过程，也就是悬浇时实行支座临时固结、各 T 构的合龙、固结的适时解除、预应力的分配以及分批依次张拉的过程。

多跨连续梁合龙的原则是由边至中，即先合龙各边跨，再各次边跨，最后为中跨。

三、悬臂拼装

悬臂拼装（简称悬拼）是悬臂施工方法的一种，它是利用移动式悬拼吊机将预制梁段起吊至桥位，然后采用环氧树脂胶和预应力钢丝束连接成整体，主要工序如图 4-16 所示。采用逐段拼装，一个节段张拉锚固后，再拼装下一节段。悬臂拼装的分段，主要决定于悬拼吊机的起重能力，一般节段长 2～5m。节段过长则

(a)

(b)

(c)

图 4-16　利用移动式吊车悬拼施工主要工序

（a）驳船将梁段运至施工点吊拼；（b）铰接缝处理；（c）在张拉平台上张拉钢筋

183

自重大，需要悬拼吊机的起重能力大，节段过短则拼装接缝多，工期也延长。一般在悬臂根部，因截面积较大，节段长度采用比较短，以后向端部逐渐增长。悬拼适应于预制场地及运吊条件较好，特别是工程量大和工期较短的桥梁工程。

（一）悬拼特点

悬拼和悬浇均利用悬臂原理逐段完成全联梁体的施工，悬浇以挂篮为支承逐段现浇，悬拼以吊机逐段完成梁体拼装。因此，悬拼和悬浇与支架现浇等施工方法相比较，除有许多共同优点外，悬拼还有以下特点：

1. 进度快

悬浇一节段梁在天气好时也需要 1 周时间；而采用悬拼法，梁体的预制可与桥梁下部构造施工同时进行，平行作业缩短了建桥的工期。

2. 制梁条件好，混凝土质量高

悬拼法将大跨度梁化整为零，预制场或工厂化的梁段预制生产利于整体施工的质量控制。

3. 收缩和徐变小

预制梁段的混凝土龄期比悬浇成梁的长，从而减少悬拼成梁后混凝土的收缩和徐变。

4. 线形好

梁段预制采用长线法，长线法是在按梁底曲线制作的固定底模上分段浇筑混凝土的方法，能保证梁底线形。

悬拼施工的主要工序为梁段预制、运输、吊拼、悬拼梁体体系转换、合龙。

（二）块件预制

箱梁块件通常采用长线浇筑或短线浇筑的预制方法。桁架梁段则采用卧式预制方法。

1. 长线预制

长线预制是在工厂或施工现场按桥梁底缘曲线制作固定的底座，在底座上安装底模进行块件预制工作。形成梁底缘的底座有多种方法，它可以利用预制场的地形堆筑土胎，经加固夯实后，铺砂石层并在其上做混凝土底板；盛产石料的地区可用石砌成所需的梁底缘形状；地质情况较差的预制场，常采用打短桩基础，之后搭设排架形成梁底曲线。排架可用木材或型钢。图 4-17 所示为预应力混凝土

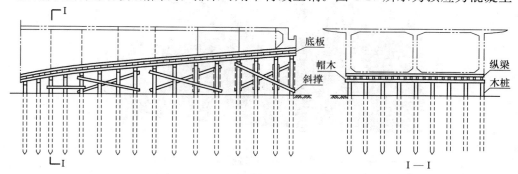

图 4-17　长线法预制箱梁块件的台座

T 形刚构桥的一例箱梁预制台座的构造。

箱梁节段的预制在底板上进行。模板常采用钢模，每段一块，以便于装拆使用。为加快施工进度，保证节段之间密贴，常采用先浇筑奇数节段，然后利用奇数节段混凝土的端面弥合浇筑偶数节段。也可以采用分阶段的预制方法。当节段混凝土强度达到设计强度 70% 以上后，可吊出预制场地。

2. 短线预制

短线预制箱梁块件的施工，是由可调整外部及内部模板的台车与端模架来完成，如图 4-18 所示。第一节段混凝土浇筑完成后，在其相对位置上安装下一段模板，并利用第一节段的端面作为第二节段的端模完成混凝土的浇筑工作。

短线预制适合工厂节段预制，设备可周转使用，每条生产线平均 5d 可生产四块，但每段的尺寸和相对位置的调整要复杂一些。

桁架梁的预制节段，常采用卧式预制。

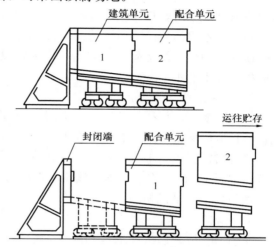

图 4-18　短线预制的施工方法

卧式预制，要有一个较大的地坪。地坪的高低要经过测量，并有足够的强度，不致产生不均匀沉陷。对相同的节段还可以在已预制完成的节段上安装模板进行叠制，两层构件间常用塑料布或涂机油等方法分隔。桁架梁预制节段的起吊、翻身工作要求操作细致，并注意选择吊点和吊装机具。

无论是箱梁或桁架构件的预制，都要求相邻构件之间接触密贴，故必须以前面浇筑块件的端面作为后来浇筑构件的端模，同时必须采用隔离剂（薄膜、废机油、皂类等）使块件出坑时互相容易从接缝处脱离。

（三）定位器和孔道形成器

设定位器的目的是使预制梁块在拼装时能准确而迅速地安装就位。有的定位器不仅能起到固定位置的作用，而且能承受剪力。这种定位装置称为抗剪楔或防滑楔。

块件预制时除注意预埋定位器装置外，尚须注意按正确位置预埋孔道形成器和吊点装置（吊环或竖向预应力粗钢筋）等。

箱梁块自预制底座上出坑后，一般先存放于存梁场。拼装时块件由存梁场至桥位处的运输方式，一般可分为场内运输、块件装船和浮运三个阶段。

1. 场内运输

当存梁场或预制台座布置在岸边，又有大型悬臂浮吊时，可用它直接从存梁场或预制台座将块件吊放到运梁驳船上浮运。

当预制底座垂直于河岸时，存梁场往往设于底座轴线的延长线上。此时，预制块运输一般由预制场上的龙门吊机担任，块件上船也可用预制场的龙门吊机。

预制底座平行于河岸时，场内运输应另备运梁平车进行。栈桥上也必须另设起重用机，供运块件上船。

块件的运输，当预制场与栈桥距离较远时，应首先考虑采用平车运输。起运前要将块件安放平稳。底面坡度不同的块件要使用不同厚度的楔形木来调整。块件用带有花篮螺栓的缆索保险。

当采用无转向架的运梁平车时，运输轨道不能设平曲线。纵坡一般应为平坡。当地形条件限制时，最大纵坡也不得大于1%，下坡运行时，平车后部要用钢丝绳牵引保险，不得溜放。节段的起吊应该配有起重扁担。每块箱梁四个吊点，使用两个横扁担用两个吊钩起吊。如用一个主钩以人字千斤顶起吊时，还必须配一根纵向扁担以平衡水平分力。

2. 块件装船

块件装船在专用码头上进行。码头的主要设施是施工栈桥和块件装船吊机。栈桥的长度应保证在最低施工水位时驳船能进港起运。栈桥的高度要考虑在最高施工水位时栈桥主梁不应被水淹。栈桥宽度要考虑到运梁驳船两侧与栈桥之间需要有不少于 0.5m 的安全距离。栈桥起重机的起重能力和主要尺寸（净高和跨度）应与预制场上的吊机相同。

3. 浮运

浮运船只应根据块件重量和高度来选择。可采用铁驳船、坚固的木罶船、水泥驳船或用浮箱装配。为了保证浮运安全，应设法降低浮运重心。开口舱面的船应尽量将块件置于船舱底板。必须置放在甲板面上时，要在舱内压重。

块件的支垫应按底面坡度用碎石子堆成满铺支垫或加设三角形垫木，以保证块件安放平稳。块件一般较大，还需以缆索将块件系紧固定。

（四）悬拼方法

预制块件的悬臂拼装可根据现场布置和设备条件采用不同的方法来实现。当靠岸边的桥跨不高且可在陆地或便桥上施工时，可采用自行式吊车、门式吊车来拼装。对于各个桥孔，也可采用水上浮吊进行安装。如果桥墩很高，或水流湍急而不便在陆上、水上施工时，就可利用各种吊机进行高空悬拼施工。

1. 悬臂吊机拼装法

悬臂吊机由纵向主桁架、横向起重桁架、锚固装置、平衡重、起重系、行走系和工作吊篮等部分组成如图 4-19 所示。

纵向主桁为吊机的主要承重结构，可由贝雷片、万能杆件、大型型钢等拼制。一般由若干桁片构成两组，用横向联结系连成整体，前后用两根横梁支承。

横向起重桁是供安装起重卷扬机直接起吊箱梁块件之用的构件。纵向主桁的外荷载就是通过横向起重桁传递给它的。横向起重桁支承在轨道平车上，轨道平车搁置于铺设在纵向主桁上弦的轨道上。起重卷扬机安置在横向起重桁上弦。

设置锚固装置和平衡重的目的是防止主桁架在起吊块件时倾覆翻转，保持其稳定状态。对于拼装墩柱附近块件的双悬臂吊机，可用锚固横梁及吊杆将吊机锚固于零号块上，对称起吊箱梁块件，不需要设置平衡重。单悬臂吊机起吊块件时，也可不设平衡重而将吊机锚固在块件吊环上或竖向预应力筋的螺栓端杆上。

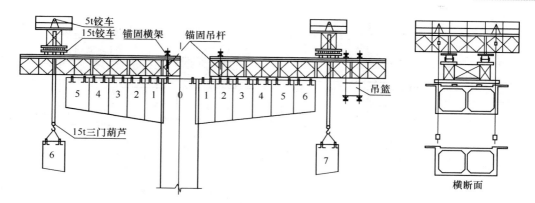

图 4-19 悬臂吊机构造

起重系一般是由电动卷扬机、吊梁扁担及滑车组等组成。起重系的作用是将由驳船浮运到桥位处的块件，提升到拼装高度以备拼装。滑车组要根据起吊块件的重量来选用。

吊机的整体纵移可采用钢管滚筒，在木走板上滚移，由电动卷扬机牵引。牵引绳通过转向滑车系于纵向主桁前支点的牵引钩上。横向起重桁架的行走采用轨道平车，用捯链滑车牵引。

2. 浮吊悬拼

悬吊如图 4-20 所示，重型起重机械装配在船舶上，全套设备在水上作业就位方便，40m 的吊高范围内起重力大，辅助设备少，相应的施工速度快，但台班费用较高。一个对称干接悬拼的工作面，一天可完成 2～4 段的吊拼。

连续千斤顶或卷扬机滑轮组悬拼（悬拼吊机）

连续千斤顶或卷扬机滑轮组吊拼时，均需架设悬臂起重桁架，其上安装起重设备，驳船将待拼梁段运至施工点吊拼。

悬臂起重机桁架多采用贝雷架、万能杆件及型钢等拼配制作，由承重梁、横梁、锚固装置、起吊装置、行走系统和张拉平台等几部分组成。

图 4-21 为移动式吊车，外形似挂篮。

图 4-20 浮吊

图 4-21 移动式吊车

图 4-22 为贝雷桁架拼装的悬拼吊机吊拼梁段示意图，起吊设备为卷扬机和滑轮组。

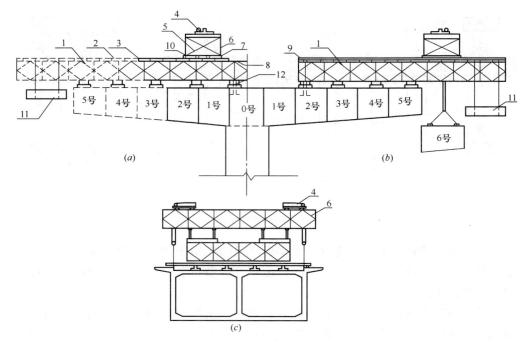

图 4-22　贝雷桁梁拼装的悬拼吊机吊拼梁段示意图

(a) 吊拼 1～5 号梁段立面；(b) 吊拼 6～9 号梁段立面；(c) 侧面

1—吊机桁梁；2—钢轨；3—枕木；4—卷扬机；5—撑架；6—横向桁梁；7—平车；8—锚固吊环；
9—工字钢；10—平车之间用角钢联结成整体；11—工作吊篮；12—锚杆

图 4-23 为贝雷桁架连续千斤顶悬拼吊机吊拼梁段示意图。连续千斤顶占用面积小、质量轻，起重力与吊重力之比约为 1：100。当 0 号梁段顺桥向的长度不能满足起步长度或采用吊机悬吊 1 号梁段时，需要在墩侧设立托架。连续千斤顶或卷扬机滑轮组作业设备简单，适应性强。图 4-24 为梁段吊装正面示意图。

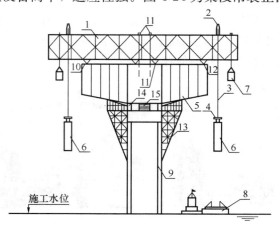

图 4-23　贝雷桁架连续千斤顶悬拼吊机吊拼梁段示意图

1—贝雷纵梁；2—ZLD-100 连续千斤顶；3—起重索；4—起重连接器；5—已安装
定位梁段；6—待吊安装梁段；7—工作吊篮；8—运梁驳船；9—桥墩；10—前支
点；11—锚筋；12—前支点；13—托架；14—临时支座；15—支座

3. 缆索起重机（缆吊）悬拼

缆吊无需考虑桥位状况，且吊运结合，机动灵活，作业的空间大，在一定设计范围内缆吊几乎可以负责全桥从下部到上部，从此岸到彼岸的施工作业，因此缆吊的利用率和工作效率很高。其缺点是一次性设备投资大，设计跨度和起吊重力有限，一般起吊重力不宜大于 500kN，而一般混凝土预制梁段的重力多于 500kN，目前我国使用缆吊悬拼连续梁都是有两个独立单箱单室并列组合的桥型，为了充分利用缆吊的空间特性，特将预制场及存梁布设在缆吊作用面内。缆吊进行拼合作业时增加风缆和临时捌链，以控制梁段就位的精度。缆机运吊结合的优势，大大缩短了采用其他吊运方式所需的转运时间，可以将梁段从预制场直接吊至悬拼结合面。施工速度可达日拼 2 个作业面 4 段，甚至可达 3 个作业面 6 段。图 4-25 为某桥缆索起重机塔柱图。

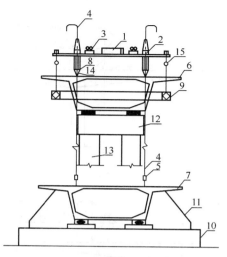

图 4-24　梁段吊装正面示意图

1—提吊中心控制台；2—ZLD-100 连续千斤顶；3—油泵；4—9×φ15 钢绞线；5—起重连接器；6—已安装定位梁段；7—待吊安装梁段；8—贝雷主桁梁；9—贝雷梁组合工作吊篮；10—运梁段船只；11—梁段稳定风缆；12—墩帽；13—双柱式桥墩；14—悬梁前支点；15—升降捌链

4. 移动式导梁悬拼

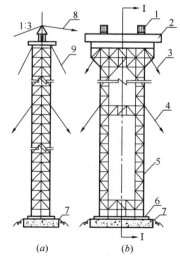

图 4-25　缆索起重机塔柱图

(a) Ⅰ—Ⅰ剖面图；(b) 正面图

1—索鞍；2—型钢；3—八字风缆；4—八字腰风缆；5—万能杆件墩柱；6—铰接；7—基础；8—主索；9—风缆

这种施工方法需设计一套比桥跨略长的可移动式导梁，安装在悬拼的工作位置，梁段沿已拼梁面运抵导梁旁，由导梁吊运到拼位用预应力拼合在悬臂端上。导梁设有两对固定支架，一对在导梁后面，另一对设在中间，梁段可以从支柱中间通过。导梁前端有一个活动支柱，使导梁在下一个桥墩上能形成支点。导梁下弦杆用来铺设轨道以支承运梁平车。平车可使梁段水平和垂直移动，同时还能使它转动 90°。施工可分三阶段进行，如图 4-26 所示。

（1）吊装墩顶梁段

导梁放在三个支点上，即后支架，靠近已拼悬臂端头的中支架和借助临时支柱而与装在下一桥前方的前支柱相接形成第三支点。

（2）导梁前移

通过后支架的滚轮滚动和前支架的滑轮装置，使导梁向前移动。

（3）吊装其他梁段

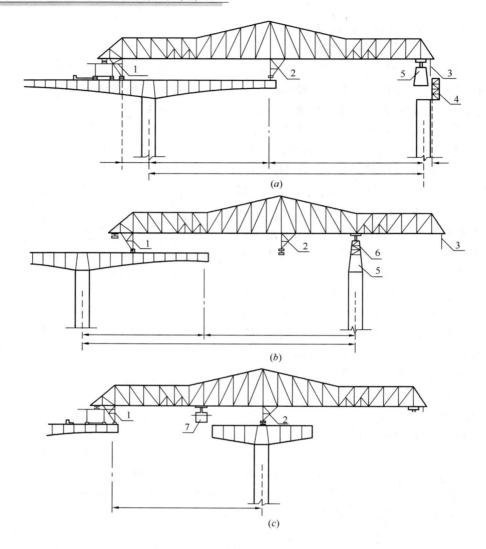

图 4-26　移动式导梁悬拼梁段示意图

（a）吊装中间梁段；（b）导梁移至前方桥墩；（c）吊装其他梁段

1—后支架；2—中支架；3—临时前支架；4—支柱；5—墩顶梁段；6—临时支架；7—移梁段小车

拼装其他梁段时，导梁由后支架和中间支架支承。中间支架锚固在墩顶梁段上，后支架锚固在已建成的悬臂梁端。

（四）梁段的拼装施工

1. 支座临时固结或设置临时支架

为了确保连续梁分段悬拼施工的平衡和稳定，常与悬浇方法相同，需要临时固结成 T 构。当临时固结支座不能满足悬拼要求时，一般考虑在墩两侧或一侧加临时支架。悬拼完成，T 构合龙（合龙要点与悬浇相同），即可恢复原状，拆除支架。

2. 梁段拼装程序

梁段拼接缝有湿接、铰接两种形式，不同的施工阶段和不同部位常采用不同的接缝形式。

（1）湿接缝拼装梁段

湿接缝是相邻梁段间浇筑一段 10～20cm 宽的混凝土作为接头的连接缝，用以调整随后梁段（基准梁段）的位置，使准确地控制其后续梁段的安装精度。

1 号梁段是紧邻 0 号梁段两侧的第一个节段，也是悬拼 T 构的基准梁段，是全跨安装质量的关键，一般采用湿接缝连接。

1 号梁段安装的允许偏差见表 4-1。

1 号梁段安装的允许偏差   表 4-1

高程	中线	平面位置长度	扭转高差	转角高差
±1	±1	1	1	0.5/m

（2）铰接缝拼装梁段

铰接缝是在梁段接触面上涂一层约 0.8mm 厚的环氧树脂加水泥薄层而形成。它在施工中起润滑作用，使接缝密贴，在凝固后提高结构的抗剪能力、整体刚度和不透水性。

梁段吊上并基本定位后（此时接缝宽约为 10～15cm），先将临时预应力筋穿入，安好连接器，再开始涂胶及合龙，张拉临时预应力筋，使固化前铰接缝的压应力不低于 0.3MPa，这时可以解除吊钩。

（3）拆除吊机后，穿入永久预应力筋，张拉预应力筋后，可移动挂篮，进行下一段梁的吊装。

合龙段施工

用悬臂施工法建造的连续刚构桥、连续梁桥和悬臂桁架拱，则需在跨中将悬臂端刚性连接、整体合龙。这时合龙段的施工常采用现浇和拼装两种方法。现浇合龙段预留 1.5～2m，在主梁标高调整后，现场浇筑混凝土合龙，再张拉预应力索筋，将梁连成整体。节段拼装合龙对预制和拼装的精度要求较高，但工序简单，施工速度快。箱梁 T 构在跨中合龙时初期常用剪力铰，使悬臂能相对位移和转动，但挠度连续。现在箱梁 T 构和桁架 T 构的跨中多用挂梁连接。预制挂梁的吊装方法与装配式简支梁的安装相同，但需注意安装过程中对两边悬臂加荷的均衡性问题，以免墩柱受到过大的不均衡力矩。有两种方法：①采用平衡重；②采用两悬臂端部分批交替架梁，以尽量减少墩柱所受的不平衡力矩。

四、编制方案（实训）

1. 编制施工方案；
2. 0 号、1 号施工技术交底。

五、习题

1. 填空题

（1）0 号块结构复杂，预埋件、钢筋、各向预应力刚束及其孔道、锚具密集交错，梁面有纵横坡度，端面与待浇段密切相连，务必精心施工。视其结构形成及高度，一般分为 2～3 层浇筑，（　　　）、（　　　）、（　　　）。

（2）悬拼施工的主要工序：（　　）、运输、吊拼、（　　）、合龙。

（3）梁段预制方法有长线法和短线法两类。

2. 问答题

（1）简述悬臂浇筑的施工程序？

（2）简述挂篮的分类及其构造？

（3）简述梁段的预制方法及其各自的优缺点？

（4）按起重机吊装的方式不同，悬拼可以分为哪几种？

任务 2　顶　推　施　工

任务目标：

1. 学生能够掌握顶推施工的工艺；

2. 学生能够独立的查阅资料；能够独立编制顶推施工方案。

一、顶推施工

顶推法架桥早就为人们熟知。如架设钢桥时，在梁的前端铺设导梁作脚手架，以此拖拉架设桥跨。通过实践、总结和提高，顶推架梁现已成为各种桥梁施工最广泛使用的方法之一。连续梁桥采用顶推法施工如图 4-27、图 4-28 所示。

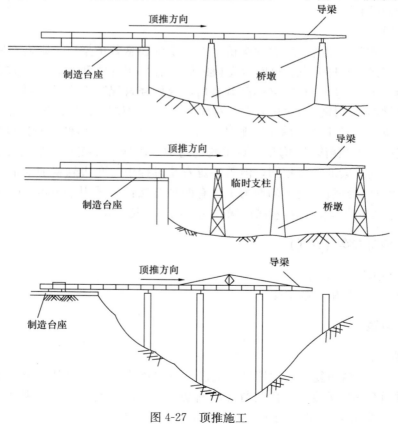

图 4-27　顶推施工

顶推法施工是预先在桥台后面的路堤或引道上逐段拼装或浇筑结构，达到预定的设计强度后，安装临时预应力索，用顶推装置通过滑移装备将梁段顶出；安放一段，顶推一段，直至桥跨全部就位。顶推法有两种方法，第一是在河岸一侧桥台路堤或引道上逐段拼装和顶推，第二种是从两岸桥台面同时拼装与顶推。最近又由单点或两点顶推发展到多点顶推，不仅在桥台后面，还可在桥上顶推。

图 4-28 预应力混凝土连续梁顶推安装

（一）顶推施工大致有如下特点

（1）是建筑城市大型桥梁，立体交叉等方便的一种方法。无需搭设脚手架，不影响市内交通或拆迁过多的建筑物，有利于大型机具交叉流水作业，行人安全，对环境污染程度减少。

（2）主要以千斤顶为动力，采用新型的滑移材料和设备。在台后路堤上分段制造和顶推梁体，使梁在已建成的墩台顶或辅助的临时支墩上滑移就位。桥跨的制作可与墩台基础平行施工，能加快施工进度，可做到工厂化、机械化施工。因其以较小的设备架设较重的桥梁，无需大型起吊设备，没有高空作业；施工平稳，安全可靠，架梁作业简单，因而节约了劳力，减轻劳动强度。由于顶推工作是有步骤、有规律地周期性循环，有节奏地进行，能使在城镇住房密集区内架桥时减少公害，降低工程费用。

（3）由于桥跨块件在台后制作和拼装，使施工精确、设备和人力集中，减小了操作场地工作面、投资和管理环节，缩短了运输距离。预制时，以前一块件端面为模板，一块贴着一块，这样灌注混凝土时减少了拼缝，质量能得到保证。

（4）顶推法在某些方面受到限制。

工作面最多只有两个，使推进速度受到限制；

若将箱梁截面分几段组成时，必须待全桥就位后才能完成。

拆除临时预应力力索安装永久性或临时力筋束转换成永久力筋束等施工方法较为困难。

特大长桥的多墩中常会出现个别基础的较大沉降的现象，而在墩上的桥跨需配置较多的临时预应力筋。

对变坡度、变高度的大跨度连续梁桥和夹有平曲线或竖曲线较长的桥均无法适应。

在高的柔性墩上顶推较困难，即使在每一个高墩上安装一套千斤顶，也要对其稳定性采取临时或永久性保障措施。

（二）顶推法施工程序

预应力混凝土连续桥上部结构采用顶推法施工的程序如图 4-29 所示。

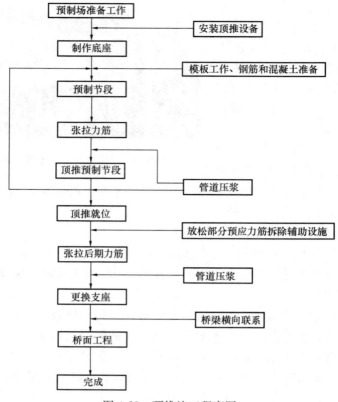

图 4-29 顶推施工程序图

二、梁段预制

（一）预制场布置

顶推法的制梁有两种方法：一种是在梁轴线的预制场上连续预制逐段顶推；另一种是在工厂制成预制块件，运送桥位连接后进行顶推，在这种情况下，必须根据运输条件决定节段的长度和重量，一般不超过 5m，同时增加了接头工作，需要起重、运输设备，因此，以现场预制为宜。

主梁节段预制完成后，要将节段向前顶推，空出预制台座继续浇筑下一节段。对于顶出的梁段要求顶后无高程变化，梁的尾端不能产生转角，因此在到达主跨之前要设置过渡孔。

预制场地包括：预制台座和从预制台座到标准顶推跨之间的过渡孔。

预制场地一般设在桥台后面的引桥或者引道上。500m 左右的桥长，通常只设一端预制场。较长的桥梁，或者中间跨为不同结构时，也可在桥两端设预制场地，相向顶推。

预制场地布置应综合考虑以下因素：

（1）梁体顶推过程的抗倾覆安全度。为此，整个预制场地内滑道支承墩宜作小间距布置，使梁段在预制场地范围内逐步顶推过渡到标准跨。

（2）尽量将预制场地向前靠，充分利用设计的永久墩台的基础和墩身，少占引桥或引道位置，减小顶推工作量，避免顶推到最后时，梁的尾端出现长悬臂。

（3）预制台座、滑道支承墩均应牢固可靠，局部沉降不宜大于5mm，防止在浇筑和顶推梁体时发生沉陷现象，影响成型构件的拼装和梁体的顶推。

（4）预制场地其他设施的平面布置，例如拼装导梁的场地，设备材料的运输、起吊设备的安装，混凝土拌合站的位置以及普通钢筋、预应力筋的下料、制作、安装场地。

（二）确定分段长度

主梁节段的长度划分主要考虑：段间的连接处不要设在连续梁受力最大的支点与跨中截面，同时要考虑制作加工容易，尽量减少分段，缩短工期，因此一般每段长10～30m。同时根据连续梁反弯点的位置，连续梁的顶推节段长度应使每跨梁不多于2个接缝。

（三）梁段预制

模板由底模、侧模和内模组成。一般来说，采用顶推法施工多选用等截面，模板多次周转使用。因此宜使用钢模板，以保证预制梁尺寸的准确性。

预制方案有两种：

（1）在梁轴线的预制台座上分段预制，逐段顶推。预制一般采用两次浇筑法，先浇筑梁的底板、腹板混凝土，然后立顶模，浇筑顶板混凝土。

（2）在箱梁的预制台座分底板段和箱梁段两段设置，先预制底板段（第一段把导梁的下弦预埋在底板前端），待底板段混凝土的强度达到设计强度80％后，将底板顶推至箱梁位置就位，同时将第二段底板和第一段箱梁交错施工，以此循环进行，缩短箱梁预制的施工周期。

三、梁段顶推

（一）顶推方法的选择

1. 单点顶推

全桥纵向只设一个或一组顶推装置，顶推装置通常集中设置在梁段预制场附近的桥台或桥墩上，而在前方各墩上设置滑移支承。

按顶推装置分为两种：水平—竖直千斤顶法、拉杆千斤顶法。

（1）水平—竖直千斤顶法

水平千斤顶与竖直千斤顶联合使用，施工程序为顶梁、推移、落下竖直千斤顶和收回千斤顶的活塞杆，如图4-30所示。顶推时，升起竖直千斤顶活塞，使临时支承卸载，开动水平千斤顶去顶推竖直千斤顶，由于竖直千斤顶下面设有滑道，千斤顶的上端装有一块橡胶板，即竖直千斤顶在前进过程中带动梁体向前移动。当水平千斤顶达到最大行程时，降下竖直千斤顶活塞，使梁体落在临时支撑上，收回水平千斤顶活塞，带动竖直千斤顶后移，回到原来位置，如此反复不断地将梁顶推到设计位置。

（2）拉杆千斤顶法

将水平液压千斤顶布置在桥台前端，底座紧靠桥台，由楔形夹具固定在梁底

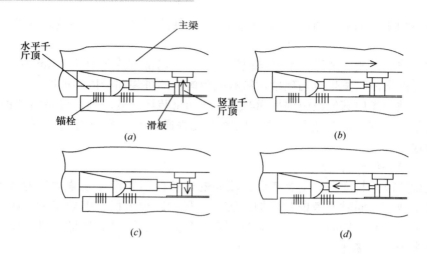

图 4-30　水平—竖直千斤顶连用

(*a*) 升顶；(*b*) 滑移；(*c*) 落下；(*d*) 复原

板或侧壁，锚固设备的拉杆与千斤顶连接，通过千斤顶的牵引作用，带动梁体向

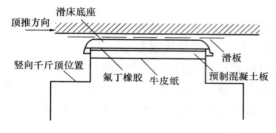

图 4-31　顶推使用的滑道装置

前移动。千斤顶回程时，固定在油缸上的刚性拉杆便从楔形夹具上松开，在锚头中滑动，随后重复下一循环，如图 4-31 所示。

滑移支承设在前墩顶的混凝土垫块上如图 4-31 所示，垫块上放置光滑的不锈钢板或镀铬钢板形成滑道，组合的聚四氟乙烯滑块由聚四氟乙烯板表层和带有钢板夹层的橡胶块组成，外形尺寸有 420mm×420mm、200mm×400mm、500mm×200mm 等数种，厚度也有 21mm、31mm、40mm 等多种。顶推时，滑块在前方滑出，通过在滑道后方不断喂入滑块，使梁身前移时始终支承在滑块上。

2. 多点顶推

在每个墩台上均设置一对小吨位的水平千斤顶，将集中顶推力分散到各墩上，并在各墩上及临时墩上设置滑移支承。所有顶推千斤顶通过控制室统一控制其出力等级，同步进行。

由于利用了水平千斤顶，传给墩顶的反力平衡了梁体滑移时在桥墩产生的摩阻力，从而使桥墩在顶推过程中承受着很小的水平力，因此在柔性墩上可以采用多点顶推施工。多点顶推通常采用拉杆式顶推装置，它在每个墩位上设置一对液压穿心式水平千斤顶。千斤顶中穿过的拉杆采用高强螺纹钢筋，拉杆的前端通过锥形楔块固定在活塞插头部，后端有特制的拉锚器、锚定板等连接器与箱梁连接，水平千斤顶固定在墩顶的台座上。当用水平千斤顶施顶时，将拉杆拉出一个顶程，即带动箱梁前进，收回千斤顶活塞后，锥形楔块又在新的位置上将拉杆固定在活塞杆的头部，如图 4-32 所示。

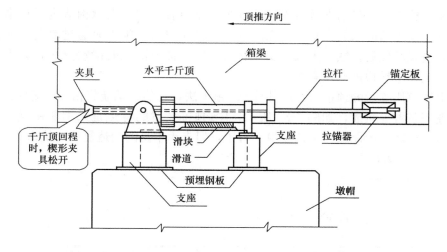

图 4-32 拉杆式顶推装置

多点顶推法也称 SSY 顶推法，除采用拉杆式顶推系统外也可用水平千斤顶与竖直千斤顶联合作业。

多点顶推法与简单顶推法比较，可以免用大规模的顶推设备，并能有效的控制顶推梁的偏移，顶推时桥墩承受的水平推力小，便于结构采用柔性墩。在顶推弯桥时，由于各墩均匀施加顶力，能顺利施工。在顶推时如遇桥墩发生不均匀沉降，只要局部调整滑板高度即可正常施工。采用拉杆式顶推系统，免去了在每一循环顶推中用竖直千斤顶将梁顶起和使水平千斤顶复位的操作，简化了工艺流程，加快了顶梁速度。但多点顶推所需的设备较多，操作要求也比较高。

多联桥的顶推，可以分联顶推，通联就位，也可连在一起顶推。两联间的结合面可用牛皮纸或塑料布隔离层隔开，也可采用隔离剂隔开。对于多联一并顶推时，多联顶推就位后，可根据具体情况设计解联、落梁及形成伸缩缝的施工方案，如两联顶推，第二联就位后解联，然后第一联再向前顶推就位，形成两联间的伸缩缝。

此外，顶推法施工还可分为单向顶推和双向顶推法施工。双向顶推需要在两岸同时预制，因此要有两个预制场，两套设备，施工费用高。双向顶推常用于连续梁中孔跨径较大而不宜设置临时墩的三跨桥梁。此外，在 $L > 600\text{m}$ 时，为缩短工期也可采用双向顶推施工。

（二）支承系统

1. 设置临时滑动支承顶推

顶推施工的滑道是在墩上临时设置的，由光滑的不锈钢板与组合的聚四氟乙烯滑块组成，用于滑移梁体支承作用，待主梁顶推就位后，更换正式支座。在主梁就位后，拆除顶推设备，同时进行张拉后期预应力束和管道压浆工作，待管道水泥浆达到设计强度后，用数只大吨位竖直千斤顶同步将一联主梁顶起，拆除滑道及滑道底座混凝土垫块，安放正式支座。

2. 使用与永久支座合一的滑动支承顶推

采用施工临时滑动支承与竣工后永久支座组合兼用的支承构造进行顶推的方法。它将竣工后的永久支座安置在墩顶的设计位置上，施工时通过改造作为顶推滑道，主梁就位后，恢复为永久支座状态，它不需拆除临时滑动支承，也不需要采用大吨位千斤顶进行顶梁作业。

上述兼用支承的顶推法在国外称 RS 施工法，它的滑动装置由 RS 支承、滑动带、卷绕装置等组成，如图 4-33 所示。RS 顶推装置的特点是采用兼用支承，滑动带自动循环，因而操作工艺简单、省工，但支承本身的构造复杂，价格较高。

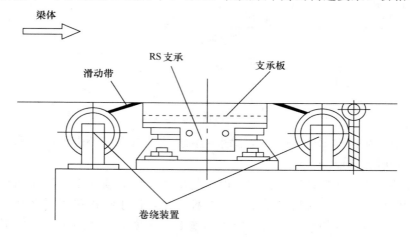

图 4-33　RS 支承

四、导梁和临时墩

为减小顶推过程中梁的受力大小，一般可采取的方法有：顶推前端使用导梁；在架设孔跨中设置临时墩；导梁和临时墩并用；两端同时顶推至跨中合龙；在梁上设拉索加劲体系。

（一）导梁

导梁设置在主梁的前端，为等截面或变截面的钢桁架梁或钢板梁，主梁前端装有预埋件与钢导梁栓接。导梁在外形上，底缘与箱梁底应在同一平面上，前端底缘呈向上圆弧形，以便于顶推时顺利通过桥墩。

导梁设置的长度一般为顶推跨径的 0.6～0.7 倍，导梁的刚度为主梁的 1/15～1/9，过大或过小都将增加主梁顶推时的内力。为减轻自重最好采用从根部至前端为变刚度的或分段变刚度的导梁。

1. 导梁的分类

（1）钢板导梁

顶推跨径较大时，为了尽量减少导梁本身的挠度变形，宜采用刚度大的专用钢导梁为好。但一次性投资大，运输不方便，完工后无其他用途。

专用导梁多为变截面工字形实腹钢板梁，如图 4-34 所示，它由主梁和联系杆件组成。主梁的片数与箱梁腹板相对应，为了便于运输，纵向分成了多块，用拼接板和精制螺栓拼成整体，主梁的材料一般为 16Mn 钢板。导梁一般由专业厂家制作，运输到工地拼装成型。

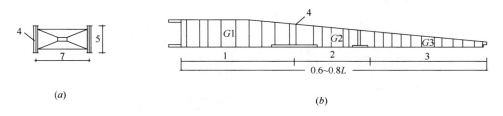

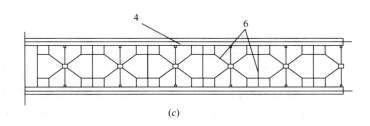

图 4-34　钢导梁示意图

（a）剖面图；（b）钢导梁侧面图；（c）钢导梁平面图

1—第一节；2—第二节；3—第三节；4—导梁主桁；5—箱梁高；6—钢管（型钢）横撑杆；7—主桁宽

G1，G2，G3—相应各节重力；L—跨径

（2）钢桁架导梁

拼装式钢桁架导梁对于顶推跨径不大，或者桥横向又分成多个小箱顶推的桥梁，一般可用贝雷桁架、万能杆件或六四军用桁架拼装成钢桁架梁，便于周转使用。

2. 导梁和主梁端部的连接

一般是先在主梁端的顶板、底板内预埋厚钢板或型钢伸出梁端，再与拼装成型后的导梁连接，埋入长度由计算决定，一般不宜小于导梁高度。为了防止主梁端部接头混凝土在承受最大正、负弯矩时，产生过大拉应力而产生裂缝，必须在接头附近施加预应力。

（二）临时墩

当梁的设计跨径大于 50m 时，宜考虑设置临时墩。使用临时墩要增加桥梁的施工费用，但是可以节省上部结构材料用量，需要从桥梁分跨、通航要求、桥墩高度、水深、地质条件等方面做综合技术经济比较。

临时墩应能承受顶推时最大竖直荷载和最大水平摩阻力引发的变形。墩基可用打入桩、混凝土浅基础或钻孔灌注桩，墩身尽可能设计为能重复使用的构件。一般采用装配式空心钢筋混凝土柱或钢管柱，前者与后者比较，荷重和温度变化产生的形变小，但后者安装和拆除快，回收利用率高。

为加强临时墩的抗推能力，可以用斜拉索或水平拉索锚于永久墩下部或墩帽，如图 4-35 所示。临时墩上一般仅设滑道，而不设顶推装置。

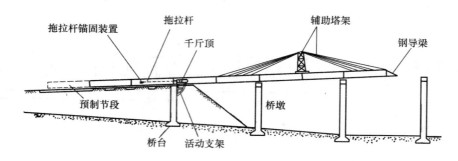

图 4-35　用拉索加劲的顶推法施工

五、顶推施工中注意的问题

（一）确定分段长度和预制场布置

顶推法的制梁有两种方法，一种是在梁轴线的预制场上连续预制逐段顶推。另一种是在工厂制成预制块件，运送到桥位连接后进行顶推，在这种情况下，必须根据运输条件决定节段的长度和重量，一般不超过 5m，同时增加了接头工作，需要大型起重、运输设备，因此，以现场预制为宜。

预制场是预制箱梁和顶推过渡的场地，预制场的场地包括主梁节段的浇制平台和模板、钢筋和钢索的加工场地，混凝土搅拌站以及砂、石、水泥的堆放和运输路线用地。预制场一般设在桥台后，长度需要有预制节段长的三倍以上，如果路堤已先做好，可以把钢筋加工、材料堆放场地安排得更合理一些。顶推过渡场地需要布置千斤顶和滑移装置，因此它又是主梁顶推的过渡孔。主梁预制完成后，要将节段向前顶推，空出浇筑平台继续浇制，对于顶出的梁段要求顶推后无高程变化，梁的尾端不能产生转角，因此在到达主跨之前要设置过渡孔，并通过计算确定分孔和长度。

（二）节段的预制工作

节段的预制对桥梁施工质量和施工速度起决定作用。由于预制工作固定在一个位置上进行周期性生产，所以完全可以仿照工厂预制桥梁的条件设临时厂房、吊车，使施工不受气候影响，减轻劳动强度，提高工效。

1. 模板工作——保证预制质量的关键

箱梁模板由底模、侧模和内模组成。一般来说，采用顶推法施工多选用等截面梁，可以多次周转使用。因此宜使用钢模板，以保证预制梁尺寸的准确性。

底模板安置在预制平台上，平台的平强度必须严格控制，因为顶推时的微小高差就会引起梁内力的变化，而且梁底不平整将直接影响顶推工作。通常预制平台要有一个整体的框架基础，要求总下沉量不超过 5mm，其上是型钢及钢板制作的底模和在腹板位置的底模滑道，在底模和基础之间设置卸落设备，由于要求底模的重量要大于底模与梁底混凝土的粘结力，当千斤顶及木楔的卸落设备放下时，底模能自动脱模，将节段落在滑道上。

节段预制的模板构造与施工方法有关，一种方法是节段在预制场浇筑完成后，张拉预应力筋并顶推出预制场；另一种是在预制场先完成底板浇筑，张拉部分预应力筋后即顶推出预制场，而箱梁的腹板、顶板的施工是在过渡孔上完成，或底板和腹板第一次预制，顶板部分第二次预制。

2. 预制周期——加快施工速度的关键

（1）组织专业化施工队伍，在统一指挥下实行岗位责任制；

（2）采用镦头锚、套管连接器，前期钢索采用直索，加快张拉速度；

（3）在混凝土中加入减水剂，提高混凝土的早期强度，增加施工和易性，是加快施工速度的有效措施；

（4）采用强大振捣，大型模板安装，提高了机械化和装配化的程度。

六、编制方案（实训）

1. 顶推前准备；

2. 编制顶推施工方案；

3. 顶推施工梁桥工艺流程实训。

七、习题

1. 填空题

（1）预制场地一般设在（　　　）后面的引桥或者引道上。

（2）在梁轴线的预制台座上分段预制，逐段顶推。预制一般采用两次浇筑法，先浇筑梁的底板、腹板混凝土，然后立顶模，浇筑（　　　）混凝土。

2. 问答题

（1）简述顶推施工的特点？

（2）简述顶推施工程序？

（3）顶推法按水平力的施加位置和方法不同，可以分为哪两种？按顶推装置的不同，又可以分为哪两种？

任务 3　逐 孔 架 设 施 工

任务目标：

1. 学生能够掌握逐孔施工程序和施工要点；

2. 学生能够独立的查阅资料；能够独立编制施工方案。

一、逐孔施工

逐孔施工法从施工技术方面可分为三种类型：

（1）用临时支承组拼预制节段逐孔施工。它是将每一桥跨分成若干节段，预制完成后在临时支承上逐孔组拼施工。

（2）采用整孔吊装或分段吊装逐孔施工。这种施工方法是早期连续梁桥采用逐孔施工的唯一方法，近年来，由于起重能力增强，使桥梁的预制构件向大型化方向发展，从而更能体现逐孔施工速度快的特点。可用于混凝土连续梁和钢连续梁桥的施工中。

（3）使用移动支架逐孔现浇施工。此法亦称移动模架法，它是在可移动的支架、模板上完成一孔桥梁的全部工序，即模板工程、钢筋工程、浇筑混凝土和张拉预应力筋等工序，待混凝土有足够强度后，张拉预应力筋，移动支架、模板，进行下一孔梁的施工。由于此法是在桥位上现浇施工，可免去大型运输和吊装设备，使桥梁整体性好；同时它又具有在桥梁顶制厂的生产特点，可提高机械设备的利用率和生产效率。

二、用临时支撑组拼预制节段逐孔施工

用临时支承组拼预制节段逐孔施工，对于多跨长桥，在缺乏较大能力的起重设备时，可将每跨梁分成若干段，在预制场生产；架设时采用一套支承梁临时承担组拼节段的自重，并在支承梁上张拉预应力筋，并将安装跨的梁与施工完成的桥梁结构按照设计的要求联结，完成安装跨的架梁工作。之后，移动临时支承梁，进行下一桥跨的施工。

（一）节段划分

采用节段组拼逐孔施工的桥梁，为了便于组拼，通常组拼的梁跨在桥墩处接头，即每次组拼长度为桥梁的跨径。

在组拼长度内，可根据起重能力沿桥梁纵向划分节段。对于桥宽在 $10\sim12m$，采用单箱截面的桥梁，分节段时在横向不再分隔。节段长一般取 $4\sim6m$，每跨内的节段通常可分两种类型。

（二）桥墩顶节段

由于桥墩节段要与前一跨连接，需要张拉钢索或钢索接长，为此对墩顶节段构造有一定要求；此外，在墩顶处桥梁的负弯矩较大，梁的截面还要符合受力要求。

（三）标准节段

除两端桥墩顶节段外，其余节段均可采用标准节段，以简化施工。

节段的腹板设有齿键，顶板和底板设有企口缝，使接缝剪应力传递均匀，并便于拼装就位。前一跨墩顶节段与安装跨第一节段间可以设置就地浇筑混凝土封闭接缝，用以调整安装跨第一节段的准确程度，但也可不设。封闭接缝宽 $15\sim20cm$，拼装时由混凝土垫块调整。在施加初预应力后用混凝土封填，这样可调整节段拼装和节段预制的误差。但施工周期要长些，采用节段拼合可加快拼装速度，但对预制和组拼施工精度要求较高。

三、整孔吊装与分段吊装逐孔施工

整孔吊装和分段吊装需要先在工厂或现场预制整孔梁或分段梁，再进行逐孔架设施工。由于预制梁或预制段较长，需要在预制时先进行第一次预应力索的张拉，拼装就位后进行二次张拉。因此，在施工过程中需要进行体系转换，吊装的机具有格式吊、浮吊、龙门起重机、汽车吊等多种，可根据起吊重量、桥梁所在的位置以及现有设备和掌握机具的熟练程度等因素决定。图 4-36 所示为使用桁式吊逐孔架设的施工方案。

整孔吊装和分段吊装施工与装配式桥的预制与安装类同,逐孔吊装施工应注意以下几个问题:

(1) 采用分段组装逐孔施工的接头位置可以设在桥墩处,也可设在梁的 $L/5$ 附近,前者多为由简支梁逐孔施工连接成连续梁桥;后者多为悬臂梁转换为连续

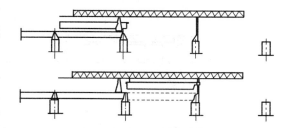

图 4-36 使用桁式吊逐孔架设施工

梁。在接头位置处可设有 $0.5\sim0.6\text{m}$ 现浇混凝土接缝,当混凝土达到足够强度后张拉预应力筋完成连续。

(2) 桥的横向是否分隔主要根据起重能力和截面形式确定。当桥梁较宽,起重能力有限的情况下,可以采用 T 梁或工字梁截面,分片架设之后再进行横向整体化。为了加强桥梁的横向刚度,常采用梁间翼缘板有 0.5m 宽的现浇接头。采用大型浮吊横向整体吊装将会简化施工和加快安装速度。

(3) 对于先简支后连续的施工方法,通常在简支梁架设时使用临时支座,待连接和张拉后期钢索完成连续时拆除临时支座,放置永久支座,为使临时支座便于卸落,可在橡胶支座与混凝土垫块之间设置一层硫磺砂浆。

(4) 在梁的反弯点附近设置接头,在有可能的情况下,可在临时支架上进行接头。结构各截面的恒载内力根据各施工阶段进行内力叠加计算。

四、使用移动支架逐孔现浇施工

逐孔现浇施工与在支架上现场浇筑施工的不同点在于逐孔现浇施工仅在一路梁上设置支架,当预应力筋张拉结束后移动支架,再进行下一路逐孔施工,而在支架上现浇施工通常需在连续梁的一联桥跨上布设支架连续施工,因此前者在施工过程中有结构的体系转换问题,混凝土徐变对结构产生次内力。

对中小路径连续梁桥或建造在陆地上的桥梁结构,可以使用落地式或梁式移动支架,如图 4-37 所示。梁式支架的承重梁支承在锚固于桥墩的横梁上,也可支承在已施工完成的梁体上,现浇施工的接头最好设在弯矩较小的部位,常取用离桥墩 $L/5$ 处。

逐孔就地浇筑施工需要一定数量的支架,但比起在支架上现场浇筑施工所需的支架数量要少得多,而且周转次数多,利用效率高。逐孔现浇的施工速度也比在支架上现浇快,但相对预制梁段组拼逐孔施工要长些,同时后支点位于桥梁的悬臂端处,现浇孔施工重量对已完成桥跨将产生较大的施工弯矩,特别是在已完成桥跨的混凝土龄期还很短的情况下。

采用落地式或轨道移动式支架逐孔施工,可用于预应力混凝土连续梁桥,也可在钢筋混凝土连续梁桥上使用,每跨梁施工周期约两周,支架的移动较方便,但在河中架设较为困难。

移动模架法适用在多跨长桥,桥梁路径可达 $30\sim50\text{m}$,使用一套设备可多次移动周转使用。为适应这类桥梁的快速施工,要求有严密的施工组织和管理,利

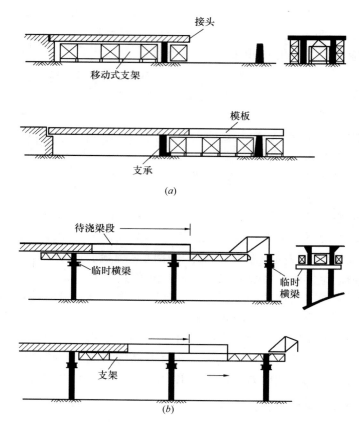

图 4-37 使用移动支架逐孔现浇施工
（a）落地式支架；（b）梁式支架

用机械化的支架和模板在桥位上逐孔完成梁跨全部混凝土及预应力工艺。

常用的移动模架可分为移动悬吊模架与支承式活动模架两种类型。

当桥墩较高，桥跨较长或桥下净空受到约束时，可以采用非落地支承的移动模架逐孔现浇施工，这种施工方法近年来发展较快，由于它的机械化、自动化程度较高，给施工带来较好的经济效益，称为移动模架法。

（一）移动模架法的施工特点

（1）移动模架法不需要设置地面支架，不影响通航或桥下交通，施工安全、可靠；

（2）有良好的施工环境，保证施工质量，一套模架可多次周转使用，具有可在类似预制场生产的优点；

（3）机械化、自动化程度高，节省劳力，降低劳动强度，缩短工期；

（4）通常每一施工梁段的长度取用一跨的跨长，接头的位置一般选在桥梁受力较小的地方，即离支点 $L/5$ 附近；

（5）移动模架设备投资大，施工准备和操作都比较复杂；

（6）此法宜在桥梁跨径小于 50m 的桥上使用。

（二）常用的移动模架

分为移动悬吊模架与支承式活动模架两种类型。

1. 移动悬吊模架施工

移动悬吊模架的形式有很多，构造各异，就其基本构造包括三个部分：承重梁、肋骨状横梁和移动支承。

承重梁通常采用钢箱梁，长度大于两倍桥梁跨径，是承担施工设备自重力、模板系统重力和现浇混凝土重力的主要承重构件。承重梁的后端通过移动式支架落在已完成的梁段上，承重梁的前方支承在桥墩上，工作状态呈单悬臂梁。承重梁除起承重作用外，在一跨梁施工完成后，作为导梁将悬吊模架纵移到前方施工跨。承重梁的位移及内部运输由数组千斤顶或起重机完成，并通过控制室操作。

在承重梁的两侧悬臂出许多横梁覆盖全桥宽，并由承重梁向两侧各用 2~3 组钢束拉住横梁，以增加其刚度。横梁的两端各用竖杆和水平杆形成下端开口的框架并将主梁包在其中。当模板支架处于浇筑混凝土状态时，模板依靠下端的悬臂梁和锚固在横梁上的吊杆定位，并用千斤顶固定模板；当模板需要纵向移位时，放松千斤顶及吊杆，模板安放在下端悬臂梁上，并转动该梁前端一段可转动部分，使模架在纵移状态时顺利通过桥墩。

2. 支承式活动模架施工

支承式活动模架的基本结构由承重梁、导梁、台车和桥墩托架等组成，它采用两根承重梁，分别设置在箱形梁的两侧，承重梁用来支撑模板和承受施工荷载，承重梁的长度要大于桥梁的跨径，浇筑混凝土时承重梁支撑在桥墩托架上。导梁主要用于移动承重梁和活动模架，因此需要大于两倍桥梁跨径的长度。当一跨桥梁施工完成进行脱模卸架后，由前方台车（在导梁上移动）和后方台车（在已完成的梁上移动），沿纵向将承重梁的活动模架运送到下一跨，承重梁就位后，导梁再向前移动并支承在前方墩上，如图 4-38 所示。

图 4-38　支承式活动模架施工

五、编制方案（实训）

1. 移动模架安装；
2. 编制移动模架施工方案。

六、习题

1. 填空题

（1）逐孔施工可以为预制，也可以为现浇，预制又分为（　　　）和搭设临时支承装配两种。

（2）支承式活动模架的基本结构由（　　　）、（　　　）、台车和桥墩托架等组成，它采用两根承重梁，分别设置在箱形梁的两侧，承重梁用来支撑模板和承受施工荷载。

（3）可使用移动模架法进行现浇施工的桥梁结构形式有简支梁、（　　　）、刚构桥和悬臂梁桥等钢筋混凝土或预应力混凝土桥。

2. 问答题

（1）采用逐孔吊装施工应注意哪几个问题？

（2）移动模架法的施工特点？

【西华海(94＋168＋94)m 连续刚构施工实例】

一、编制说明

（一）编制依据

（1）铁道第四勘察设计院设计的《流溪河特大桥跨西华海水道主跨（94＋168＋94）m 连续刚构》。

（2）国家及铁道部现行有关客运专线的设计、施工规范、规则、标准。

（3）中铁四局集团有限公司依据 GB/T 19001—2008 质量标准体系、GB/T 24001—2004 环境管理体系和 GB/T 28001—2001 职业健康安全标准建立的质量、环境和职业健康管理体系。

（4）《京沪高速铁路设计暂行规定》铁建设〔2004〕157 号。

（5）本公司的施工技术能力和类似工程施工经验及资源状况。

（6）工程现场调查资料。

（二）编制原则

（1）整个工程统筹组织，合理安排各专业施工顺序和工序的衔接，突出重点项目和关键工序，统筹兼顾，均衡生产，确保工期兑现。

（2）施工方案经济合理、切实可行，并采用先进的技术设备和施工工艺。

（3）质量创优、安全无事故，执行 GB/T 19001—2008 标准，确保质量第一，保证施工人员人身健康安全。

（4）临时工程本着节约用地、满足施工、精打细算的原则安排。

（5）确保公路交通、电力、通信电缆及其他建筑物、构筑物的安全，实现安全生产目标。

（6）符合文明施工，保护环境，水土保持要求。

（三）编制范围

流溪河特大桥跨西华海水道（94＋168＋94）m 连续刚构的桩基、承台、墩身及梁的主要施工方法和工艺。

二、工程概况及特点

（一）地理位置

流溪河特大桥跨越西华海水道桥梁设计范围 DK2189＋053.58～DK2189＋409.88，位于广州市白云区石井镇朝阳村与南海里水镇草场村之间，采用（94＋168＋94）m 连续刚构上跨西华海水道。

（二）设计技术标准

（1）线路：客运专线、双线；

（2）设计荷载：ZK 标准活载；

（3）设计速度目标值：基础工程 350km/h；

（4）正线数目：双线；

（5）正线线间距：5.0m；

（6）连续刚构位于直线上，桥位处纵坡为 0‰。

（三）工程地质

根据勘察揭示，桥梁场区的岩土层按其成因分类主要有：第四系人工填土层（Q_4^{ml}），第四系全新统海陆交互相沉积层（Q_4^{al+pl}）、残坡积层（Q_4^{el+dl}）、石炭系（C2＋3ht）中上统壶天群及石炭系（C1）下统大塘阶测水组、石磴子组、岩关阶孟公坳组。

本连续刚构地处三角洲相冲洪积平原，横跨西华海，为珠江三角洲冲洪积相沉积平原，其地质从上而下主要为：中砂、淤泥质粉质黏土、灰岩、构造角砾岩、灰岩、炭质灰岩、构造角砾岩、泥质粉砂岩、砂岩，部分墩台下溶洞发育，属隐覆岩溶，部分溶洞呈串珠状发育，部分为单层溶洞，溶洞为半充填或无充填的空洞，充填物为黏土、中粗砂或黏土夹灰岩块石，溶洞发育，属不均匀地基，可能造成地面沉陷等事故，为施工带来一定困难。主桥 4 个桥墩中 288 号、289 号墩溶蚀沟槽及充填溶洞较为发育，288 号墩承台大部分在岸边线内，地质结构为 9m 厚强风化炭质灰岩层及全风化炭质页岩层；289 号墩中心处离岸边约 12m，地质结构为 2m 厚中密细砂层＋4m 厚中密粗砂层＋1m 厚粉质黏土层＋强风化砂岩层。

（四）水文地质

大桥跨越西华海水道，西华海水道百年一遇洪流量为 3030m³/s，流速 1.73m/s。大桥最低通航水位为－0.33m，最高通航水位 3.44m，百年一遇洪水位 4.13m，二百年一遇洪水位 4.21m。

本工程场地属Ⅰ类场地。地下水对混凝土无腐蚀性。

目前水位标高为＋1.0m。通过调查可知，5～9 月份水位可达＋2.1m。

（五）桥址区域河道、水文及气象

1. 河流概况

西华海水道为珠江河流，河流水位受海洋潮汐影响。区内水塘分布广泛，地表水发育，但沿线不均衡，地下水为第四系潜水和构造裂隙水。地下水对混凝土的侵蚀性较小或无侵蚀性。

2. 水文

本地区河流主要为暴雨洪水，每年 4～9 月份为洪水期，较大洪水多出现在 5～8 月份，由于地处珠江三角洲，河流坡度平缓，受南海潮汐影响。西华海河流均筑堤防，形成大小不等的围区，河流一般当暴雨洪峰流量到达与南海潮位遭遇时，则形成较高洪水位，而当低潮相遇时水位较低，所以西华海河流水文情况与潮水位密切相关。

3. 气象

本桥址所处地区属亚热带季风气候。气候温暖多雨，夏季中时有台风侵袭，接受阳光热能较多，且受海洋气候影响调节。热的时间长，雨季充沛，没有严寒，四季常青。本地区年平均气温 21.8℃，极端最高气温 38.5℃，极端最低气温 −1.9℃，年平均相对湿度 80% 左右。年平均降雨量 1667mm，最大日雨量 284.9mm，4～9 月为雨季，占全年降雨量的 80%，夏季多偏南风，冬季多偏北风，秋季常发台风，台风经过时夹带暴雨，最大风速达 35.4m/s。

（六）主要工程数量（表 4-2）

主要工程数量　　　　　　　　　　　　　表 4-2

序号	项目名称	单位	数量	备注
1	水下清礁	m³	12000	
2	灌注桩混凝土	m³	8811.6	
3	承台混凝土	m³	3967.7	
4	墩身混凝土	m³	2006.1	
5	悬灌箱梁混凝土	m³	9364.9	
6	钢套箱	t	389.93	
7	钻孔平台	t	725.49	
8	钻孔桩钢筋笼	t	689	
9	承台钢筋	t	423.1	
10	梁体钢筋	t	1399.53	
11	墩身钢筋	t	487.4	
12	钢绞线	t	850	
13	现浇段混凝土	m³	428.6	
14	合拢段混凝土	m³	116.4	
15	锚具	套	10140	
16	挂篮	套	2	
17	球形支座	套	4	

（七）工程重点和难点

1. 工程特点

（1）施工工期紧，难度大

新广州站工程计划于 2008 年底建成通车，原定于 2006 年 6 月 26 日的开工日期因为征地拆迁和设计调跨的问题延至 2007 年 3 月份，施工周期不足 12 个月，工期非常紧张。为压缩施工周期，尽最大可能保证工期，安排主桥288号墩填土围堰和289号墩钢围堰施工同时进行，边跨桥墩施工倒排工期，合理安排平行作业和流水作业，确保最大施工条件，最优机械设备以满足进度要求。

（2）桥梁地区岩溶发育，溶洞多，桩基础施工困难

桥址地处珠江三角洲冲积平原，地形平坦，全风化岩层，溶洞、裂隙较多，部分区域夹有流沙层、地下水丰富，地质变化幅度很大。桩基施工采用冲击式钻机成孔，有诸多例如漏浆、卡钻、塌孔、串孔等问题，需要对每根桩基进行详细的地质勘察，有针对性地采取有效的预防措施，保证钻孔作业有序进行。

（3）地域跨度大，征拆困难

西华海连续刚构桥跨越珠江白坭水道，北岸为广州白云区管段，南岸为佛山南海区管段，桥梁施工的各项审批手续须分别在两地办理，协调难度较大。同时，两岸存在不同程度的房屋拆迁和征地，不同区域的征拆政策不同，造成两岸交地时间的不统一，影响全桥施工组织安排。

2. 工程重点

工程重点是289号墩承台施工及288号墩、289号墩0号块施工。

289号墩承台施工的准备工作包含有河床开槽清礁，钢管桩平台搭设及钻孔、钢围堰加工、下沉、定位及水下封底混凝土灌注。因为下部工程不可预见因素很多，施工工序转换复杂，加上工期紧张，289号墩承台的施工是控制西华海刚构桥全桥工期的关键。

288号墩、289号墩0号块设计腹板高度为11.0m，长度为13.0m，宽为13.4m，混凝土方量均达到954m³。0号块的施工质量直接关系到后续悬浇节块的施工安排，必须合理安排作业面，保证高腹板的外观和质量要求，是完成上部结构施工的重点。

3. 工程难点

（1）裸露岩层大直径超长深水钻孔桩施工

289号墩桩基设计为12根直径250cm摩擦桩，桩长平均为95m。施工时最大水深为15.1m，承台为低桩浅埋承台，顶面与河床面平齐，施工时需要先对承台位置开槽清礁施工，保证钢围堰下沉至设计底标高。开槽后的河床面为裸露岩层，造成钢护筒定位困难，孔内水头难保持，造浆困难，对孔内清渣有很大影响。

（2）主墩承台双壁钢围堰施工

289号主墩承台底距河床面高差为7.0m，施工考虑水深为14.7m，确定采用双壁钢围堰方案施工承台，双壁钢围堰共计400余吨，分三节共36块在操作平台上焊接组装，在施工中钢围堰的支撑系统、吊装系统、浮力控制以及限位、钢套箱的刚度是钢围堰施工的关键，必须做好详细的设计计算，做好钢围堰制作过程中的监控和检查工作。

（3）主墩承台大体积混凝土施工

289号主墩承台为23.2m×16.8m，高5m，单个承台混凝土方量为1948.8m³，288号主墩采用两个分离式承台为双承台结构，单个承台尺寸为26.5m×6.5m，高6.5m，承台间净间距为1.5m。为确保承台施工质量，承台施

工一次性完成。为了混凝土内早期水化热集中释放、削减混凝土温度峰值、减小温度梯度，从而避免混凝土的危害性收缩开裂，拟从以下几个方面进行大体积混凝土施工控制：

1）选用低水化热水泥；

2）添加缓凝型减水剂；

3）布置冷却管；

4）经设计、业主、监理同意后，添加优质粉煤灰。

（4）双薄壁墩身施工

主墩 288 号、289 号墩身为圆端形钢筋混凝土薄壁结构，薄壁墩宽 11.0m，厚 2.5m，墩高分别为 14.8m、22.3m。墩间净间距为 4.0m。为提高铁路客运专线桥梁的外观质量，满足客运专线使用年限 100 年的要求，墩身模板采用无拉杆设计，增加外侧加劲桁架，并采用一次支模，一次性灌注施工技术，为保证施工质量，必须要严格控制混凝土配合比和粗、细骨料级配，保证钢筋集中部位的混凝土浇筑质量。采用合理振捣工艺，确保混凝土密实，保证外观质量。

（5）0 号块施工

0 号块设计混凝土方量 954m³，腹板高度 11.0m，总重量约 2670t，施工采用墩顶预埋牛腿及承台上搭设钢管桩支架的方式搭建 0 号块施工平台。因工作面有限，墩顶平台施工 11.0m 高腹板对钢筋绑扎、模板支立、模板稳定、混凝土浇筑等工序均构成较大影响，是制约 0 号块施工进度的瓶颈。

（6）高腹板挂篮悬浇施工

悬浇节块腹板高度最大为 10.66m，最小值为 5.5m，节块最大重量 294t，采用三角挂篮悬浇施工，挂篮自重约 88t，长度 11.0m。为保证 T 形刚构两边受力均衡，两边施工荷载不平衡值不能超过 500kN。施工过程中要严格控制两侧材料、机械、施工荷载的均衡。

4. 界定特殊工序

针对工程实际情况，抓住施工重点，根据工序特点、新工艺、新技术的使用和施工难点，确定工程的施工特殊工序如下：

（1）裸露岩层大直径超长深水钻孔桩施工；

（2）双壁钢围堰施工；

（3）大体积承台混凝土施工；

（4）圆端形双薄壁墩施工；

（5）主桥 0 号块施工；

（6）主桥 1～21 号块挂篮悬浇施工。

针对以上特殊工序，在施工前编制相应的作业指导书（单独成册）。

三、施工总体部署

（一）现场施工管理组织机构

本项目拟设项目经理一人，总工程师、副总工各一人，主要管理人员 25 人，项目队设置四部一室，即工程技术部、安全质量部、物资机电设备部、财务部和综合办公室；现场施工组织机构详如图 4-39 所示。

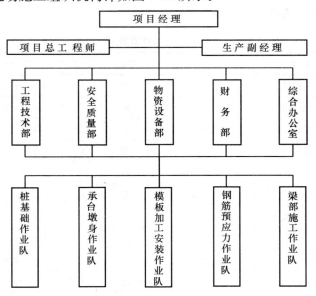

图 4-39　现场施工组织机构图

（二）资源配备

（1）劳动力计划安排，见表 4-3。

劳 动 力 计 划 安 排　　　　　　　　　　　　表 4-3

序号	工　种	单位	数量	进场时间	备　注
1	技术管理人员	人	15	2007 年 2 月 1 日	
2	测量工	人	5	2007 年 2 月 1 日	
3	混凝土工	人	30	2007 年 3 月 25 日	
4	起重工	人	8	2007 年 3 月 1 日	
5	装吊工	人	8	2007 年 3 月 1 日	
6	潜水员	人	6	2007 年 4 月 1 日	
7	试验工	人	2	2007 年 3 月 1 日	
8	电工	人	5	2007 年 3 月 1 日	
9	修理工	人	5	2007 年 4 月 1 日	
10	电焊工	人	20	2007 年 3 月 1 日	
11	钳工	人	6	2007 年 3 月 1 日	
12	钢筋工	人	32	2007 年 4 月 1 日	
13	架子工	人	22	2007 年 3 月 1 日	
14	各种司机	人	8	2007 年 4 月 1 日	
15	其他技术工种	人	22	2007 年 5 月 1 日	
16	普工	人	35	2007 年 3 月 1 日	
合计		人	229		

（2）机械设备计划安排，见表 4-4。

（3）材料计划安排，见表 4-5。

机械设备计划安排　　　　　　　　　　　　　　　　表 4-4

序号	名　称	规　格	单位	数量	进场时间	备注
1	GPS 反铲船	$3m^3$	艘	1	2007 年 3 月 1 日	
2	开底自航泥驳	$300m^3$	艘	1	2007 年 3 月 1 日	
3	泥浆船	$280m^3$	艘	2	2007 年 4 月 1 日	
4	交通船	10t	艘	1	2007 年 4 月 1 日	
5	冲击钻机	CZ-8D	台	14	2007 年 3 月 25 日	
6	救生艇	8t	艘	1	2007 年 3 月 25 日	
7	电动空压机	4L-20/8	台	3	2007 年 3 月 1 日	
8	高压水泵	9 级 $30kg/cm^2$	台	6	2007 年 3 月 1 日	
9	低压水泵	8BA-12	台	6	2007 年 4 月 1 日	
10	电动卷扬机	10t	台	4	2007 年 4 月 1 日	
11	交直流电焊机	500A，600A	台	8	2007 年 3 月 1 日	
12	卷板机	$20 \times 2000mm$	台	1	2007 年 2 月 1 日	
13	剪板机	$11 \times 2500mm$	台	1	2007 年 2 月 1 日	
14	吸泥机	$\phi 250mm$	个	4	2007 年 4 月 1 日	
15	发电机	120kW	台	2	2007 年 4 月 1 日	
16	汽车吊	25t	台	2	2007 年 2 月 1 日	
17	汽车吊	50t	台	1	2007 年 4 月 1 日	
18	炸礁船	120t	艘	1	2007 年 4 月 1 日	
19	潜水泵	$30m^3$	台	10	2007 年 4 月 1 日	
20	混凝土罐车	$8m^3$	台	6	2007 年 4 月 1 日	
21	履带振动打桩机	50t	台	1	2007 年 4 月 1 日	
22	浮吊	25t	台	1	2007 年 4 月 1 日	
23	汽车泵		台	1	2007 年 4 月 1 日	
24	混凝土输送泵	HBT60	台	2	2007 年 4 月 1 日	
25	全站仪	尼康 DTM-352	台	1	2007 年 1 月 1 日	
26	经纬仪	J2	台	1	2007 年 1 月 1 日	
27	水准仪	苏州 DSZ2	台	2	2006 年 12 月 1 日	
28	温度测定仪		台	1	2007 年 4 月 1 日	
29	挖掘机	Pc200	台	2	2007 年 4 月 1 日	
30	三角挂篮		套	2	2007 年 10 月 1 日	
31	变压器	500kVA	台	2	2006 年 11 月 1 日	
32	塔吊	TC5013B	台	2	2007 年 7 月 1 日	

材 料 计 划 安 排 表 4-5

序号	材料名称	单位	规格型号	数量	进场时间	备 注
1	万能杆件周转料	t	西乙型	400	2007 年 8 月	
2	型钢周转料	t	工钢	500	2007 年 3 月	
3	贝雷片周转料	t		100	2007 年 3 月	
4	枕木周转料	m³		50	2007 年 4 月	
5	特制钢模	t		120	2007 年 5 月	
6	竹胶板周转	m²	122×244×1.8	11200	2007 年 5 月	
7	方木周转料	m³		300	2007 年 5 月	
8	定型钢模周转料	t		40	2007 年 6 月	
9	钢护筒	t	$\phi280$、$\phi180$	320	2007 年 2 月	
10	水泥	t		7418.5	2007 年 2 月	
11	钢筋	t	HRB335、Q235	3849	2007 年 2 月	
12	钢绞线	t		631.38	2007 年 10 月	
13	预应力钢筋	t		199.69	2007 年 10 月	
14	碎石	m³		17234	2007 年 2 月	
15	砂	m³		11954	2007 年 2 月	
16	钢围堰	t		388	2007 年 2 月	
17	锚具	套		10140	2007 年 10 月	
18	支座	套	LQZ 球型	4	2007 年 11 月	
19	挂篮	套	三角型	2	2007 年 9 月	

（三）工区划分及队伍安排

1. 工区划分

根据本工程特点，以西华海水道为界将跨西华海水道连续刚构分为南北两岸两个工区。

2. 队伍安排及专业班组建设

项目队下设五个专业作业班，分别为桩基础施工作业组、墩台施工作业组、梁部施工作业组、钢筋（预应力筋）加工作业组、模板加工作业组。施工任务划分情况见表 4-6。

施 工 任 务 划 分 表 4-6

作 业 组 名 称	任 务 划 分
桩基础施工作业组	钻孔桩施工（含水中墩围堰施工）
墩台施工作业组	承台、墩台身
梁部施工作业组	临时支撑体系，梁部现浇、悬灌作业
钢筋（预应力筋）加工作业组	所有结构钢筋（预应力）加工
模板加工作业组	模板支架加工

（四）施工场地和临时工程部署

1. 施工场地布置

施工总平面布置原则：

（1）临时设施的布置：根据设计的要求以及在平面设计图中征地红线范围内的场地进行布置。

（2）以节约用地，方便施工，便于生活管理的原则进行布置。

（3）不干扰工程施工，尽量减少工序交叉。

（4）根据现场勘查的交通及电源、水源条件进行布置。

2. 临时工程布置

（1）混凝土拌合站：由 4 号及 5 号混凝土搅拌站供用混凝土。

（2）施工便道、便桥：本标段西华海以北靠线路西侧（跨西华海连续刚构 288 号主墩东侧）有一既有岗背路连接亭石南路，交通较为便利。西华海以南施工区域多为厂房、村民房屋，乡村道路路网较为发达，且有里横路连接各乡村道路，其道路较为畅通，方便车辆出入。根据施工需要尽可能修建贯通便道，路面结构按全天候行驶大型施工车辆要求及当地雨季长的气候特点进行修筑。

（3）码头：在西华海南岸设 20m 长、20m 宽码头一处，外侧打钢轨，内侧抛填竹笼片石，面层设泥碎石层，以供机具设备下河和人员过渡等。西华海北岸可利用既有码头作临时码头。

（4）施工用电：施工用电在南北两岸各设置一台 500kV 变压器，并各备一台 120kW 发电机。

（5）施工用水：西华海以北管段，生产用水直接抽取西华海水道的水，而施工队的生活用水可从水泥制品厂及草场村接驳自来水。施工现场排水采用明沟和管道相结合的方式进行有组织的排放，以减少对环境的污染。

（6）钢结构制造厂：双壁钢围堰选择 289～290 号墩间现场制作，便于钢结构的起吊和运输。场地平整后进行地面硬化，并建立钢结构加工场。

（7）生产、生活用房：根据对现场的初步勘察，及工程的需要，在西华海北岸（288 号主墩的东侧）租赁水泥制品厂的场地、西华海南岸 289 号主墩的厂房作施工驻地，施工驻地内设职工宿舍、临时办公室、木工棚、钢筋作业棚、水泥库、发电机房、停车场、机修厂等生产、生活临时设施。

（8）通信干线：充分利用广州市及佛山市发达的通信条件建立通信系统。现场办公室设电话各一部，派人值守，保证全天 24h 信息通畅。施工人员联络采用手机联络。

（五）总体施工方案及工期安排

根据业主工期要求及全桥总体施工工序情况，要求本连续刚构加快施工进度，保证架桥机按期通过，确保业主总工期的实现。

1. 深水基础施工

水中 288 号、289 号主墩承台底面标高分别为 −4.539m、−10.539m，桩基均为钻孔桩，施工水位为 2.1m，施工钻孔桩水深 288 号为 6m，289 号墩为 14.7m 左右；由于该桥主墩承台基础属于低桩承台，承台埋入河床，再加上工期紧，采用先桩后堰工法来施工该桥墩桩基及承台。该工法可先施工钻孔平台钻孔，钢围堰加工同步进行，避免因钢围堰加工周期而影响施工进度；利用钻孔平台作为钢围堰的拼装平台及下沉工作平台可极大地改善钢围堰安装和下沉的作业环境，提高工作效率；利用大钢护筒设置定位装置，可以解决钢围堰容易出现下沉偏位，保证了钢围堰的就位精度。289 号水中墩安排 6 台 CZ-8D 冲击钻机同时施工，钻孔桩成桩后，在平台上拼装双壁钢围堰，再分节下沉，封底进行承台施工，承台采用大平板钢模无拉杆施工，保证承台混凝土内实外光，钢管、方木支撑加固体系，混凝土泵送入模。为减小混凝土内外温差，控制混凝土表面裂纹，在承台内敷设冷却水管，外用土工布包裹养护，洒水养护。

288 号墩采用钻孔桩连续墙的围堰方法进行桩基及承台的施工。安排枯水季节进行施工，根据设计图纸，用全站仪和水平仪测出 288 号主墩承台位置，确定临时围堰范围。在承台位置向河道内回填砂性土或黏土，回填范围为超出承台外边线 5m，且在围堰外侧采用黏性土装袋的草袋进行交错堆码。筑岛完毕后，在土围堰边缘（距承台边线 2.5m 位置）下沉一排直径 1.1m 钢护筒，用冲击钻机钻孔并使护筒跟进至岩层，钻孔深度超过承台底 2m，灌注水下钢筋混凝土，桩长达 9.7m。最终形成一道钻孔桩的连续墙围堰，同时施工 288 号主墩桩基。开挖 288 号墩二号承台基坑时，不密实部分在外侧用草袋堵漏，内侧采用挂网浇筑 C30 混凝土封堵。基坑内设集水井及水泵，及时抽干水，施工二号承台。承台上预埋连续刚构施工时临时支墩所需的预埋件，保证预埋位置准确。

2. 陆上基础施工

287 号、290 号墩位于陆地，各安排两台 CZ-8D 冲击钻同时施工，钻进中严格控制泥浆相对密度，成孔后采用换浆法清孔。钢筋笼吊车起吊安装就位。严格控制孔内沉渣厚度为零、水下混凝土灌注速度和灌注连续性，确保成桩质量。混凝土采用自动计量拌合站拌合，混凝土输送车运输，桩基完成后，按设计要求对桩基进行逐桩检测。

承台采用大面积定型钢模板，采用无拉杆模板施工，保证承台混凝土内实外光，钢管、方木支撑加固体系，混凝土泵送入模。为减小混凝土内外温差，控制混凝土表面裂纹，在承台内敷设冷却水管，外用土工布包裹养护，洒水养护。

3. 墩身施工

跨西华海连续刚构 289 号墩高为 22.3m，288 号墩高度为 14.8m，均为实心墩，采用整体钢模板一次立模，整体浇筑。

为保证桥墩的外观，墩台身模板采用专业厂家制作的定型无拉杆钢模，钢筋集中下料、现场绑扎、焊接，高性能耐久性混凝土在混凝土拌合站集中拌制，混凝土输送车运送至工点，泵送入模，高频式振捣浇筑；无纺土工布覆盖加隔水塑料薄膜保温保湿法养护。

4. 连续刚构施工

连续刚构采用三角挂篮施工，挂篮请有资质的专业厂家进行设计、检算、生产。0 号块利用钢管临时支墩搭设支架浇筑，浇筑 0 号块后在 0 号块上安装三角挂篮，并进行预压，再对称向两侧顺序浇筑其他标准梁段，在边墩墩顶搭设万能杆件支架施工边跨现浇段，合拢段施工时先进行边跨合拢，后进行中跨合拢。混凝土由拌合站集中供应，泵送入模。

5. 施工工期安排

根据业主的工期要求，本连续刚构段工期计划安排为：

开工日期：2007 年 3 月 1 日；

计划竣工日期：2008 年 9 月 30 日；

计划总工期：580 个工日；

架梁通过时间：2008 年 10 月 30 日；

连续刚构各工序作业安排见表 4-7。

各 工 序 作 业 时 间 表 4-7

西华海大桥（94+168+94）m 连续刚构			
作业内容	持续时间（d）	作业内容	持续时间（d）
河堤防护桩	20	0 号块	58
水下清礁	25	挂篮安装及预压	10
搭设钻孔平台	25	1～21 号块	220
钻孔桩	105	边跨现浇段	在 22 号块完成前
钢围堰施工	40	边跨合拢段	16
承台	22	中跨合拢段	16
墩身	23	合 计	580

每个工序施工工效见表 4-8。

工 效 分 析 表 4-8

项 目	工 序	持续时间（d）	备 注
水下清礁	清淤	7	
	清礁	18	
	小计	25	
钻孔平台搭设	钢管桩打设、焊接	10	
	钢护筒打设、焊接	10	
	平台型钢、钢板焊接	5	
	小计	25	
钢围堰施工	钢围堰拼装	15	
	钢围堰焊接	8	
	钢围堰下沉	12	
	封底混凝土浇筑	5	
	小计	40	

续表

项　　目	工　　序	持续时间（d）	备　　注
0 号块	万能杆件搭设、临时支墩	11	
	堆载预压	10	
	底模标高调整	1	
	支立侧模	3	
	底板、腹板钢筋	5	
	内模拼装	4	
	顶板钢筋	5	
	浇筑混凝土	2	
	等混凝土强度	7	
	预应力筋张拉	4	
	预应力筋管道注浆	2	
	拆除侧模、底模及托架	4	
	小计	58	
悬臂浇筑段	挂篮预压	5	仅施工 1 号块需要
	挂篮移动	1	
	模板调整	1	
	绑扎钢筋	1.5	
	浇筑混凝土	0.5	
	等混凝土强度	5	
	预应力筋张拉	1	
	预应力管道注浆	0.5	
	小计	10.5	
边跨现浇段	地基处理	20	
	膺架搭设	14	
	堆载预压	9	含底模安装
	底模标高调整	2	
	钢筋绑扎	10	含内模安装
	浇筑混凝土	1	
	等混凝土强度	7	
	预应力筋张拉	4	
	预应力筋管道注浆	2	
	小计	69	
边跨合拢段	临时刚性连接及配重	4	7 号块等强时施工一半
	底模安装	2	
	立侧模	1	
	钢筋绑扎	2	含内模安装

项　　目	工　　序	持续时间 (d)	备　　注
边跨合拢段	浇筑混凝土	0.5	
	等混凝土强度	5	
	预应力筋张拉	2	
	预应力筋管道注浆	1	
	拆除侧模、底模	1	
	小计	16	
中跨合拢段	临时刚性支撑及配重	2	边跨合拢时施工一半
	吊架安装	2	
	立侧模	1	
	钢筋绑扎	2	
	浇筑混凝土	0.5	
	等混凝土强度	5	
	预应力筋张拉	1.5	
	预应力筋管道注浆	1	
	拆除侧模、底模及吊架	1	
	小计	16	

四、主要项目的施工方案、方法

（一）施工主桥承台位置清礁及钻孔平台搭设

1. 289 号墩河堤防护方案

根据河堤处地层分布状态，为减少开槽过程对边坡的开挖及施工材料的损耗，为保证该 289 号墩承台基坑顺利下挖，不影响河堤安全和地方厂房安全，根据地质及现场的实际情况，及确保 289 号后续钻孔平台的搭设和钢围堰下沉施工安全，河堤边线 36m 长（承台基坑南侧）范围内采用自然放坡和钻孔桩防护相结合的防护方案加固。具体方案如下：

（1）对南岸西南侧边坡防护采用自然放坡防护方案。承台西南侧岩层顶标高为 -1.0m，上覆回填土层厚度为 4～6m，岩层放坡系数 1∶0.3，土层放坡系数 1∶1，因土层较薄，西南侧采用自然放坡，为防止河水冲刷，在土层迎水面下放石笼反压，防止土层崩塌，并采用挂网喷射混凝土护面的措施来保证土体的稳定。

（2）承台西侧岩层较低，土层及砂层厚度有 8～14m，采用自然放坡则刷坡面积过大，对钻孔平台搭设及平台建造面积均会造成影响，同时底部流砂对上层土层稳定性也有潜在威胁。根据上述详细地质状况，由于覆盖层太厚和弱风化石灰岩层的存在（＞500kPa），考虑到钢管桩无法打入岩层，施工起来比较困难，拟采用钢管桩与钻孔桩相结合的防护方式进行河堤加固。

2. 289 号水中墩覆盖层凿除

289 号水中墩承台底深入岩深度平均为 10m。双壁钢围堰无法通过自重及配重直接下沉至围堰底设计标高，故需要在钻孔前将岩层进行清除至围堰刃脚设计标高，以便后期钢围堰的下沉。

将采用水上特种设备，3m³ 反铲船进场开挖施工，开挖范围为围堰的施工范围，钢围堰平面尺寸为 25.4m×19.4m，并考虑超宽 1.5m、超深 0.4m，开挖基岩的边坡按 1∶0.5 考虑，砂层边坡按 1∶3 考虑。

为避免和减少重复工程量，减少开挖量并使开挖后断面具有较硬的底层，反铲船开挖顺序以"先挖后清，先上后下"的原则进行。

反铲船开挖计划分层进行。对标贯击数在 35 击以内的土层，使用 3m³ 挖斗直接开挖。反铲船最大挖深 15m，使用 GPS 定位系统，能准确开挖桥墩基础的长、宽、深。将挖出的淤泥装到 300m³ 开底自航泥驳上，运至卸区倾倒。

对标贯击数大于 35 击以上的岩层，先将挖臂前端的挖斗卸下，换上液压松土器，首先将岩面逐一划破，每次层厚约 0.6m，然后换上挖斗清挖碎岩装船运走。依次反复进行施工，即可达到－13m 标高的基面。

3. 289 号墩钻孔平台及栈桥的搭设

水下清礁清平后，在钻孔平台最外侧钢管桩 3m 范围内抛填高 2.5m 左右的土袋，并准确抛设船只定位浮标，做好 φ630 钢管桩打桩的准备工作。运输加工好的 φ630 钢管桩至墩位处，浮吊及汽吊配合，全站仪测量指挥定位后，使用振动锤振动下沉钢管桩，潜水员及时下水量测，用［20 槽钢把 φ630 钢管桩焊接及栓接连接，构成整体后，安装平台主梁双工45b 工字钢及贝雷梁和分配梁工32a 工字钢，并通过 U 形螺栓连接，形成钻孔平台的骨架。设置桩基钢护筒导向架，大钢护筒检查合格后，运至钻孔平台上插打，安装桩基钢护筒时进行测量定位，并通过导向架限位和对接焊接加长直至完成后，构成工作平台进行钻孔施工。

（1）钻孔平台标高

根据水位标高及钻孔平台上部连接系、架构的建筑高度，结合船舶吃水深度情况，同时为可能出现的水位上涨情况预留一定的处理空间，为保证漂浮物通过和便于施工操作，考虑水位上升 0.8m 的预留高度，工字钢梁底距离水面 1m，钻孔平台顶面标高确定为＋4.6m。

（2）钻孔平台构造

主墩 289 号墩位于河流中间，为方便施工，现场搭设钢结构水上施工作业平台，最大平台平面尺寸为 42.2m×24m，施工时采用 φ63cm 钢管桩作基础，平台顺桥向方向打 10 排钢管桩，桩间距最大为 6.0m，顺水流布 6 排钢管桩，其桩间距为 3m 或 6m，单桩深度要求进入岩石持力层。φ63cm 钢管桩之间通过型钢的焊接连接成整体，保证施工时的整体稳定性。顺桥向用双贝雷架作主纵梁，工32a 工字钢作分配横梁，沿横桥向布置。其上铺设 6mm 厚防滑钢板做面板。

由于承台边离岸边较近，故施工作业平台与岸边连成一整体，方便汽车吊从岸边行驶至施工作业平台，用于安装桩基钢筋笼及墩身的起吊作业。

（3）水中钻孔平台施工工艺

1）浮标设置

承台位置清平后，进行钢管桩施工，考虑到水流较急和水位涨落的实际情况，在确定钢管桩桩位前必须进行浮标偏差位置量测。

根据测定的水流速度，在定位点上游抛下浮标，设置后测量浮标实际位置，计算偏差，同时观测根据水位涨落情况下浮标的位置变化，利用上述参数准确抛设桩位浮标，作好打桩的准备工作。

2）抛填土袋

用尼龙袋装土，不得装入大石块和树根类杂物，利用工程驳船运至抛掷点上游，根据计算的距离抛掷。用钢丝将 3～4 个土袋绑扎在一起抛掷，为保证抛填范围内土袋均匀布置，抛掷时驳船缓慢向下行驶，反复进行直至抛填厚度达到 2.5m 以上。在抛填过程中，由专人负责指挥。

3）钢管桩构造

钢管桩采用直径为 0.63m，10mm 厚的钢板先螺旋卷制，再用埋弧焊焊接而成，也可以向生产厂订购成品管使用。钢管接头用电焊连接。钢管桩桩帽需进行加固处理，因桩壁厚仅 10mm，顶部受锤击时，桩头易损坏，必须对桩头进行加固处理。处理方法为在桩顶面加焊厚 20mm 的顶盖板，中留 20mm 孔。

4）插打钢管桩

在 350t 驳船上设置 25t 汽车吊装配成浮吊，根据浮标位置，抛锚定位浮吊和运输船。利用浮吊吊起钢管桩，全站仪测量指挥定位后，利用 45kW 振动桩锤插打钢管桩直至岩面。随后及时在桩四周抛掷土袋，并向桩内灌砂。除第一根钢管桩外，其他钢管桩均及时与已插打的桩利用槽钢进行临时连接。钢管桩插打顺序为从上游向下游，从平台角点处向整个平台扩展。每班完成前及时施工剪刀撑和水平撑。水下部分用抱箍与钢管桩连接，水上部分进行焊接。施工时应注意：在钢管桩上安动振动锤后，其顶部要用 4 根缆风索固定，控制钢管桩的倾斜。缆风索可锚定在工作船或已沉入的钢管桩上。如发现钢管桩倾斜时，应停机以链滑车收紧反方向的缆风索后再振沉。当钢管桩振沉到工作台高度时应停振，需接长钢管，再振，直到设计位置。钢管桩插打时定位偏差不大于 0.1m，倾斜度不大于 1%。

5）架设纵横钢梁

所有钢管桩插打、连接固定后，割除钢管桩至设计标高并焊接桩帽，桩顶标高偏差不大于 0.01m。随后架设双排单层贝雷片、工字钢梁和铺设钢板，完成操作平台的施工。

ϕ630 钢管桩、[20 槽钢水平撑和斜撑焊接连接构成整体后，钢管桩顶焊接 2cm 厚的顶钢板。顺桥向铺设双排单层贝雷片，横桥向铺设 32b 工字钢，上下层工字钢之间通过 U 形螺栓连接，形成钻孔平台的骨架。

6）导向架施工

为控制大钢护筒插打及钻孔过程中护筒平面定位和垂直度，确保大护筒中心的准确，需在下放大护筒前，在大护筒位置用 [22 槽钢及 [14 槽钢设置成活动导向架。导向架比护筒外径大 2cm。导向架安装精度严格控制在规范允许范围内（定位偏差不大于 0.03m，倾斜度不大于 0.5%），导向架安装完成后，用全站仪重新复核检查导向架的精度，为桩基钢护筒的安装作好导向准备。

7）制作与安装桩基钢护筒

桩基钢护筒设计内径为 $\phi280cm$，钢护筒采用厚度为 16mm 的 A3 钢板卷制而成。护筒成形采用定位器，设置台座接长，确保卷筒圆、接缝严。为加强护筒的整体刚度，在焊接接头焊缝处加设厚 10mm、宽 20cm 的钢带，护筒底脚处加设厚 12mm、宽 30cm 的钢带作为刃脚。钢护筒每节加工长度为 6～8m（或按实际长度分节加工）。焊接采用坡口双面焊，所有焊缝必须连续，以保证不漏水。钢护筒在加工厂进行分节制作，经检查合格后由汽车运至主钻孔平台，现场焊接接长。

导向架精度检查完成后，起吊钢护筒，顺着钢护筒导向架慢慢往下滑动，第一节钢护筒滑至第 2 层和第 3 层导向架之间时，停止滑动，在钢护筒上焊接捯链挂钩，安装捯链悬挂第一节段桩基钢护筒，另一端固定于分配梁上，同时在桩基钢护筒上焊接钢板卡，钢板卡置于导向架［22 槽钢上，防止第一节钢护筒往下滑动。在钢护筒顶上设置对接导向钢板，以便与第二节钢护筒顺利对接。起吊第二节钢护筒，顺着钢护筒导向架慢慢往下滑动直至与第一节钢护筒顺利对接，安排电焊工预先准备，对接完成后，电焊工同时进行作业，焊缝完成后，用煤油对焊缝进行渗透试验，检查焊缝的水密性，然后使用捯链拉高大护筒 10cm，割除钢板卡下沉护筒。用类似的方法进行钢护筒的安装直至完成。

8）钻孔平台稳定性监控

钻孔平台搭设完成后，在平台上布置 6 个稳定性监控点，测定三维坐标，每日进行监控。要求钻孔平台无沉降现象，平面位置的摆动在 10mm 以内。

9）钢管桩拔除

钢管桩使用完毕后，必须拔除回收利用。拔除方法有：用水平力拉倒，适用于埋深浅的钢管桩；或在浮吊上安装双频振动锤向上拔除。当上述二法不能拔除时，可在水下覆盖层处用氧气吹割。

4. 288 号墩钻孔桩临时围堰施工

288 号墩采用钻孔桩连续墙的围堰方法进行桩基及承台的施工。安排枯水季节进行施工，根据设计图纸，用全站仪和水平仪测出 288 号主墩承台位置，确定临时围堰范围。在承台位置向河道内回填砂性土或黏土，回填范围为超出承台外边线 4m，且在围堰外侧采用黏性土装袋的草袋进行交错堆码。筑岛完毕后，在土围堰边缘（距承台边线 2.5m 位置）下沉一排直径为 1.1m 钢护筒，用冲击钻成孔并使护筒跟进至岩层，钻孔深度超过承台底 2m，灌注水下钢筋混凝土，桩长达 9.7m。最终形成一道钻孔桩的连续墙围堰。开挖 288 号墩二号承台基坑时，不密实部分在外侧用草袋堵漏，内侧采用挂网浇筑 C30 混凝土封堵。基坑内设集水井及水泵，施工时及时抽干水。

（二）钻孔桩施工

1. 钻孔桩设计概况

287 号、290 号陆地墩共计 16 根 $\phi1.5m$ 钻孔桩，288 号、289 号水中主墩分别为 28 根 $\phi1.5m$ 钻孔桩及 12 根 $\phi2.5m$ 钻孔桩。桩基混凝土强度等级为 C35。根据钻孔桩数量、地质条件及总体施工安排，共安排 14 台 CZ-8D 冲击钻钻机施工。

2. 钻孔桩施工工艺

289 号主墩钻孔灌注桩施工利用上述钻孔平台进行施工。287 号、290 号交界墩及 288 号墩钻孔灌注桩可采用岸上施工的一般施工方法，直接在平整好的砂地上满铺枕木作为施钻平台。其钻孔桩工艺流程如图 4-40 所示。

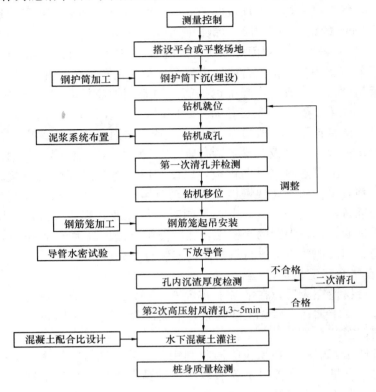

图 4-40　钻孔桩施工工艺框图

（1）场地准备

为了施工机械进场和钻孔桩灌注顺利进行，施工前，沿桥征地范围内开挖排水沟，以便排除地表水，清除钻孔场地内杂物，对场地进行平整，特别是钻机机座周围填土应坚实稳固，确保钻机正常运转。

同一墩钻孔桩的钻孔顺序为先长桩后短桩。钻孔时采用跳桩法施工，在已灌注成桩邻近桩位钻孔时，则要等到已灌注钻孔桩混凝土强度达到 2.5MPa 以上后方可施钻，避免扰动相邻已施工的钻孔桩。

（2）泥浆系统的设置

陆地墩的泥浆循环系统布置根据现场地形及周围环境统筹安排，在 286 号和 287 号墩之间及 290 号和 291 号墩间、征地红线以内设置两个泥浆循环池，泥浆循环池由制浆池、沉淀池和泥浆池组成。

钻孔桩施工过程中，对沉淀池中沉渣及灌注混凝土时溢出的废弃泥浆随时清除用汽车弃运至指定地点。

288 号墩因大部分在堤岸内，泥浆循环池设在墩旁边空地。289 号墩则以两艘

280m³ 泥浆船作为泥浆循环系统，并将废弃泥浆弃运至允许排放的地点。

（3）护筒制作及埋设

289 号水中主墩钢护筒采用 16mm 钢板制作，287 号、288 号、290 号陆地墩钢护筒采用 10mm 钢板制作，其钢护筒直径大于钻孔桩径 30cm。为便于泥浆循环，在护筒顶端设高 300mm、宽 200mm 的出浆口。

陆地护筒埋设采用挖孔埋设的方法，在挖孔至一定深度符合要求后，分层对称夯填护筒四周黏土。水中墩钢护筒埋设采用履带振动打桩机进行打设，在钢护筒打设前，设置好钢护筒的导向装置，确保钢护筒可以精确的打入设计位置，打入的护筒中心应与桩中心线重合，护筒埋设允许偏差：平面误差 50mm，倾斜度 1‰。陆地墩钢护筒高出地面 0.3m。

（4）钻机就位

钻机就位前，检查对钻机的各项准备工作，包括场地布置与钻机坐落处平整和加固以及主要机具的检查、维修、安装、配套设施的就位及水电供应等。在现场组装钻机，并采用枕木支垫。冲击钻机就位时将钻头对准桩位，安装钻机时底架垫平，保持稳定，不得产生位移和沉陷。

（5）钻孔作业

开钻时应先在孔内灌注泥浆，泥浆相对密度指标根据土层情况而定，如孔中有水，可直接投入黏土，用冲击锤以小冲程反复冲击造浆。

钻进过程中经常注意土层变化，每进尺 2m 或在土层变化处捞取样渣，判断土层，记入钻孔记录表并与地质柱状图核对。钻孔距设计标高 1.0m 时，注意控制钻进速度和深度，防止超钻，并核实地质资料。

钻孔深度达到设计要求后，使用探孔器对成孔的孔径和倾斜度等进行检查。

（6）清孔

钻孔孔底标高满足设计要求后，进行孔径和垂直度检查，合格后进行清孔，采用泥浆正循环加高压射风清孔（气举法）。泥浆正循环加高压射风二次清孔即利用风压，形成一个压力场，当风压大于泥浆形成的压力时，沉积颗粒离开孔底，向上悬浮，漂浮状的颗粒容易随泥浆循环的换浆法而流出孔外，达到清孔目的。

同时在钢筋笼、灌注混凝土的导管、漏斗安装期间，可能出现泥浆中粗颗粒等渣粒沉淀孔底等现象。为保证端承桩质量，满足工后沉降变形和孔底沉渣清除干净的规范要求，必须在混凝土灌注前对桩底的沉渣彻底清除。因此在混凝土灌注前用"高压射风"的办法对桩底沉渣进行高压射风 3～5min 的风压扰动并及时利用灌注桩的第一斗封底混凝土的巨大冲击，将桩底沉渣清理干净。

（7）钢筋笼制作与安装

钢筋笼钢筋在钢筋棚中集中进行加工，分节制作，运至施工现场焊接、绑扎，成型后采用吊机提入孔内。

钢筋笼在清孔结束后，立即及时放入孔内。钢筋笼吊装时设置防浮工字钢支撑，并与钢护筒焊连，工字钢底部留口将钢筋笼顶部主筋抵住，工字钢上部拉住钢护筒。

(8) 水下混凝土灌注

二次清孔完成后，即进行水下混凝土灌注，混凝土在 4 号、5 号混凝土搅拌站集中拌制，混凝土搅拌运输车运至施工现场，汽车吊提升入漏斗，导管法灌注，导管直径选用 $\phi300mm$。

混凝土灌注中途不得中断，现场管理人员经常探测孔内混凝土面的标高（可用测绳吊着重砣进行），及时调整埋管深度。当混凝土灌注至接近钢筋笼骨架时，加大导管埋深，放慢灌注速度，以减少混凝土对钢筋笼的冲击，防止钢筋笼上浮。

混凝土灌注在设计桩顶上，多灌注 100cm 以上，以保证混凝土强度，保证桩与承台之间的连接混凝土质量，多余部分混凝土在承台开挖后凿除清理，保证清理后的桩头无松散层。

(9) 钻孔桩遇岩溶施工

对于存在浅埋岩溶或地面塌陷等不良地层的桩位，先处理、后钻孔。

钻机支撑点要远离桩位，支点距离应根据可能造成的坍塌范围进行估算，严禁将钻机直接支撑在孔口，同时用"八"字缆风绳拴拉钻机。钻机安装就位后，底座和顶端应平稳，不得产生位移或沉陷。

当钻至溶洞顶1m 左右时，首先准备足够的小片石或狗头石（直径 10～20cm）和黏土，黏土要做成泥球（$\phi15\sim\phi20$cm），对于半填充和无填充的溶洞要组织足够的水源。其次在 1～1.5m 范围内变换冲程或钻头，逐渐将洞顶击穿，以防止卡钻。

根据钻孔的进尺情况，在击穿洞顶之前，要有专人观测护筒内泥浆面的变化，一旦泥浆面下降，应迅速补水。击穿洞顶后，在溶洞内钻进时，根据填充物的不同，要采取不同的钻进方法。当充填物为软弱黏性土或淤泥时，应向孔内投入黏土、片石混合物（比例 1：1），冲砸固壁；当为砂层、卵石层时，还应提高泥浆的黏度和相对密度。只有当泥浆漏失现象全部消失后才转入正常钻进。如此反复使钻孔顺利穿过溶洞。

对于特大型溶洞或半充填的溶洞或溶洞上方有较厚的砂砾层时，为防止泥浆突然流失，造成孔壁坍塌，应采取护筒跟进法施工，具体施工操作见表 4-9。

溶洞地段钻孔桩套筒跟进法施工步骤　　　　　　　　　　　　表 4-9

序	示　意　图	说　　　　明
1		预埋比桩径大 40cm 的钢护筒，长度 4～6m。小型溶洞在钻孔前先压浆处理

序	示 意 图	说 明
2	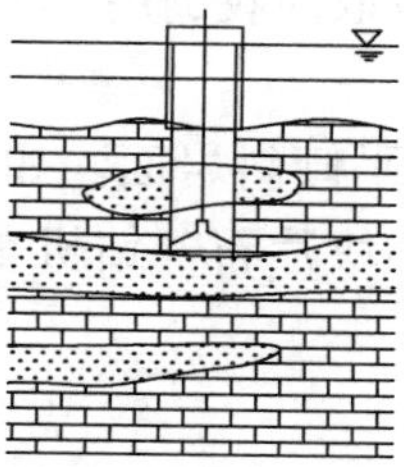	采用比桩径大 20cm 的钻头钻孔至岩层顶面，采用膨润土护壁
3	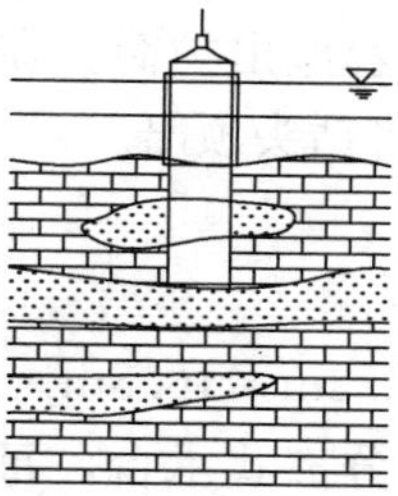	用 100t 沉拔桩机辅助下沉比桩径大 20cm 的护筒至岩面。在护筒与基岩交接处浇筑与桩基同强度等级混凝土，封闭护筒与基岩间的间隙，混凝土浇筑厚度为 1～2m。在护筒之间压注水泥浆使护筒外围空隙密实
4	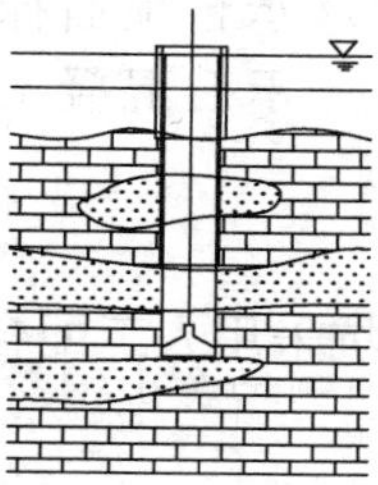	待混凝土达到设计强度后，采用常规溶洞区域桩基础施工方法进行成孔施工，溶洞顶板的击穿采用短进尺。溶洞击穿后，提出钻头，振动下沉护筒穿过溶洞在护筒与基岩交接处浇筑与桩基同强度等级混凝土，达到强度后继续钻进
5	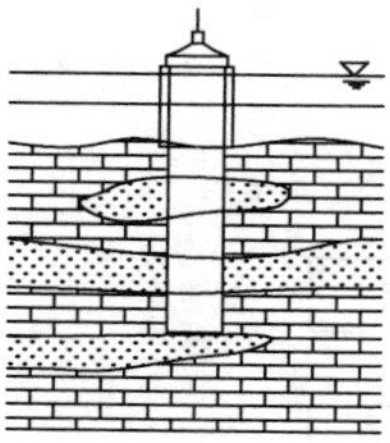	钻至下层小型溶洞顶，停止钻进，用地质钻钻一小孔，对下层溶洞进行压浆处理
6	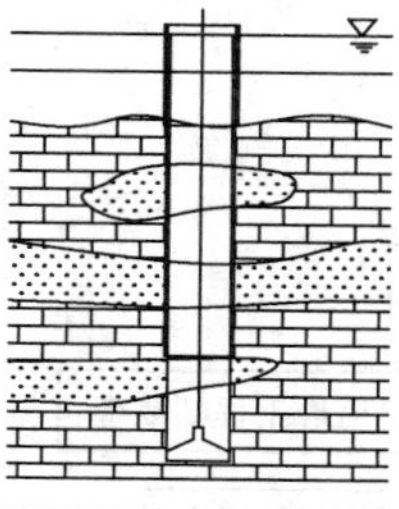	溶洞内填充固结后，继续钻进至基岩，完成钻孔

（10）常见故障处理措施

1）塌孔

在钻进过程中要注意观察钻机钻杆或钢丝绳的异常情况，有问题应先提高钻头，然后再用测量绳测量孔深。如果有塌孔现象，轻微塌孔则需向孔内投放黏土，保持孔内泥浆相对密度大于1.3，并保持孔内水头；严重塌孔则需及时跟进护筒，回填数米深黏土、小块片石和适量水泥，重新钻进。跟进的护筒在成孔后，下钢筋笼前，潜水工在高于外侧护筒1.5m处水平切割，并拔取回收倒用。

2）斜钻

回填黏土、小块片石，使用冲击钻机反复冲砸，砸平倾斜岩面。如发现斜钻情况时已终孔，则要在需处理的那段回填黏土和少量小块片石，钻机重新对中，调整钢丝绳位置，重新钻孔，直至孔底设计标高。

3）掉钻

冲击钻机因塌孔埋钻后提钻头时用力过猛，钢丝绳破断，引起的掉钻；冲击钻机冲程过大，钻头穿过薄的岩洞顶板时掉入溶洞，斜着甩出护筒。在清除钻头上的土层后，拴好钢丝绳，用千斤顶支在平台分配梁上将钻头顶出。

（三）承台施工

1. 承台设计概况

289号主墩承台顶面标高为−5.539m，长宽高为23.2m×16.8m×5m，四角倒圆。288号主墩承台顶面标高为+1.961m，采用两个分离式承台，每个承台尺寸为长26.5m×宽6.5m×高6.0m。287号、290号边墩承台顶面标高分别为+20.583m、+12.433m，长宽高为14.5m×6.5m×3m。承台混凝土强度等级为C40。

2. 承台施工工艺

（1）288号、287号、290号墩位于陆地上，承台基坑采用人工配合挖掘机放坡开挖。承台施工工艺流程如图4-41所示。

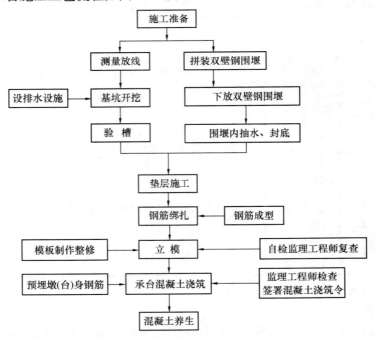

图4-41　承台施工工艺框图

先根据承台设计尺寸另加必要操作空间放出开挖边线，然后人工配合机械挖坑，在基坑四周设置排水沟、四角设置汇水井。潜水泵抽水，保证基底无积水。基底铺垫 10cm 厚碎石，并整平夯实，凿除桩头。具体详如图 4-42 所示。

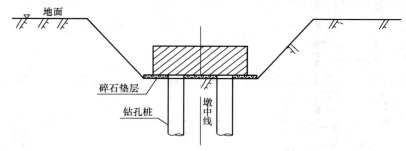

图 4-42　岸上承台施工方案示意图

钢筋在钢筋加工场加工，平板车运到现场，基底检查合格后，精确放样定位，现场绑扎。承台模板采用厂制大块钢模，面板厚 8mm，外壁加竖、横向加劲肋，外加环向槽钢加劲肋，分 4～6 块在现场拼装，螺栓联结。承台模板支撑方式为外加固，支撑点放置在基坑和支护模板内侧。

承台混凝土按大体积混凝土施工工艺进行，其拌合、运输、浇筑、养护等均按高性能混凝土的标准要求进行。为了减小混凝土表面温度裂纹，承台混凝土采用连续斜面薄层推移式浇筑方法浇筑，每层厚度控制在 40cm 以内，以充分利用混凝土层面散热。在承台中按水平 1m 间距布设 2～3 层冷却水管，不间断通水循环降温。承台混凝土拆模后，陆地墩基坑及时用原土分层回填夯实。承台混凝土的养护时间不小于 56d。

（2）289 号墩承台位于水中，利用双壁钢围堰提供干的施工环境进行施工。289 号墩水中承台施工方案示意图如图 4-43 所示。

3. 289 号墩双壁钢围堰设计与施工

（1）双壁钢围堰设计与施工

289 号主墩在河床清礁后位于西华海水道中，水深 14.7m，计划采用双壁钢围堰进行施工承台。

钻孔桩施工的同时，即可开始双壁钢围堰的制作。由于钢围堰采用现场制造，制作场地设在 289～290 号墩间进行，对所有结构焊缝进行检查，内、外壁板对接焊缝必须通过煤油渗透试验，发现渗漏处须进行补焊。

在西华海水道上下游平台各设 25t 汽车吊，利用汽车吊进行围堰拼装、安装和其他相关作业。围堰下沉到位后，及时浇筑围堰封底混凝土。其双壁钢围堰施工工艺流程详如图 4-44 所示。

（2）钢围堰平面形状的确定

主墩承台为矩形承台，为尽可能减小占用航道面积，减小施工对航道的影响，在确保施工安全、质量的前提下，选用占用河道面积小，带内支撑的矩形双壁钢围堰。

（3）双壁钢围堰的结构设计

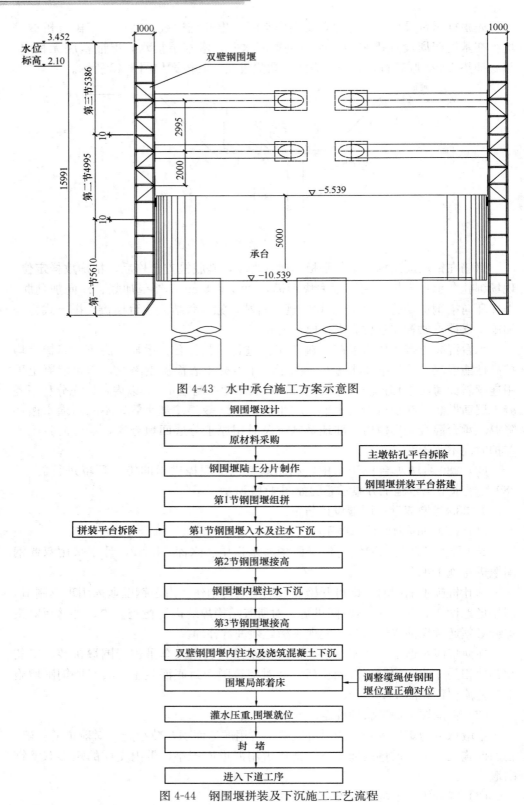

图 4-43 水中承台施工方案示意图

图 4-44 钢围堰拼装及下沉施工工艺流程

双壁钢围堰的主要作用和用途是为承台、墩身施工创造一个良好的干施工作业环境，同时应具有抗涌潮和防洪水的能力。因此，钢围堰的施工是主墩承台施工的关键工序之一。

钢围堰由钢板和型钢焊接而成，围堰壁、分隔仓均为水密结构。经过多种方案研究、比较，考虑到西华海水道宽度只有 165m，且根据现场施工及加工场地限制，跨西华海水道主墩承台施工采用矩形双壁钢围堰作为主墩基础的围水结构。

1）钢围堰尺寸及分节

钢围堰净空尺寸为 23.4m×17.4m（与承台尺寸基本一致），底标高为 −12.539m，设防顶标高为 ＋3.452m，总高度约 15.991m，双壁钢围堰外形尺寸为 25.4m×19m×15.991m（长×宽×高）。为了拼装、拆卸、吊装的方便，钢围堰设置每节高约 5～6m，共 3 节。

钢围堰共分 3 节，其分节高度及重量见表 4-10。

各节钢围堰重量及高度   表 4-10

序号	名　　　称	分节高度（m）	分节重量（t）
1	第一节双壁围堰	5.61	86.017
2	第二节双壁围堰	4.995	179.4884
3	第三节双壁围堰	5.386	122.4836
4	合计	15.991	387.989

2）钢围堰井壁及分块

围堰周围由内外两层钢壁组成，钢围堰壁厚 1.0m，面板采用厚 6mm 钢板，面板上横肋采用 L75×75×6 角钢，竖肋采用 L100×100×14 角钢，肋的间距（内外壁）均为 40.4cm。内外壁竖向上每隔 0.985m 或 1.5m 设有 □150×10mm 水平环形板，同一平面上的内外水平环形板间以角钢 L75×75×6 焊接作为骨架，形成水平环形桁架，使得内外壁组合成整体。

为便于拼装，钢围堰可制成 12 块大模板，钢围堰总重为 388t。具体分块重量详见表 4-11。

各节块钢围堰重量   表 4-11

分块＼分节	第一节双壁围堰	第二节双壁围堰	第三节双壁围堰
第（一）块（kg）	6401.1	9610.6	7335.1
第（二）块（kg）	6330.6	11489.2	8281.3
第（三）块（kg）	6085.2	11248.3	8089.3
第（四）块（kg）	6310.8	9698.5	7304.8
第（五）块（kg）	6401.1	9610.6	7335.1
第（六）块（kg）	6330.6	11489.2	8281.3
第（七）块（kg）	6085.2	11248.3	8089.3
第（八）块（kg）	6310.8	9698.5	7304.8

续表

分块＼分节	第一节双壁围堰	第二节双壁围堰	第三节双壁围堰
第（九）块（kg）	9092.8	14861.9	11137.5
第（十）块（kg）	8788.1	14654.8	10972.8
第（十一）块（kg）	9092.8	14861.9	11137.5
第（十二）块（kg）	8788.1	14654.8	10972.8
支撑架		36361.8	18182
合计（kg）	86017.2	179488.4	122423.6

3）围堰内支撑架

根据侧压力情况安装设计所需的纵横支撑。可按支撑间最大弯矩相等的原则设置支撑；钢围堰内采用 $\phi800\times10$mm 钢管桩作内支撑架，共设置 3 层，其平面布置如图 4-45 所示。

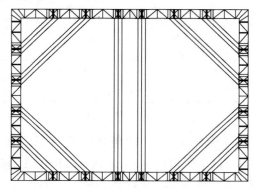

图 4-45　钢管支撑布置图

4）隔仓

在内外壁间设有隔仓，在平面上将围堰钢壳等分为 8 个互不相通的仓。隔仓板厚 6mm，且用水平缀板进行加劲。

（4）围堰制造

矩形双壁钢围堰制造流程如下：

下料→钢板对接、骨肋对接、角钢截断→单片桁架内组拼→内外壁组合制造（在胎模上焊骨肋）→调整焊接变形→脱模。

根据钢围堰的结构特点，工期要求、现场制造场地特点及现场吊装的条件。制造方案如下：

1）内外围板配料方案

围堰分 36 节段，每段根据节段设计长度，将内外围板的 6mm 的钢板沿高度方向对接。

对接采用手工电弧焊，不需开坡口。焊接方法严格按焊接工艺要求执行，焊接后产生的角变形可用火焰调平。接好的钢板用煤油渗透进行渗透试验，合格后方可进行下料。

2）下料

下料所划的切割线必须准确清晰，下料允许偏差±1mm、对角线偏差±2mm。下料应根据钢板厚度预留切割量。

单组件宽度、高度下料时要考虑焊接收缩量，一般控制在 $L/1000$mm。

下料宽度允许偏差±1mm。切割后的熔渣予以清除，焰切起始侧（切割面上缘）用砂轮倒棱，倒棱宽度 0.5～2mm，对深度不大于 2mm 的崩坑和缺口用砂轮沿纵向修磨匀顺。

对深度大于 2mm 的崩坑、缺口等缺陷应用砂轮将缺陷处修磨成宽深比大于 4 的圆弧形坡口补焊，补焊后用砂轮沿纵向修磨匀顺。

3）骨肋拼装焊接

骨肋按分段下料，其中水平肋下料后考虑搭接长度，除去搭接长度 $L/8$，焊后变形应在工作平台上调整。骨肋焊接应注意以下三个问题：

A. 焊接变形的控制，骨肋与钢板通过大量的连续贴角焊连接，焊接后必然产生焊接变形，可通过焊接顺序和控制焊接电流的方式来控制焊接变形，焊后仍然产生的焊接变形再采用火焰调整。

B. 用拼装胎模控制好骨肋的位置尺寸，以及各段的骨肋在同一条直线上，同时各骨肋两端预留 300mm 左右不焊，以便骨肋对接时调整。

C. 各段制造必须严格控制外形尺寸以确保后续的拼装质量，不允许随意在表面打火焊附件，吊装、翻身时要采取保护措施。

4）节块内外壁拼装焊接

A. 将内外围壁钢板平铺在平台上横向对接（先焊单面），吊到胎模上以后，壁板必须与胎模密贴，必要时在胎模反面设反拉装置。

B. 安装桁架，桁架的间距应控制准确以便节段对接，可在胎模上设桁架定位板。同时桁架横肋骨与面板两端留出 200mm 不焊（只针对底节），以便对接焊时调整。

C. 安装纵向肋，纵向肋上的角钢槽口要在拼装前开好，纵向骨肋间距也应控制准确以便节间对接，可在胎模上设纵向骨架定位装置。

D. 将内外壁板吊到已拼好的桁架上，在内外壁上设若干可调拉杆调整面板与骨肋密贴，无误后施焊。周边法兰与胎模上的竖向端板之间垫 20mm 厚钢板，以便脱模，用螺旋卡夹紧定位。

E. 焊接横纵骨肋，先焊纵肋，再焊横肋。焊接时应特别注意焊接顺序，防止扭曲变形。可从中间向两边对称焊，绝对不允许对角焊。

F. 制作胎模吊点及翻身吊点。单组件吊离胎模时应加焊壁板与骨肋焊缝，以免焊缝开裂。

G. 焊后检验、调形。节段各骨肋焊完后必然产生焊接变形，可将焊完后的节段再吊到胎模上检验，详细检查节段与胎形的密贴状况，根据检测的结果定调形方案。

5）拼装

A. 焊接变形的控制

骨肋与钢板通过大量的连续贴角焊连接，焊接后必然产生焊接变形，可通过焊接顺序和控制焊接电流的方式来控制焊接变形，焊后仍然产生的焊接变形再采用火焰调整。

B. 用拼装胎模控制好骨肋的位置尺寸，以及各段的骨肋在同一条直线上，同时各骨肋两端预留 300mm 左右不焊，以便骨肋对接时调整。

各段制造必须严格控制外形尺寸以确保后续的拼装质量，不允许随意在表面打火焊附件，吊装、翻身时要采取保护措施。

6）焊接

内围壁及外围壁在胎模上组拼无误后开始施焊，首件要求在胎模上焊接，目的是为了发现焊接变形的规律，以便调整胎模的尺寸。胎模一旦调整定型，后面单组件的焊接可不在胎模上进行。

7）焊接质量要求及规范

在钢围堰的制作过程中应严格控制其每个构件的制造精度，确保每个连接面结构的准确性以及拼装后整体几何形状的准确性，以保证在现场安装能顺利进行。焊缝要求质量良好，密封不漏水，焊缝要求做煤油渗透试验。钢围堰制作的精度要求如下：高度：±50mm；内壁尺寸：±20mm；板对接错边：±2mm。煤油渗透检验应按规范要求在焊接完毕24h后进行。

焊缝：所有对接焊缝均为三级熔透焊缝，节间角焊缝为双面连续填角焊，焊脚高度$K=6$mm；横向竖向骨肋为交错间隔焊：焊200mm空100mm。

钢围堰制作完成后应及时进行预拼，以尽早检查发现制作过程中出现的偏差并修改，确保结构的完好。

（5）临时钻孔平台体系转换

在承台的最后一根钻孔桩混凝土浇筑后第三天，组织人力进行临时钻孔平台体系转换，使其能适应下一步钢围堰的施工。具体转换如下：将临时钻孔平台中间妨碍底节钢围堰就位及下沉的$\phi630$钢管桩、部分[20槽钢剪刀撑拆除。中间的部分工字钢梁吊起架在平台四周钢管桩上，四周用短焊将相邻工字钢梁联系加固。同时在临时平台上搭设100cm宽人行道，便于后序作业的展开，使转换后的临时钻孔平台保持自身稳定。

（6）底节钢围堰拼装

底节钢围堰搁置在拼装平台上进行组拼。在上、下游周边已成桩的10根钢护筒上焊接Ⅰ25牛腿形成拼装平台，根据围堰的分片数量设置14个，然后在围堰内侧设置50cm宽的通道，供施工时人员的行走。

首节围堰施工时的一般高潮为+2.1m，且大钢护筒的顶标高为4.6m，为避开牛腿水下焊接作业，故拼装平台牛腿的顶标高定为+4.6m，底标高+3.0m，牛腿的结构为三角形支撑，由Ⅰ25型钢及双[20槽钢构成。

（7）升降挂架的安装及钢护筒的连接

1）首节钢围堰在高潮位以上拼接完成后入水，通过在上、下游周边10根钢护筒顶部设置5.0m高的挂架，每根钢护筒上设一个吊点，共计10个吊点，然后在第一节围堰底面以上2.5m处焊接与吊点角度一致的吊耳，利用10个200kN捯链及$\phi32.5-6\times37-100$钢丝绳将首节围堰（总重86.01t）挂在护筒上。

挂架由$\phi630\times8$mm钢管立柱及$2L75\times75\times8$拉杆组成。

2）钢护筒的连接。

为增加钢围堰下沉时导向系统的刚度及下沉时大护筒的稳定，在上、下游已成桩的12个钢护筒顶标高+3.0m处相互间用双[20槽钢进行连接。

在连接部位的护筒内壁处，用Ⅰ25型钢做成"十"字撑进行加强。

3）定位导向结构。

围堰在下沉过程中，需进行导向，防止其偏位，因此在钢围堰上设置钢导向结构，起围堰下沉导向作用。在围堰四周每层各设 6 个，共设 2 层，第一层设置在第一节围堰的顶部，第二层设置在第三节钢围堰的底部。

（8）首节钢围堰的拼装

钢围堰拼装、安装前的准备工作就绪且拼装牛腿焊接完成后进行首节围堰转运、拼装。

1）围堰单片就位与拼装

第一节钢围堰分片按顺序拼装：（一）→（二）→（九）→（三）→（十）→（四）→（五）→（六）→（十一）→（八）→（十二）→（七），下游钢围堰（一）片由浮吊吊起缓缓落至对应的牛腿上，经测量校核围堰的定位点及垂直度无误后，用［22 型钢将围堰内侧与护筒之间焊接，使其临时固定及限位，浮吊或汽吊松钩，这样第一片围堰作为定位基准块，吊车或浮吊再起吊（二）和（四）片，两片接口处以已修好的一边为基准，修整另一边，余量大小以保证横向支撑间尺寸为准，两接口通过捯链拉拢，余量割除后直接点焊，吊装一片后就位一片，12 片围堰依次就位完毕。

首节钢围堰 12 片待全部组拼，经测量校核其平面位置及垂直度均合乎要求后，利用 4m 长挂梯依次满焊 12 条大合拢竖向缝。

首节钢围堰施焊完毕，焊缝处涂煤油作水密性检查。

2）钢围堰下放吊耳的安装

钢围堰下放吊耳是挂架用来升降第一节围堰的重要部件，上、下游设有 10 个，吊耳安装在第一节围堰顶面以下 1.0m 的内壁板上，安装的角度应与挂架顶口的吊点一致，要求在内壁板上吊耳位置的内外侧局部用 $\delta=10mm$ 钢板加强，内侧面加 $30cm\times50cm$ 板，外侧面在环板处加 $20cm\times20cm$ 的三角形加劲板。

首节钢围堰拼装完成后，拆除操作平台，围堰内外壁不应残留施工部件，准备下沉首节双壁钢围堰。

（9）首节双壁钢围堰下放、注水下沉

利用 10 个性能完好的 200kN 的捯链、20 根 2m 长直径 $\phi32.5$ 的钢丝绳和 20t 的卡环将围堰吊在升降挂架上。

选择小潮期间，在现场专人统一指挥下，20 名操作工人同时向上将 200kN 捯链链条收 10cm，使钢围堰脱离牛腿支撑，此时检查链滑车及吊耳受力状态，确定滑车及吊耳等悬挂系统无变形后割除钢护筒上的牛腿，注意牛腿要割除干净不留突出铁件，避免造成围堰下沉困难。

牛腿全部切割完毕，检查护筒及围堰内外壁上无残留的施工物件后，在指挥长统一指挥下，同时均匀放松捯链，以每一声令下放 10cm 为原则，使围堰在导向系统作用下徐徐入水，围堰入水 2.5m 后自浮，此时取走捯链及钢丝绳。

用 10 台 $30m^3/h$ 潜水泵分别向 8 个舱内注水，钢围堰在配重水作用下徐徐下沉，同时测量观测围堰的顶面高差，通过隔舱内的注水量调平，待围堰下沉至 3m 时，停止注水。

钢围堰停止下沉后立即用 10 个 50kN 捯链与钢护筒水平连接，调平钢围堰进行第 2 节钢围堰对接拼装。

（10）第二节钢围堰焊接接高下沉

1）上述工作完毕后，使用汽吊或浮吊配合，吊装钢围堰块件至底节钢围堰上安装，钢围堰块件在吊装过程中，作业人员随时观察围堰外侧油漆对接标记是否对拢，若发现不对拢，须重新吊起调整。

2）钢围堰对接合拢后，工作人员应检查上下两节围堰的接缝是否密贴，各隔舱分隔线是否对齐，岸上的观测人员通过仪器检测上下两节是否在同一条直线上，检查无误后，电焊工开始焊接。电焊结束后，应用煤油对焊缝进行渗透试验，检查焊缝的水密性，如有渗漏应及时补焊。

3）对钢围堰位置进行定位测量和全面检查，检查合格后，解除与钢护筒的连接，使钢围堰缓慢下沉，每下沉一定深度，亦要全面检查是否漏水。

4）处于悬浮状态的钢围堰，采取分舱对称加水的方法，让钢围堰下沉。一般情况下，能使钢围堰下沉到焊接面距水面约 2m 处，方便电焊的高度为宜。

（11）第三节围堰的接高下沉

第三节围堰接高完成，解除围堰与护筒的连接，采取夹壁对称浇筑混凝土和吸泥下沉的方式下沉。

吸泥机采用 $\phi 250 \times 8mm$ 刚性导管配备 $20m^3$ 的空压机，用 4 套导管配弯头、软管和 2 台 $20m^3$ 的空压机及注水水泵，第三节拼完后开启空气吸泥机，进行围堰刃脚周边吸泥，以最快的速度使钢围堰入泥下沉。

当钢围堰下沉系数不足时，采用水下刚性导管法分仓浇筑夹壁填仓混凝土（C20），一是填仓压重，二是满足承台施工时对双壁钢围堰结构的强度和刚度要求。夹壁对称浇筑混凝土和吸泥下沉注意以下两点：

1）夹壁混凝土浇筑

夹壁混凝土的灌注按对称原则，从两个方向开始灌注，灌注过程中，灌注速度尽量一致，一定要保证围堰顶面水平。

每个隔仓内夹壁灌注混凝土高度除应满足围堰下沉要求外，同时考虑了承台施工时对双壁钢围堰结构的强度和刚度要求，夹壁混凝土浇筑高度为 5.9m。

2）围堰下沉至设计标高

钢围堰下沉至设计标高－12.539m 后，围堰内继续吸泥至设计标高，潜水员下水，用高压水枪对围堰刃脚内侧、钢护筒周边进行冲洗，清洗这些部位，使内侧与封底混凝土有良好的握裹。

（12）精确定位及围堰落河床

1）当第三节钢围堰焊接接高下沉接近岩面时，应停止下沉，对钢围堰的位置进行测量。钢围堰下沉后的下一步工作就是正式定位，正式定位测量采用前后交会定点和全站仪坐标定点控制围堰的位置，钢围堰的垂直状态测量，则是用水平仪测量钢围堰水平高差，推算围堰中心与墩位中心偏差不超过围堰高度的 1/50。根据测量结果，调整手捯链，使钢围堰处于设计位置，调整围堰上下的缆绳，使钢围堰置于垂直位置，且围堰中心与墩中心基本上重合。

2）围堰落河床工作应尽量安排在水位低、流速小时进行。

3）围堰落河床前，应对所有锚定设备及导向设施进行一次全面检查和调整，用调整锚绳和拉缆的办法使围堰精确定位。

4）围堰精确定位后，应加速对称在围堰内灌水，使围堰尽快落入河床。收紧全部拉缆，使钢围堰不受水冲动。

5）特别注意的是：当确认钢围堰有一点已经接触岩面，就不能再继续下沉，避免钢围堰下沉倾斜，应由潜水员在适当位置将钢围堰刃脚与岩面间隔进行抄垫堵塞，填妥后，再次进行测量检查，确认无误后，向钢围堰隔舱内灌水压重，使钢围堰稳妥地支撑在岩面上。

（13）清基封底

要解决好围堰底部因与土或岩层接触面不均匀密合产生的渗漏，需先由潜水工将围堰脚与岩面间空隙部分的泥沙软层清除干净，然后在围堰脚堆码一圈砂袋，作为封堵砂浆的内模，再用布袋或水桶盛 1：1 水泥砂浆，缓缓吊送给潜水工，由潜水工将砂浆轻轻倒入围堰壁脚与砂袋之间以增强封堵效果，防止清基时砂砾涌入围堰内。如因围堰本身变形而发生的渗漏，可用棉絮在内侧嵌塞，同时在漏缝外侧撒大量的木屑，使其由水夹带至漏水处自行堵塞。

（14）钢围堰内水下混凝土封底

1）水下混凝土封底施工工艺流程

在钢围堰上铺设工字钢和封底平台，用万能杆件搭设总槽平台和分料平台，布置导管并安放球塞，输送泵送浆至总储料斗，总储料斗分料到封底导管的漏斗内，砍球，漏斗内混凝土开始下降时，立即开启总储料槽活门，迅速向该导管漏斗内输送混凝土，使该导管底部混凝土尽快扩张和升高，可靠地埋住导管。

其他封底导管以同样的方法逐根使其埋入混凝土中。随后，总储料斗均匀分配混凝土给各导管，直至混凝土达到设计标高。详如图 4-46 水下混凝土封底施工工艺流程图。

2）主要工艺施工方法

平台安设：布置清基设备，封底前进行最后一次吸泥清基。在钢围堰上搭设工字钢纵横梁作水下混凝土封底平台。在平台上用万能杆件搭设总槽平台和分料平台。

导管布置：导管的间隔和数量根据导管作用半径、下口超压力和钢围堰底面积确定，导管布置确保导管有效灌注半径互相搭接，并考虑备用。安装前，对导管进行全面清整、检查及做水压试验，安装时，导管底距基底面的距离为 30cm 左右。

储料：用混凝土输送泵输送混凝土到墩位后接入总槽内，砍球开灌后，混凝土量要满足浇筑要求。

分料：总槽混凝土分料至各封底导管中。

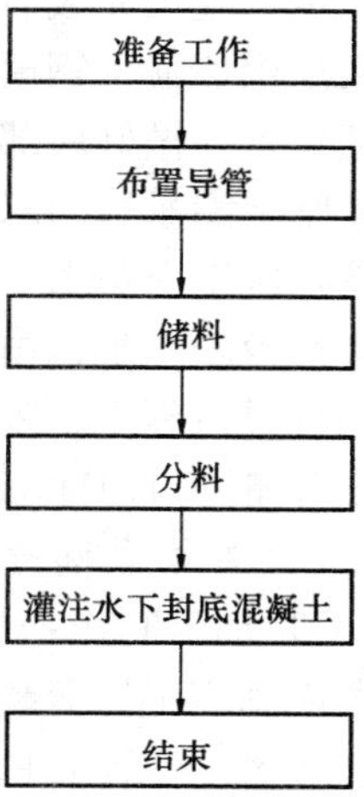

```
准备工作
  ↓
布置导管
  ↓
储料
  ↓
分料
  ↓
灌注水下封底混凝土
  ↓
结束
```

图 4-46　水下混凝土封底
施工工艺流程图

导管砍球开灌：邻近导管开灌后，混凝土有可能摊流至未灌导管下面，故在砍球前再次核对该未灌混凝土管底距基底面或混凝土面的距离，避免发生该导管球塞不能排出管外。砍球顺序为先深后浅，先外圈后中间。

砍球时，当导管漏斗内混凝土开始下降时，立即开启料槽活门，迅速向漏斗内输送混凝土，球塞通过导管排出管外后，将导管下降 10～20cm，并迅速不断地灌入混凝土，使导管下的混凝土尽快地扩张和升高、可靠地埋住导管。

施工完封底混凝土达强度后进行双壁钢围堰内抽水。抽水过程要分阶段，并及时观察围堰有无渗漏、变形、移位、上浮，若有异常应及时停止抽水，并分析原因。严禁抽水一步到位。抽水完成后进行承台施工。

（四）墩身施工

1. 墩身施工概述

主桥 288 号、289 号主墩墩身采用圆端形钢筋混凝土双薄壁墩结构，每片墩身宽 11.0m，厚 2.5m，采用 C50 混凝土，墩高分别为 14.8m、22.3m。287 号、290 号交界墩墩身采用圆端形钢筋混凝土结构，每个墩宽 11.1m，厚 4.5m，采用 C50 混凝土，墩高分别为 1.5m、10.0m。

承台完成后及时浇筑墩身，墩身混凝土龄期与承台混凝土龄期不至于相差太大。承台施工完成后，进行承台面混凝土处理、墩身放样，及时搭设支架。墩身模板采用加强型钢模板，水中墩模板施工，人工配合塔吊分节安装墩身模板，一模到顶，并做好底部防漏浆处理及模板加固。钢筋空中定位采用劲性骨架空中定位，施工测量采用三维坐标控制。水中墩各配备一台 TC5013B 塔吊用作材料垂直运输，施工人员上下通过施工马道来实现，混凝土采用 HTB-60 型拖泵泵送。交接墩模板采用吊机吊运拼装，墩身外围搭设钢管脚手架作为施工平台。墩身采用无拉杆模板施工工艺，其墩身施工工艺流程如图 4-47 所示。

2. 钢筋加工和安装

（1）主墩劲性骨架加工及安装

1）加工制作：主筋每次接高 9m，接高后由于柔性较大，定位比较困难，同时考虑到施工风荷载的影响，所以必须采用劲性骨架进行主筋定位。劲性骨架采用∠50×5 角钢作主肢，9m 一段在后场精加工，要求骨架平直，焊接牢固，骨架加工误差要求控制在 5mm 以内。

2）劲性骨架安装：骨架加工验收合格后运至塔吊起吊范围内，通过塔吊安装。每一节骨架安装前在前一段骨架四角焊测量用的短角钢上放出该节段骨架底部位置，点焊上下节骨架，用 2m 水平靠尺检测其垂直度，校正后用∠50×5 角钢将骨架焊接成整体，并在其顶端焊接角钢，以方便下一节骨架安装。为便于操作，在两侧模板背桁上焊钢管支架，上铺脚手架。

（2）墩身钢筋施工工艺

1）钢筋的加工与堆放

主筋：主筋定尺长 9m，直螺纹套筒接长，为加快施工进度，在加工场先墩粗车丝，并用塑料套头保护丝扣，直螺纹接头质量应满足行业标准要求。

水平筋：严格按施工图设计进行加工，弯角力求准确，下料长度不得出现较

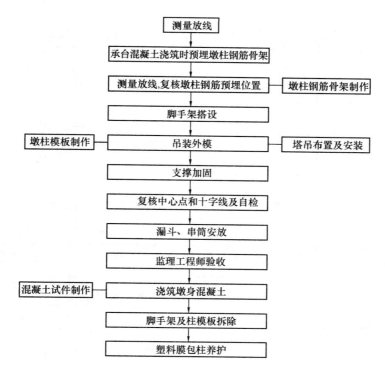

图 4-47　墩身施工工艺框图

大误差，加工完成后的水平筋应按不同尺寸分类堆放整齐。

2）钢筋骨架的绑扎

主筋接长：塔吊提升，按照主筋间距加工卡板，每次提升 16 根主筋，旋转丝扣对接，丝扣一定要上满且牢固，同时主筋接头错开至少 $35d$，严禁超过 40% 的主筋接头在同一截面上。

水平筋绑扎：水平筋与主筋采用绑扎钢丝绑扎，注意其间距必须符合设计要求。

保护层：需满足设计要求，保护层采用与结构混凝土同强度等级的预制砂浆垫块，上下错开布置，间距 1.0m。

3）接地钢筋布置

按照客运专线桥梁综合接地施工要求及铁四院综合接地设计图，严格控制接地钢筋接头质量及布置位置。在灌注混凝土前需要用摇表对墩身接地钢筋电阻进行测试，要控制接地电阻在 10Ω 以内，如图 4-48 所示。

3. 模板制作和安装

（1）模板施工设计

主桥 288 号、289 号墩身模板为分块拼装整体无拉杆式模板，横桥向标准块为 2 块 2×4.25m，高度方向先用大块累加，最后用 1×4.25m 调整；顺桥向标准块为 2 块 2×1.25m（圆端形），高度方向先用大块累加，最后用 1×1.25m 调整。

交界墩 287 号、290 号墩拼装整体无拉杆式模板分 8 个标准块，为保证外观质

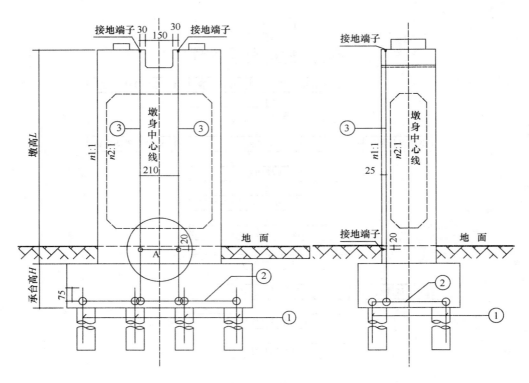

图 4-48　墩身接地钢筋布置图

量,模板一次性支立成型。模板委托专业钢结构加工厂加工制作,汽车倒运至施工现场。

模板采用 8mm 厚钢板,竖肋为 [8 槽钢,横肋为 L80-8 角钢,联边角钢采用 L80-8 角钢。桁架采用 [16 槽钢和 I14 工字钢组合。为满足墩身混凝土一次性浇筑的需要,289 号墩承台以上 10m 段墩身桁架间距为 1.0m,288 号墩承台以上 5m 段墩身桁架间距为 1.0m,其他桁架间距为 1.5m。模板平面构造如图 4-49 所示。

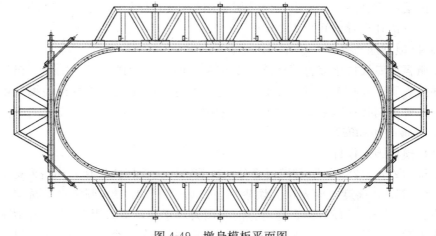

图 4-49　墩身模板平面图

（2）模板安装

墩身分节立模，节块高度 2～4m，施工人员沿墩身外围搭设钢管支架作操作平台，在平台上对模板连接，就位操作。模板要保证墩身结构形式及外形尺寸，故模板自身稳定性极其重要。

模板自身稳定性：一方面模板与桁架之间用螺栓连接，另一方面外模之间采用 $\phi25$ 装配式螺栓连成整体，桁架与桁架之间采用 $\phi32$ 螺栓封闭，模板四周设置 8 道钢丝绳拉接模板，对模板起调节位置和限位用，钢丝绳另一端与承台预埋件或周围地面的锚杆连接。

模板刚度：模板在安装及拆卸过程中，严禁碰撞，以免变形。模板在调整时，注意其垂直度及接缝情况，避免千斤顶过量顶升。节段混凝土浇筑前，严格检查各对拉螺杆的定位情况，螺母要拧紧上牢，并在混凝土浇筑过程中加强巡视，以免丝扣滑脱。模板在周转使用过程中，经常检查其表面及肋带，及时修整，以确保表面平整度及外形尺寸满足设计要求。

4. 混凝土浇筑

（1）施工工艺要求及材料要求

墩身混凝土要求一次性成型，施工前要做好充足的准备工作，因墩身较长，墩高最高达 22.3m，在墩身两侧圆弧段各设置一个串筒，保证混凝土自由下落高度不超过 2m。振捣设备采用 $\phi50$ 插入式振动棒，为保证振捣质量，提高墩身密实度，每个墩身施工要求有 8 个振动棒同时运行，还需要 2 个备用。承台以上 10m 高度模板上设置两排附着式振动机，以提高混凝土表面密实度，提高外观质量。墩身施工必须注意以下几点：

1）使用良好的机具、精制钢模有足够的刚度、面板光洁平整。

2）制定详细的科学合理实用性强的施工细则。

3）墩身混凝土施工采用掺高效低热外加剂及粉煤灰等降低水化热措施，防止温度裂缝的产生，严格控制施工工艺，使混凝土振捣不漏浆，模板拼缝严密，以防砂线砂斑产生，确保无蜂窝麻面和露筋。

4）使用同一批的水泥、砂、石和同一混凝土配合比并使用精确电子计量的搅拌站，以确保混凝土外观色泽一致。

（2）混凝土温度测量和控制

墩身混凝土灌注时，使用"J8DX-1 大体积混凝土计算机循环测温仪"，及时掌握混凝土内部温度、表层温度，并绘制温度曲线图，当发现混凝土浇筑温度、内外温差或降温速率出现异常时，及时处理。

混凝土拌合阶段通过降低材料温度、改进搅拌机投料顺序等措施来降低混凝土出机温度。

浇筑阶段通过降低运输容器温度，适当选择浇筑时间，分层浇筑等技术措施来降低混凝土温度。

养护阶段通过内部降温或外部升温、保温、提高养护水温等措施，使混凝土核心温度、表面温度、外界温度差值控制在规定的范围内。

墩身混凝土施工时还要避免水化热产生过大的内外温差，经过计算在必要时在墩身内预埋冷却管，降低混凝土内部温度。

　　冷却管采用 D50 镀锌铁管，其布置及冷却循环系统如图 4-50 所示，上部结构施工前在孔道内压注 C50 水泥浆。实施过程中，根据实测混凝土芯部温度，确定参数，调整冷却水管的水平布设间距、竖向间距及管内流速，确保混凝土芯部温度控制在规定的范围内。

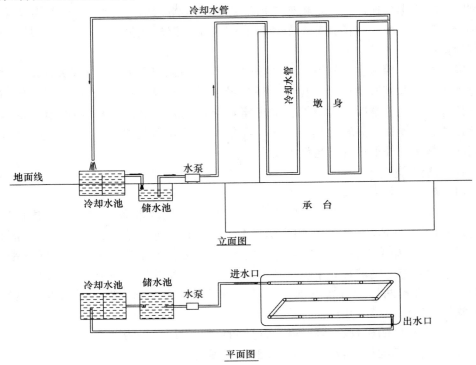

图 4-50　墩身冷却循环系统示意图

　　5. 模板拆除

　　墩身模板采用塔吊或吊机从上往下分段拆除，拆除过程中要有专人监护，防止吊运模板过程中碰撞墩身，造成墩身外观缺陷。拆除后的模板应平整放置，堆码整齐，打磨干净后涂油，下垫方木，上覆彩条布留置待用。

　　6. 混凝土养护

　　墩身拆模后的混凝土立即使用保温保湿的无纺土工布覆盖，外贴隔水塑料薄膜，使用自动喷水系统和喷雾器，不间断养护，避免形成干湿循环，养护时间不少于 7d 后，拆除无纺土工布，再用塑料薄膜紧密覆盖，保湿养护 14d 以上。桥墩养护详如图 4-51 所示。

　　养护期间混凝土强度未达到规定强度之前，不得承受外荷载。当混凝土强度满足拆模要求，且芯部混凝土与表层混凝土之间的温差、表层混凝土与环境之间的温差均不大于 15℃时，方可拆模。

　　（五）主桥预应力连续刚构

　　1. 0 号块施工

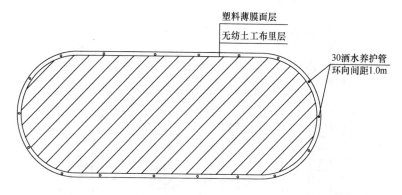

图 4-51　墩身养护示意图

跨西华海桥连续刚构 0 号块长度 13m，梁段最大高度 11m，最小高度 10.656m，梁段总重量 954.2t；梁底宽 8.5m，顶宽 13.4m。

由于 0 号块混凝土体积较大、重量重，经综合比较并结合类似工程施工经验，本桥 0 号块施工拟采用支架与托架相结合的方式。

（1）支架设计与安装

1）墩两侧支架设计

在顺桥向承台边缘各焊接、安装外径 820mm 的钢管桩 3 根，桩间距 3m，共 6 根。钢管桩间沿竖向每隔 5.0m 采用 [20a 槽钢设置高 1.5m 的连接系，同时将钢管桩与墩身预埋钢板连接。

桩顶设 2Ⅰ45a 工字钢横梁，其上部在钢管相应位置墩身内预埋设置 6 片单层单排贝雷梁，墩身内预埋件为采用 [10 槽钢加工制作的贝雷梁阳头，预埋锚固长度 100cm。桩顶贝雷梁间距为 0.45m。为保证受力分布均匀，在贝雷梁上铺设Ⅰ40a 工字钢，间距 0.90m，再设 15mm×150mm 方木与 $\phi48×3.5$ 钢管架和底模。

2）墩间支架设计

前后两个墩间支架采用Ⅰ36a 工字钢与Ⅰ25a 工字钢设置：Ⅰ36a 工字钢梁和Ⅰ25a 工字钢斜撑均与墩身预埋钢板焊接，采用顶接角焊缝，焊缝高 8mm，并在横梁下缘焊接两块 20mm 厚加固三角铁。每个墩各布置 5 片，其上铺设Ⅰ40a 工字钢，间距 0.8m，再设 150mm×150mm 方木与 $\phi48×3.5$ 钢管架和底模。

0 号块支架请见图 4-52 支架侧面布置图、图 4-53 支架正面布置图、图 4-54 支架局部大样图。

3）支架安装

支架安装施工是 0 号块梁体施工的关键，其设计的主要技术要求是：具有足够的刚度和承载能力；结构受力明确能准确测定出混凝土浇筑过程中结构的弹性变形和非弹性变形；施工偏差和施工定位要求均应符合规范要求；便于施工操作，确保施工质量。

支架施工前，在墩身施工时同步进行预埋件的设置，预埋连接钢板均采用 $\delta=20mm$ 钢板，锚固钢筋为 $\phi20$ 螺纹钢筋。锚固连接板和贝雷梁阳头、阴头预埋件均在加工场加工，加工工艺和质量满足《钢结构施工及验收规范》要求，并由工

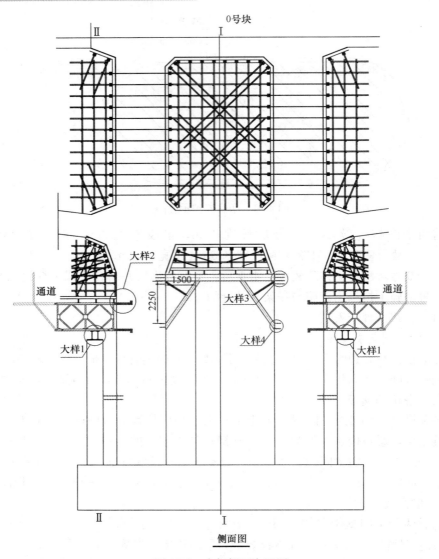

图 4-52　支架侧面布置图

程部进行检查、登记编号，办理签证放行手续。贝雷梁预埋连接件上、下弦杆分别加工后，在地面与贝雷梁试拼编号，利用 L50 角钢焊接固定上下弦杆的间距，保证预埋时上下弦杆位置满足安装要求。

支架梁上横向铺设工40a 工字钢横梁，并牢固焊接在主梁上，使其形成整体。横梁上纵向铺设 150mm×150mm 方木和脚手钢管等，最后铺设 $\delta=18$mm 厚竹胶板底模。

（2）模板安装

0 号外侧模部分采用墩身模板和专用模板，其余采用［10 槽钢和 L5 角钢焊接成单片钢架，具体由专业厂家加工制作。在地面拼装平台上拼成整块外侧模，用塔吊吊装于支架平台上，定位安装、临时固定，测量控制其水平位置及标高，校正两侧模之间的几何尺寸，保证立模的垂直度，待一切均调整、控制好后，采用

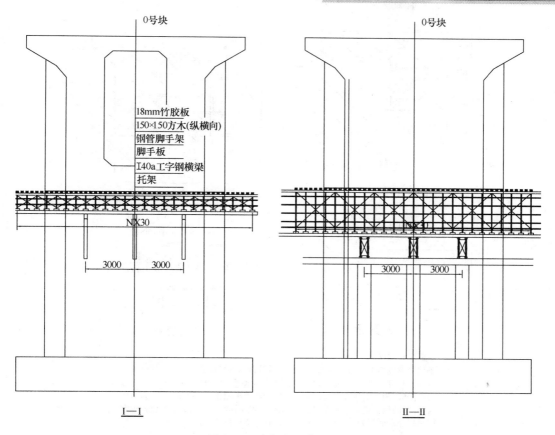

图 4-53　支架正面布置图

对接 $\phi20mm$ 拉杆紧固。

底模采用 18mm 竹胶板，15cm×15cm 方木作背楞，方木中心间距 200mm；内模和预留孔洞模板均采用竹胶板，按图纸标注尺寸详细制作加工，15cm×15cm方木做背楞，钢管支撑加固，设对拉拉杆。

端模板采用钢木结构，用拉杆对拉固定，板面为厚 25mm 木板钉镀锌薄钢板。方木斜撑与支架联结，保证端模板准确定位。外侧模、内模、端模间用拉杆联结并使用钢管做内撑，防止模板变形和移位。

（3）支架施工及注意事项

1）支架预压

考虑到支架的弹性变形，构件连接缝隙等因素，防止浇筑混凝土梁体时因支架的下沉而引起梁体出现裂隙，减少支架上部构造的变形，在支架平台搭设及底模板安装就位后，对支架进行预压试验，以消除其非弹性变形，测定其弹性变形与荷载的关系，为梁体底模预留高度提供可靠数据，同时支架的预压也是检验支架安全保证的一种最有效的方法。

支架预压的目的是测定支架弹性变形和消除非弹性变形。由于本桥位于流溪河，水源充足，因此本托架预压采用水箱加载法，试压的最大荷载为梁体节段重量的 1.2倍；施工托架的预压采用水箱加载法，其预压的程序为：施工支架平台拼装完毕后

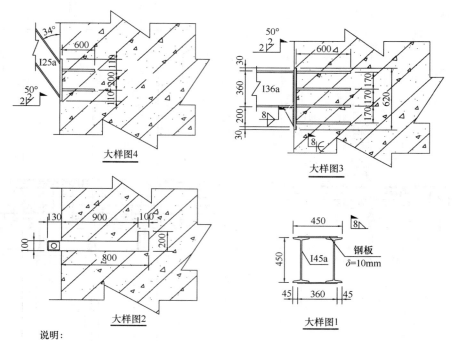

说明：
1. 本图尺寸均以毫米计。
2. 钢结构焊接均采用T506焊条，焊接质量符合《钢结构设计规范》GB50017-2003。
3. 大样图4中预埋钢板宽度为200mm，锚固筋水平间距为130mm。
4. 大样图5中预埋钢板宽度为180mm，锚固筋水平间距为120mm。
5. 大样图3的组合梁长12.8m，其拼接钢板位置同样需要根据贝雷的位置确定。
6. 图示扣件式钢管脚手架采用ϕ48×3.5钢管，上部设置顶托。

图 4-54　支架局部大样图

测量平台中心线、布置平台观测点并测定观测点标高 $h1$，加载梁体结构重量的 120%。预压 24h 后，测量平台中心线及平台上各观测点标高 $h2$。卸除全部荷载，测量平台中心线及平台上各观测点标高 $h3$，支架平台预压测试结束。预压时施工支架平台上设 4 个观测断面，每个断面 7 个观测点，具体如图 4-55 所示。

使用水箱加载的方法进行预压，按上述沉降程序进行预压数据观测，并收集整理后计算最终的预拱度，详见表 4-12。

沉降观测数据记录　　　　　　　　　　　　　　　表 4-12

序号	节块	断面	测点	$h1$	$h2$	$h3$
1			1			
2			2			
3			3			
4	0 号块	I	4			
5			5			
6			6			
7			7			
...			...			

观测：　　　　记录：　　　　复核：

$h1$—支架搭设及侧模安装完成，加载前标高；$h2$—加载完成 24h 后标高；

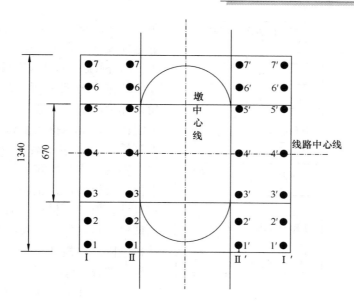

图 4-55　沉降观测点布置示意图

h3—预压重量完全卸载后标高。

由上表计算出可恢复的弹性变形值 $\Delta h_{弹}=h3-h2$，通过预压消除的支架非弹性变形为加载至 100％和卸载至 100％时变形量差值，预压加载至 120％梁体重量后，认为非弹性变形已消除，非弹性变形值 $\Delta h_{非}=h1-h3$。支架预压总下沉量 $\Delta h_{总}=h1-h2=\Delta h_{弹}+\Delta h_{非}$。根据以上测定的弹性变形值和实测的预压后底模标高采用抛物线分配法，重新设置预拱度。

2）0 号块现浇施工流程

0 号块现浇施工流程详如图 4-56 所示。

3）操作要点及方法

A. 预埋件与支架安装

预埋件有钢板和贝雷梁连接件，在加工场或委托厂家加工完成后，预埋定位后与墩身钢筋焊接。在混凝土达到设计强度后开始安装支架，严禁在刚浇筑完初凝后即扰动预埋件。支架安装的采用塔吊装吊，焊接部位均采用 T506 焊条。支架安装时指定专业工程师负责，随时进行检查，并按照《钢结构工程施工质量验收规范》GB 50205—2001 进行验收。

B. 卸落层搭设与人行道安装

卸落层采用钢管脚手架、方木或组合木楔，钢管脚手架搭设高度为 1.0m 左右，组合木楔高度为 150mm。在搭设卸落层前，先安装设置人行道，并按照安全技术规定设置好安全网，保证施工人员通行安全。钢管脚手架卸落层的钢管高度为 800mm，上部安装钢管顶托调整高度。必要时钢管与下部构件梁体进行焊接固定，防止滑移。

C. 预压施工

预压施工措施如上所述，具体预压步骤按程序进行。水箱采用 $\delta=20mm$ 钢板

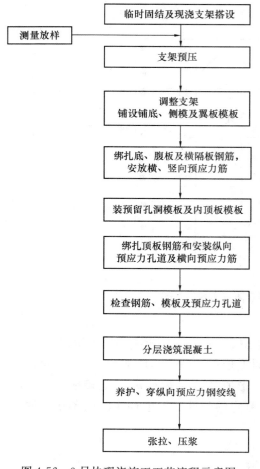

图 4-56　0 号块现浇施工工艺流程示意图

制作，并设置 [20 加劲槽钢。预压重量达到设计荷载 120%。

D. 混凝土浇筑与模板拆除

外侧模桁架采用 [10 槽钢和 L5 角钢焊接成单片钢架，由专业厂家加工制作。在地面拼装平台上拼成整块外侧模，用塔吊吊装于支架平台上，定位安装、临时固定，测量控制其水平位置及标高，校正两侧模之间的几何尺寸，保证立模的垂直度，待一切均调整、控制好后，采用对接 $\phi20mm$ 拉杆紧固。内模和预留孔洞模板采用木模，按图纸标注尺寸详细制作加工，15cm×15cm 方木做背楞，钢管支撑加固。

端模板采用钢木结构，用拉杆对拉固定，板面为厚 25mm 木板钉镀锌薄钢板。方木斜撑与支架联结，保证端模板准确定位。外侧模、内模、端模间用拉杆联结并使用钢管做内撑，防止模板变形和移位。

根据分阶段施工的要求，安装模板与绑扎钢筋、浇筑混凝土交叉进行，互相兼顾，一般施工工序流程如下：

底模板就位后→外侧模→绑扎底板、腹板钢筋、安装预应力管道→预留孔洞模板→内侧模→安顶板底模板→绑扎顶、翼板钢筋、安装预应力管道→浇筑混凝土。

安装完成后，模板整体和局部强度、刚度、变形等尺寸偏差均符合规定。外形尺寸准确，模板表面平整光洁，模板内部尺寸允许偏差 5mm，轴线偏位允许偏差±10mm，模板表面平整度允许偏差 3mm。

浇筑梁体节段混凝土完成后，待强度达到设计强度的 85% 时可按下列顺序拆除模板：端模板→内模板→预留孔洞模板→外侧模→底模板。钢筋及预应力混凝土按相关施工规范和作业指导书执行。

2. 三角形挂篮

（1）三角形挂篮设计

三角形挂篮由主承重系统、底模系统、内外模板系统、悬吊系统、锚固系统及行走系统组成。挂篮桁架及模板结构形式如图 4-57、图 4-58 所示。

（2）挂篮制作与安装

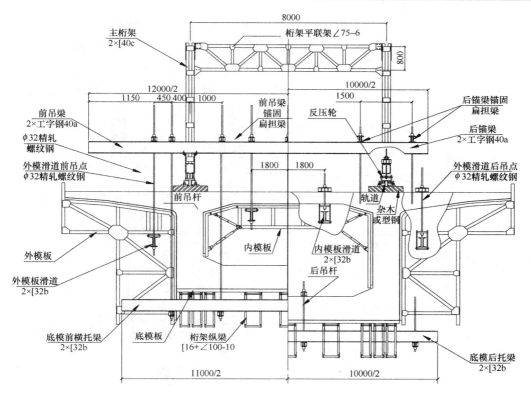

图 4-57　挂篮正面图

1）挂篮制作

挂篮桁架及模板均在工厂内加工制作，所用材料必须质量可靠，具有相应的产品合格证，并做适当的材料力学试验。加工中严格执行《钢结构工程施工质量验收规范》GB 50205—2001，对构件、零部件及焊缝进行质量验收评定，且在进场时由厂家提供该部分资料。

本桥共加工 4 套挂篮，每套加工完成后在工厂及时进行试拼，并对构件进行编号。为避免运输过程中对构件的损坏，运输时采取防护措施，构件进场后及时进行检查、核对验收。

2）主桁架加载试验

主桁架组装完成后进行加载试验，将两片主桁架平放在利用贝雷梁设置的加载平台上锚固后，利用 2 个 60t 千斤顶按设计荷载在前吊点位置对顶，检查主桁架受力及变形情况，为起吊安装做准备，主桁加载试验装配如图 4-59 所示。

3）挂篮安装步骤

箱梁 0 号块梁体浇筑前，按照设计图纸预留圆孔 ϕ70mm，用于滑道吊架、后锚梁锚固及模板后锚杆安装等。待 0 号块梁体混凝土达到设计强度，并在预应力张拉完成后进行挂篮安装。安装步骤如下：

第一步：安装主桁架及联结系；各装吊构件重量见表 4-13。

根据测量放样的挂篮走行轨道中线安装走行轨，用薄钢板和杂木调整使走行

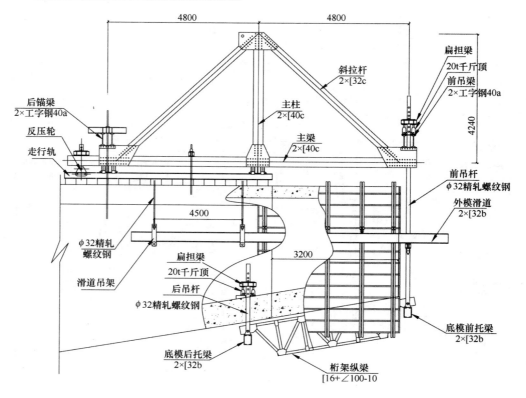

图 4-58　挂篮侧面图

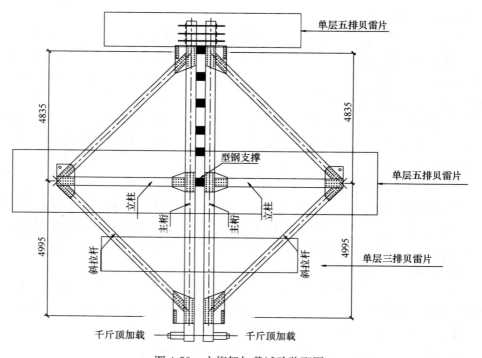

图 4-59　主桁架加载试验装配图

轨处于水平位置，用塔吊装吊主桁架就位后，安装竖向 φL32 精轧螺纹钢临时锚固，采用两台 10t 捯链临时固定并调整好主桁架垂直度。随后采用同样步骤安装下一片主桁架，并及时调整间距安装立柱横联。安装 6 号节点板，分根吊装后锚梁工字钢Ⅰ40a 并与 6 号节点板连接，间距 0.8m 焊一块 10mm 钢板形成组合梁。为减小高空焊接工程量，前吊梁在地面将两根工字钢Ⅰ40a 焊成组合梁，采用塔吊吊至设计位置并采用螺栓连接。为确保挂篮施工期间操作工人安全，在主梁前部及前吊梁上利用槽钢 [8 焊接宽 1m 的操作通道，两侧焊 φ48 钢管形成栏杆并张挂安全网，便于工人行走及提升前吊杆施工。

主桁架安装连接螺栓全部使用 8.8 级标准螺栓 GB 5782—2000。主桁架全部安装完成后，准确调整主桁架中线及水平并检查后锚锚固情况。

主桁架及联结系主要构件重量表　　　　　表 4-13

序号	构件名称	规　　　格	单位	重量（t）	备　　注
1	主桁架	主梁、立柱与斜拉带	片	5.8	地面组装
2	立柱横联	∠75 组合桁架	套	0.3	地面组装栓接
3	后锚梁	Ⅰ40a 组合梁	套	1.2	2 根Ⅰ40a 分组吊装
4	前吊梁	Ⅰ40a 组合梁	套	1.6	地面组装栓接
5	中横梁	[25b 组合梁	套	0.5	地面组装焊接
	合计			9.4	

第二步：安装模板系统；先采用钢丝绳及捯链临时固定侧模于 0 号块梁段，吊装外滑道，捯链配合使外滑道置于侧模内，安装前吊杆及后锚杆，采用捯链牵引侧模到位。接着吊装底模，捯链临时固定底模于侧模上，再安装前吊杆及后锚杆。底腹板钢筋及竖向预应力绑扎完成后吊装内模，安装内模前吊杆及后锚杆。

挂篮安装时在 0 号块梁体上架设全站仪测量控制挂篮轴线，利用水准仪控制标高，并进行测量放样。安装完成调整就位后，按照最大预压重量的要求对后锚施加预顶力，此时后支点尾部必须利用钢支承垫实，防止主桁架翘曲。最后实测主桁架前吊点、后锚点、前支点处标高和挂篮实际中心偏差，设置观测点为预压做准备。

4）挂篮预压

挂篮拼装完成后，进行静载预压试验，以消除其非弹性变形，测定其弹性变形与荷载的关系，为悬浇段立模标高提供数据，验证挂篮各部分结构安全性。由挂篮受力分析可知施工 1 号块（3.0m 节块）时，主桁架受力最大。针对这一情况确定以 1 号块重量（293.885t）为基本加载荷载。挂篮的预压采用水箱加载法，具体方法参照 0 号块施工方案实施。加载预压施工程序如下：

A. 施工准备

挂篮底模、外侧模板就位后，利用挂篮底模、外侧模板相应位置，作为压载平台，并按 3.0m 节段（考虑 1 号块预留钢筋位置）对底模上加载位置进行放样，

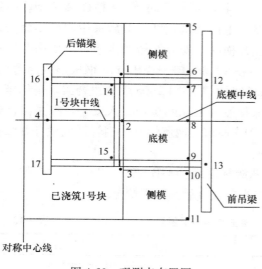

图 4-60　观测点布置图

分别按翼板、底板三个部位放置水箱，为确保底板水箱顶面低于主梁底，底板预压水箱尺寸为 8.4m×3.9m×11m。调整挂篮的纵向中心线和底、外侧模标高符合要求，布设观测点，梁体、底侧模观测点布置如图 4-60 所示，并在主桁架前吊点、中支点和后锚点处设置变形观测点，同时测量梁体及挂篮中心线偏位。

B. 加载程序

①预压荷载至 1 号块梁体重量的 50%；持荷 120min，测量 1′号、1 号块梁体顶面和挂篮中心线、观测点标高。

②预压荷载至 1 号块梁体总重的 75%；持荷 120min，测量 1′号、1 号块梁体顶面和挂篮中心线、观测点标高。

③预压荷载至 1 号块梁体总重的 100%；持荷 180min，测量 1′号、1 号块梁体顶面和挂篮中心线、观测点标高。

④预压荷载至 1 号块梁体总重的 120%；持荷 48h，测量 1′号、1 号块梁体顶面和挂篮中心线、观测点标高。

⑤48h 后卸除全部荷载；测量 1′号、1 号块梁体顶面和挂篮中心线、观测点标高。

⑥挂篮试压结束；根据观测资料分析计算，结合施工阶段挠度表调整前吊杆、后锚杆，使挂篮底模板、外侧模板至预抬位置。

5）荷载分级与变形观测

1 号块梁体的重量 293.885t，挂篮的预压分四级加载，即 50%、75%、100%、120% 的 1 号块梁体重量，各部位分级荷载布置见表 4-14。

分级荷载横向布置表　　　　　　　　　　　　　表 4-14

工况（%）	每侧主箱室位置（6.7m）		每侧外翼缘位置（3.35m）	
	当前荷载（t）	本次加载（t）	当前荷载（t）	本次加载（t）
50				
75				
100				
120				

加载顺序及大小按先底板、再翼板的原则，依据各部分重量之比进行分级加载。加载同时按程序及时进行变形观测，并填写观测数据记录表，见表 4-15。

挂篮预压加载变形观测数据记录表

表 4-15

序号	观测点位		安装前	安装后	50%	75%	100%	120%	卸载后
1	1号块	左腹板							
2		中间							
3		右腹板							
4		中线偏位							
5	挂篮桁架及模板	左侧模边缘							
6		左侧模捣角							
7		底模左边缘							
8		底模中点							
9		底模右边缘							
10		右侧模捣角							
11		右侧模边缘							
12		前吊梁左							
13		前吊梁右							
14		中支点左							
15		中支点右							
16		后锚梁左							
17		后锚梁右							
18		底模中线							

根据表中观测数据对照理论变形分析结果，绘制荷载与变形关系曲线，采用内插法确定每个节段挂篮的变形量，绘制节段荷载与变形关系图以指导施工。

3. 悬浇节块施工

（1）接长走行轨

为便于竖向预应力钢筋接长，走行轨下放置 10cm 杂木，间距不大于 50cm，其主要作用有两个：①为竖向精轧螺纹钢连接套筒装拆提供空间；②通过薄钢板，实现走行轨顶面准确水平。走行轨采用两根 ［25b 槽钢背靠背焊接而成，两根槽钢间距离为 16cm，接头处下口利用钢板通过 8 根螺栓与槽钢下口连接，10mm 钢板与槽钢腹板上部焊接，确保两槽钢缝宽不大于 5mm，接头处槽钢顶面高差不大于 2mm。施工时确保连接螺栓及焊接钢板不得侵入反压轮的运行空间。接长竖向精轧螺纹钢，利用锚具锚固走行轨。当干扰走行时可适当减少，但须满足反压轮后部有两根以上竖向螺纹钢，前部不少于三根，且确保走行轨走行时结构稳定。

（2）挂篮前移

在走行轨上涂黄油，接长竖向精轧螺纹钢，每侧各一根压于挂篮桁架纵主梁上，防止反压轮意外破坏而造成挂篮桁架倾覆。利用 4 根 10t 捯链将底模挂于侧模上，安装每侧侧模滑道吊架各两根，松侧模后锚杆和前吊杆，使侧模下落10cm。为利于模板前移，在侧模和底模间放置 2cm 木楔。松内模前吊杆及后锚杆，使内模落于已浇筑梁段底模上。在已浇筑梁段端头腹板波纹管内插入粗钢管，10t 捯链一头挂于粗钢管上，另一端挂于挂篮桁架主梁上，两端各两台捯链拉挂篮桁架及模板均匀对称前移。为防止挂篮倾覆，桁架后端设 10t 捯链作为溜绳，后端松溜绳前端拉捯链，待挂篮桁架及模板移至设计位置时锚固挂篮桁架后锚杆，清理挂篮底模及侧模与混凝土接触面，锚固侧模及底模后锚杆，粗调侧模及底模前吊杆至设计标高。

（3）钢筋及预应力管道安装

钢筋下料、加工在岸上钢筋加工场内进行，加工成型的钢筋运至墩位后由塔吊吊至墩顶，人工搬运至待施工梁段进行绑扎。清理底侧模上杂物，均匀涂刷隔离剂。先进行底板及腹板钢筋绑扎，安装竖向预应力钢筋、波纹管及锚具，预埋竖向预应力 $\phi25mm$ 硬 PVC 压浆管，进行腹板预应力管道安装。梁段纵向非预应力钢筋采用搭接，搭接长度不小于 $30d$。钢筋成型过程中，尽量不采用点焊，否则很容易烧伤模板的表面，且容易损坏波纹管。底腹板钢筋绑扎完成后进行内模安装，然后进行顶板钢筋的绑扎、顶板及横向预应力管道安装。预应力管道位置采用定位钢筋固定，定位钢筋牢固焊接在钢筋骨架上，如管道位置与骨架钢筋相撞时，应保证管道位置不变，仅将钢筋稍加移动。定位筋直线段间距 0.8m，曲线段加密至 0.5m，管道转折点增设定位筋，保证管道位置正确，同时确保预应力管道圆顺，避免出现死弯。本梁采用三向预应力体系，由于钢筋、管道密集，如钢绞线、精轧螺纹钢筋等管道、普通钢筋发生冲突时，允许进行调整，调整原则是先普通钢筋，后精轧螺纹钢筋，然后是横向预应力钢筋，保持纵向预应力钢筋管道位置不动。锚具垫板及喇叭管尺寸正确，喇叭管的中心线要与锚具垫板严格垂直，喇叭管和波纹管的衔接要平顺，不得漏浆，并杜绝堵塞孔道。

梁体钢筋最小净保护层除顶板顶层为 30mm 外，其余均为 35mm。为确保使用过程中梁体钢筋不发生锈蚀，绑扎钢丝的尾段不应伸入保护层内。为确保预留孔不出现集中应力裂缝而影响梁体耐久性，所有梁体预留孔处增设相应的环状钢筋，桥面泄水孔处增设斜置的井字形钢筋进行加强，施工中为确保腹板、顶板、底板钢筋的位置准确，增加弯钩架立筋数量和矩形架立钢筋数量。严格控制梁体保护层厚度，垫块应采用与梁体同等强度 C60 细石混凝土垫块，保证梁体的耐久性。

（4）模板安装

钢筋绑扎完成进行腹板和顶板端模安装，腹板端头模采用木模，对应纵向钢筋处开长条槽，为防止漏浆，开槽处采用木条封闭，内侧模上下口分别焊定位角钢，中间由纵向钢筋焊防胀模横向钢筋。端模采用分段钢模，对应纵向钢筋位置设长条槽，上下口采用木条予以封闭，外侧利用纵向钢筋焊定位钢筋。锚垫板采用螺栓固定在端模设计位置，确保位置准确。

为有效防止混凝土侧压力造成模板变形，侧模下口设三道 $\phi32$ 精轧螺纹钢拉杆，由于腹板高度高，混凝土侧压力大，利用腹板通气孔设置一排拉杆，拉杆采

用 $\phi28$，顶板前后端采用钢丝绳结合两台 10t 捯链锁紧侧模上口。混凝土浇筑前，准确测量模板偏位情况，调整模板至设计位置，同时根据各阶段理论挠度值、挂篮变形资料及实际观测记录，调整各阶段模板立模标高，具体详见线形控制。

（5）混凝土的浇筑

1）混凝土配合比：本桥采用 C60 混凝土高性能泵送混凝土，对混凝土和易性有严格的要求，经对高强度等级水泥、早强缓凝减水剂及外加剂进行多次选择试验，可以满足早强缓凝、耐久性能良好和可泵性好等要求。

2）混凝土采用 5 号拌合站拌合，混凝土输送泵输送到作业面。先底板后腹板、再顶板，从两侧向中间对称进行浇筑。由前往后对称灌注两腹板混凝土至下倒角，然后再由前往后灌注底板，底板及腹板下部混凝土由串筒导流入模，立模时按规划在腹板上留好天窗，底板灌注完成后继续对称分层灌注腹板混凝土，上部腹板 2m 范围可由输送管直接插入，分层厚度为 30cm。顶板的灌注遵循由两侧向中央灌注的顺序。

3）混凝土振捣采用附着式和插入式振动器相结合的形式，底板和顶板以插入式振动器为主，腹板以附着式振动器为主并辅以插入式振动器，箱梁捣角处两种振动器相互补充，加强振捣。插入振捣厚度为 30cm，插入下一层混凝土 5～10cm，插入间距控制在振动棒作用半径 1.5 倍之内，振捣到混凝土不再下沉，表面泛浆有光泽并不再有气泡逸出时将振动棒缓慢抽出，防止混凝土内留有空隙。

4）混凝土灌注注意事项

混凝土要分散缓慢卸落，防止大量混凝土集中冲击钢筋和波纹管；捣固混凝土时避免振动棒与波纹管接触振动；混凝土入模过程中随时注意保护波纹管，防止波纹管碰撞变形；混凝土灌注过程中要随时测量底板标高，并及时进行调整。

5）混凝土养护及张拉

混凝土灌注完成后，表面采用土工布覆盖，并洒水养护，待同等条件养护的混凝土试件其弹性模量和抗压强度均达设计强度 90％以上方可张拉预应力束，张拉顺序为先腹板束，后顶板束，左右对称张拉，并应将单根钢绞线预张拉。张拉完成后继续洒水养护，始终保持混凝土表面潮湿，养护天数 28d 以上。悬浇段施工工艺流程详如图 4-61 所示。

4. 边跨现浇段施工

（1）边跨现浇段模板设计

边跨现浇段长 11.0m，高 5.5m。边跨模板底模采用 6mm 钢板，竖肋为 [8 槽钢、横肋为 ∠75-6 角钢，边跨现浇段外侧模支架如图 4-62 所示。侧模支架为 [10 槽钢，侧模固定在支架上，内模通过型钢支架固定组合钢模，拐角处用小木模补齐，端头模为 1.5cm 的竹夹板。

（2）膺架的设计与施工

根据地形及地质情况，支架选用西乙型万能杆件拼装。

为保证在现浇段施工时膺架基础稳定，对膺架基础处理，对于一般硬土地段，先清除表面浮土后，对地基进行机械碾压，使之承载力达到 150kPa 以上后，表层铺设 50cm 级配碎石，再浇筑 20cmC20 混凝土基础，在混凝土基础表面搭设万能

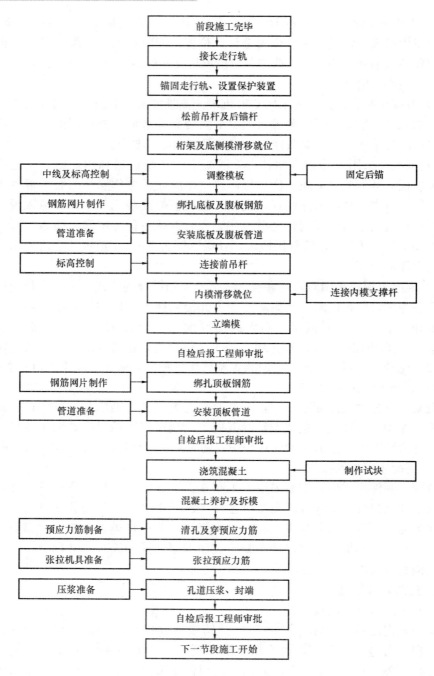

图 4-61　悬浇段施工工艺框图

杆件，如图 4-63 所示。

为防止雨水浸泡导致基底下沉，基础四周用土垫高，同时周围的排水沟亦进行人工夯实、平整，保证排水通畅。

（3）膺架的预压与观测、反拱度的设置

在搭设完毕的支架上铺设底模，堆载砂袋进行支架预压，以消除非弹性变形，

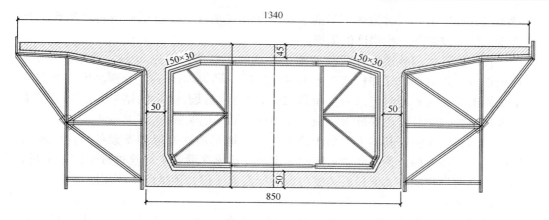

内、外模支架与箱体装配图

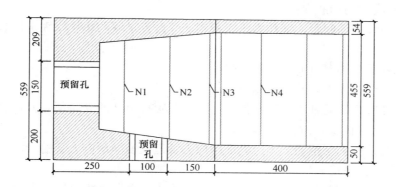

内模支架布置位置图

图 4-62 边跨现浇段外侧模支架

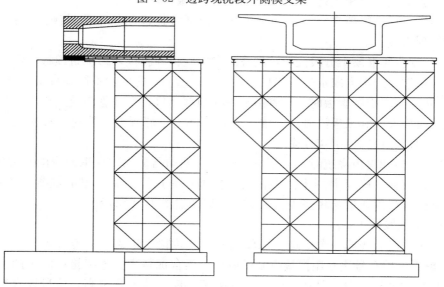

图 4-63 边跨现浇段万能杆件支架示意图

量测出弹性变形，同时检查支架的工作性能和安全性，并将试验所得结果作为现浇段立模时设置施工预拱度的依据。

预压的最大加载按设计荷载加施工荷载的 1.2 倍，按先 50%、后两次 40%，逐级进行。每级加载完并稳载一个小时（最后一级为 5h）后，分别测定各级荷载下支架的变形值，同时记录力与位移数据，并根据试验测出的结果，绘制力与位移关系曲线。卸载时也要分级卸载，并测量变形、记录数据。

预压后，架体已基本消除预压荷载作用下地基塑性变形和支架各竖向杆件的间隙及非弹性变形。预压卸载后的回弹量即是箱梁在混凝土浇筑过程中的下沉量，因此，支架顶部的标高值最后调整为设计标高值＋设计预拱值＋预压回弹量。

（4）钢筋绑扎

在钢筋加工棚按设计图纸要求集中加工成型。运至施工场地后，用吊车吊至现浇段膺架上绑扎。

边跨现浇段的钢筋绑扎：

1）按设计钢筋间距，绑扎梁段底板钢筋并设置足够的垫块，固定底板纵向预应力管道。

2）绑扎端头隔墙钢筋，并安装张拉底座。

3）搭设侧模支架，并安装侧模。

4）绑扎腹板钢筋并固定竖向预应力管道及腹板上部的纵向预应力管道。

5）支立内模及端头隔墙模板。

6）绑扎顶板底层钢筋，固定纵向预应力管道及横向预应力管道。

（5）混凝土浇筑

立模现浇边跨直线段，由于支架本身压缩引起的非弹性变形及支架的弹性变形与基础沉降，以及温差变化和风力影响，这些均会对新浇混凝土产生不良影响，甚至使新旧混凝土相接处出现裂缝或新混凝土被挤压破坏。

为防止现浇段新浇混凝土受到损害，保证合拢段的施工质量满足设计要求，采取下列措施：

1）现浇段混凝土分段浇筑，先浇筑梁段底板和腹板，再浇筑顶板。混凝土浇筑由膺架端向边墩方向水平分层顺序，一次连续浇筑完成，不留垂直施工缝。

2）浇筑底板和腹板时，导管由从内模顶部开口，设导管浇筑底板混凝土，然后浇筑腹板上部和顶板混凝土。梁段底板中部由于混凝土流淌速度过快所产生的三角形缺口，由辅助下灰补充。

3）底板和腹板浇筑时，采用 ϕ30 插入式振动器振捣，在钢筋密的地方用 ϕ20 插入式振动棒，确保混凝土振捣密实。振捣作业选用经验丰富的混凝土工操作，防止漏振或过振。边跨现浇段施工工艺流程详如图 4-64 所示。

5. 合拢段施工

两个边跨合拢段一个中跨合拢段共三个合拢段，边跨、中跨合拢段长度均为 2m，模板采用 0 号块专用模板改制而成。箱梁合拢是主桥连续箱梁施工的主要环节，是控制全桥受力状况和线形控制的关键工序，技术含量高，质量要求严，箱梁合拢按照先边跨，后中跨顺序，选择一天中气温最低时合拢，必须严格混凝土浇筑质量。合拢段施工工艺如图 4-65 所示。

边中跨合拢段施工要点：

（1）测量控制：主跨合拢前，对两悬臂端标高及主梁伸长量进行 48h 连续观测，每隔两小时观测一次，绘制时间——挠度曲线及时间——伸长量曲线，以提供临时锁定及浇筑合拢混凝土的时间。并进行连续三天的观测，确定每天气温的变化规律。

（2）选择时机焊接临时锁定构件：临时锁定是为了防止合拢段接缝开裂，选择一天气温最低时，迅速完成锁定构件焊接，形成刚性连接。焊接时，在预埋件周边混凝土表面浇水降温，以免烧伤混凝土。本桥因顶板束、底板束多，故采用外刚性支撑方案。外刚性支撑采用双拼槽钢 [40b。外刚性支撑布置图如图 4-66 所示。

（3）刚性连接杆件焊接完成，选择第二天气温最低时立即浇灌合拢段混凝土。在浇筑合拢段混凝土之前，在悬臂端设置平衡压重，边跨水箱容积为 45m³，中跨水箱容积为 70m³，水箱底部设水龙头，边跨合拢时两端压重 42.5t，中跨合拢时两端压重 69.2t，随着混凝土浇筑两端同时放水，放水总重量与浇筑混凝土的重量相等，为防止混凝土产生变形裂缝，浇筑混凝土施工要一气呵成。

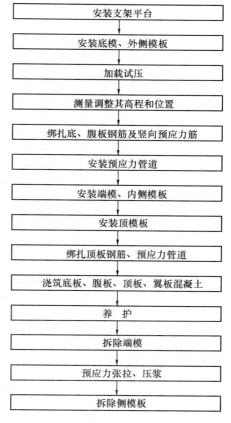

| 安装支架平台 |
| 安装底模、外侧模板 |
| 加载试压 |
| 测量调整其高程和位置 |
| 绑扎底、腹板钢筋及竖向预应力筋 |
| 安装预应力管道 |
| 安装端模、内侧模板 |
| 安装顶模板 |
| 绑扎顶板钢筋、预应力管道 |
| 浇筑底板、腹板、顶板、翼板混凝土 |
| 养 护 |
| 拆除端模 |
| 预应力张拉、压浆 |
| 拆除侧模板 |

图 4-64 边跨现浇段施工工艺框图

（4）待同等条件养护的混凝土试件其弹性模量和抗压强度均达到设计强度 90％以上时方可张拉预应力束。

1）边跨合拢施工

首先进行边跨的合拢。悬浇 21 号段张拉、压浆完毕拆除挂篮，按设计图纸要求实施顶推力，安装边跨合拢段吊架，安装底模与侧模。将边跨直线段与相邻的 T 构的梁面清理干净，精确测量现浇段与 T 构高差，符合合拢要求后，在边跨合拢段箱体内模及顶板钢筋安装前，选择气温最低的时间，按设计位置与数量对称迅速焊接型钢劲性骨架，将边跨现浇段与相邻的 T 构连成一体。合拢段混凝土的浇筑选择在一天气温最低、温差变化比较小的时间开始浇筑，混凝土掺入微膨胀外加剂，以免新老混凝土接合面产生裂缝。混凝土浇筑过程中，随着浇筑混凝土重量的增加，等同撤去配重，使"T"构在浇筑过程中保持两端的标高基本不动。混凝土作业的结束时间，尽可能安排在气温回升之前，在 2～4h 内浇筑完成。混凝土浇筑完毕，顶面覆盖土工布，箱梁内外及合拢前后 1m 范围内，由专人不停的洒水养护。待同等条件养护的混凝土试件其弹性模量和抗压强度均达到设计强度 90％以上时张拉边跨合拢

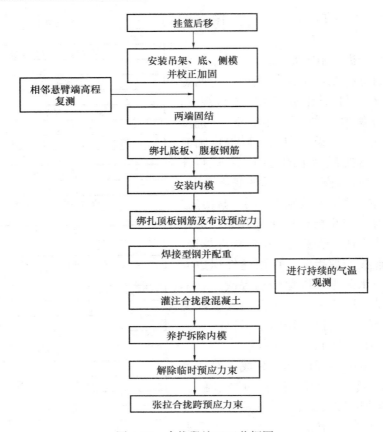

图 4-65   合拢段施工工艺框图

段钢绞线,拆除边跨现浇段吊架及边跨合拢段外刚性支撑。

2)中跨合拢

边跨合拢完成后,进行预应力张拉,将现浇块与"T"构连成一个受力整体,形成简支悬臂梁的稳定体系。中跨合拢的方式和要求周边跨合拢一致,混凝土浇筑过程中,随着浇筑混凝土重量的增加,等同撤去配重,使"T"构在浇筑过程中保持两端的标高基本不动。

6. 预应力施工

(1)预应力管道施工

竖向预应力筋、横向预应力筋、底顶板纵向预应力筋采用塑料波纹管。

把管道运输至现场后,注意不能使波纹管变形、开裂,并保证尺寸,管道存放要顺直。

按设计图纸所示位置布设波纹管,并用定位筋固定,安放后的管道必须平顺、无折角。

管道所有接头长度以 $5d$ 为准,采用大一号的波纹管套接,要对称旋紧,并用胶带纸缠好接头处以防止混凝土浆掺入,当管道位置与非预应力钢筋发生矛盾时采取以管道为主的原则,适当移动钢筋保证管道位置的正确。

施工中人员、机械、振动棒不能碰撞管道,以免损坏管道造成漏浆。

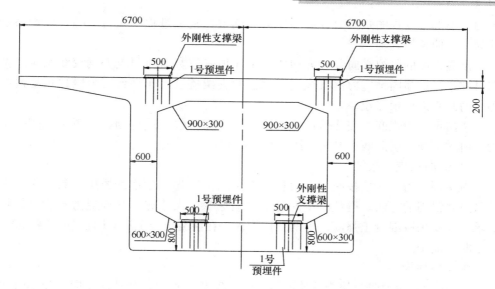

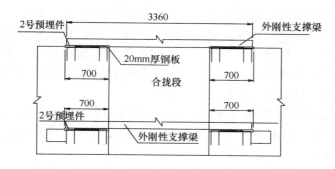

图 4-66　外刚性支撑布置图

浇筑混凝土之前对管道仔细检查，主要检查管道上是否有孔洞，接头是否连接牢固、密封，管道位置是否有偏差。

（2）预应力筋的加工及安装

1）纵向预应力筋加工及安装

卷扬机穿束可穿纵向长束，采取整束牵引的方法：即制作一套架子，立于悬臂两端，通过架子上的滑车，先使钢绳穿入管道内，钢丝绳在另一端穿出后绑上钢绞线接头，用卷扬机通过滑车慢慢把钢绞线引进管道内。

2）竖向预应力筋加工及安装

为确保竖向预应力筋的位置准确、垂直，在中部采用定位钢筋。竖向预应力筋锚固端与底板及顶板钢筋位置发生矛盾时，应保证锚垫板和锚下螺旋筋的位置准确而调整腹板及顶板钢筋位置。

3）横向预应力筋加工及安装

采用人工穿束，把钢绞线一头锚固，另一头慢慢穿入波纹管道内。

（3）预应力张拉

预应力张拉设备使用前应先委托有鉴定能力的单位校定，测定油泵线性回归方程，根据千斤顶的张拉力计算出压力表读数，施工过程中实行双控，以油表读数为主，伸长值为辅。

预应力筋的张拉纵向预应力均采用千斤顶张拉。纵向预应力钢绞线张拉时两端对称进行。横向预应力钢绞线利用翼板的支架搭设工作平台，由墩顶现浇段中心向两侧逐束单根张拉。

竖向预应力钢筋在安装前均按设计张拉力在台位上进行预拉，每施工完一节段，由墩顶现浇段向两边与桥轴线对称单向张拉。

1) 纵向预应力张拉

纵向预应力筋张拉按照左右对称、先下后上、先纵后横的原则进行。采取两端张拉并锚固的方法。避免由于混凝土收缩徐变过大造成永存预应力不满足设计要求，需要采取混凝土强度、龄期双控指标，在混凝土施工后 6d 且强度达到 90％以上时方能张拉。

张拉步骤为：

A. 初始张拉力张拉检查油路的可靠性，安装正确后，开动油泵向张拉油缸缓慢进油，使钢绞线略微拉紧后调整千斤顶位置，使其中心与预应力管道轴线一致，以保证钢绞线的自由伸长，减少摩阻，同时调整夹片使其夹紧钢绞线，以保证各根钢绞线受力均匀。然后两端千斤顶以正常速度对称加载到初始张拉力后停止加油，测量并记录钢绞线初始伸长量，完成上述操作后继续加载至控制张拉力，量测实际伸长量并与计算伸长量相比较。

B. 钢绞线达到控制张拉力时，不关闭油泵，而继续保持油压 2min，以补偿钢绞线的松弛所造成的张拉力损失，并检验张拉结果。然后测量并记录控制张拉力下的钢绞线伸长量。

钢绞线束实际伸长量的量测方法：开始张拉前，将本束所有钢绞线尾端切割成一个平面或采用色差较大的颜料标注出一个平面。在任一张拉力下量测伸长量平面至喇叭口端面之间的距离。将每个张拉循环中初张拉力和终张拉力对应的量测值的差值，作为本张拉循环中钢绞线束的实际伸长量。张拉循环的实际伸长量之和，即为该束钢绞线初始张拉力至控制张拉力的实际伸长量，与钢绞线束实际伸长量的计算互为校核。

钢绞线束实际伸长量 ΔL 的计算公式为：

$$\Delta L = \Sigma \Delta L1 + \Sigma \Delta L2$$

其中　$\Delta L1$：初始张拉力至控制张拉力间的钢绞线束实测伸长量。

$\Delta L2$：为初始张拉力下的钢绞线束伸长量，其值通过计算得出。

钢绞线束张拉采用张拉力与伸长值双控法，即在张拉力达到设计要求实际伸长值与理论伸长值之间的误差若在±6％之间，即表明本束张拉合格。否则，若张拉力虽已达到设计要求，但实际伸长值与理论值之间的误差超标，则应暂停施工，在分析原因并处理后，继续张拉直至达到设计应力。

C. 锚固钢绞线

持荷 2min，油表读数无明显下降时即可关闭油泵进油阀，打开油泵回油，油缸退回，则工作锚自动锚固钢绞线。锚固时先锚固一端，待该端锚成并退去工具夹片、卸去工具锚及千斤顶、观察钢绞线无滑丝和断丝后，将另一端补足拉力后再锚固这一端。然后卸去这一端的工具夹片、锚及千斤顶，同样观察钢绞线有无滑丝和断丝现象。当钢绞线长度较长而千斤顶油缸长度较短，一次张拉不能到位，则需多次张拉循环。操作方法和步骤与上述方法和步骤相同，只是，一循环的锚固拉力作为本次循环的初始拉力。如此循环直至达到最终的控制张拉力。若一切正常，则接着进行下一步工作。

2）横向预应力张拉

横向预应力张拉利用翼板的支架搭设工作平台，由墩顶现浇段中心向两侧逐束单根张拉，采取一端锚固一端张拉的方法。

在悬臂段端头两侧各预留 1 根和下一悬臂段一同张拉，以保证梁段之间的接头质量。避免由于混凝土收缩过大造成永存预应力不满足设计要求，需要采取混凝土强度、龄期双控指标，在混凝土施工后 6d 且强度达到 90％以上。

3）竖向预应力张拉

竖向预应力张拉：竖向预应力筋采用 $\phi 32$ 精轧粗螺纹钢筋，标准强度为 930MPa，张拉控制应力 650MPa，弹性模量为 2×10^5 MPa。在悬臂段端头两侧各预留 1 根和下一悬臂段一同张拉，以保证梁段之间的接头质量。

具体操作为：清理锚垫板，在锚垫板上做伸长量的标记点并量取从粗钢筋头至锚垫板标记点之间的竖向距离 δ_1 作为计算伸长量的初始值→安装工作螺母→安装千斤顶→安装联结器与张拉杆→安装工具螺母→初张拉至控制张拉力的 10％→张拉至控制张拉力 P→持荷 2min→旋紧螺母→卸去千斤顶及其他附件→1～2d 后再次张拉至控制应力并旋紧工作螺母→量取从钢筋头至锚垫板上标记点的竖向距离 δ_2 为计算伸长量终值→计算实际伸长量 $\Delta = \delta_2 - \delta_1$，将该值与理论计算值比较，若误差在 ±6％内，则在 24h 内完成压浆，若误差超出 ±6％则分析处理。

（4）孔道压浆

1）封锚

张拉施工完成之后，切除外露的钢绞线，进行封锚。封锚采用无收缩水泥砂浆封锚。

采用无收缩水泥砂浆封锚，则必须将锚板及夹片、外露钢绞线全部包裹，覆盖层厚度大于 15mm，封锚后 36～48h 之内灌浆。封锚示意图如图 4-67 所示。

2）孔道压浆前的准备工作

A. 水泥浆配合比：水泥浆配合比要根据孔道形式、压浆方法、压浆设备等因素通过试验确定。

施工时要冲洗管道后再用空压机吹去孔内积水，其中压缩空气不能含有油污。水泥浆在搅拌浆机内按照先放水和减水剂后再放水泥，最后放膨胀剂的顺序。拌合时间不能低于 2min，拌好的灰浆过筛后存放于储浆桶内。储浆桶要不停地低速搅拌并保持足够的数量以保证每根管道的压浆能一次连续完成。水泥浆自压浆到完到压入管道的时间不得超过 40min。

B. 使用砂轮机切割锚具外多余钢绞线。

C. 封锚，锚具外面的预应力筋间隙和压浆管用无收缩快硬水泥封堵。

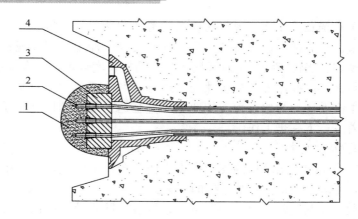

图 4-67　无收缩水泥砂浆密封锚头示意图

1—无收缩水泥砂浆；2—钢绞线；3—锚板、夹片；4—锚垫板

D. 冲洗孔道，孔道在压浆前用压力水冲洗，以排除孔内无杂物、畅通。

3）孔道压浆施工工艺

A. 搅拌水泥浆，使其流动度等性能达到技术要求。

B. 启动压浆泵，当压浆泵输出的浆体无自由水并达到要求稠度时，将浆泵土的输送管连接到喇叭的进浆管上，开始压浆。

C. 压浆过程中，压浆泵保持连续工作。当水泥浆从排浆（气）管顺畅流出，且稠度与灌入的浆体相当时，关闭排浆（气）管。关闭排浆（气）管的时候，压浆泵继续工作，直至压力达到 0.7MPa，压浆泵停机，持压 2min。

D. 在持压 2min 的过程中，若浆体压力无明显下降，则关闭进浆管。若浆体压力有明显的下降，则在查找原因后决定是继续持压或是冲洗管道，处理问题后重新压浆。

E. 压浆泵回压至零。

F. 拆卸外接管路、阀门及附件。

G. 清洗干净所有沾上水泥浆的设备。

H. 压浆后根据气温情况，在浆体初凝时卸下进浆管和排浆（气）管，冲洗干净。

7. 连续梁体系转换

体系转换：根据先边跨后中跨的合拢原则。边跨合拢段合拢后，待混凝土强度达到张拉需要的强度时，尽快张拉、压浆，及早完成 T 构与现浇段组成的超静定体系向刚构体系的转换。拆除合拢段外刚性支撑。

连续刚构体系转换如图 4-68 所示。

8. 线形控制

为确保箱梁线形准确，项目经理部成立连续梁监控组。组长由项目总工担任，主要负责与设计院、监理组的联系，对立模标高计算和测量数据复核，参与存在问题分析；副组长由测量工程师担任，副组长及组员负责日常测量工作，整理测量数据。测量小组及时建立平面控制网和高程控制网、提供挂篮变形资料，以及

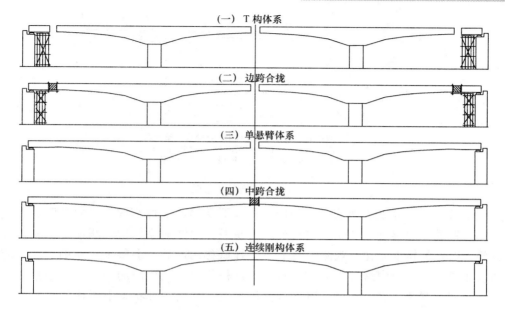

(一) T 构体系

(二) 边跨合拢

(三) 单悬臂体系

(四) 中跨合拢

(五) 连续刚构体系

图 4-68　连续刚构体系转换

每节块挂篮就位后、混凝土浇筑前后、纵向预应力张拉前后高程观测，合拢段增加拆除临时支撑后的高程测量。上述测量资料及时进行整理分析。

试验人员提供新浇梁段 3d、7d、14d、28d、60d 及 90d 混凝土强度和弹性模量值，以及预应力钢绞线试验数据给监控组。

在施工中由于梁体每段混凝土的重量、龄期、几何特征都在不断变化，并受到施工荷载、温度、徐变产生的内力影响，使梁体各个截面的内力和位移都发生相应的变化。线形控制即通过实测，分析实际标高变化与理论各阶段挠度值间的差异，实时作出调整，作为各节块立模标高的依据。

（1）计算出各施工阶段立模控制标高，作为施工测量控制的依据。各梁段最终立模标高以监控组的立模标高通知单为准。

（2）检查各施工阶段的标高是否同设计提供的标高一致，否则要报请监控组，分析原因。

（3）各阶段立模标高的计算：

立模标高＝设计各阶段挠度值＋挂篮弹性变形预拱值＋吊带伸长值＋实测标高调整量。

按立模通知单的模板标高立模后，分别测出挂篮就位后、混凝土灌注前、灌注后及张拉后的实际标高（挠度），若有不符，及时反馈监控组适当调整下梁段立模标高，直至满意为止。

依据立模通知单所提供的立模标高值，正确进行每个梁段的立模放样，施工过程尽量保持与计算模式一致，如施工方案出现较大变化，及时报请设计院和监控组重新计算，分析其影响程度，修正立模标高。本桥模板、混凝土上的标高控制、观测点如图 4-69 所示。

利用全站仪、自动安平水准仪和千分表在梁上观测，测点布置在离节块前端

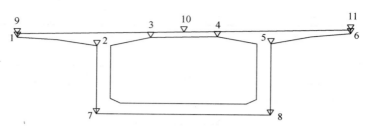

说明：测点沿桥宽方向设置11个。1～8设于模板表
面，用于立模标高控制。9～11设于混凝土梁
顶面，用于收集各施工阶段梁体变形数据。

图 4-69 观测点布置图

10cm，采用 ϕ16 钢筋在垂直方向与顶板的上下层钢筋电焊牢固，并要求竖直。箱梁测点钢筋露出梁表面 2cm，钢筋头顶面磨平并用红油漆标记。测量小组密切注视施工过程的挠度变化，观测内容如下：挂篮移动前后、混凝土浇筑前后、预应力筋张拉前后、边中跨合拢前后。对以上过程每次已完梁段的标高，将观察数据填入高程数据统计表，与计算值进行分析比较，总结各种状态下梁体的实际变化趋势及其规律来指导施工。

由于浇筑混凝土和张拉预应力筋作用对梁体变化影响较大，因此现场要严格按照施工交底控制好混凝土施工质量和预应力张拉工艺。

严格按照平衡施工的要求进行，避免由于施工荷载和桥面杂物的不平衡引起的测量数据不准确，施工观测选择在每天日出之前，不允许在高温强光和大风的天气情况下进行观测，要定人、定仪器进行观测，避免人为误差。要勤观测、勤记录并及时反馈、严格控制梁体施工原材料的性能，基本做到全桥统一性，现场测量控制不仅能保证合拢精度，而且使整个梁体线形流畅，能较理想地达到设计线形的要求。

（六）上部结构附属工程施工

1. 防撞墙施工

防撞墙底层钢筋在连续梁混凝土浇筑时在防撞墙相应部位预埋，以确保防撞墙与梁体连接牢固，防撞墙每 2m 设 10mm 断缝，并用油毛毡填塞，在该处防撞墙下端设泄水孔并进行防水处理。

防撞墙钢筋采用集中下料加工，运至现场绑扎成型，钢筋保护层采用钢筋定位夹控制，模板采用厂制钢模板，模板接缝采用橡胶条密封，模板按工期要求进行加工配置。断缝处油毛毡采用胶合板夹住，并采用钢筋骨架固定，防止油毛毡偏移和上浮。混凝土采用拌合站集中搅拌，混凝土运输车运至施工现场，直接入模浇筑，采用插入式振动棒振捣，人工抹面收光。混凝土初凝后，覆盖无纺土工布养护。

2. 电缆槽施工

根据通信、信号、电力等专业需要，在防撞墙外侧设置电缆槽。电缆槽由竖墙和盖板组成。盖板为预制结构，竖墙在梁体施工完后进行现场浇筑并预留排水孔。竖墙按设计设置伸缩缝，缝隙采用沥青板填缝。施工梁部时应在电缆槽竖墙相应位置预埋钢筋，使竖墙与梁体连为一体，以保证竖墙在桥面上的稳定性。在设计线路过轨处留有孔位，与过轨管相连接，方便电缆的过轨下穿。

盖板集中预制，盖板钢筋一次绑扎成型，整体放入盖板模型内。盖板模型采用整体分块式钢模板。人工涂刷隔离剂。预制混凝土采用集中搅拌，现场采用插入式振动棒和平板振动器振捣，人工抹面，覆盖麻袋洒水养护。预制盖板运至施工现场后人工安装。竖墙钢筋绑扎前清理预埋钢筋，竖墙钢筋加工后运至现场绑扎，钢筋保护层采用定制定位夹，模板采用厂制钢模板，混凝土采用拌合站集中搅拌，运至现场现浇，采用插入式振动器振捣，覆盖塑料薄膜养护。

3. 遮板及栏杆施工

遮板施工采用集中预制，现场安装，将遮板平躺预制，使外露混凝土与钢模板直接接触，可保证外露混凝土棱角分明、轮廓清晰。对预制构件进行严格的检查，确保成品质量，各部分尺寸最大误差不得超过 2mm，对角线误差不得超过 4mm。遮板安装前进行三维放线设计，逐块检查后安装。采用 10mm 厚的木板夹在两块遮板之间，保证安装的缝隙均匀一致。

栏杆的立柱和扶手均采用集中预制，现场安装，在安装好的遮板槽口边缘弹上墨线，将每一块立柱和隔柱的位置定位，用铅笔按尺寸划出立柱和隔柱的边缘线。按高度要求拉两条线，分别控制立柱的高度和两边缘的位置，按墨线和拉线的定位将立柱安放到遮板槽口内，装好后采用木楔初步固定立柱，一孔梁的一侧安装完成后，调整立柱的整体线形。将扶手直接安装到立柱顶面，调整扶手间的连接，确保顶面、侧面、倒角过渡的连接，调整扶手的整体线形。按遮板上的墨线和扶手下面的榫口，将隔柱插入。先调整紧靠立柱两侧的隔柱，使其准确对位，用木楔将其初步固定，在固定好的隔柱两侧拉线以控制其他隔柱的横向位置。待立柱、隔柱、扶手调好后用 1∶1 的水泥砂浆充填衔接处。

4. 防水层和桥上排水系统施工

为确保桥面防水层、保护层的铺装质量，浇筑连续梁混凝土时一同浇筑 100mm 高的防撞墙，桥面防水层及保护层待轨道施工完成后再施工。

桥面防水层施工前清理桥面杂物、污染物并采用高压风枪清除基层面灰尘。桥面基层应平整且保持干燥。将防水涂料从防撞墙一侧的一端开始，按卷材宽度往另一端涂刷刮平，涂刷要均匀。在进行封边工序的同时，应对泄水孔周围涂刷防水涂料，并将电缆槽内保护层顺坡过渡到防撞墙内侧，并与封边涂层顺接。铺贴防水卷材要待基层和卷材上的涂料基本成膜后进行。防水卷材纵向搭接时，应先对先铺贴的一副进行搭接。防水卷材铺贴完毕并符合质量要求后，方可采用防水涂料进行封边。防水层铺设完毕 24h 后，方可进行保护层施工。

防水层施工完毕并符合质量要求后，进行防护层施工，聚丙烯纤维混凝土采用强制式搅拌机搅拌，纤维混凝土应随拌随铺，采用平板振动器振捣，然后采用抹刀抹平。保护层施工应进行二次收光，待保护层似干非干时应及时覆盖麻布洒水养护。为了防止保护层因收缩应力引起裂纹，施工 24h 后进行纵横锯缝。待保护层不养护时，及时清理锯缝中的粉末，采用聚氨酯防水涂料将断缝填实。

为保证桥面排水通畅，桥梁顶面防撞墙内侧设置 2% 的人字形排水坡，按设计要求在防撞墙内侧桥面板设置泄水管，为保证两线间的排水，在轨道底座设置排水管，为使电缆槽内积水通过防撞墙流到桥面排水孔，防撞墙外侧电缆槽内的保护层应设置1‰的排水坡。按设计要求绑扎固定桥梁竖向排水管，并作好竖向排水管与桥面排水系统的衔接，确保排水畅通。排水管应采用钢筋骨架固定牢固。

5.综合接地施工

在承台、墩顶、桥面和梁底按设计要求预留接地螺母，并在梁端顶预埋接地钢筋。为保证全线贯通地线的接地电阻不大于1Ω的技术要求，在每个桥墩台处预埋接地网，根据贯通地线电阻值测试情况，接地网与贯通地线进行连接。连接方式采用95mm²的铅包多股铜缆线与桥面预留的接地螺母相连接，桥面接地螺母与梁体预埋接地钢筋和梁底的接地螺母焊接成一通路，墩顶预留接地螺母、墩顶实体性钢筋、墩身钢筋、承台钢筋、桩基钢筋等焊接成一通路，在桩基附近用防锈钢管组成接地网，用95mm²的铅包多股铜缆线将梁底的接地螺母与在墩顶预留接地螺母相连，桩基钢筋与防锈钢管组成的接地网相连接，组成一条贯通的接地线。

在桥梁的两侧使用人工方法在电缆槽道内各敷设一根95mm²的铅包多股铜缆线作为贯通地线（与路基贯通地线相连）。敷设地线时防止沿桥面拖行时损坏外包铅。敷设的过程中地线拐弯应圆滑、平顺，切忌生成死弯、背扣等现象，并采取φ30mm防护管防护，贯通地线每隔50m用三通管引一接线头。接线头的引出采用35mm²塑料护套多股铜线，电缆槽内留出250mm，对需要进行接地处理的设备连接在贯通地线上。

贯通线地与贯通地线、贯通地线与接地极、贯通地线与分支引出线之间的连接采用火泥熔接技术，降低接触电阻。

综合接地施工详见贯通地线接地极方法，如图4-70所示。

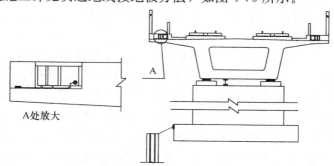

图4-70　贯通地线接地极方法示意图

6.接触网支柱基础施工

按设计要求，现浇梁体时应在相应位置预埋接触网、下锚拉线基础锚固螺栓及加强钢筋，并设置下锚拉线基础预留钢筋。支柱及拉线基础混凝土应与电缆槽竖墙一同浇筑，模板应准确稳固，混凝土浇筑完工后预埋螺栓涂油防护，并做好混凝土养护工作。

五、确保工程质量、工期和安全的措施

（一）工程质量保证措施

1. 工程质量目标

本工程质量目标：工程全部达到国家和铁道部现行的工程质量验收标准及设计要求，并满足验收速度的质量要求。工程一次验收合格率达到100％，满足全线创优规划要求。

2. 质量保证体系

针对本标段工程特点和质量目标，建立工程质量保证体系，如图4-71所示。

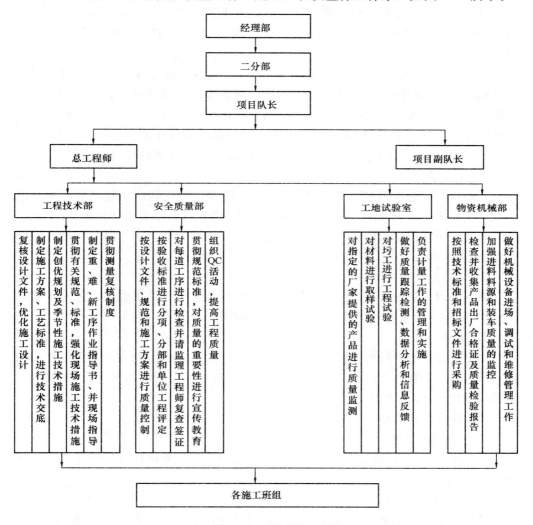

图 4-71　质量保证体系框图

3. 质量技术保证措施

（1）施工测量质量保证措施

在施工准备阶段，对所有施工用的测量仪器按计量要求定期到有资质的单位进行校定，施工过程中，如发现仪器误差过大，必须即时送修，并重新校定，精度满足要求之后，方可使用。

鉴于本桥梁点位关系复杂，测量前必须仔细审图，核对数据，积极主动与设计部门联系，吃透设计意图，保证放线所用数据准确无误。然后通过平面控制系统的导线点，用坐标法测设桥梁轴线控制桩、各墩的中心桩和竖曲线的起点、中点、终点桩，并按规定测设护桩。定出桥轴线和墩位中心后以直接丈量法进行复核，误差在 1/5000 以内即合格，否则重测。施工水准点根据基准水准点以便于施工使用又易于保护的原则测设，其间距应不大于 100m，往返测闭合差必须符合测量规范要求。桥梁轴线、墩位中心桩及施工水准点测设好后，应与相邻标段的桥轴线进行联测，贯通后，整理测量资料交监理审核、检查，合格后方可用作施工放样的依据。桥轴线控制桩、墩位中心桩、水准点桩、护桩均采用混凝土妥善保护。

施工过程中的测量以桥轴线控制点、墩位中心桩与施工水准点为依据。测量放样前，先仔细阅图，充分理解设计意图，保证使用数据准确。放样工作中，严格按测量规程操作，认真执行检查复核制度，对使用的点位注意经常复核，仪器定期检校。测量成果进行书面和现场交接，并在施工过程中加强监测、纠正。

施工中，针对不同工作项目，分别采用精确的方法完成各种测量工作：

1) 钻孔桩

利用桥墩中心桩的护桩恢复桥墩中心桩，再根据桥梁轴线控制桩复核桥墩位中心，然后用全站仪放出各钻孔桩孔位中心桩，并在桩位中心点四角做好护桩点，作为施工中桩位控制点和检查点。在钻孔与吊放钢筋笼施工中控制孔位纵、横向误差不大于 30mm。

2) 承台

测定墩台十字中心线，指导立模，并检查其几何尺寸的正确性，误差不超过 30mm，轴线偏位不超过 15mm，高程用水准仪测量，误差不大于 20mm。

3) 墩身

用钻孔桩中心测设的方法，测定墩柱中心，指导立模。轴线偏移控制在 5mm 内，倾斜度控制在 $0.1\%H$（且不大于 20mm）内，标高用水准仪配合钢尺控制，误差控制在 ±10mm 以内。

（2）模板工程质量保证措施

1) 支模系统用料

柱、承台、现浇梁均采用无拉杆式特制大钢模板，整体性好，拼缝小，接缝少，外形美观。

2) 支模质量要求

模板及支架必须有足够的强度、刚度和稳定性，模板的接缝不大于 2.5mm，模板的实测允许偏差值，合格率严格控制在 90% 以上。

（3）钢筋工程质量保证措施

1) 钢筋的配制与绑扎

A. 本工程所有钢筋均根据业主提供的施工图及现行的规范、规程要求，在加工场集中定型加工后送至现场。

B. 钢筋进场必须根据施工进度计划，做到分期分别堆放，并作好钢筋的维护工作，避免锈蚀和油污，确保钢筋保持洁净。

C. 钢筋的绑扎严格按有关规范、规程要求进行，确保钢筋在其受力位置。

D. 钢筋的数量、规格、接头位置、搭接长度、间距严格按施工图施工绑扎，制定合理的绑扎顺序，绑扎接头其绑扎点不少于三处。

2）钢筋绑扎质量要求

A. 钢筋的品种和质量必须符合设计要求和有关标准规定。

B. 钢筋的规格、形状、尺寸、数量、间距、锚固长度、接头位置必须符合设计要求和规范规定。

C. 钢筋绑扎的允许偏差值，合格率控制在100％。

3）钢筋工程技术措施

A. 钢筋成品与半成品进场必须附有出厂合格证及物质试验报告，进场后必须挂牌，按规格分别堆放，进口钢筋除合格证和复试报告外，还须进行可焊性试验及化学成分分析，合格后方准使用。

B. 对钢筋要重点验收，控制钢筋的品种、规格、数量、绑扎牢固、搭接长度等（逐根验收）并认真填写隐蔽工程验收单报请监理工程师验收，做到万无一失。

（4）混凝土工程质量保证措施

1）高性能混凝土施工控制

为确保高性能混凝土质量，本工程混凝土全部采用拌合站集中搅拌。搅拌、运输、振捣等设备根据拌合时间、搅拌能力、运输距离、浇筑数量、连续浇筑等因素进行综合配套。

混凝土施工要求按特殊工序的程序处理，施工前先需进行工序能力验证，检查人员、设备、工艺是否满足施工需要，混凝土施工关键操作人员要求固定，振捣经验丰富，经培训合格。

2）原材料控制

实际使用的各种原材料必须与配合比设计相一致。材料进场后，按材料控制程序进行登记，收集、保留相关资料。

所有原材料做到先检后用；集料堆放场地先硬化、分仓，后堆放原材料，粗骨料按要求分级采购、分级运输、分级堆放、分级计量，并对其检验状态进行标识；胶凝材料、外加剂储存罐采用顶部搭设遮阳棚和四周棉被包裹防晒。

骨料在使用前必须进行筛洗，严格控制含泥量、级配，并用钢结构雨篷覆盖，降低骨料的含水量差异和温度。

3）拌合过程控制

开盘鉴定由项目技术负责人组织试验人员、主管工长、质检员共同参加，请监理工程师见证。依据试验配合比和施工配合比，核查各种材料质量，搅拌设备系统及仪表精度。对微机控制搅拌站计量参数资料要及时分析，动态校正计量。验证混凝土的和易性、可泵性、测试坍落度。

4）运输及泵送过程控制

本桥梁混凝土运输采用混凝土搅拌车或输送泵直接运输。

混凝土搅拌车通过施工道路运输，要求保持运输混凝土的道路平坦畅通，保证混凝土在运输过程中保持均匀性，运到浇筑地点时不分层、不离析、不漏浆，并具有要求的坍落度和含气量等工作性能。

混凝土的入模时间控制在搅拌后 60min 内泵送完毕。

最长时间不超过 1/2 混凝土初凝时间，混凝土初凝时间由试验室根据施工气温试验确定，并符合有关规范要求。

5）浇筑过程控制

浇筑混凝土前，根据不同的结构断面尺寸、施工环境、施工条件做好浇筑方案，包括浇筑起点、浇筑进展方向和浇筑厚度、振动器具布置等；混凝土浇筑过程中，严格按事先确定的浇筑方案施工。

浇筑混凝土前，指定专人仔细检查钢筋保护层垫块的位置、数量及其紧固程度，并作重复性检查，提高钢筋保护层厚度尺寸的质量保证率。构件侧面和底面的垫块至少为 4 个/m²，绑扎垫块和钢筋的钢丝头不得伸入保护层内。清除模板内的各种杂物。

浇筑时：倾落高度小于 2m 时，采用自由倾落；大于 2m 时，用滑槽、串筒、漏斗等器具辅助输送混凝土，保证混凝土不出现分层离析现象。混凝土的浇筑需连续进行，在浇筑过程中，严格控制混凝土的均匀性和密实性。

6）振捣过程控制

采用插入式高频振动器振捣混凝土时，宜采用垂直点振方式振捣，每点的振捣时间以表面泛浆或不冒大气泡为准，振捣时间一般控制在 30s 以内，避免过振。混凝土较黏稠时，加密振点分布。

在振捣混凝土过程中，加强检查模板支撑的稳定性和接缝的密合情况，以防漏浆。振捣时不得碰撞模板、钢筋及预埋件。

7）混凝土的热雨期施工

采取严格的有效措施控制混凝土的温度，保证混凝土浇筑的连续性。

必要时采取降低水温的措施。在部分拌合水中加碎冰以冷却拌合水。制冷用水符合拌合用水的质量要求。

尽可能缩短混凝土运输时间，浇筑混凝土尽量选择温度较低时间或夜间进行。在晚间浇筑混凝土时，确保有足够的照明设施。

（二）工期保证措施

1. 工期目标

总工期目标为：

本桥拟定开工日期：2006 年 3 月 1 日，竣工日期：2007 年 9 月 30 日，工期19 个月。

2. 工期技术保证措施

（1）编制经济合理的专项施工技术方案、作业指导书、工艺操作规程、施工保证措施及进度计划网络图。交叉影响各专业的工程合理安排，尽量减少相互干扰。

（2）加强现场施工技术指导和测量、试验工作，充分运用微机信息处理技术及其他科技成果，及时对施工实况进行监控和指导。

（3）广泛开展技术革新和科研工作，开展"小发明、小创造、小革新、小建议、小改进"的五小活动，不断提高劳动生产率，对重点项目邀请设计、科研单位联合攻关。积极推广新技术、新材料、新工艺，以科技进步促进劳动生产率的提高。

（4）充分发挥专家组的智囊作用，对本工程的重大技术难题和施工方案进行论证，正确进行技术决策和科学组织施工。

（5）施工中采用网络技术进行工期控制，重点抓好关键工序的施工管理，确保关键工序的施工进度，对影响总工期的工序和作业环节给予人力和物力的充分保证，确保总进度计划目标。

（三）安全保证措施

1. 工程施工的安全目标

坚持"安全第一，预防为主"的方针，消灭一切责任事故，确保人民生命财产不受损害。杜绝一切行车安全事故，杜绝施工安全重大、大事故，防止一般事故的发生。

2. 安全保证体系

项目队建立以项目队长为首的"安全保证体系"（图 4-72）。

项目队分级负责，以加强施工作业现场控制和职工的安全生产教育为重点，开展创建安全标准工地活动，确保标段工程的施工安全。

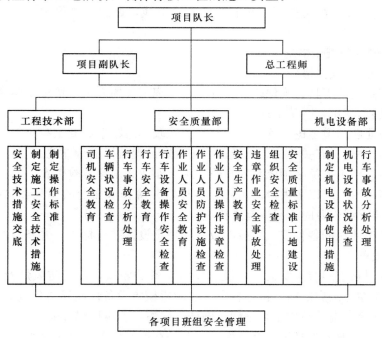

图 4-72 安全保证体系框图

3. 安全技术保证措施

施工现场的布置符合防火、防爆、防洪、防雷电等安全规定及文明施工的要求。施工现场的生产、生活办公用房、仓库、材料堆放场、停车场、修理厂按批准的总平面布置图进行布置。

现场道路平整、坚实、保持畅通，危险地点悬挂安全警示标牌，施工现场设置大幅安全宣传标语。

现场的生产、生活区设足够的消防水源和消防设施网点,消防器有专人管理,不乱扔乱放,各项目队组成 15~20 人的义务消防队,所有施工人员熟悉并掌握消防设备的性能和使用方法。

各类房屋、库棚、料场等安全消防距离符合有关规定,现场易燃杂物随时清理,严禁在有火种的场所或其近旁堆放易燃物品。

施工现场的临时用电严格按照《施工现场临时用电安全技术规范》(JGJ 46—2005)的规定执行。

施工中如发现危及地面建筑物或有危险品时立即停止施工,待处理完毕后方可施工。

从事电力、高空作业及起重作业等特殊作业人员,各种机械的操作人员及机动车辆驾驶人员,经过劳动部门专业培训并考试取得合格证后,方准持证独立操作。

施工现场设立安全标志。危险地区悬挂"危险"或"禁止通行"、"严禁烟火"等标志,夜间设红灯警示。

所有道路的便桥在桥头设立标志,注明载重能力和限制速度。

施工现场用电严格按照三相五线制布设电线,做到二级保护,三级控制,一机一闸。

4. 桥梁专项安全措施

(1) 钢围堰安全措施

1) 配足通信工具,确保统一指挥。进入施工现场人员,按规定佩戴好安全防护用品,遵章守纪,听从指挥。

2) 在通航河道上进行施工前,与当地航政部门联系,商定有关航运和施工的安全事项,并通报有关单位,在航道上按规定设置航标进行导航。

3) 所有施工人员必须佩戴安全帽,水上作业必须穿戴救生衣。

4) 当出现六级以上大风时,停止工作,并检查水面上的船只和锚缆等设施。如确有需要继续作业时,采取有效措施。

5) 施工使用的各种船只,按航政部门规定设置航行标志,并备有救生、消防及靠绑等设备。

6) 船只在夜间有照明设备,没有发电设备的船只,备有防风灯及电池灯具。浮吊的拖轮在浮运启航前,检查各个部位的机械与设备性能是否良好,安全设施、工具是否齐全,拖重吨位是否超标。确认无误后,方可启锚开航。

7) 水上作业人员必须穿好救生衣,并站在适当位置,以防落水。

8) 施工中需要封航时,必须与航务部门联系,在航道上做好封航标志,办理封航手续并通知相关单位。

9) 由于潜水作业较多,墩位上下游各 1200m 范围内设置明显标志,标明潜水作业时间,且派出防护人员对上下游进行防护,确保潜水员安全。

10) 由于水上焊接作业较多,电缆电线必须经常检查,避免漏电。施工用电设备实行一机一闸一漏一箱。漏电保护装置与设备相匹配。

11）施工作业人员，定期进行体格检查，不适宜作业的人员，不得从事此项工作。作业人员必须戴安全带，穿防滑鞋。不得穿拖鞋、高跟鞋、硬底鞋、易滑鞋和裙子上班进入施工现场。

12）根据具体情况使用符合要求的脚手架、脚手板、吊架、梯子、跳板、安全带等，按安全有关规定在高空、临空处、水上作业平台设置栏杆或安全网等安全设施。悬挂的梯子挂在牢固处，挂钩与承载结构物捆绑牢靠。

13）夜间进行作业时，必须在现场有足够的照明设备，在危险地带等处设有明显的标志。

14）危险地点悬挂按照《安全色》和《安全标志》规定的标牌，夜间有人经过的坑、洞、施工作业危险地带设红灯示警。严禁无关人员随意出入现场。

15）起吊重物时，起落速度应均匀，动作要平稳，禁止忽快忽慢，不准紧急制动。放置吊运的重物时，要注意地面的平整，防止斜歪倾倒。

16）钢围堰施工开始时即设置航标，悬挂夜间红灯示警等通航导向标志，并打设钢管桩防撞墩，以策安全。

（2）钻孔灌注桩基础安全措施

1）建立和健全安全生产责任制和安全保障体系，成立安全生产领导机构和三防机构，配备专职安全员。

2）加强全员安全意识教育，贯彻"安全第一，预防为主"的方针，定期组织职工进行安全学习，定期进行安全大检查。

3）从事钻孔桩水下混凝土灌注的施工人员必须经过培训合格后，持证上岗操作。

4）电焊机、焊钳、电源线以及各接头部位要联结可靠，绝缘良好，不允许接线处发生过热现象，电源接线端头不得外露，应用绝缘布包扎好，更换焊条应戴手套，在潮湿地点工作，应站在绝缘胶板或木板上。

（3）悬臂浇筑施工安全措施

1）挂篮试拼后，要进行全面检查，并做静载试验。

2）在墩上进行 0 号块施工并以槽钢托架做施工平台时，在平台边缘处，设安全防护网，墩身两侧槽钢托架平台之间搭设的人行道板必须连接牢固。

3）使用的机具设备（如千斤顶、滑车、捯链、钢丝绳等），进行检查，不符合安全规定的严禁使用。

4）双层作业时，操作人员必须严守各自岗位职责，防止铁件工具掉落等。

5）挂篮拼装及悬臂组装中，根据作业点的具体情况设置安全防护设施。

6）挂篮使用时，后锚固筋、张拉平台的保险绳等经常检查。底模标高调整时，设专人统一指挥，且作业人员应站在铺设稳固的脚手板上。

7）挂篮行走时，要缓慢进行，速度应控制在 0.1m/min 以内。挂篮后部各设一组溜绳，以保安全。滑道要铺设平整、顺直，不得偏移。

8）在挂篮上另行增加设施（如防雨篷、立井架、防寒棚等）时，不得损坏挂篮结构及改变其受力形式。

9）箱梁混凝土接触面的凿毛作业人员要有安全防护措施。

10）作业时人员应站在上风处操作，并佩戴安全防护用品。

11）人工凿除时，人员站位要拉开距离。

（4）预应力张拉法施工安全技术措施

预应力钢绞线下料，在清理干净的硬化场地进行。场地内严禁动用电焊设备，防止电焊弧击伤钢绞线，造成钢绞线在张拉时断裂伤人。

夹片、锚具进场后仔细检查夹片、锚具的硬度和圆锥度以及夹片有无裂纹、有无锈蚀现象，以保证夹具具有足够的自锚能力，防止夹片、锚具弹出伤人。采用油顶、油表相互匹配的预应力张拉施工设备，在使用一定时间或次数后及时校验，防止因油顶、油表不匹配造成张拉力控制不准确，产生安全事故。

锚垫板安装角度位置严格按设计要求，并采取锚筋与梁体钢筋焊接的方法确保锚垫板角度、位置准确。以防应力过大，造成锚垫板松动，造成预应力施工安全事故。

在张拉施工时，精确调整油顶位置确保油顶、工具锚、锚具、锚垫板位于同一条线上，确保预应力施工安全。

张拉油顶采用安全可靠的钢支架配合捯链吊挂，以防油顶掉落，伤及张拉操作人员。

张拉作业区设立钢筋栅栏及安全防护网，并设立安全防护标志，严禁非作业人员进入。

张拉或退锚时，张拉油顶后面严禁站人，并在张拉作业区后方设置木防护板以防预应力筋拉断或锚具、夹片弹出伤人。

张拉作业时设置专人负责指挥，测量伸长量时，停止油顶张拉。

张拉液压系统的高压油管的接头加防护套，以防漏油伤人。高压油管在正式使用前作油管承压检查，保证油管的正常使用。

（5）混凝土浇筑施工安全措施

1）施工材料、机具在作业完成后，要及时清理，严禁无关材料放在挂篮上，以防挂篮超载；拆除时作业人员不得站在被拆的模板上，夜间作业时应有足够照明设备。

2）混凝土灌注时，要设专人仔细观察和检查吊带、锚固系、侧模、牛腿等主要受力部件有无变形，发现问题要及时完善处理。

3）浇筑混凝土时要随时测量挂篮的挠度（前托梁及吊带变形），以及时调整。

4）浇筑混凝土前，要对支架进行随时检查，防止有脱空现象。

（6）水上作业安全措施

1）水上施工作业人员，必须穿救生衣，严禁酒后上岗作业。

2）水上施工作业船舶，必须按有关规定在明显处设置昼夜显示的信号及醒目标志。

3）施工作业者在施工作业期间应按海事部门确定的安全要求，设置必要的安全作业区或警戒区，设置有关标志或配备警戒船。

4）施工船舶应配备有效的通信设备并在指定的频道上守听，主动与过往船舶联系沟通，将本船舶的施工、航行动向告知他船，确保航行和施工安全。

5）施工船舶作业人员，必须严格执行安全操作技术规程，船舶装卸时，严禁超载或偏载。

6）船舶靠岸后人员上下船，应搭设符合安全要求的跳板。

7）水上作业船舶如遇有大风、大浪、雾天时，超过船舶抗风浪等级或能见度不良时，应停止作业。

8）在水上搭设的作业平台，必须牢固可靠，悬挂的避碰标志的灯标应符合有关安全技术规定。水上作业平台应配必要的救生设施和消防器材。

9）交通船应按额定的载客数量载人，船上必须按规范规定配置救生设备。

（7）高处作业安全措施

1）定期对从事高空作业人员进行体检，凡发现有不宜登高作业的病症的人员，不得参加高空作业。

2）高空作业人员应衣着灵便，穿软底防滑鞋。杜绝穿拖鞋硬底鞋和带钉易滑的鞋。严禁酒后登高作业。作业时系好安全带。

3）高空作业材料要事先准备好，工具应放在工具袋内，传递工具不得抛掷或将工具放在平台和木料上，更不得插在腰上。

4）合拢段工作范围要搭设好操作平台和挂好安全网。

5）用于上下攀登设施的脚手架，应将脚手架上的存留材料、杂物等清理干净。

（8）雨期施工安全措施

1）施工现场的大型临时设施，在雨季前应整修加固完毕，保证不漏、不塌、不倒、周围不积水，严防水冲入设施内。选址要合理，避开滑坡等灾害地段。大风和大雨后，应当检查临时设施地基和主体结构情况，发现问题及时处理。

2）雨期前应清楚沟边多余弃土，减轻坡顶顶压力。

3）雨后应及时对坑槽边坡和固壁结构进行检查。深基坑应当派专人进行认真测量、观察边坡情况，如果发现边坡有裂缝、疏松、支撑结构折断、走动等危险征兆，应当立即采取措施。

4）雨期施工中遇到气候突变，发生暴雨，因雨发生坡道打滑情况应当停止土石方机械作业施工。

5）雷雨天气不得露天进行电力爆破土石方，如中途遇到雷电时，应当迅速将雷管的脚线、电线主线两端连成短路。

6）大风大雨后作业，应当检查起重机械设备的基础、塔身的垂直度、缆风绳和附着结构，以及安全保险装置并先试吊，确认无异常方可作业。

7）落地式钢管脚手架底应当高于自然地坪 50mm，并夯实整平，留一定的散水坡度，在周围设置排水措施，防止雨水浸泡脚手架。

8）遇到大雨、大雾、高温、雷击和 6 级以上大风等恶劣天气，应当停止脚手架的搭设和拆除作业。

9）大风、大雨后，要组织人员检查脚手架是否牢固，如有倾斜、下沉、松扣、崩扣和安全网脱落开绳等现象，要及时进行处理。

（9）高温季节施工安全措施

1）对职工进行防暑降温知识的宣传教育，使职工知道中暑症状，学会对中暑病人所应采取的应急措施。

2）合理调整作息时间，避开中午高温时间作业。

3）对高温作业人员，需经常进行健康检查，发现有作业禁忌者，应及时调离高温作业岗位。

4）要保证及时供应符合卫生要求的茶水、清凉含盐饮料、绿豆汤等。

5）及时给职工发放防暑的急救药品和劳动保护用品。

（10）夜间施工安全措施

1）夜间施工时，现场必须有符合操作要求的照明设备，施工住地要设置路灯。

2）施工中的平台，应设置围栏，并悬挂红灯示警标志。

3）大型桥梁攀登扶梯处应设有照明灯具。

4）夜间作业船只或通航江河上长期停置的锚船、码头船等应按港航监督部门规定，配置齐全的夜航、停泊标志灯。船只停靠码头应设照明灯。

六、职业健康安全管理措施、环境及文明施工措施

（一）职业健康安全管理措施

1. 医疗卫生保障措施

成立专职的保障机构，配备具有事业心和责任心的专业工作人员。同时配备必要的医疗设备，药品配置必须保证医疗用药。加强药品管理，所用药品必须为正规厂家生产，注意使用期限。积极与地方及上级医疗机构协调，做好伤病员后送工作。

2. 完善劳动安全卫生设施

施工现场由于机械振动多，噪声大，露天作业时间长，易引起职业性耳聋、振动病等。在施工中主要采取完善劳动安全卫生设施等预防措施。

电、气焊作业尽量实行隔离作业，电焊工必须戴专用防护面罩、眼镜和手套。

在施工、生活区域内设置标志、信号和防护装置，在坑、洞、沟等设置防护装置。在经常过往的地点，设置安全通道、便桥，安装防护设施和照明设施。

为机电设备安装防护装置和漏电保护装置，在运转机械上设置安全启动和迅速停车装置，在高空作业时，为防止落物伤人、坠落摔伤设置工具箱和防护网等。

合理安排工作和作息时间。洞外夏季露天作业，延长中午休息时间，避开高温、高辐射环境下作业，作业人员戴手套、草帽、穿工作服，及时向作业人员提供含盐的清凉饮料。

3. 卫生防病措施

在大批施工人员进场前，提前对施工地段进行卫生学勘察，对该地区传染病、地方病的流行分布，传播途径，病媒生物，进行全面细致的了解，并提供可行的保障措施。

进行健康教育。让广大职工了解传染病和地方病的危害性、传播途径、临床症状及预防方法。

在施工工地和生活区范围内，统一部署灭鼠、跳蚤、蚊虫等宿主生物措施。

积极与当地上一级卫生防疫部门协调沟通，接受其卫生防病工作指导，注意当地疫情情况。

工中体检时，严密监测，防止肝炎、结核等传染病的发生。及时发现，及早处置。

4. 疫情报告制度

建立重大疫情的报告制度。按照《中华人民共和国传染病防治法》和《中华人民共和国国内交通检疫条例》及《国家鼠疫控制应急预案》的有关规定，在突发疫情时，及时上报国家卫生主管部门和地方卫生主管部门，并协助上级卫生部门实行应急处理措施。

制定传染病、食物中毒、职业中毒应急处理措施，时刻防止上述事件发生，出现上述事件时及时做好治疗、转院、呈报等工作。

5. 定期体检

在岗期间每年对上述有毒有害作业人员进行一次职业健康体检，体检中发现异常及时通知受检者本人并安排进一步诊治，对有毒有害作业人员建立职业健康档案并妥善保存。发现职业禁忌者及时调离工作岗位。

6. 职业病防治措施

（1）加强职业健康体检

上岗前对从事粉尘、噪声、二氧化硫作业的人员进行职业健康体检。体检项目：

粉尘作业：内科常规检查，心电图，肝功能，血、尿常规，高千伏胸部 X 射线摄片，肺功能。

噪声作业：内科常规检查，耳鼻检查，血、尿常规，心电图，纯音听力测试。

二氧化硫作业：内科常规检查，眼科、耳鼻喉科检查，胸部 X 线摄片，肺功能。

在岗期间每年对上述有毒有害作业人员进行一次职业健康体检，体检中发现异常及时通知受检者本人并安排进一步诊治，对有毒有害作业人员建立职业健康档案并妥善保存。发现职业禁忌者及时调离工作岗位。

（2）加强职业危害因素的监测

粉尘、二氧化硫、噪声每3～6月监测一次，或根据施工情况适时监测。对有害因素超标作业点提出整改措施并监督落实。建立有害作业点劳动卫生档案并妥善保存。

（3）严格执行《职业病防治法》，规范劳动施工组织

制定科学合理的劳动作息制度，合理安排劳动作业强度，严禁不具备职业病防护条件下的作业行为。明显扬尘应及时洒水，减少对当地居民和施工人员危害。卫生、工会等部门加强监督检查，将劳动卫生保护工作纳入工地安全检查日程，定期考核。

（二）环境及文明施工措施

1. 维护自然生态平衡的措施

保护当地自然植被，采取措施使地表植被的损失减少到最低限度。

施工现场生产、生活房屋及生活设施、原材料堆放处和材料加工场均在规划的区域内进行。修建的施工便道，要结合乡镇长远规划，选择线路。弃土场必须做好防护工作，确保不发生水土流失情况，并进行弃土场绿化。

2. 临时工程环境保护

施工营地及施工现场设固定的垃圾桶或垃圾池盛放垃圾，分类标识存放，定期清理，运至指定的垃圾处理场或废品回收利用，不得乱扔、乱倒垃圾。施工场地的遗弃物、废油等集中进行预处理后，采用专用车辆运输至指定的处理厂或存放点。污水须排入当地的排污管道或经集中净化处理后排出，严禁将未达到排放标准的生活污水直接排放至江河及其他水体中。

施工场地和运输道路须定期洒水养护，避免产生扬尘。

生活区及施工场地周围的植物、植被，严禁随意践踏和破坏，并在生活区设立植被宣传保护牌，告示参加施工人员对环境的保护人人有责。

3. 生活区环境保护措施

生活区临时工程的修建本着节约用地、方便生活、利于生产、保护植被的原则，统筹安排，合理选址，经业主、当地环保部门审批，主动接受监督检查。

生活区的设置要相对集中，设置必要的公共卫生设施，废水净化池、化粪池，按照环保部门的要求定期清理，避免生活垃圾污染环境。生活固体垃圾集中堆放、适时运至环保部门指定地点，保持驻地清洁。

临时生活设施的修建、拆除时产生的固体废弃物，按照环保部门的要求弃于指定地点处理。

4. 植被保护

施工期间对施工人员加强保护自然资源的教育，严禁随意砍伐，限制施工人员和车辆的活动范围。

施工便道选线、生活营地、大型临时设施场地选址尽量少占或绕避林地、耕地，保护原有植被。对合同规定的施工界限外的植物、树木等尽力维护，严禁超范围砍伐。工程完工后及时进行现场清理、复垦或绿化。

5. 施工中的环保措施

注意夜间施工的噪声影响，尽量采用低噪声施工设备。对距离居民区 160m 以内的工程，则应根据需要限定施工时间。少数高噪声设备尽可能不在夜间施工作业，必须在夜间从事有噪声污染的施工应先通知附近居民，以征得附近居民的理解，如有可能采取限时作业措施。

对不符合尾气排放标准的机械设备，不能使用。

做好当地水系的保护工作。

凡对环境有污染的废物，如挖方弃土、建筑垃圾、生产垃圾、废弃材料等，弃在指定地点处理。在桥梁施工时各种材料、机械不得随意堆放，破坏植被。

及时掌握天气的变化情况及当地的汛情，提前做好河道清淤、畅通工作，钻孔桩泥浆经沉淀处理后定点排放，不得直接排入河浜。

6. 完工后环境恢复措施

工程完工后应将临时设施全部拆除，当地可以利用的，可通过当地政府或环保部门的同意，协议转让。对施工场地要认真清理并收集施工垃圾运至指定的位置处理或就地掩埋。

工程完工后，临时租用的土地立即复耕归还。

工程完工的同时，严格按照环保及生态环境保护的要求，对临时设施、施工工点、取弃土场及其他施工区域范围做好环保及生态环境的恢复工作。

工程完工后对河道进行清理疏浚，并向航道、水利部门办理相关手续。

七、施工协调措施

（1）工程施工前，及时与航道、海事、水利等相关部门取得联系，签订施工安全协议。水上作业前须联系航道、海事等相关部门，在发布封航通告前经过审批后才能进行作业。

（2）严格按照航道管理部门的规定，办理相关的航道临时占用手续，并采取相应的防护措施确保安全畅通。

（3）工程完工后应将临时设施全部拆除，当地可以利用的，可通过当地政府或环保部门的同意，协议转让。

（4）严格按照航道局的要求，在西华海水道设置八个航道助标、四个专用标，确保过往船舶安全航行。施工中精心组织，周密安排。

（5）与气象、水文部门建立业务咨询关系，台风、洪水来临前和洪水期间，加强与气象、航务部门联系，掌握台风、洪水情况及航道运输情况，及时调整施工计划，基础安排在枯水季节昼夜施工。

（6）坚决服从防汛指挥部的领导，施工期间尽量避免对大堤的扰动；洪水期间要派人经常检查，备好抗洪物资，发现问题及时解决并向有关部门报告。

（7）水上施工安全除按港监与航道部门要求设置通航标志与发布通航公告外，施工船只及交通船只按要求配备齐全的救生设施。

（8）挂篮悬臂浇筑时挂篮上跨流溪河，为防止施工时坠落的物体危及通航安全，需采取一定的防护措施以保证航道通航安全。挂篮正前方、底模下侧及挂篮两侧面设置一层密目安全网，防止坠物下落。

（9）做好航道维护工作：要充分做好各种准备工作，尽量缩短占用通航水域的时间。在施工期间，我们将积极联系海事部门，设置警戒船，进行航道秩序维护。在大桥合龙期间，与海事部门联系，实施封航交通管制。水上施工，确保通信联络畅通，如发现隐患，即时报告经理部领导和港监，做出果断的解决方案。

（10）建立防汛抗洪组织机构。项目队成立防洪领导小组，由项目队长任组长，项目副队长任副组长，下设防洪办公室，防洪抢险队选择身体强壮、责任心强、有经验的人员参加。

（11）陆地钻孔桩施工的泥浆，经沉淀后，用泥罐车将废渣浆运送至指定地点掩埋（事先与有关部门签订协议），做好妥善处理，不得随意向河道排放。

项目 5 拱 桥 施 工

学习要点：

1. 拱桥的分类及特点；

2. 拱架的形式、构造及适用性；

3. 拱架卸落的时间及程序要求，拱圈浇（砌）筑的施工程序，拱上建筑的施工要求；

4. 缆索吊装设备的组成部分与作用。

任务 1 有支架、无支架施工

任务目标：

1. 学生能够掌握拱桥有支架和无支架施工技术；

2. 学生能够掌握拱架的形式、构造及适用性；

3. 学生能够掌握拱架卸落的时间及程序要求，拱圈浇（砌）筑的施工程序，拱上建筑的施工要求；

4. 学生能够掌握缆索吊装设备的组成部分与作用；

5. 通过实训练习，熟悉放样步骤，理解放样要领，掌握放样技能。

一、拱桥的构造及受力

拱桥按照结构体系主要可分为简单体系的拱桥和组合体系的拱桥。简单体系的拱桥中，桥上的全部荷载由主拱单独承受，拱的水平推力直接由承台或者基础承受。当拱桥行车系的行车道梁与拱圈共同受力时，称为组合体系的拱桥。组合拱可分为无推力（图 5-1a）和有推力（图 5-1b）两类，无推力组合体系拱桥中拱的推力由系杆承担，墩台不承受水平推力。有推力组合体系拱桥中没有系杆，由单独的梁和拱共同受力，拱的推力仍由墩台承受。

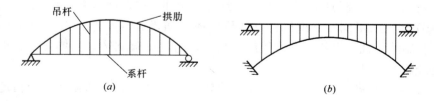

图 5-1 组合体系拱桥

主拱圈结构，主拱圈是拱桥的重要承重结构，沿拱轴线可以做成等截面或变截面的形式。根据主拱圈截面形式不同可分为板拱、肋拱、双曲拱和箱形拱等。

（一）板拱桥

主拱圈采用矩形实体截面的拱桥称为板拱桥，如图 5-2（a）所示。这种矩形实体截面的板拱通常只在地基条件较好的中、小跨径圬工拱桥中才采用。如果在较薄的拱板上增加几条纵向肋，以提高拱圈的抗弯刚度，就构成板拱的另外一种形式，即板肋拱，如图 5-2（b）所示，它的拱圈截面由板和肋组成。

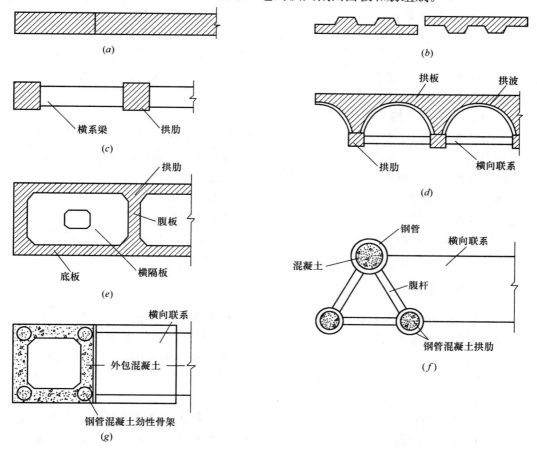

图 5-2 主拱圈截面形式

（二）肋拱桥

肋拱桥是在板拱桥的基础上发展形成的，它是将板拱划分成两条或多条分离的、高度较大的拱肋，肋与肋间用横系梁相连，如图 5-2（c）所示，这样就可以用较小的截面面积获得较大的截面抵抗矩，从而节省材料，减轻拱桥的自重，因此多用于大中跨径的拱桥。

（三）箱形拱桥

箱形拱桥与板拱相似，由于截面挖空，使箱形拱的截面抵抗矩较相同材料用量的板拱大很多如图 5-2（e）所示，所以能节省材料，减轻自重，相应也减少了下部结构材料用量。对于大跨径拱桥则效果更为显著。又因为这种闭口箱形截面抗扭刚度大，横向整体性和结构稳定性均较好，故特别适用于无支架施工。

（四）双曲拱桥

双曲拱桥是中国独创的一种拱桥桥型。双曲拱桥主拱圈通常由拱肋、拱波、拱板和横向联系等几部分组成，其外形在纵、横两个方向均呈弧形曲线，如图 5-2（d）所示。目前，相当一部分的双曲拱桥出现了一些病害现象，需要进行加固处理，因此目前这种桥型较少采用。

（五）钢管混凝土拱桥

钢管混凝土拱桥是我国近年来兴起的一种拱桥桥型，它是指以内灌混凝土的钢管作为拱肋的拱桥，如图 5-2（f）所示。管内混凝土由于受到钢管的约束，在承受轴向压力时发生的侧向膨胀受到限制而处于三向受力状态，从而具有比普通钢筋混凝土大得多的承载能力和变形能力。

（六）劲性骨架混凝土拱桥

劲性骨架混凝土拱桥与普通钢筋混凝土拱桥的区别在于它是以钢骨拱桁架作为受力筋，如图 5-2（g）所示。钢骨拱桁架可以是型钢，也可以是钢管。采用钢管做劲性骨架的混凝土拱又可称为内填外包型钢管混凝土拱。它主要用在大跨度拱桥中，同时也解决了大跨度拱桥施工的"自架设问题"，即首先架设自重轻且刚度、强度均较大的空钢管骨架，然后在空钢管内压注混凝土形成钢管混凝土，使骨架进一步硬化，再在钢管混凝土骨架上外挂模板浇筑外包混凝土，形成钢筋混凝土结构。

二、拱桥的组成

拱桥同其他桥梁一样，也是由上部结构及下部结构两部分组成。拱桥上部结构是由主拱圈及其上面的拱上建筑所组成。拱圈是拱桥的主要承重结构。由于拱圈是曲线形，车辆无法直接在弧面上行驶。桥面系和这些传力构件或填充物统称为拱上建筑。

拱桥下部结构由桥墩、桥台及基础等组成。

拱圈最高处横向截面称为拱顶，拱圈和墩台连接处的横向截面称为拱脚或起拱面，拱圈各横向截面的形心连线称为拱轴线，拱圈的上曲面称为拱背，下曲面称为拱腹，起拱面与拱腹相交的直线称为起拱线，如图 5-3 所示。

矢跨比——矢高 f 与跨径 L 的比值称为矢跨比。当跨径不变，矢跨比越大，即矢高越大，则墩台所受的水平推力越小，当矢跨比为 1/2 时即半圆拱，水平推力为零，但建筑高度和上部结构的用料增大；矢跨比越小，则拱上建筑体积越小，桥头路基填土高度降低，但推力和附加应力增大。对圬工拱桥矢跨比一般采用 1/8～1/4。因此在一些不等跨的拱桥中，为平衡桥墩的水平推力，大跨径用矢跨比较大的拱，以减小推力，小跨径用矢跨比较小的拱，以增大推力，使两相邻的拱在不同恒载作用下的不平衡推力尽量减小。

三、拱桥施工

拱桥的施工方法可以分为有支架施工和无支架施工两类。拱桥的施工方法由拱桥的结构形式、跨径、材料和桥址环境而定，可以说设计决定了施工方法，同

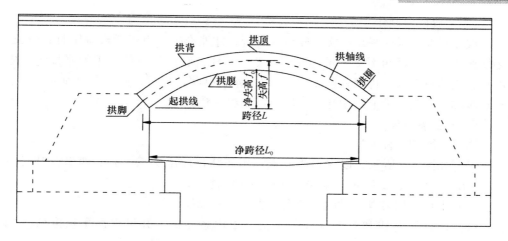

图 5-3　实腹式拱桥上部结构

时施工技术的发展反过来也影响着设计。长期以来拱桥的建造都是依赖于搭设拱架，而搭设拱架一般只适合中小跨径，大跨径拱桥河面较宽，水深流急，拱架较难搭设，并且阻断通航，因而制约了大跨径拱桥的发展。拱桥无支架施工方法的采用，使得大跨径甚至超大跨径拱桥的施工成为可能，又提高了拱桥的竞争力。

有支架施工是在桥位上搭设拱架，在拱架上砌筑拱圈石或立模浇筑混凝土，待砂浆或混凝土强度达到后，再卸落拱架。主要用于石拱桥、混凝土预制块砌筑的拱桥及就地浇筑的混凝土拱桥。

无支架施工是指不搭设拱架的各种施工方法的总称，它包括：钢管混凝土、劲性骨架法、缆索吊装法、悬臂法和转体施工法。

四、拱圈及拱架的放样

拱圈是拱桥的主要受力部分，它的各部分尺寸必须和设计图纸严密吻合。石拱桥的拱石要按照拱圈的设计尺寸进行加工，为了确保尺寸准确，就要制作拱石样板。小跨径圆弧等截面拱圈结构简单，可按计算确定拱石尺寸后，用木板制作样板，一般不需要实地放出主拱圈大样，但大、中跨径悬链线拱圈则需要在样台上按 1∶1 的比例放出大样，然后用木板或镀锌薄钢板在样台上按分块大小制成样板，并注明拱石编号（图 5-4），以便加工。针对拱圈的不同类型，放样的方法也有所不同，下面简述圆弧拱圈的坐标法放样。

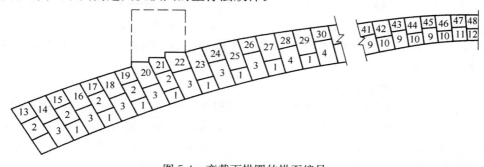

图 5-4　变截面拱圈的拱石编号

（一）放样台制作

放样工作必须在平坦结实的样台上进行，才能准确。由于样台应用时间较长，必须保持在施工期间不发生超过容许的变形。样台宜位于桥位附近的平地上，先用碎石或卵石夯实，再铺一层 2～3cm 厚的水泥砂浆，也可采用三合土地坪。对于左右对称的拱圈，为节约用地，一般只需放出半孔。

（二）拱圈放样

圆弧拱圈的坐标放样：

（1）如图 5-5 所示，以拱顶为原点，用经纬仪放出 X-X、Y-Y 两坐标基线及 A-A、B-B、C-C、D-D 等辅助线，并用对角线法校核。

（2）由计算用表查出拱圈上各点的纵、横坐标设计值。

（3）以坐标基线和各辅助线为基准，放出各定点，并量出加预拱度值后的各点。

（4）用特制曲线板连接各点，则可绘出拱圈的设计弧线和预加拱度后的弧线。如图 5-6 所示。

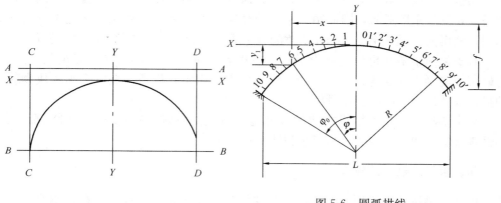

图 5-5　拱圈放样

图 5-6　圆弧拱线
R—圆弧拱半径；L—圆弧拱跨度；f—矢高

五、拱架

拱架是有支架施工建造拱桥必不可少的辅助结构，在拱桥的整个施工期间，用以支承拱圈的和拱上建筑的重力，并保证拱圈的形状符合设计要求。因此，要求拱架具有足够的强度、刚度和稳定性。同时，拱架又是一种施工临时结构，要求其构造简单，制作容易，节省材料，装卸方便，并能重复使用。

拱架的架设一般从两拱脚开始，合龙于拱顶。拱架的卸落一般从拱顶开始向拱脚对称卸落。

（一）拱架的种类和构造

拱架的种类很多，按使用材料可分为木拱架、竹拱架、竹木拱架、钢木组合拱架、扣件式钢管拱架、斜拉式贝雷平梁拱架等，另外对于小跨径旱桥或季节性河流上的拱桥，还可以采用土牛拱胎施工法，即将土填筑成弧形土胎，利用土胎作为拱架，在其上砌筑拱石或浇筑混凝土，最后再将土清除。

　　木拱架，在修筑中、小跨径的圬工拱桥时，仍常采用木拱架。木拱架按其构造形式可分为满布式拱架和拱式拱架。

1. 满布式拱架

　　满布式拱架是在桥孔中间设有或多或少的支架。它的优点是：施工可靠，技术简单，木材和铁件规格要求较低。缺点是：木材用量大，木材及铁件的损耗率也较高；受洪水威胁大，在水深流急、漂流物较多及要求通航的河流上不能采用。

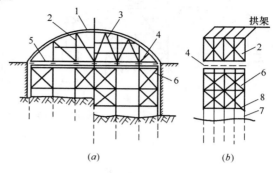

图 5-7　满布式拱架的构造

1—弓形木；2—立柱；3—斜撑；4—落拱设备；5—水平拉杆；6—斜夹木；7—桩木；8—水平夹木

　　满布式拱架通常由拱架上部（拱盔）、卸架设备、拱架下部（支架）三部分组成，如图 5-7 所示。常用的形式有：排架式和墩架式。

　　排架式拱架上部是由斜梁、立柱、斜撑和拉杆等组成的拱形桁架，下部是由立柱及横向联系（斜夹木和水平夹木）组成的支架，上下部之间放置卸架设备（木楔或砂筒等）。

　　在斜梁上钉以弧形垫木以适应拱腹的曲线形状，通常将斜梁和弧形垫木合称为弓形木。弓形木支撑在立柱或斜撑上，长度一般为 2～3m。在弓形木上设置横梁，其间距一般为 0.6～0.7m，上面再纵向铺设 4～5cm 厚的模板，就可在上面砌筑拱石或作现浇混凝土拱的底模板。当拱架横向的间距较密时，也可不设横梁，而直接在弓形木上面铺设 6～7cm 厚的模板。

　　立柱间距按桥梁跨径及承受拱圈重力不同，一般在 1.5～5m 之间。拱架在横桥向的间距一般为 1.2～1.7m。为了增强横向稳定性，拱架各片之间应设置横向联系（斜夹木和水平夹木）。

　　排架式拱架的结构简单且稳定性好，但其排架间距小，立柱数目很多，适用于流速小，不受洪水威胁的不通航河流上的桥孔。

　　墩架式拱架是用少数框架式支架加斜撑来代替数目众多的立柱。木材用量较排架式拱架少，构造上也不复杂，而且能在桥孔下留出适当的空间，减少洪水及漂流物的威胁，并在一定程度上满足通航的要求。因此，它是实际中采用较多的一种形式，如图 5-8 所示。

　　无论是排架式还是墩架式拱架，都应使构造简单，受力明确，避免采用复杂的节点和接头形式。连接处要紧密，以保证拱架在荷载作用下变形最小，且变形曲线圆滑。满布式拱架常用的节点构造如图 5-9 所示。

　　支架基础必须稳固，承重后应能保持均匀沉降且沉降量不得超过设计允许范围。

　　基础为石质时，将表土挖去，立柱根部岩石面应凿低、凿平。

　　基础为密实土时，如施工期间不会被水流冲刷，可采用枕木或铺砌石块做支架基础；如基础施工期间可能被水流冲刷或为松软土质时，需采用桩基、框架结

285

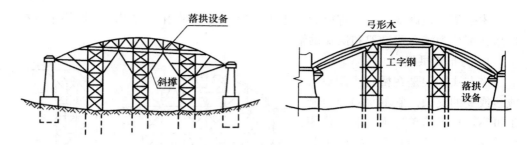

图 5-8　墩架式拱架构造

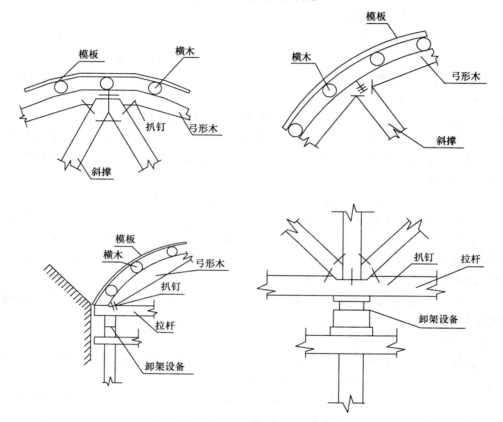

图 5-9　满布式拱架的节点构造

构或其他加固措施，如采用夯填碎石补强，砂砾土用水泥固结，再在其上浇混凝土基座为支架基础等措施。

拱式拱架，与满布式拱桥架比较，拱式拱架不受洪水、漂流物的影响，在施工期间能维持通航，适用于墩高、水深、流急或要求通航的河流。

三铰木桁拱架是拱式木拱架中常用的一种形式，由两片对称的弓形桁架在拱顶拼装而成，两端直接支承在墩台所挑出的牛腿上或紧贴墩台的临时排架上，跨中一般不另设支架，卸架设备一般设在拱端支承处，如图 5-10 所示。其材料消耗率低，但要求有较高的制作水平和架设能力。三铰木桁拱架的纵、横向稳定应特别注意。除在结构构造上须加强纵横向联系外，还需设抗风缆索，以加强拱架的整体稳定性。

在多跨连拱拱桥的施工中，应考虑与邻孔的对称均衡问题，以防桥墩承受过大的单向推力。拱式拱架在施工时，拱架和拱圈圬工的重力作用在拱桥的墩台上，为避免在砌筑时各孔加载不均，对桥墩造成过大的单向推力，拱式拱架应适当安排各孔砌筑程序，保持各孔对称均匀砌筑；而满布式拱架在施工时，拱架和拱圈圬工的重力是靠支架基础来承受的，拱架卸落后拱圈圬工的重力将由墩台承受，因此满布式拱架应适当安排各孔拱架的卸落程序，保持各孔拱架均衡卸落。

2. 钢拱架与钢木组合拱架

（1）工字梁钢拱架

工字梁钢拱架可采用两种形式：一种是有中间木支架的钢木组合拱架，一种是无中间木支架的活用钢拱架。

钢木组合拱架是在木支架上用工字钢梁代替木斜梁，以加大斜梁的跨度，减少支架用量。工字钢梁顶面可用垫木垫成拱模弧线形。但在工字梁接头处应适当留出间隙，以防拱架加载沉降后顶死，如图 5-11 所示。

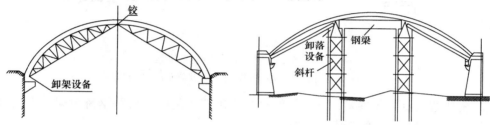

图 5-10　N式三铰木桁拱架　Ｖ式三铰木桁拱架　　　图 5-11　钢木结合拱架

工字梁活用钢拱架由基本节和楔形插节连成，构造简单，拼装方便，且可重复使用，适用于施工期间需保持通航、墩台较高、河水较深或地质条件较差的桥孔，如图 5-12 所示。

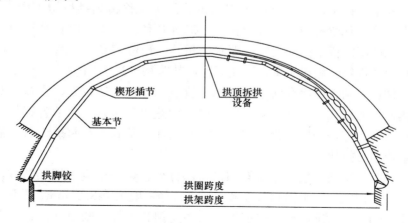

图 5-12　工字钢拱架

（2）钢桁架拱架

钢桁架拱架的结构类型有：常备拼装式桁架型拱架（图 5-13）、装配式公路钢

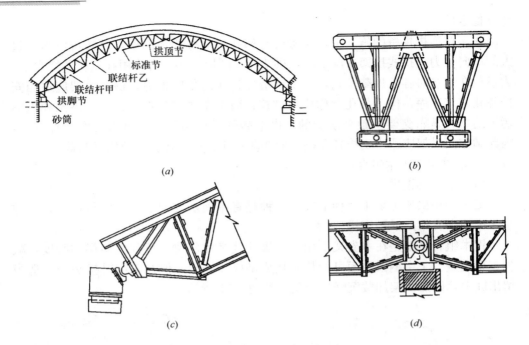

图 5-13 常备拼装桁架型拱架
(a) 常备拼装式; (b) 标准节; (c) 拱脚节; (d) 拱顶节

桥桁架节段拼装式拱架、万能杆件拼装式拱架、装配式公路钢桥桁架或万能杆件桁架与木拱盔组合的钢木组合拱架。

钢桁架拱架顺桥向由一至两片拱形桁架构成,横桥向片数视桥宽及受力而定,由纵、横联结联系成整体,可拼成三铰、两铰或无铰拱架。它拆装容易,运输方便,适用范围广,利用效率高,尽管具有一次性投资大、钢材用量较多的缺点,在我国仍得到广泛采用。

扣件式钢管拱架,将房建施工用的钢管脚手架移植到拱桥施工中作为拱架,一般有满堂式、预留孔满堂式及立柱式扇形等几种。满堂式钢管拱架用于高度较小,在施工期间对桥下空间无特殊要求的桥孔。预留满堂式钢管拱架是在满堂式拱架中利用扣件钢管做成小拱,形成通道,其跨径可达 20m 左右。预留孔满堂式钢管拱架构造复杂,使用在河流中部水深流急,立杆无法设置,或施工期间有小船、车辆通过的桥孔。立柱式扇形钢管拱架构造更复杂,但可节省钢材,用于拱架很高的情况。它是先用型钢组成立柱,以立柱为基础,在起拱线以上范围用扣件钢管组成扇形拱架。

扣件式钢管拱架一般不分支架和拱盔部分,它是一个空间框架结构,所有钢管通过扣件实现联结,不需卸落设备。钢管直径一般为 $\phi 48.25$mm、壁厚 3.5mm;也有采用 $\phi 50$mm、壁厚 3mm 的钢管。扣件式钢管拱架一般由立杆、小横杆(顺水流方向)、大横杆(顺桥轴线方向)、剪刀撑、斜撑、扣件和缆风索组成。立杆是承受和传递荷载给地基的主要受力杆件,以纵向间距取 1~1.2m,横向间距取 0.5~1.1m 为宜。大、小横杆起到在纵、横向联结立杆的作用,如图 5-14 所示。

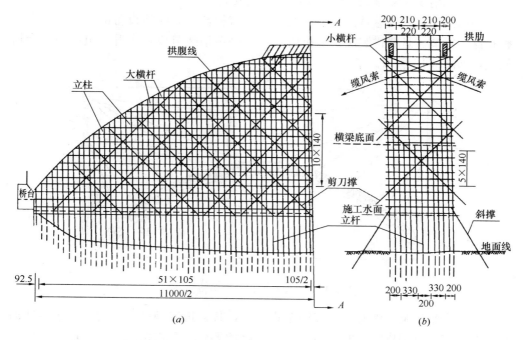

图 5-14　满堂式钢拱架（单位：cm）

扣件式钢管拱架的安装一般不需要技术工人，常常无正规施工设计图纸，安装工具仅需扳手。一般由两拱脚开始，全拱圈宽度推进，合龙于拱顶处。这种拱架所需杆件轻，运输方便，搭设进度快，但施工时注意立杆需要垂直打入土中，所有扣件要求拧紧，严防松滑。

斜拉式贝雷平梁拱架，一般应用在几跨连续施工的情况，在距边墩一定距离处设置临时墩，在中间墩墩顶各设一个塔柱，塔柱顶端伸出斜拉杆拉住贝雷平梁，平梁上设拱盔，形成几孔连续的斜拉式贝雷平梁拱架结构，如图 5-15 所示。

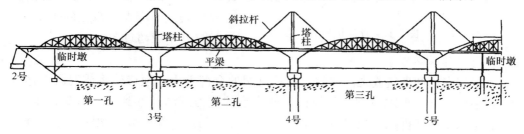

图 5-15　斜拉桥贝雷平梁拱架

（二）拱架的安装

为了使拱架具有准确的外形及各部尺寸，在制作拱架前，一般要在样台上放出拱架大样。应注意：放出的拱架大样应计入预拱度。放出大样后，就可以制作杆件的样板以便按样板进行杆件的加工。杆件加工完毕，一般须进行试拼 1～2 片，根据试拼情况，再对杆件作局部修改后，即可在桥孔中进行安装。

满布式拱架一般是在桥孔中逐杆进行安装。

三铰木桁拱架多是采用整片吊装的方法安装。

钢桁拱架多采用悬臂法逐节拼装，在通航河流，有浮运设备的条件，可采用整孔浮运安装。悬臂拼装法是从拱脚起逐节拼装桁架节段，用滑车组吊在墩台塔架上，如图 5-16 所示。

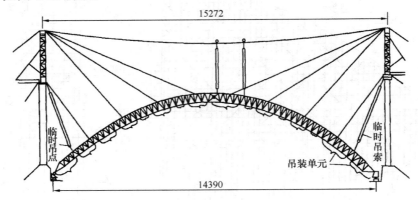

图 5-16　拱架悬臂拼装（单位：cm）

浮运安装法是在浮船上安装满布式支架，其上拼装钢拱架。为了便于拱架的进孔和就位，拼架拼装时的矢高应稍大于设计矢高，在拱架进孔后，用挂在墩台上的大滑车和放置于支架中部的千斤顶来调整矢高，并用水压舱，以降低拱架，使拱架逐渐就位，如图 5-17 所示。

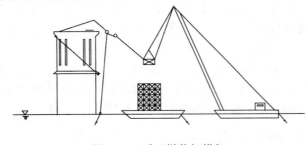

图 5-17　浮运拼装钢拱架

拱架安装好后，其轴线和高程等主要技术指标符合设计要求。拱架上用于拼装或浇筑拱圈的垫木或底模的顶面高程误差不应超过 ＋20mm、−10mm。而纵轴的平面位置偏差不应大于跨径的 1/1000，并不应超过 30mm。

（三）卸拱架

拱架在拱圈砌筑或现浇期间，支承拱圈的全部重力，须待砂浆或混凝土达到一定强度后方可拆除拱架。为使拱架所支承的重力逐渐转移到由拱自身来承受，切忌将拱架突然拆除，或仅将其某一部分拆除。为此，在安装拱架时，必须预先将卸架设备安放在适当位置，如在满布式拱架中，安放在拱盔立柱下面；在拱式拱架中则安放在拱铰的位置上。

拱圈砌筑或现浇混凝土完毕，待达到一定强度后方可拆除拱架。对于石拱桥，待砂浆强度达到设计强度的 70% 后方可拆除，当跨径在 20m 以内，一般为拱圈砌筑完成后 20 天；当跨径大于 20m，一般为拱圈砌筑完成后 30 天。对于混凝土拱桥，待混凝土强度达到设计强度的 75% 后方可拆除。

常用的卸架设备有木楔、砂筒和千斤顶。

木楔有简单木楔和组合木楔两种形式。

简单木楔由两块 1：6～1：10 斜面的硬木楔形块组成。落架时，用锤轻轻敲击木楔小头，将木楔取出，拱架下落。它的构造最简单，但缺点是敲出时振动大，易造成下落不均，可用于中、小跨径拱桥。

组合木楔由三块楔形木和一根拉紧螺栓组成。卸架时，只需扭松螺栓，木楔徐徐下降，拱架逐渐降落。它的构造简单而完善，可用于 40m 以下的满布式拱架和 20m 以下的拱式拱架。

砂筒一般用钢板制成，筒内装以烘干的砂子，上部插入活塞（木制或混凝土制）。卸落是靠砂子从筒下部的预留泄砂孔流出，因此要求筒内的砂子干燥、均匀、清洁。砂筒与活塞间用沥青填塞，以免砂子受潮而不易流出。由砂子泄出量来控制拱架的卸落高度，这样就能通过泄砂孔的开与关，分数次进行卸架，并能使拱架均匀下降而不受振动，使用效果良好，多用于 50m 以上的满布式拱架和 30m 以上的拱式拱架。

采用千斤顶降落拱架常与拱圈调整内力同时进行。一般在拱顶预留放置千斤顶的缺口，千斤顶用来消除混凝土的收缩、徐变以及弹性压缩的内力和使拱圈脱离拱架。

六、石拱桥

按石拱桥所用的材料不同可以分为：粗料石拱、块石拱和片石拱。目前石拱桥主要采用拱架施工法，上部石拱程序可分为：拱圈放样、拱架设置、拱圈和拱上建筑的砌筑和拱架卸落。

（一）拱石规格

拱圈的弧线画好后，可在拱圈大样上划分拱石块数和确定尺寸。

1. 粗料石拱石的形状和尺寸应符合的规定

（1）当拱圈曲线半径较大时，拱石可做成矩形；曲线半径较小且辐射缝上下宽度相差超过 30% 时，拱石应做成楔形；

（2）厚度 t_1 不小于 20cm；

（3）高度 h 应为最小厚度 t_1 的 1.2～2 倍，以使上下拱石相互错缝搭接 15～20cm；

（4）长度 l 应为最小厚度的 2.5～4 倍，一般为 50～70cm。

2. 粗料石拱石的放样与编号

划分拱石前，应首先决定拱石厚度及砌缝宽度。拱石厚度通常以 30～40cm 较为合适，尺寸过大，会给搬运带来不便；过小，则块数太多，开采、砌筑所需劳动力及砂浆用量均增多、砌缝宽度一般在 1～2cm 之间。砌缝过宽，将降低砌体强度，增加砂浆用量；砌缝过窄，砂浆不易灌注饱满，影响砌体质量。

根据确定的拱石厚度和砌缝宽度，即可沿拱圈内弧用钢尺定出每一砌缝中点，再经此点顺相应的内弧半径方向画线，即可定出外弧线上的砌缝中点。连接内、外弧砌缝中点，垂直此线向两边各量出缝宽的一半，画线，即得砌缝边线。然后根据要求的高度和错缝长度可划分全部拱石。拱石划分后，应立即编号，如图 5-18 所示。拱石编号后，还要依样台上拱石的尺寸，做成样板，写明各边尺寸、号码、长度、块数。样板可用木板和镀锌薄钢板制成。

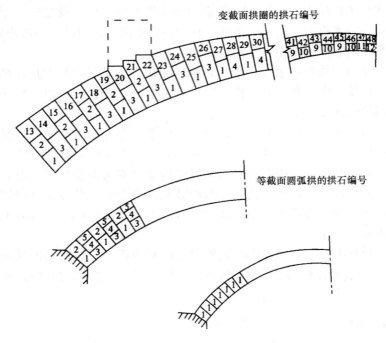

图 5-18　拱石的编号

当用块石和片石砌筑时，石料的加工程序大为简化，无须制作样板和按样加工，只需对所开采的石料进行挑选，将较好的留作砌筑拱圈，并在安砌时稍加修凿。

块石拱石，块石形状应大致方正，上下面大致平整，厚度为 20～30cm，宽度约为厚度的 1～1.5 倍，长度约为厚度的 1.5～3 倍。

片石拱石，片石应具有两个较大的平行面，且厚度不小于 15cm。

混凝土预制块拱石，规格应与粗料石相同，强度不低于 C25，预制块应在拱圈合龙前 2～4 个月预制，以减少混凝土的收缩变形对拱圈的影响。

（二）砂浆和小石子混凝土

砌筑拱圈用的砂浆，一般宜为水泥砂浆，大、中跨径拱桥其强度等级不得小于 M7.5，小跨径拱桥不得小于 M5。砂子宜选用中砂或粗砂，砂浆必须具有良好的和易性，石砌体砂浆稠度以标准圆锥体沉入深度表示，宜为 4～7cm。

为了节省水泥，在有条件的地方，可以用小石子混凝土代替砂浆砌筑片石或块石拱，其砌体强度比用同强度等级水泥砂浆砌筑的砌体强度高，而且一般可以节省水泥用量 1/4～1/3。小石子混凝土的粗骨料可采用细卵石或碎石，最大粒径不宜大于 2cm，拌合料应具有良好的和易性和保水性，片石砌体的坍落度宜为 5～7cm，块石砌体宜为 7～10cm。

（三）拱圈的砌筑工艺

1. 块、料石拱圈

坐浆法：适用于拱脚至跨径 1/4 点段，或其余各段上下环的砌缝上。砌筑时，先在底块拱石面上铺一层厚薄均匀的砂浆，然后将上面的拱石压下，利用石料的自重将砂浆压实，并在灰缝上加以插捣，锤击拱石，直至灰浆表面出现水膜为止。

抹浆法：适用于跨径 1/4 点附近，先在已砌好的拱石侧面抹上一层砂浆，然后将拱石抹浆的侧面用手挤压，并用木锤锤击拱石使浆挤出。

灌浆法：适用于跨径 1/4 点拱顶段，因拱石受力面已近垂直，不便采用抹浆法，而改为灌浆法。先安砌拱石，然后在砌缝中灌以砂浆，加以插捣，使之密实。

2. 浆砌片石拱圈

立砌面轴，砌筑时石块宜竖直，称为立砌；石块大面朝向拱轴方向，称为面轴。

错缝咬马，当拱石高度不够时，将不同形状的石块经过选配结合，彼此以最小空隙和间距相互衔接嵌挤成一整体，称为咬马（图 5-19）。在咬马的同时，相邻石块间砌缝应互相交错。

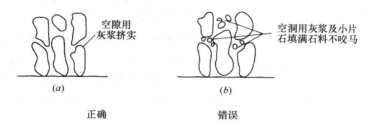

图 5-19　错缝咬马

嵌缺平修脚，将大石块间的空隙，以适当大小的石块及砂浆填筑，称为嵌缺。片石拱圈靠拱腹的一面可略加锤改、打平，并用砂浆及大小适宜的石块填补缺口，称为平修脚（图 5-20）。

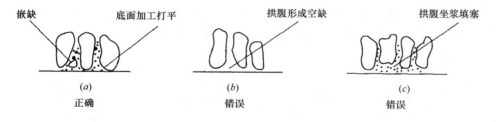

图 5-20　嵌缺平修脚

宁高勿低，用片石砌筑拱圈，拱圈厚度不易掌握，因此，砌筑时拱石可略高于拱背线，以保证拱圈的有效截面。

（四）拱圈的砌筑方法和顺序

砌筑拱圈时，为了保证在整个施工过程中拱架受力均匀，变形最小，使拱圈的质量符合设计要求，必须选择适当的砌筑方法和顺序。

预加压力砌筑法是在砌筑前，在拱架上预加一定重力，可以有效地预防拱圈产生不正常的变形和开裂。压重材料可以利用砌筑拱圈所用的拱石，加压顺序应与计划砌筑拱圈的顺序一致。砌筑时，应尽量利用附近压重拱石就地安砌，随拆随砌，使拱架保持稳定。

按顺序对称连续砌筑，跨径 13m 以下的拱圈，当采用满布式拱架砌筑时，可按拱圈的全宽和全厚，由两拱脚对称均衡的向拱顶砌筑，最后砌拱顶石合龙，应争取以最快的速度施工，使在拱顶合龙时，拱脚处砌缝中的砂浆尚未凝结。

分段砌筑，当跨径较大时，如果再采用连续砌筑的顺序，则在砌筑拱脚一段时，必然因拱石重力而使该段拱架下沉，拱顶部则受两边拱石重力的挤压而向上拱起；当连续砌筑到拱顶时，拱顶部拱架转为下沉，拱跨 $L/4$ 处拱架拱起，使拱圈轴线偏离设计拱轴线过多，增加拱圈内力或引起灰缝开裂，所以一般采用分段砌筑法，即全拱分为数段，同时对称砌筑，以保持拱架受力平衡。

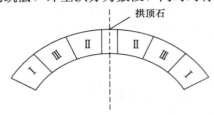

图 5-21 跨径小于 25m 的拱圈分段砌筑

跨径在 13～25m 的拱圈，采用满布式拱架砌筑以及跨径在 10～25m 的拱圈，采用拱式拱架砌筑时，可采取每半跨分成三段的分段对称砌筑方法。分段位置一般在跨径 1/4 点及拱顶（3/8 点）附近，每段长度不宜超过 6m。砌筑顺序如图 5-21 所示，先对称地砌Ⅰ段和Ⅱ段，后砌Ⅲ段。

跨径大于 25m 的拱圈，在两半跨各分成若干段，均匀对称地砌筑，每段长度一般不超过 8m。

拱圈分段砌筑时，各段间应预留空缝，以防止拱圈因拱架变形而开裂，并起部分预压作用。

分段砌筑拱圈时，如拱段倾斜角大于拱石与模板间的摩擦角约 20°，则拱段将沿切线方向产生一定的滑动。为了防止拱段向下滑动，必须在拱段下方临时设置分段支撑。分段支撑的构造应按支撑强度的要求确定。支撑强度较大时，应制成三角支撑形式，并支撑于拱架上。较平坦的拱段，可简单地用横木、立柱、斜撑木等支撑于拱架或模板上。分段支撑的设置如图 5-22 所示。

分环分段砌筑，跨径较大的石拱桥，当拱圈厚度较大，由 3 层以上的拱石组成时，可将全部拱圈厚度分成几环砌筑，每一环可分为若干段对称、均衡地砌筑，砌一环合龙一环。当下环砌筑完并养护数日后，砌缝砂浆强度达到设计强度的 75% 以

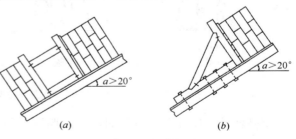

图 5-22 分段施工
(a) 支撑支顶在下一拱段；(b) 三角支撑支顶在模板上

上时，再砌筑上一环。按此方法砌筑拱圈时，下环可与拱架共同负担上环的重力，因而可减轻拱架的荷载，节省拱架材料且保证施工安全。

（五）拱圈砌缝和空缝

砌缝采用砂浆砌筑拱圈时：粗料石砌缝宽度一般为 1～2cm；混凝土预制块砌

缝宽度不应大于 1cm；块石砌缝宽度为 1～3cm；片石砌缝宽度为 1～4cm。

采用小石子混凝土砌筑拱圈时：片石砌缝宽度为 4～7cm，块石砌缝不应大于 5cm。

根据受力需要，砌缝在构造上应满足以下要求，如图 5-23 所示。

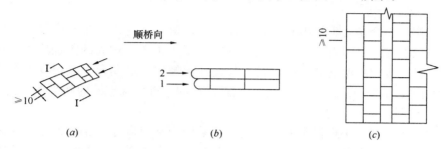

图 5-23　拱圈错缝（单位：cm）
(a) 拱立面；(b) Ⅰ－Ⅰ截面；(c) 拱底面

（1）拱圈的受压面砌缝（竖缝）应成辐射且与拱轴线垂直，这种辐射向砌缝一般为通缝，即上下砌层的竖缝不错开。

（2）当拱圈厚度不大时，可采用单层拱石砌筑；当拱圈厚度较大时，可采用多层拱石砌筑，但相邻两排的各层砌缝，包括横缝和竖缝，必须相互错开（同一排内上下层砌缝可不错开），错开间距不小于 10cm。

空缝的设置，砌筑拱圈时，应在拱脚、拱顶石两侧、分段点等部位临时设置空缝；小跨径拱圈不分段砌筑时，应在拱脚附近临时设置空缝，空缝宽度宜为 3～4cm，在靠近拱圈底面和侧面 10cm 范围内，缝宽应与周围砌缝相同，沿空缝的拱石，靠空缝一面应加工凿平，如图 5-24 所示。

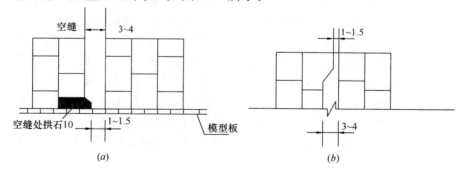

图 5-24　空缝设置（单位：cm）
(a) 纵剖图；(b) 俯视图

空缝的垫隔，为保证在砌筑拱圈过程中，空缝的宽度和形状不发生改变，同时能将上侧拱段压力传到下侧拱段，应在空缝中设置坚硬垫块。垫块可采用铁条或水泥砂浆预制块。

空缝的填塞，空缝的填塞应在所有拱段砌完，且砌缝砂浆强度达到设计强度的 70%后，宜在一天中较低温度时进行。对于各种跨径的拱圈，都可采用各空缝同时填塞的顺序。对于 16m 以下的较小跨径拱圈，可采用从拱脚向拱顶对称逐条填塞的顺序。

填塞空缝可用 M20 以上或体积比为 1：1、水灰比为 0.25 的半干砂浆填塞，砂子宜选用细砂。填塞应分层进行，每层厚约 10cm，每层可用插钎捣筑直至表面露出水珠。当须加大挤压力时，可在空缝填满后用木槌或木夯夯捣砂浆。

（六）拱圈合龙

安砌拱顶石合龙，砌筑拱圈时，常在拱顶预留一合龙口，在各拱段砌筑完成后安砌拱顶石完成拱圈合龙。为防止拱圈因温度变化产生过大的附加应力，拱圈合龙应按设计规定的温度和时间进行。如设计无规定，拱圈合龙宜选择在接近当地年平均温度或 5～15℃时进行。分段砌筑的拱圈应待填塞空缝的砂浆强度达到设计强度的 50％后进行。

刹尖封拱，对于小跨径拱圈，为提高拱圈应力和有利于拱架的卸落，可采用刹尖封顶完成拱圈合龙。刹尖封顶应在拱圈砌缝砂浆达到设计强度的 70％后方可进行。

此法是在砌筑拱顶石前，先在拱顶缺口中打入若干组木楔，使拱圈挤紧、拱起，然后嵌入拱顶石合龙。刹尖木楔须用硬木制作，每组木楔由三块硬木组成，槌击木楔可用木槌或木夯，槌至拱圈脱离拱架，不再有显著拱起为止。槌击完成后，立即在木楔组与组之间空挡中嵌入拱顶石，用稠砂浆挤紧、塞严。第一批拱石嵌入后即可移出木楔，在其空挡内嵌入第二批拱顶石，完成拱圈合龙。

七、钢筋混凝土拱圈浇筑

（一）拱圈（或拱肋）的浇筑

连续浇筑，跨径小于 16m 的拱圈（或拱肋）混凝土，应按拱圈全宽度，自两端拱脚向拱顶对称地连续浇筑，并在拱脚处混凝土初凝前全部完成。如预计不能在限定时间内完成，则须在拱脚处预留一个隔缝，并最后浇筑隔缝混凝土。

分段浇筑，跨径不小于 16m 的拱圈（或拱肋），为避免拱架变形而产生裂缝以及减小混凝土的收缩应力，应采用分段浇筑的施工方法。分段长度一般为 6～15m。分段位置确定的原则应使拱架受力对称、均匀，并使拱架变形小。因此，在拱架支点、节点处，拱顶、拱脚等处，一般宜设置分段点并适当预留间隔缝。间隔缝的宽度一般为 50～100cm，以便于施工操作和钢筋连接。为缩短拱圈合龙和拱架拆除的时间，间隔缝内的混凝土强度可采用比拱圈高一等级的半干硬性混凝土。各段的接缝面应与拱轴线垂直。

分段浇筑应对称于拱顶进行，使拱架变形保持对称均匀和尽可能地小。填充间隔缝混凝土，应由两拱脚向拱顶对称进行。拱顶及两拱脚间隔缝应在最后封拱时浇筑。间隔缝混凝土应在拱圈分段混凝土强度达到 70％设计强度后进行，封拱合龙温度应符合设计要求，如设计无规定时，一般宜在接近当地的年平均温度或在 5～15℃之间进行。

分环、分段浇筑，大跨径拱桥一般采用箱形截面的拱圈（或拱肋），为减轻拱架负担，一般采取分环、分段的浇筑方法。分段的方法与上述形同。

分环的方法一般有分成两环浇筑和分成三环浇筑。

分成两环浇筑，先分段浇筑底板（第一环），然后分段浇筑腹板、隔墙板及顶板混凝土（第二环）。

分成三环浇筑，先分段浇筑底板（第一环），然后分段浇筑腹板和隔墙板（第二环），最后分段浇筑顶板（第三环）。

分环、分段浇筑时，拱圈（或拱肋）的合龙方法有两种：一种是采取分环填充间隔缝合龙；另一种是全拱圈（或拱肋）浇筑完成后，最后一次填充间隔缝合龙。采取分环填充间隔缝合龙时，已合龙的环层可起到拱架作用。在浇筑后一环混凝土时，可减轻拱架的负担，但施工工期较一次合龙的方法长。采用最后一次合龙时，拱圈（或拱肋）仍必须一环一环地分段浇筑，但不是浇完一环合龙一环，而是在最后一环混凝土浇完后，一次填充各环间隔缝完成拱圈（或拱肋）的合龙。因此，采用这种合龙方法时，上下环的间隔缝位置应互相对应和贯通，其宽度一般为 2m 左右，有钢筋接头的间隔一般为 4m 左右。

图 5～25 为箱形截面拱圈采用分环、分段浇筑方法的施工图。

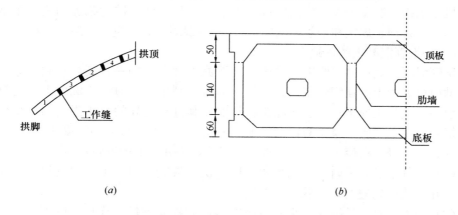

图 5-25　箱形拱圈分环、分段浇筑（单位：cm）

（a）分段法；（b）分环法

（二）拱圈（或拱肋）钢筋的绑扎

拱脚钢筋预埋，钢筋混凝土无铰拱拱圈（或拱肋）的主钢筋一般需伸入墩台内，因此在浇筑墩台混凝土时，应按设计要求的位置和深度将钢筋端头预埋入混凝土中。

钢筋接头的位置，为适应拱圈（或拱肋）在浇筑过程中的变形，拱圈（或拱肋）的主钢筋或钢筋骨架一般不使用通长钢筋，而在适当位置的间隔缝中设置钢筋接头，且最后浇筑的间隔缝必须设钢筋接头。

钢筋绑扎顺序，分环浇筑拱圈（或拱肋）时，钢筋可分环绑扎。分环绑扎时各种预埋钢筋应予临时固定，并在浇筑混凝土前进行检查和校正。

八、无支架施工

无支架施工的方法主要有两大类。

第一种实质上就是靠体内支架进行施工，包括：钢管混凝土和劲性骨架法。

钢管混凝土是在薄壁圆形钢管内填充混凝土，形成"骨包肉"的结构；而劲性骨架法是在劲性骨架上，系吊吊篮逐段浇筑混凝土，形成"肉包骨"的结构。钢管或型钢既是拱圈的组成部分，又是施工时的临时拱架。可以预见，以上两种桥型有可能使拱桥的最大跨度达到甚至超过斜拉桥。

第二种是靠机械设备完成架设，包括：缆索吊装法、转体施工法和悬臂施工法。缆索吊装法是通过设置吊运天线来完成预制拱圈节段的纵向与竖向运输，从而完成拱圈的拼装。转体施工法是在两岸现浇半拱，然后绕拱座作水平或竖直转动合龙成拱。悬臂施工法是自拱脚开始采用悬臂浇筑或拼装逐渐形成拱圈至拱顶合龙成拱，对拱圈合龙前的悬臂状态则用斜拉索进行挂扣。

九、钢管混凝土拱桥——钢管混凝土的优缺点

采用钢管混凝土修建大跨径拱桥可以简化施工。该法首先采用转体施工或无支架缆索吊装钢管拱圈，然后在钢管内填充混凝土，待混凝土达到设计强度后即形成最终结构，避免了大量的高空施工作业。钢管混凝土拱桥施工的关键是钢管拱圈加工（特别是焊接和钢管表面防护）、管内混凝土的浇筑以及施工监控等。

（一）钢管混凝土的优缺点

钢管混凝土是在薄壁圆形钢管内填充混凝土而形成的一种复合材料，它一方面借助内填混凝土增强钢管壁的稳定性，同时又利用钢管对核心混凝土的套箍作用，使核心混凝土处于三向受压状态，从而使其具有更高的抗压强度和抗变形能力。钢管混凝土本质上属于套箍混凝土，因此，除具有一般套箍混凝土的强度高、塑性好、质量轻、耐疲劳、耐冲击外，尚具有以下几方面的独特优点：

（1）钢管本身就是耐侧压的模板，因而浇筑混凝土时，可省去支撑、拆模等工序，并可适应先进的泵送混凝土工艺。

（2）钢管本身就是钢筋，它兼有纵向钢筋和横向箍筋的作用，既能受压，又能受拉。

（3）钢管本身又是劲性承重骨架，在施工阶段可起劲性骨架的作用，在使用阶段又是主要的承重结构，因此可以节省脚手架，缩短工期，降低工程造价。

（4）在受压构件中采用钢管混凝土，可大幅度节省材料。理论分析和工程实践都表明，钢管混凝土与钢结构相比，在保持结构自重力相近和承载力相同的条件下，可节省钢材约50%，焊接工作量显著减少；与普通钢筋混凝土相比，在保持钢材用量相当和承载能力相同的条件下，可减少构件横截面积约50%，混凝土和水泥用量以及构件自重也相应减少一半。

（5）钢管混凝土具有刚度大、承载能力大、质量轻等优点，这些优点与桥梁转体施工工艺相结合，可以解决转体质量大和转体结构强度、刚度的矛盾。据计算，对跨度500m的钢管混凝土拱桥采用无平衡重转体施工，所需的扣索拉力和锚碇系统受力为4000kN，刚好与跨度200m的钢筋混凝土箱形拱桥涪陵乌江大桥相当。

钢管混凝土的缺点：一是钢管一旦膨胀，混凝土脱空；二是泵送混凝土的密实性难以保证；三是钢管表面防锈维护费用高；四是钢管的制造、安装技术要求

较高。

（二）钢管混凝土拱桥的各部构造

钢管混凝土拱桥由钢管混凝土拱肋、立柱或吊杆、横撑、行车道系、下部构造等组成。钢管混凝土拱肋是主要的承重结构，它承受桥上的全部荷载，并将荷载传递给墩台和基础。

1. 钢管混凝土，拱肋横截面形式

按钢管的根数及布置方式，通常分为：单肢型、双肢哑铃型、四肢格构型、三角格构型和集束型，如图5-26所示。

单肢型，断面构造简单，如图5-26（*a*）所示，受力明确，但跨径过大，相应要求增大钢管直径和壁厚，对钢管制作和混凝土浇筑不太方便，适用于跨径80m以内的小跨径拱桥。

双肢哑铃型，如图5-26（*b*）所示，由上下两个钢管通过缀板连接而成，抗压刚度大，由于承压面距中心轴较远，因此纵向抗弯刚度大，占用桥面空间少，是一种理想的断面形式。缀板内混凝土既可以填充，也可以不填充，一般应予填充，以增大承压面积。缺点是侧向刚度相对较小，因此桥面以上必须设置风撑，以确保横向稳定，适用于跨径80～120m的拱桥。

四肢格构型，根据钢管的布置方式，又分为四肢矩形格构型和四肢梯形格构型，如图5-26（*c*）、（*d*）所示，由弦杆、腹杆和横联组成，是大跨径钢管拱桥常用的一种形式。

三角格构型，断面纵向刚度大，横向刚度也大，适合于无风支撑钢管混凝土拱桥，如图5-26（*e*）所示。

集束型，将钢管桁架改成集束钢管，钢管间采用螺栓、电焊以及钢板箍连成整体形成拱肋，与钢管桁架相比可节省腹杆，但纵向刚度减弱，如图5-26（*f*）所示。

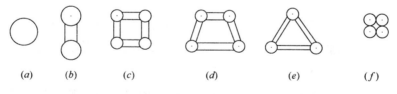

图5-26　拱肋横截面

2. 钢管

钢管直径及壁厚尺寸将直接影响结构的强度，考虑到防腐等要求，壁厚不宜小于12mm。钢管与混凝土面积之比称为含钢率，其值不宜小于5%，否则不能发挥钢管混凝土弦杆的套箍作用，但也不宜大于10%，以免耗用过多的钢材，造成浪费。

钢管应采用16Mn钢、15Mn钢或A3钢。钢管混凝土拱所用钢管直径大，一般采用钢板卷制焊接管，其中对桁式钢管拱中直径较小的腹杆、横联管可直接采用无缝钢管。

上、下弦杆管及管内要填充混凝土的腹杆管，管内需除锈（喷砂），管外需除锈与防护；对管内不充填混凝土的腹杆管，需对管内壁除锈并按要求进行防护，目前一般采用热喷涂。

3. 横撑

横撑主要设置在拱顶、拱脚、拱肋与桥面系交接处，横撑的主要作用是将钢管混凝土拱肋联结成整体，确保结构稳定。

钢管混凝土拱肋的横撑多采用钢管桁架，钢管可以是空心的，也可以内填混凝土，做成钢管混凝土横撑。

横撑在拱脚段多做成桁式 K 形撑（图 5-27）或 X 形撑，以获得更好的稳定性，在桥面系以上则多采用直撑、K 形撑或 H 形撑。

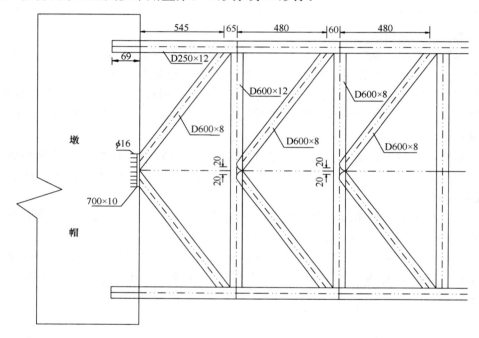

图 5-27　K 形撑构造图（单位：cm；钢管单位：mm）

4. 吊杆

中、下承式钢管混凝土拱桥需设置吊杆。锚固在拱肋上的吊杆锚具，为避免直接暴露在大气中，常设置在拱肋弦杆内或缀板处，如图 5-28 所示。

吊杆可采用平行钢绞线或平行钢丝束，外套无缝钢管或热挤聚乙烯层防护。

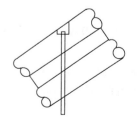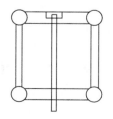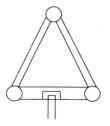

图 5-28　拱肋吊杆锚具布置

（三）焊接

钢管的对接焊，为确保焊接质量，对焊接一般采用有衬焊，即在管内接缝处设置附加衬管，其宽度为 20mm，厚度为 3mm，衬管与被焊钢管内壁间应留有 0.5mm 膨胀间隙。也可采用无衬管全熔透对接焊接。对接焊接坡口如图 5-29（a）所示。

钢管的搭接焊，搭接焊的最小互搭量应是所连较薄管件壁厚的 5 倍，且不小于 25mm，如图 5-29（b）所示。

弦杆与腹杆连接焊，对桁构式管拱，其钢管弦杆与腹杆的连接可通过直接焊接完成。由于腹杆端面为一复杂的空间曲面，切割精度控制较难，施工时应注意确保接缝和坡口（单坡口）宽度一致，腹杆壁厚不宜大于弦杆管壁厚度，腹杆不得穿入弦杆。腹杆和弦杆连接的偏心距 e 的绝对值不得大于 1/4 弦杆直径，腹杆间的距离 a 应大于 50mm，如图 5-29（c）所示。

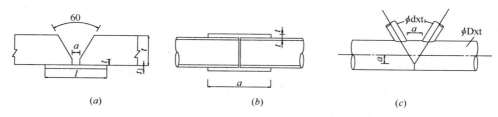

图 5-29　焊接工艺（单位：cm）

（四）钢管混凝土的浇筑

根据钢管拱肋的截面形式及施工设备，钢管混凝土的浇筑可采用以下两种浇筑方法。

人工浇筑法，这种方法是用索道吊点悬吊活动平台，在平台上分两处向钢管内灌注混凝土。混凝土由人工铲进，插入式和附着式振动器振捣。所以一般使用在拱肋截面为单管、哑铃型等实体形钢管拱肋形式。

浇筑程序对于哑铃形一般先腹板、后下管、再上管、加载顺序从拱脚向拱顶，按对称、均衡的原则进行。并可通过严格控制拱顶上帽及墩顶位移来调整浇筑顺序，以使施工中钢管拱肋的应力不超过规定值，并保持拱肋的稳定性，但应尽量采用泵送顶升浇筑法以保证质量。

泵送顶升浇筑法，这种方法适用于桁架式钢管拱肋内混凝土的浇筑，也可用于单管、哑铃型等实体形拱肋截面的混凝土浇筑。

一般输送泵设于两岸拱脚，对称泵送混凝土。在钢管上应每隔一定距离设气孔，以减少管内空气压力，泵送之前，应先用压力水冲洗钢管内壁，再用水泥砂浆通过，然后连续泵送混凝土。用泵送顶升浇筑管内混凝土，一般应按设计规定的浇筑顺序进行，如设计无规定，应以有利于拱肋受力和稳定性为原则进行浇筑，并严格控制拱肋变位。

注意事项：钢管混凝土填充的密实度是保证钢管混凝土拱桥承载能力的关键问题。施工中除应按设计要求进行外，还应注意以下几点：

（1）每根钢管的混凝土须由拱脚至拱顶一次连续浇筑完成，且浇筑完成时间不宜超过第一盘入管混凝土的初凝时间，当钢管直径较大，混凝土初凝时间内不能浇完一根钢管时，可设隔板把钢管分为 3 段或 5 段、分段灌注。隔板钢板厚度应大于 1.5 倍钢管壁厚。下一段开口应紧靠隔板，使两段混凝土通过隔板严密结合。隔板周边应与钢管内壁焊接。

（2）浇筑入口应设在浇筑段根部，应从两拱脚向拱顶对称浇筑。用顶升法浇筑时，严禁从中部或顶部抛灌。

（3）浇筑混凝土的前进方向，应每隔 30m 左右设一个排气孔，有助于排出空气，加强管内混凝土的密实度。

（4）桁式钢管拱肋混凝土的浇筑顺序，一般为先下管、后上管或上、下管和相邻的混凝土浇筑按一定程序交错进行，或按设计要求进行。

（5）因浇筑管道较小，要求混凝土有较高的和易性，为减小混凝土凝结时收缩，施工时应加入适量的减水剂和微膨胀剂，并注意振捣密实。

（6）管内混凝土的配合比及外掺剂等，应通过设计、实验来确定。施工中须严格管理，以确保钢管混凝土的质量。

（7）钢管拱肋混凝土全部浇筑完后，可用敲听声法、超声波测试法等方法检查管内混凝土密实度、与管壁的粘结性能及完好性，并可用多次压浆法使之密实。

图 5-30 所示为桁式钢管拱肋采用泵送顶升法施工。

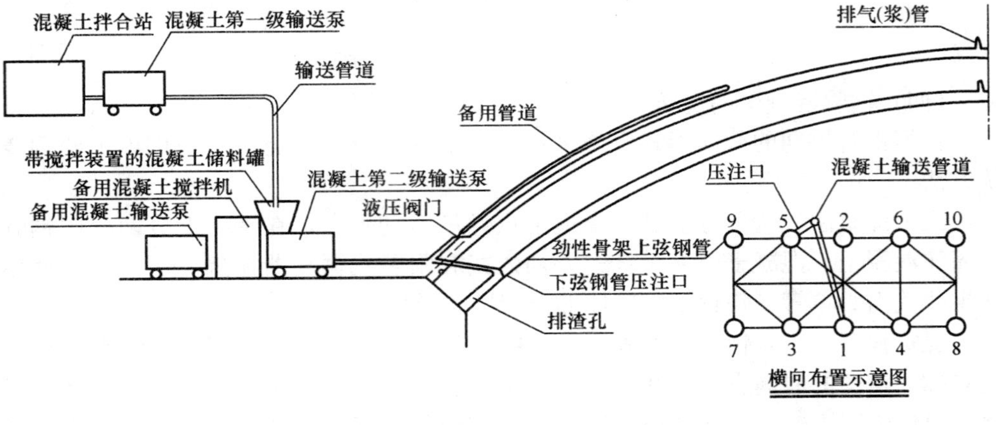

图 5-30　泵送混凝土浇筑管内混凝土

十、劲性骨架法

劲性骨架法是特大跨径（＞200m）拱桥的施工方法之一，其实质上就是一种体内支架法，即先采用无支架缆索吊装或转体架设拱形劲性骨架，然后围绕骨架浇筑混凝土，把骨架作为混凝土的钢筋骨架，不再拆卸收回，因此又叫埋入式钢拱架。劲性骨架在施工阶段起支架和承重结构之用，成桥后作为受力筋埋置在混凝土内，与外包混凝土一起共同承受荷载。该法的特点是混凝土浇筑全部在空中进行，工序复杂，工期长，需特别注意施工过程中结构的变形与应力监控。

劲性骨架法包括：劲性钢骨架法和钢管混凝土劲性骨架法，前者的劲性骨架由型钢构成，后者由钢筋混凝土构成。

劲性骨架一般采用拱形桁架结构，由上弦杆、下弦杆、竖杆、斜腹杆等组成。

上弦杆和下弦杆是拱形桁架的主要受力构件，可以采用型钢，也可以采用钢管，当钢管内填充混凝土后，即成为钢管混凝土拱形桁架，钢管混凝土拱形桁架具有刚度大，用钢量省的特点。

竖杆和斜腹杆可以采用钢管混凝土或型钢。钢管混凝土刚度大，但需要浇筑管内混凝土，给施工带来困难；采用型钢，节点容易处理，可以省去向腹杆内浇筑混凝土的工序，而且混凝土的包裹效果好。

（一）劲性钢骨架法

此法先将拱圈的全部受力钢筋按设计形状和尺寸制成，采用无支架缆索吊装或转体安装就位，合龙形成钢骨架，然后用系吊在钢骨架上的吊篮逐段浇筑混凝土，当钢骨架全部由混凝土包裹后，就形成钢筋混凝土拱圈（或拱肋）。

用这种方法施工的钢骨架，不但须满足拱圈的要求，而且在施工中还起临时拱架的作用，因此须有一定的刚性。一般选用劲性钢材如角钢、槽钢、钢管等作为拱圈的受力钢筋。且施工时最好按设计的拱圈混凝土重力对钢筋骨架进行预压，以防止钢筋骨架在浇筑混凝土时产生变形，破坏已浇筑完的混凝土与钢骨架的结合。早期的预压方法是水箱调载法，该法是在骨架吊装成拱后，在拱顶部位设置多个水箱，在拱圈混凝土的浇筑过程中，根据预先计算的加载重向水箱内注水，把拱轴线变形和截面应力控制在设计允许范围内。由于水箱设备较复杂，操作也较麻烦，近两年又出现了千斤顶斜拉扣挂调载法，该法巧妙地利用缆索吊装骨架拱时，用于扣挂骨架节段的斜拉索的索力调整来控制吊装高程和调整混凝土浇筑过程中拱轴线变形和结构各部位应力（当采用钢管混凝土骨架时，则在吊装完成后首先用于调整管内混凝土浇筑时拱肋轴线变形）。该法首先被用于广西南宁邕江大桥和万县长江大桥。

混凝土浇筑应在拱圈两侧对称地进行。图 5-31 为跨径 240m 采用劲性钢骨架施工的中承式钢筋混凝土拱桥示意图。

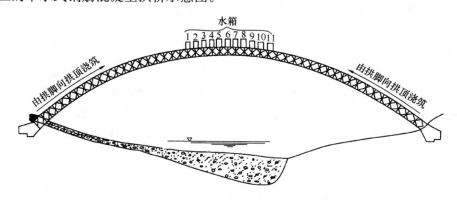

图 5-31　用劲性骨架及水箱调载施工的箱形拱施工

该桥主拱圈是采用劲性钢骨架法浇筑，并用水箱调载的分环浇筑法施工，施工步骤如下：

（1）借助缆索吊车和悬臂架设法安装拱肋的钢骨架；

（2）安装横向剪刀撑的劲性钢骨架；

（3）在中部布置 8 个蓄水后重力为 120kN 的水箱；

（4）在劲性骨架上安装箱肋底板、腹板、顶板的受力钢筋和分布钢筋网；

（5）采用混凝土泵由拱脚向拱顶分环对称平衡地浇筑混凝土，将钢骨架和分布钢筋包裹在混凝土中。

（二）钢管混凝土劲性骨架法

钢管混凝土用在拱桥上有两种形式：一是直接用做主拱结构，即钢管混凝土拱桥；二是利用钢管混凝土作为劲性骨架。

钢管混凝土劲性骨架采用不同形状的钢管（如单管形、哑铃形、矩形、三角形或集束形），或者以无缝钢管作弦杆，以槽钢、角钢等作为腹杆组成空间桁架结构，先分段制作成钢骨架，然后吊装合龙成拱，再利用钢骨架作支架，浇筑钢管内混凝土，待钢管内混凝土达到一定强度后，形成钢管混凝土劲性骨架，然后在其上悬挂模板，按一定的浇筑程序分环、分段浇筑拱圈混凝土，直至形成设计的拱圈截面。

先浇的混凝土凝结成形后，可作为承重结构的一部分，与劲性骨架共同承受后浇各部分混凝土的重力；同时，钢管中混凝土也参与钢骨架共同承受钢骨架外包混凝土的重力，从而降低了钢骨架的用钢量，减少了钢骨架的变形。故利用钢管混凝土作为劲性骨架浇筑拱圈的方法比劲性钢骨架法更具优越性。

十一、转体施工

转体施工法一般适用于各类单孔拱桥的施工，其基本原理是：将拱圈或整个上部结构分为两个半跨，分别在河流两岸利用地形或简单支架现浇或预制装配半拱，然后利用动力装置将其两半跨拱体转动至桥轴线位置（或设计高程）合龙成拱。拱桥转体施工法依据其转动方位的不同分为平面转体、竖向转体和平竖结合转体三种。采用转体法施工拱桥的特点是：结构合理，受力明确，节省施工用材，减少安装架设工序，变复杂的、技术性强的水上高空作业为岸边陆上作业，施工速度快。不但施工安全、质量可靠，而且不影响通航、可减少施工费用和机具设备，造价低。转体施工是具有良好技术经济效益的拱桥施工方法之一。

（一）平面转体

平面转体施工就是按照拱桥设计高程先在两岸边预制半拱，当结构混凝土达到设计强度后，借助设置于桥台底部的转动设备和动力装置，在水平面内将其转动至桥位中线处合龙成拱。由于是平面转动，因此，半拱的预制高程要准确。通常需要在岸边适当位置先做模架，模架可以是简单支架，也可以做成土牛胎模。

平面转体分为有平衡重转体和无平衡重转体两种。

有平衡重转体时以桥台背墙作为平衡重和拱体转体拉杆（或拉索）及上转盘（拱座）组成平衡转动体系，其重心位置通过转盘中心。平衡重大小由转动半拱的重力大小决定。由于平衡重过大不经济，所以采用本法施工的拱桥跨径不宜过大，一般适用于跨径 100m 以内的整体转体。有平衡重转体施工的特点是转体质量大，施工的关键是转体。要把成百上千吨的拱体结构顺利、稳妥地转到设计位置，主要依靠以下措施实现：正确的转体设计；制作灵活可靠的转体装置，并布设牵引驱动系统。

1. 转体装置分类

使用的转体装置有两种，都是通过转体实践考验，行之有效的。

聚四氟乙烯滑板环道转体，利用四氟材料摩擦系数特别小的物理特性，使转体成为可能。根据试验资料，四氟板之间的静摩擦系数为 0.035～0.055，动摩擦系数为 0.025～0.032；四氟板与不锈钢板或镀铬钢板之间的摩擦系数比四氟板间的摩擦系数要小，一般静摩擦系数为 0.032～0.051，动摩擦系数为 0.021～0.032，而且随着正压力的增大而减小，其构造如图 5-32（a）所示。

球面转轴铺以滚轮转体，转体装置是用混凝土球缺面铰作为轴心承受转动体系重力，四周设保险滚轮（或千斤顶），转体设计时要求转动体系的重心落在轴心上。这种装置一方面由于铰顶面涂了二硫化钼（或黄油四氟粉）润滑剂，减少了牵引阻力（根据几座桥实测，动摩擦系数为 0.06），另一方面由于牵引转盘直径比球铰的直径大许多倍，而且又用了牵引增力滑轮组，因而转体也是十分方便可靠的，其构造如图 5-32（b）所示。

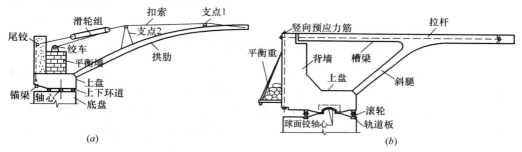

图 5-32　转动体系一般构造

（a）四氟滑板环道转体；（b）球面转轴辅以滑轮转体

2. 牵引驱动系统

通常由卷扬机（绞车）、捯链、滑轮组、普通千斤顶等机具组成。近来又出现了采用自动连续顶推系统作为转体动力设备的实例，其特点是：转体能连续同步、匀速、平稳、一次到位、结构紧凑、占地少、施工方便，如图 5-33 所示。

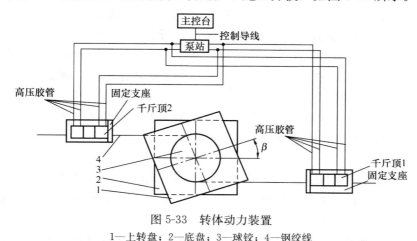

图 5-33　转体动力装置

1—上转盘；2—底盘；3—球铰；4—钢绞线

3. 转动体系的构造

转动体系主要由底盘、上转盘、锚扣系统、背墙、拱体构造、拉杆（或拉索）等组成。底盘与上转盘都是桥台基础的一部分，底盘固定，上转盘与转体形成整体并可在底盘上旋转，从而实现拱体转动。

（1）底盘与上转盘

1）聚四氟乙烯滑板环道

由设在底盘和上转盘间的轴心和环形滑道组成，如图 5-34 所示。

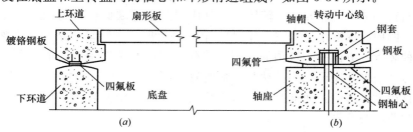

图 5-34　聚四氟乙烯滑板环道

（a）环形滑道构造；（b）轴心构造，其间由扇形板联结

环形滑道是一个直径 7～8m 的圆形混凝土滑道，宽 0.5m，上、下滑道高度约 0.5m。下环道混凝土表面既平整又粗糙，以利铺放 80mm 宽的环形四氟板，上环道底面嵌设宽 100mm 的镀铬钢板。最后用扇形预制板把轴帽和上环道连成一体，并浇上转盘混凝土，这就形成了一个可以在转轴和环道上灵活转动的上转盘。

转盘轴心由混凝土轴座、钢轴心和轴帽等组成。轴座是一个直径 1m 左右的 C25～C50 钢筋混凝土矮墩，它不但对钢轴心起着定位作用，而且支承上转盘部分重力。合金钢轴心直径 0.1m，长 0.8m，下端 0.6m 固定在混凝土轴座内，上端露出 0.2m 车光镀铬，外套 10mm 厚的聚四氟乙烯管。在轴座顶面铺四氟板，在四氟板上放置直径为 0.6m 的不锈钢板，再套上外钢套。钢套顶端封固，下缘与钢板焊牢，浇筑混凝土轴帽，凝固脱模后轴帽即可绕钢轴心旋转自如。

这种装置平稳、可靠、承载力大，转动体系的重心与下转盘轴心可以允许有一定数量的偏心值，适用于转体重力大、转动体系重心高的结构。

2）球面铰铺以轨道板和钢滚轮（或移动千斤顶）

这是一种以铰为轴心承重的转动装置。它的特点是整个转动体系的重心必须落在轴心铰上，球面铰既起定位作用，又承受全部转体重力，钢滚轮（或移动千斤顶）只起稳定保险作用。

球面铰可以分为半球形钢筋混凝土铰、球缺形钢筋混凝土铰、球缺形钢铰。前两种由于直径较大，故能承受较大的转体重力。

（2）锚扣系统

设置锚扣系统的目的是把支承在支架、环道或滚轮上的拱体与上转盘、背墙全部联结成一个转动体系并脱离其周边支承，形成一个支承在转动轴心或铰上的悬空平衡体。

可分为外锚扣和内锚扣系统。外锚扣系统是在接近拱顶截面处设置横梁，上系扣索，以承受半拱水平力，适用于箱（肋）拱、钢管混凝土拱等；而内锚扣系统是以结构本身或在其杆件内部穿入拉杆作为扣杆，适用于桁架拱、刚构拱等。

采用有平衡重转体施工修建拱桥，转动体系中的平衡重一般选用桥台背墙。但随着桥梁跨径的增大，需要的平衡重力急剧增加，不但桥台不需如此巨大坞工，而且转体重力太大也增加了转体困难。

无平衡重转体以两岸山体岩石锚洞作为锚碇来平衡半跨拱体悬臂状态所产生的水平拉力，借助拱脚处立柱下端转盘和上端转轴使拱体作平面转动。由于取消了平衡重，可大大减轻转动体系重力和坞工数量。本法适用于地质条件好的 V 形河床上的大跨径拱转体施工。

无平衡重转体施工是把有平衡重转体施工的拱圈扣索锚在两岸岩体中，从而节省了庞大的平衡重。锚碇拉力是由尾索预加应力传给引桥桥面板（或平撑、斜撑），以压力的形式储备，桥面板的压力随着拱箱转体的角度变化而变化，当转到位时达到最小。

无平衡重转体施工具有锚固、转动、位控三大体系，其一般构造如图 5-35 所示。

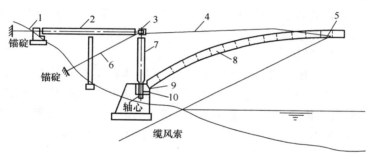

图 5-35　无平衡重转体施工体系
1—轴向尾索；2—轴平撑；3—上转轴；4—扣索；
5—扣点；6—斜尾索；7—墩上立柱；8—拱肋；9—下转轴；10—环道

1）锚固体系

由锚碇、尾索、平撑、锚梁（或锚块）及立柱组成。锚碇设在引道或边坡岩石中，锚梁（或锚块）支承于立柱上，两个方向的平撑及尾索形成三角稳定体，使锚块和上转轴为一确定的固定点。拱箱转至任意角度，由锚固体系平衡拱箱扣索力。

2）转动体系

由上转动构造、下转动构造、拱箱及扣索组成。

上转动构造由埋入锚梁（或锚块）中的轴套、转轴和环套组成，扣索一端与环套连接，另一端与拱箱顶端连接。转轴的轴套与环套间均可转动。

下转动构造由下转盘、下环道与下转轴组成。拱箱通过拱座铰支承在转盘上，马蹄形的转盘中部卡套在下转轴上，并支承在下环道上，转盘下设有安装了许多聚四氟乙烯蘑菇头（千岛走板），转盘的走板可在下环道上沿下转轴作弧形滑动，转盘与转轴的接触面涂有黄油四氟粉，以使拱箱转动。

扣索常采用Ⅳ级 $\phi 32mm$ 精轧螺纹钢筋，扣索将拱箱顶部与上转轴联结，从而构成转动体系。在拱箱顶端张拉扣索，拱箱即可离架转动。

3）位控体系

由系在拱箱顶端扣点的缆风索与无级调速自控卷扬机、光电测角装置、控制台组成，用以控制在转动过程中转动体的转动速度和位置。

（二）竖向转体

竖向转体施工就是在桥台处先竖向或在桥台前俯卧预制半拱，然后在桥位平面内绕拱脚将其转动合龙成拱。

根据河道情况、桥位地形和自然环境等方面的条件和要求，竖向转体施工有以下两种方式：

（1）竖直向上预制半拱，然后向下转动成拱。其特点是施工占地少，预制可采用滑模施工，工期短，造价低。需注意的是在预制过程中应尽量保持半拱轴线垂直，以减少新浇混凝土重力对尚未凝结混凝土产生的弯矩，并在浇筑一定高度后加设水平拉杆，以避免因拱形曲率影响而产生较大的弯矩和变形。

（2）在桥面以下俯卧预制半拱，然后向上转动成拱。

竖向转体的转动体系由转动铰、提升体系（动、定滑车组，牵引绳）、锚固体系（锚索、锚碇）等组成。

（三）平竖结合转体

由于受到河岸地形条件的限制，拱桥采用转体施工时，可能遇到既不能按设计高程处预制半拱，也不可能在桥位竖平面内预制半拱的情况（如在平原区的中承式拱桥）。此时，拱体只能在适当位置预制后既需平转、又需竖转才能就位。这种平竖结合转体基本方法与前述相似，但其转轴构造较为复杂。

十二、悬臂施工

悬臂施工法也是一种特大跨径拱桥的施工方法，包括悬臂浇筑和悬臂拼装两种施工方法。

（一）悬臂浇筑

1. 塔架、斜拉索及挂篮浇筑拱圈

此法是在拱桥墩、台处设立临时塔架，用斜拉索（或斜拉粗钢筋）将拱圈（或拱肋）用挂篮浇筑一段系吊一段，从拱脚开始，逐段向拱顶悬臂浇筑，直到拱顶合龙。塔架的高度和受力应按拱的跨径、矢跨比等确定。斜拉索可用预应力钢筋或钢束，其面积及长度由所系吊的拱段长度和位置确定。用设在已浇完的拱段上的悬臂挂篮逐段悬臂浇筑拱圈（或拱肋）混凝土，整个拱圈混凝土的浇筑工作应从两拱脚开始，对称地进行，最后在拱顶合龙。图 5-36 为塔架、斜拉索及挂篮浇筑拱圈的施工示意图。

2. 斜吊式悬臂浇筑拱圈

此法为借助于专用挂篮，结合使用斜吊钢筋将拱圈、拱上立柱和预应力混凝土桥面板等齐头并进地、边浇筑边构成桁架的悬臂浇筑方法。施工时，用预应力钢筋临时作为桁架的斜吊杆和桥面板的临时明索，将桁架锚固在后面的桥台（或

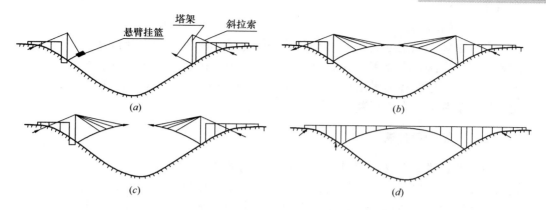

图 5-36 塔架、斜拉索及挂篮浇筑拱圈

桥墩）上。斜吊杆的力通过布置在桥面板上的临时明索传至岸边地锚上（也可用岸边桥墩作地锚）。

图 5-37（a）所示为在边孔完成后，在桥面板上设置临时明索，在吊架上浇筑第一段拱圈。待此段混凝土达到要求强度后，在其上设置临时预应力明索，并撤去吊架，直接系吊于斜吊杆上，然后在其前端安装悬臂挂篮。

图 5-37（b）所示为用挂篮逐段悬臂浇筑拱圈。当挂篮通过拱上立柱 P_2 位置后，须立即浇筑立柱 P_2 及 P_1 至 P_2 间桥面板，然后用挂篮继续向前悬臂浇筑，直至通过下一个立柱 P_3 位置后，再安装 P_1 至 P_2 间桥面板的临时明索及斜吊杆 T_2，并浇筑立柱 P_3 及 P_2 至 P_3 间的桥面板。每当挂篮前进一步，必须将桥面板明索收紧一次。

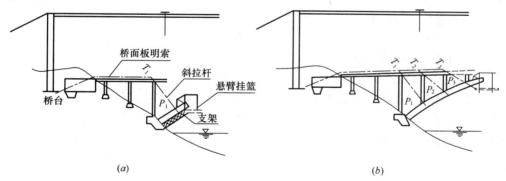

图 5-37 塔架、斜拉索及挂篮浇筑拱圈施工程序

这样，一面用斜吊钢筋构成桁架，一面向前悬臂浇筑，直至拱顶附近，撤去挂篮，再用吊架浇筑拱顶合龙混凝土。

当拱圈为箱形截面时，每段拱圈施工应按箱形截面拱圈的施工程序进行浇筑。

为加快施工进度，拱上桥面板混凝土宜用活动支架逐孔浇筑。

采用斜吊式悬臂浇筑拱圈建造大跨径拱桥时，个别的施工误差对整体工程质量的影响很大。对施工测量、材料规格和强度及混凝土的浇筑等必须进行严格检查和控制。尤其应重视斜吊预应力钢筋的拉力控制、斜吊钢筋的锚固和地锚地基反力的稳定、混凝土应力的控制等。

（二）悬臂拼装

悬臂拼装的施工方法是采用人字桅杆作为吊具将预制的桁片或单根杆件悬臂拼装的施工方法，主要用于预应力混凝土桁式组合拱桥的施工。这种桥型是近年来随着桁架拱桥跨径增大出现的一种新桥型，从外形上看，像是带斜杆的箱形拱，又像上、下弦为闭合箱形断面的桁架拱。

十三、缆索吊装法

为了节省拱架用材，使上、下部结构同时施工，缩短工期，可采用预制装配施工，无支架缆索吊装是常用的方法。其优点是所用吊装设备跨越能力大，水平和垂直运输灵活，适应性广，施工方便、安全。在全国各地用缆索吊装施工方法施工的拱桥从数量上看几乎占施工拱桥总长的 60%。它不仅用于单跨大、中型拱桥施工，在修建特大跨径或连续多孔的拱桥中更能显示其优越性。通过长期的实践，该法已得到了很大发展，并积累了丰富的经验。目前，缆索的最大单跨跨径已达 500m 以上，并由单跨缆索发展到双跨连续缆索，其最大单跨跨径已达 400m 以上，吊装质量也达到 75t，能够顺利地吊装跨径达 160m 分段预制的箱形拱桥。缆索架桥设备也逐渐配套、完善，并已成套生产。

在采用缆索吊装的拱桥上，为了充分发挥缆索的作用，拱上建筑也应尽量采用预制装配构件，这样就能提高桥梁工业化施工的水平，并有利于加快桥梁建设的速度。例如：主桥全长 1250m 的长沙湘江大桥，17 孔共 408 节拱肋和其中 8 孔 76m 跨径的拱上建筑预制构件（立柱、盖梁、腹拱圈等）全部由两套缆索吊机吊装，仅用了 65 个工作日就安装完成。这对于加快大桥建设速度、减少模板用量、降低桥梁造价方面都起了很大的作用。

拱桥缆索吊装施工内容包括：拱肋（箱）的预制、移运和主拱圈的吊装，拱上建筑的砌筑和桥面结构的施工等主要工序。

（一）缆索吊装设备

缆索吊装设备适用于高差较大的垂直吊装和架空纵向运输，吊运量自几吨至几十吨范围内变化，纵向运距自几米至几百米。缆索吊装设备包括：主索、天线滑车、起重索、起重及牵引绞车、主索地锚、塔架、风缆、扣索、扣索排架、扣索地锚、扣索绞车等。

（二）缆索吊装方法

拱桥的构件一般在河滩上或桥头岸边预制和预拼后，送至缆索下面，由起重车起吊牵引至预定位置安装，如图 5-38（a）所示。为了使端段基肋（拱箱、拱肋或桁架拱片）在合龙前保持一定位置，在其上用扣索临时系住后才能松开吊索，如图 5-38（b）所示。吊装应自一桥孔的两端向中间对称进行如图 5-38（c）、（d）所示。其最后一节构件吊装就位，并将各接头位置调整到规定高程以后，才能放松吊索，从而合龙，如图 5-38（f）所示，最后再将所有扣索撤去。

十四、编制方案（实训）

（一）实训项目、拱圈放样

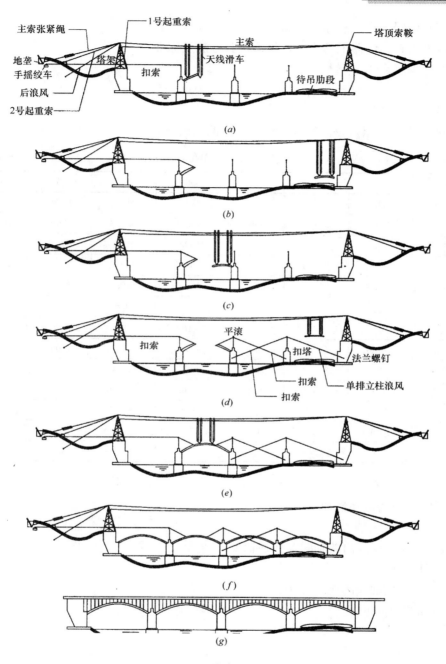

图 5-38　缆索吊装施工

1. 实训内容

拱圈放样坐标见表 5-1。

$l_0 = 20\text{m}$，$f_0/l_0 = 1/6$，$d = 0.65\text{m}$，$m = 5.321$。

2. 实训准备

（1）场地（放样台）：篮球场。

实训讲解：放样台标准。

311

（2）仪器工具：经纬仪、钢尺、花杆和画线工具。

教学讲解：仪器工具要求，仪器检验方法及标准。

3. 实训组织与实施

（1）组织

1）学生分组

4～6 人为一组，每两组设一监理组（两人组成）。

拱圈放样坐标（单位：cm）　　　　　　　　表 5-1

截面号		0	1	2	3	4	5	6
偏角		43°07′	37°57′	32°29′	27°23′	22°45′	18°36′	15°06′
上弧	x'	1045	957.3	869.6	782.0	694.3	606.9	519.6
	y'	318.5	242.8	180.9	130.3	89.4	56.6	30.2
下弧	x	1000	917.3	834.7	752.1	669.2	586.1	502.8
	y	362.8	294.0	235.7	188.1	149.4	118.1	93.0
预拱度		0	0	0.1	0.3	0.5	0.8	1.2
截面号		7	8	9	10	11	12	
偏角		11°48′	9°06′	6°9′	4°12′	2°03′	0°00′	
上弧	x'	432.6	345.9	259.3	172.8	86.4	0.00	
	y'	9.5	−6.4	−18.4	−26.2	−31.0	−32.5	
下弧	x	419.4	335.7	251.9	168.0	84.0	0.00	
	y	73.1	57.8	46.4	38.6	34.0	32.5	
预拱度		1.7	2.3	3.1	4.1	5.2	6.7	

2）指导教师

每两组一名指导教师。

（2）实施

1）用经纬仪定出两轴线及四根辅助线。

实训讲解：

A. 第二根轴线的放样方法；

B. 辅助线的位置。

注意：

A. 拱顶为坐标原点；

B. 校核四边对角线是否相等。

2）在 x 轴及与 x 轴平行的辅助线上定出 $x(x')$ 坐标，在相应的连线上量取 $y(y')$ 坐标，并用油漆标出，再量取预拱度坐标，用其他颜色的油漆标出。

实训讲解：坐标量取的方法。

注意：x 与 x'，y 与 y' 不能混淆。

3）用钢筋或钢丝将 $y(y')$、预拱度坐标圆滑地连接起来，得到相应的拱背线、拱腹线、预拱线。

教学讲解：曲线连接方法。

注意：预拱线与拱腹线的区分。

（3）检查与评定

（4）收尾工作

仪器、工具检查清点与归还；实训场地整理等。

4. 实训报告

（二）编制拱桥施工方案

十五、习题

1. 填空题

（1）拱桥上部结构是由（　　）及其上面的拱上建筑所组成。

（2）拱桥的施工方法可以分为有（　　）和（　　）两类。

（3）石拱桥主要采用拱架施工法，上部石拱程序可分为：（　　）、（　　）、拱圈和拱上建筑的砌筑和拱架卸落。

（4）劲性骨架一般采用拱形桁架结构，由上弦杆、（　　）、竖杆、（　　）等组成。

（5）平面转体分为（　　）平衡重转体和（　　）平衡重转体两种。

2. 问答题

（1）什么是矢跨比？

（2）拱桥的施工方法可以分为哪两大类？其中无支架施工又包括哪些施工方法？

（3）拱架按使用材料不同，可以分为哪几种？木拱架按其构造形式不同，可以分为哪几种？

（4）拱架的卸落设备有哪些？

（5）拱架的架设和卸落顺序有什么不同（是从拱脚到拱顶，还是从拱顶到拱脚）？

（6）拱圈或拱肋混凝土的浇筑方法有哪几种？

（7）劲性骨架法？

任务 2　桥梁上部结构施工技术交底

任务目标：

1. 学生能够掌握桥梁上部结构施工技术交底要点；

2. 学生能够完成桥梁上部结构施工技术交底；

3. 学生能够进行钢筋加工、混凝土施工、模板加工技术交底；

4. 学生能够进行安全技术交底；

5. 学生能够进行质量交底。

市政基础设施工程施工技术交底记录见表 5-2。

施工技术交底记录 表 5-2

编号： 市政施工管理

工程名称		部位名称	桥梁工程
工序名称	上部结构	交底日期	2005 年 6 月 5 日
交底单位		交底人	
接收单位	桥梁施工组	接收人	

一、工程概况

本桥梁工程上部结构共有 56 片后张法预应力空心板梁，梁长为 25m，梁高 1.1m，采用 C50 混凝土。空心板梁在预制厂集中生产，再运输到现场进行吊装。

二、操作工艺、施工要求

1. 模板

外模板采用定型加工组合钢模板，在模板外侧安装附着式振动器，以加强混凝土的振捣。内模板采用竹胶板。待所有钢筋、波纹管、预埋件就位后，进行模板的支设，并用对拉螺栓调整、加固。模板加固时挂线调整，确保模板顺直。

2. 钢筋及钢绞线

在现场钢筋加工场加工制作，在底模上就地绑扎，先在台座上用石笔或墨线划出钢筋及波纹管定位骨架位置。然后绑扎底板筋及骨架筋，待波纹管固定就位后再绑扎其他钢筋。钢筋笼底部及侧面设置混凝土垫块，以确保钢筋的保护层厚度。钢绞线的下料长度应通过计算确定，计算时考虑孔道长度、穿心式千斤顶和锚夹具长度。钢绞线的切断采用切断机或砂轮锯。钢绞线切割时，先在距切口 30～50mm 处用钢丝绑扎。钢绞线编束时，每隔 1～1.5m 绑扎一道钢丝，丝扣向里，绑扎好的钢丝束编号挂牌堆放。

3. 波纹管

在骨架筋绑扎成型后，开始固定波纹管。波纹管按图纸所示坐标位置，用 U 形钢筋卡固定牢固，防止混凝土浇筑时波纹管上浮。模板就位前，检查波纹管是否完好，以防水泥浆进入管内。波纹管与锚垫板、螺旋钢筋的衔接应处理好。

4. 混凝土浇筑及养护

预制场地与搅拌站距离较近，混凝土运输可采用机动翻斗车，用龙门吊吊装入模灌注。混凝土采用水平分层、一次浇筑完成。浇筑混凝应对称进行、用插入式振动器振捣密实，同时辅以附着式振动器振捣。混凝土浇筑、振捣要随时注意内模及波纹管不移位。板顶面混凝土应平整，并按规范要求拉毛或刷毛。混凝土浇筑完成后，立即用 ϕ10 钢筋检查波纹管有无堵塞现象，发现问题及时处理。从混凝土浇筑开始就应注意混凝土的养护，以防止混凝土收缩而引起的裂缝或由于失水过快而引起收缩裂缝。对已成型的混凝土外露表面采用塑料薄膜覆盖。气温较高时，应注意对构件进行洒水养护。养护时间最少保持 7d，或达到设计强度为止。

5. 养护

按规范要求的时间拆模，拆模后及时覆盖洒水或涂养护剂养护。

6. 拆内模

混凝土强度达到规范要求时，将内模拆除。拆除的内模应立即清理干净，以备重复使用。

7. 钢绞线的制备及穿束

钢绞线采用通过 ASTM A416—92 标准的高强度低松弛 270 级直径 ϕ^S15.24mm 钢绞线。钢绞线下料采用切断机或砂轮锯。为方便钢绞线在波纹管中穿束，整条钢绞线的端部可采用 d＝2mm 厚的夹片固定。穿束时先用压气清孔，然后用人工穿束。穿束结束后，应检查整个钢束能否在孔道内自由滑动。

会签栏	参加单位	参加人员

复核人： 记录人： 2005 年 6 月 5 日

续表

工程名称		部位名称	桥梁工程
工序名称	上部结构	交底日期	2005 年 6 月 5 日
交底单位		交底人	
接收单位	桥梁施工组	接收人	

8. 预应力筋的张拉

当板梁混凝土强度达到设计强度的 100％时，可进行正弯矩钢束的张拉。张拉千斤顶采用 YCW100 型或由锚具生产厂家指定的千斤顶型号。张拉设备使用前必须进行校验，以确定张拉力与压力表读数之间的曲线关系。

第一次张拉前应对千斤顶的摩阻损失值按规范要求进行测定。预应力筋的张拉应在监理工程师在场时进行，张拉顺序按设计编号进行。

预应力张拉采用双控法施工，即以控制应力进行张拉，以伸长值校核，两端钢绞线的实际伸长值与理论伸长值对比，误差应在±6％以内，否则要查明原因后再进行张拉。

预应力张拉程序按设计要求进行，对于自锚式千斤顶及低松弛钢绞线，其张拉程序为：0→初应力（$0.1\sigma_{con}$）$\to\sigma_{con}$（持荷 2min）$\to\sigma_{con}$（锚固）。

理论伸长值的计算——按规范要求对钢绞线进行试验，计算时以钢绞线的试验弹性模量为依据。根据各束预应力筋的布置，将各直线段与曲线段分开计算，最后将各段的伸长值相加，即得到该钢束的理论伸长值。

初张拉——按设计的箱梁预应力钢束编号和张拉顺序进行张拉。箱梁一般为两侧对称张拉，张拉时同时对千斤顶主缸充油，使钢绞线略为拉紧，并调整锚圈及千斤顶位置，使孔道、锚具和千斤顶三者之轴线相吻合。当初应力达到张拉力的 10％～25％时作标记，并观察有无滑丝情况发生。

张拉——采用两端同时逐级加压的方法，两端千斤顶的升压速度应接近相等，当两端达到最大超张拉吨位时鸣号，并持续供油维持张拉力不变，持荷 2min，然后两端回油，同时测量钢束的实际伸长量。

锚固——打开高压泵截止阀，张拉缸油压缓慢降到零，活塞回程，锚具夹片即自动跟进锚固，锚具外多余钢绞线可用砂轮切割机切割，不准用电、气焊切割。

9. 压浆、封锚

压浆——在钢束张拉后 24h 内进行，水泥浆的水灰比控制在 0.4～0.45，为减少水泥浆的收缩可掺入适当膨胀剂。水泥浆配制应先将水泥过细筛，其稠度控制在 14～18s 之间。压浆采用 UB₃ 压浆泵。压浆应缓慢、均匀进行，最大压力控制在 0.5～0.7MPa。比较集中和邻近的孔道，先连续压浆完成，以免发生串浆现象，使邻孔的水泥浆凝固、堵塞孔道。压浆时自梁一端压入，在梁的另一端流出，直到流出的稠度达到规定的稠度为止。为保证压浆饱满，如监理工程师批准，也可进行二次压浆，第二次压浆应从梁的另一端进行，两次压浆的间隔时间以达到先压注的水泥浆既充分泌水又未初凝为度，一般为 30～45min。

10. 封锚

封锚时要将端面混凝土凿毛，然后绑扎钢筋网片，模板固定牢固、保证其角度及垂直度正确，最后浇筑封锚混凝土。

11. 预制板梁的安装

板梁运至现场后，用大型吊车进行吊装。在运输与吊装过程中，应采取有效的防倾斜措施。

吊装时必须使梁就位准确且与支座密贴，就位不准时，必须吊起重放，不得用撬棍移梁。

会签栏	参加单位	参加人员

复核人：　　　　　　　　　　记录人：　　　　　　　　　　2005 年 6 月 5 日

项目6 斜拉桥施工

学习要点：

1. 斜拉桥的基本构造，预应力混凝土斜拉桥索塔、主梁的施工，斜拉索的制作、防护与安装方法以及施工顺序；

2. 悬臂浇注法与悬臂拼装法制作主梁的施工程序及施工要求；

3. 斜拉桥的组成及各部分主要作用。

任务1 斜拉桥简介

任务目标：

1. 学生能够掌握斜拉桥的基本原理；

2. 学生能够掌握斜拉桥组合体系的分类及特点。

一、斜拉桥

斜拉桥是一种组合体系，主要由索塔、主梁、斜拉索三部分组成。斜拉桥也称为斜张桥或牵索桥，它是以通过或固定于桥塔（索塔）并锚固于桥面系的斜向拉索作为上部结构主要承重构件的一种新结构。斜拉桥是利用塔柱伸出的高强度钢缆索作为主梁的弹性支承，以代替中间桥墩，借以降低主梁截面弯矩，减轻自重，以显著增大斜拉桥的跨越能力，斜拉桥是预应力混凝土结构，其斜缆拉力的水平分力对主梁起着轴向预施应力的作用，可借以增强主梁的抗裂性能，使桥面处于预应力工作状态，可节省高强钢材的用量，因而是一种理想的适应大跨径桥梁和更有效地利用结构材料的新桥型，如图6-1所示。

斜拉桥与吊桥不同。斜拉桥主梁上的荷载由斜索直接传至塔柱，而悬索桥是通过吊杆沿悬索传给塔柱。吊桥的悬索通常锚固在两端桥台上，加劲梁不承受轴向力，而斜拉桥的主梁由荷载作用除产生剪力和弯矩外，尚承受巨大的轴向力。

斜拉桥的主要优点是跨越能力越大。具有建筑高度低、安全、通航好、造型美观、省材料、造价低、养护方便、能限制噪声，并可以利用斜缆进行悬臂拼装，采用无支架施工特点。利用主梁、索塔、斜拉索的组合变化，可形成多种形式，适宜于河宽、水深、地质条件差、施工工作面窄和桥下通航要求高、桥址附近接坡少的地区。该桥型用于修建大跨度公路桥、城市桥梁和铁路桥以及立交桥、跨线桥和人行桥等最为适合。

二、斜拉桥布置形式

斜拉桥是一种桥面体系以加劲梁受压或受弯为主，支承体系以斜索受拉及桥

316

塔受压的桥梁，如图 6-1 所示。其独具的墩塔、斜拉索、主梁三要素是区别于其他结构形式桥梁的主要构件。由于三者的不同类型及其相互结合，形成种种各具特点的桥型。

图 6-1　斜拉桥（一）

斜拉桥最典型的孔跨布置形式有双塔三跨式与独塔双跨式，如图 6-2 所示。无论是双塔三跨式还是独塔双跨式，在边跨内如有需要都可以设置辅助用的中间墩。

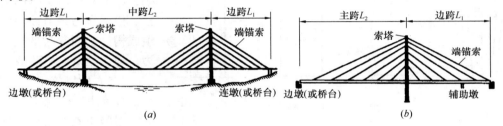

图 6-2　斜拉桥（二）
（a）双塔三跨式；（b）独塔双跨式

三、编制方案（实训）

1. 确定斜拉桥形式；
2. 根据斜拉桥形势选择施工设备。

四、习题

1. 填空题

（1）斜拉桥是一种组合体系，主要由索塔、（　　）、斜拉索三部分组成。

（2）斜拉桥是一种桥面体系以加劲梁受压或受弯为主，支承体系以斜索
（　　）及桥塔（　　）的桥梁。

2. 问答题

（1）斜拉桥的主要优点？

（2）斜拉桥最典型的孔跨布置形式？

317

任务2 索塔及主梁施工

任务目标：

1. 学生能够掌握斜拉桥索塔施工技术；
2. 学生能够掌握斜拉桥索塔施工质量控制。

一、索塔施工

（一）索塔的构造

塔柱是索塔的主要构件，塔柱之间设有横梁或其他连接构件，如图6-3所示。塔顶横梁及竖直塔柱之间的中间横梁是非承重横梁，只承受自身重力引起的内力。设有主梁支座的受弯横梁、竖塔柱与斜塔柱相交点处的压杆横梁及反向斜塔柱相交点处的拉杆横梁是承重横梁，除承受自身重力作用外，还承受其他轴向力和弯矩。在设计横梁时务必要区分对待。所有的塔柱、横梁作为索塔面内的组成构件共同参与抵抗风力、地震力及偏心荷载。

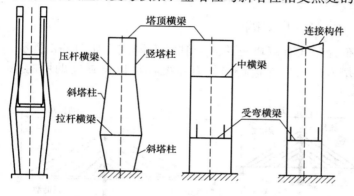

图6-3 索塔的构造

（二）索塔施工

1. 索塔施工顺序

混凝土斜拉桥可先施工墩、塔，然后施工主梁和安装拉索，也可索塔、拉索、主梁三者同时并进。典型的塔墩固结混凝土索塔的施工可按图6-4所示的施工顺序进行。

2. 塔柱的施工

塔柱混凝土施工一般采用就地浇筑，模板和脚手平台的做法常用支架法、滑模法、爬模法或大型模板构件法等。

为保证塔柱混凝土的浇筑达到一定的精度，必须控制模板的变形，特别是当塔柱为倾斜的内倾或外倾布置时，应考虑每隔一定高度在塔柱内设受压支架（塔柱内倾）或受拉拉条（塔柱外侧），以保证斜塔柱的受力、变形和稳定性。另外，应保证斜拉索锚固点预埋件位置的精度，特别在高空作业条件下，施工有一定的难度，为此，可将锚固各斜拉索用的预埋件，事先在地面或工厂内组装成一个整体的骨架，然后整体吊装预埋，这样可确保斜拉索锚固位置的精度。施工中除了应保证各部位的几何尺寸正确之外，还应进行索塔局部测量系统的控制，并与全桥总体测量系统接轨，以便根据实际施工情况及时进行调整，避免误差累计过大。

3. 横梁的施工

一般横梁采用支架法就地浇筑混凝土，但在高空中进行大跨径、大断面、高等级预应力混凝土的施工，难度较大。

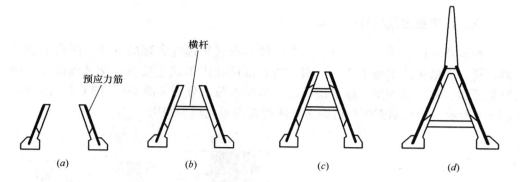

图 6-4　混凝土索塔的施工顺序

（a）施工阶段 1；（b）施工阶段 2；（c）施工阶段 3；（d）施工完成后

二、起重设备的选择

索塔施工属于高空作业，工作面狭小，其施工工期影响着全桥总工期，在制定索塔施工方案时，起重设备的选择与布置，是索塔施工的关键。应视索塔的结构形式、规模、桥位地形等条件而定。其起重设备必须满足索塔施工的垂直运输、起吊荷载、吊装高度、起吊范围的要求，且操作安装简单、安全可靠，并需综合考虑经济效益等因素。目前一般采用塔吊辅以人货两用电梯的施工方法。索塔铅直时，可采用爬升式起重机，在规模不大的直塔结构中，也可采用万能杆件或贝雷桁架等通用杆件配备卷扬机，或采用满堂支架配备卷扬机等起重方法。为方便施工，所需材料、设备、模板等的起重控制吨位，宜采用附着式自生塔吊，起重力可达 100kN 以上，起重高度可达 100m 以上，图 6-5 为一附着式自升塔吊的结构图。

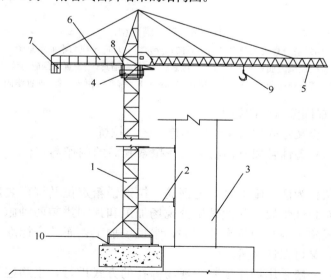

图 6-5　附着式自升塔吊的结构

1—塔吊塔身；2—塔吊附着；3—斜拉桥塔柱；4—吊架；5—起重臂；
6—平衡臂；7—配重；8—旋转机构；9—吊钩；10—塔吊基座

三、拉索锚固区塔柱的施工

拉索锚固区的施工，应根据不同的锚固形式来选择合理的方案。国内所建的斜拉桥，索塔多为混凝土塔，拉索在塔顶部的锚固形式主要有：交叉锚固型、钢梁锚固型、箱形锚固型、固定锚固型、铸钢索鞍，分别如图6-6、图6-7、图6-8、图6-9所示。固定锚固型与铸钢索鞍两种锚固形式较少使用。

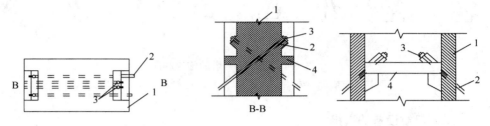

图 6-6　交叉锚固型　　　　　　　　图 6-7　钢梁锚固型

1—塔柱；2—拉索；3—锚具；4—横隔板　　　1—塔柱；2—拉索；3—锚具；4—钢横梁

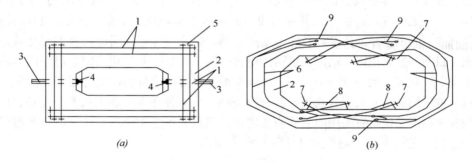

(a)　　　　　　　　　　　　*(b)*

图 6-8　箱形锚固型

（*a*）塔身直线预应力平面示意图；（*b*）塔身环向预应力平面示意图

1—直线预应力筋；2—塔体；3—拉索；4—拉索锚具；5—直线预应力锚具；

6—塔身环向预应力筋；7—螺母锚固端；8—锚头混凝土；9—埋置锚固

（一）交叉锚固型塔柱的施工

适用范围，交叉锚固型适用于中小跨度的斜拉桥。

施工程序：立劲性骨架→钢筋绑扎→拉索套筒的制作与定位→立模→浇筑混凝土及养护。

立劲性骨架：为便于施工时固定钢筋、拉索锚箱定位及调模之用，一般在索塔锚固段中设有劲性骨架。劲性骨架分现场加工和预制拼装两种施工方式。底节预埋段和变幅段施工因与现场高程有关，常现场加工；而其余标准段用预制拼装既可加快进度，又可保证质量。

钢筋绑扎：一般采用场外预制、现场绑扎的方式进行，主筋连接分焊接和挤压套筒两种方法，焊接和绑扎应满足《公路桥涵施工技术规范》JTJ 041—2000 的要求。施工时，首先对钢筋端部的弯折、扭曲作矫正或切割处理，清理其表面杂物，每根钢筋在车间将套筒压接一端，另一端运到塔上现场压接。挤压时，压膜

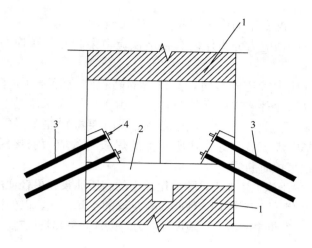

图 6-9 固定锚固型

1—塔柱；2—钢横梁；3—拉索；4—锚具

应对准套筒及压痕标记，从套筒中央逐道向端头压接。

拉索套筒的制作与定位：其精度要求较高，一般预先按设计要求准备锚板和钢管，然后下料，修理角度，将钢管焊接在锚板上。要求钢管与锚板圆孔同心，锚固面与钢管垂直。拉索套筒的定位：包括套筒上、下口的空间位置，套筒倾斜度和高程等。可采用天顶法或空间坐标法测量。

注：钢筋和套筒的安装并不是截然分开的两个施工步骤，一般情况下，当主筋定位后，就要安装套筒，这是施工时必须要注意的。

立模：关系到锚固段混凝土浇筑质量，装模时应注意使拉索套筒的下口贴合紧密，以消除模板接头间的不平整现象。调模时应注意保护套筒，不宜采用装有套筒的劲性骨架调模，以免造成套筒移位，然后，紧固连接螺杆，固定模板。

混凝土浇筑与养护：同项目1任务3。

（二）拉索钢梁锚固形式的施工

大跨径斜拉桥多采用对称拉索锚固，其方法之一是采用拉索钢横梁锚固构造。

施工程序：立劲性骨架→钢筋绑扎→套筒安装→套筒定位→装外侧模→浇筑混凝土→横梁安装。

钢横梁加工与安装，拉索锚固钢横梁，应按桥梁钢结构的加工要求在加工厂完成，并经严格验收合格后方可出厂。在施工组织设计中，选择塔吊的起重高度和起重能力应考虑钢横梁的要求。

当钢横梁太重时，主塔的垂直起吊能力不能适应时，应将分部件用高强螺栓连接，现场组拼安装，但需事先在加工厂预拼装合格。由于主塔柱空心断面尺寸有限，设施多，空间紧凑，同时支承钢横梁的塔壁混凝土牛腿占据一定的空间，安装不便，因此在施工前应仔细研究各细部尺寸及安装方法，并与塔柱施工相协调。

（三）预应力箱形锚固法的施工

施工程序：立劲性骨架→钢筋绑扎→套筒安装→套筒定位→安装预应力管道

及钢束→模板安装→混凝土的浇筑与养护→施加预应力→压浆。

施工平面布置的预应力分为体内有粘结预应力束和体外预应力束，一般采用体内预应力束。

管道安装：预应力管道安装时，其设置的高程和位置要通过测量定位确定，也可依靠已定位的劲性骨架来固定管道位置。由于塔柱为承压结构，故要切实保证管道不漏浆，绝不允许"开仓"，浇筑混凝土时要特别注意保护管道，严格检查。施工时，严禁电焊、氧割等作业所产生的焊渣与预应力筋接触，以免造成预应力筋损伤，导致张拉时断裂。

预应力张拉，由于施工场地小，除采用较小的高压油泵和更轻便的千斤顶外，还要对张拉端口处的预埋件认真处理，使张拉有足够的空间位置，以保证机具设备的运用自如，防止施工不便带来的损失，施加预应力时以延伸量和张拉吨位双控。

四、索塔施工质量要求

（1）索塔的索道孔及锚箱位置以及锚箱锚固面与水平面的交角均应控制准确，锚板与孔道必须互相垂直，符合设计要求。

（2）分段浇筑时，段与段之间不得有错台，新旧混凝土接缝表面必须凿毛，以便新旧混凝土接合良好。

（3）混凝土强度不得低于设计强度。

（4）塔柱倾斜率不得大于 $H/2500$，且不大于 30mm（H 为桥面上塔高）；轴线允许偏位：± 10mm；断面尺寸允许偏差：± 20mm；塔顶高程允许偏差：± 10mm；斜拉索锚具轴线允许偏差：± 5mm。

（5）塔柱全部预应力束布置准确，轴线偏位不得大于 10mm，张拉要求双控，以延伸量为主，延伸量误差应控制在 $-5\% \sim +10\%$ 以内，在测定延伸量时，应扣除非弹性因素引起的延伸量。

（6）张拉同一截面的钢丝不得小于 1%。

（7）要求混凝土表面平整、线形顺直。

（8）混凝土蜂窝麻面不应超过该面面积的 0.5%，深度不超过 10mm。

（9）锚箱混凝土不得有蜂窝。

五、斜拉桥主梁施工方法

（一）顶推法施工

顶推法施工时需在跨间设置若干临时支墩，顶推过程中主梁反复承受正、负弯矩。该法较适用于桥下净空较低、修建临时支墩造价不大、支墩不影响桥下交通、抗压和抗拉能力相同能承受反复弯矩的钢斜拉桥主梁的施工。对混凝土斜拉桥主梁而言，由于拉索水平分力能对主梁提供预应力，如在拉索张拉前顶推主梁，临时支墩间距又超过主梁负担自重弯矩能力时，为满足施工需要，需设置临时预应力束，造价较高。

（二）平转法施工

平转法施工是将上部构造分别在两岸或一岸顺河流方向的矮支架上现浇，并在岸上完成所有的安装工序（落架、张拉、调索）等，然后以墩、塔为圆心，整体旋转到桥位合龙。平转法适用于桥址地形平坦、墩身矮和结构系适合整体转动的中小跨径斜拉桥。我国四川马尔康地区金川桥是一座跨径为 68m＋37m，采用塔、梁、墩固体体系的钢筋混凝土独塔斜拉桥，塔高 25m，中跨为空心箱梁，边跨是实心箱梁。该桥是采用平转法施工的。

（三）支架法施工

支架法施工是在支架上现浇、在临时支墩间设托架或劲性骨架现浇、在临时支墩上架设预制梁段等几种施工方法。其优点是施工最简单方便，能确保结构满足设计线形，但又适用于桥下净空低、搭设支架不影响桥下交通的情况。

（四）悬臂法施工

悬臂法施工是可以在支架上修建边跨，然后中跨采用悬臂拼装法和悬臂施工的单悬臂法；也可以是对称平衡方式的双悬臂法。悬臂施工法分为悬臂拼装法和悬臂浇筑法两种。悬臂拼装法，一般是先在塔柱区现浇一段放置起吊设备的起始梁段，然后用各种起吊设备从塔柱两侧依次对称安装节段，使悬臂不断伸长直至合龙。悬臂浇筑法，是从塔柱两侧用挂篮对称逐段就地浇筑混凝土。我国大部分混凝土斜拉桥主梁都采用悬臂浇筑法施工。

六、编制方案（实训）

1. 编制索塔施工方案；
2. 施工质量如何控制。

七、习题

1. 填空题

（1）大跨径斜拉桥多采用对称（　　）锚固，其方法之一是采用拉索钢横梁锚固构造。

（2）钢筋和套筒的安装并不是截然分开的两个施工步骤，一般情况下，当（　　）定位后，就要安装套筒，这是施工时必须要注意的。

2. 问答题

（1）预应力箱形锚固法的施工程序？

（2）斜拉桥索塔施工质量要求：

任务3 斜 拉 索 施 工

任务目标：

1. 学生能够掌握斜拉索施工技术；
2. 学生能够掌握斜拉索防护措施；
3. 学生能够掌握斜拉索的塔部安装。

一、斜拉索的施工

斜拉桥斜拉索的施工技术包括：制索、运索、穿索、张拉及调索等。

斜拉索的锚具常用的有以下四种：热铸锚、墩头锚、冷铸墩头和夹片群锚，如图6-10所示。

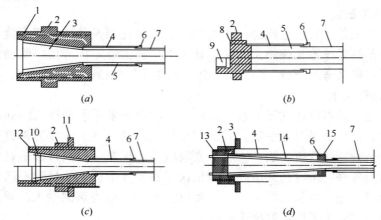

图 6-10　不同类型锚具

（a）热铸锚；（b）墩头锚；（c）冷铸锚；（d）夹片锚

1—锚环；2—螺母；3—热铸合金；4—连接筒；5—密封料；6—密封环；7—塑料护套；

8—固定端锚板；9—长拉端锚板；10—定位板；11—索孔垫板；

12—固定端锚环；13—群锚锚板；14—钢绞线；15—约束圈

（一）斜拉索的制作

1. 斜拉索的类型

斜拉索的截面形式如图6-11所示。

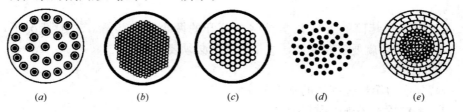

图 6-11　斜拉索的截面形式

（a）钢筋索；（b）钢丝索；（c）刚绞线索；（d）单股钢绞线；（e）封闭式钢缆

拉索按材料和制作方式的不同可分：平行钢筋索、平行钢丝索、平行或半平行钢绞线索、单股钢绞缆和封闭钢缆几种。

平行钢筋索：是由若干根直径为 10～16mm 的钢筋组成，其强度不低于1470MPa，但在大跨度斜拉桥中有接头而影响其抗疲劳强度，故使用较少。

钢丝索：是近年来运用较多的一种拉索。该拉索易于挠曲，便于长途运输，其应用十分广泛。公路桥梁中使用的钢丝索应符合《斜拉桥热挤聚乙烯高强钢丝拉索技术条件》GB/T 18365—2001 的要求。可采用镀锌或不镀锌的 ϕ5mm 或

ϕ7mm 的预应力钢丝，其标准强度不低于 1570MPa。

钢绞线索：由钢绞线组成，通常由 7 根 ϕ5mm 的钢丝组成公称直径为 15mm 的钢丝股，同时也有 7 根 ϕ4mm 的钢丝组成公称直接为 12mm 的钢丝股。

单股钢绞缆：其材料与钢绞线相似，但逐层钢丝的捻向相反。其柔性好，可盘条运输，但刚度较小。

封闭式钢缆：它是以较细的单股钢绞线为缆芯，逐层绞裹楔形钢丝，当接近外层时，再绞裹 Z 形钢丝。表面密封性好，密度较钢绞线提高 20%。

2. 斜拉索制作的工艺流程

制作成品拉索的工艺流程：钢丝经放线托盘放出粗下料→编束→钢束扭绞成型→下料齐头→分段抽验→焊接牵引钩→缠绕包带→热挤 PE 护套→水槽冷却→测量护套厚度及偏差→精下料→端部入锚部分去除 PE 套→锚板穿丝→分丝镦头→冷装铸锚→锚头养护固化→出厂检验→打盘包装待运，如图 6-12 所示。

3. 钢索下料长度计算

索长计算的结果是要得出制作拉索的下料长度 L。

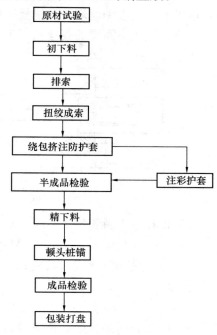

图 6-12 制索工艺流程图

先确定每一根拉索的长度基数 L_0，是该拉索上下两个索孔出口处锚板中心的空间距离 L_0。对这一基数进行若干修正即可得到下料长度 L。

（1）对于使用拉锚式锚具的拉索，需要修正的有：

ΔL_e——弹性拉伸修正；

ΔL_f——拉索垂度修正；

ΔL_{ML}——张拉端锚具位置修正；

ΔL_{MD}——固定端锚具位置修正。

弹性拉伸量和垂直修正值分别按下式计算：

$$\Delta L_e = L_0 \frac{\sigma}{E}$$

$$\Delta L_f = \frac{\omega^2 L_x^2 L_0}{24 T^2}$$

式中　σ——拉索设计应力；

　　　E——拉索的弹性模量；

　　　T——拉索设计索力；

　　　L_0——拉索长度基数；

　　　L_x——L_0 的水平投影长；

　　　ω——拉索每单位长度重力。

锚具的位置修正量 ΔL_{ML} 及 ΔL_{MD} 取决于该型锚具的构造尺寸和锚具的最终设定位置。以冷铸锚具为例，张拉端锚具的最终位置可设定螺母定位于锚杯的前 1/3 处，固定端可设定螺母定位于锚杯的正中。根据锚具制作厂商提供的锚具构造尺寸，就可推算出索钢丝端头与锚板平面间的距离，要考虑锚板的厚度 L_{D}，对于镦头锚，每一个镦头需要的钢丝长度为 $1.5d$，d 为钢丝直径，如图 6-13 所示。

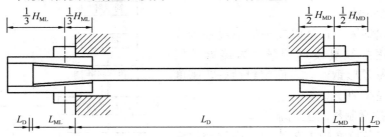

图 6-13　钢丝下料长度计算

最后得拉索下料长度 L，即

$$L = L_0 - \Delta L_{\mathrm{e}} + \Delta L_{\mathrm{f}} + \Delta L_{\mathrm{ML}} + \Delta L_{\mathrm{MD}} + 2L_{\mathrm{D}} + 2d$$

（2）对于使用拉丝式锚具的拉索，要加上满足张拉千斤顶工作所需的拉索操作长度 ΔL_{J}

$$L = L_0 - \Delta L_{\mathrm{e}} + \Delta L_{\mathrm{f}} + \Delta L_{\mathrm{ML}} + \Delta L_{\mathrm{MD}} + 2L_{\mathrm{D}} + \Delta L_{\mathrm{J}}$$

如工厂落料时的温度和桥梁设计中取定标准温度不一致，则在落料时还应加温度修正。如采用应力下料，则要考虑应力下料修正。

拉锚式拉索的长度要求相当严格。通常，对于短索，要求其误差不大于 30mm；对于长索，则不大于索长的 0.03%。对于重要的桥梁，也可以根据具体情况，制定更高的标准。

拉丝是拉索的长度误差要求稍宽，但要按宁长毋短的原则掌握。

对于大跨和特大跨的斜拉桥，拉索的制作，宜和挂索协调进行。要时刻注意上一阶段挂锁的情况，根据反馈的信息，对下一阶段拉索的长度，做出是否需要调整的决定。

4. 斜拉索的技术要求

钢丝成束后同心左向扭绞，最外层钢丝的扭绞角为 2°～4°其相应捻距为 (40～60)D；绕包层右旋，每圈搭接不小于带跨的 1/3。较细的钢索采用单层绕包。对于 211ϕ7mm 以上规格钢丝索可以采用双层绕包；精下料应在钢丝索展平伸直的状态下用 50m 标准钢尺丈量，精确至毫米。下料切割断面应垂直于钢丝轴线，偏斜≤2°；对于每一副冷铸锚还应制备混合填料试件 1 组，试件强度在常温下应达到 147MPa；成品拉索在受荷前必须进行预张拉；在出厂前必须进行抗拉弹性模量试验、静载试验及动载试验。

（二）斜拉索的布置及索面形式

斜拉索是斜拉桥的主要承重部分，应采用高强钢材做成。斜拉索在空间的布置形式，是斜拉桥很重要的直观形象，主要有下列几种：

1. 单索面

如图 6-14 所示。该索面对主梁不起抗扭作用，锚固在桥面中央，不利于桥面利用，跨径不宜过大，但施工简便，造型美观。

2. 竖向双索面

如图 6-15 所示。该索面对主梁有抗扭作用，安全性高，桥面利用率高，大小跨径都适宜，但施工难度较大。

3. 斜向双索面

如图 6-16 所示。该所面对主梁有抗扭作用，安全性高，桥面利用率高，大小跨径均适宜，但斜索零乱，且施工难度大。

图 6-14 单索面   图 6-15 竖向双索面   图 6-16 斜向双索面

斜拉索的索面形式，有三种基本形式，即辐射形、竖琴形、扇形，除此之外还有星形索面、分叉形索面及混合索面等。

（1）辐射形索面

如图 6-17 所示。倾角大，比较经济，造型美观，省钢材，但斜索集中于塔顶使构造复杂。

（2）竖琴形索面

如图 6-18 所示。斜拉索与塔柱连接点分散，受力均匀，外形简洁美观，应用较广，但造价高，施工工序较多。

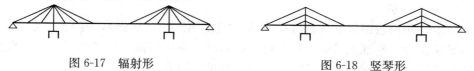

图 6-17 辐射形   图 6-18 竖琴形

（3）扇形索面

如图 6-19 所示。其特点介于上述两者之间，近年来大跨径斜拉桥常用此种形式。

（4）星形索面

如图 6-20 所示。梁上受力集中，倾角小，锚固复杂，采用较少。

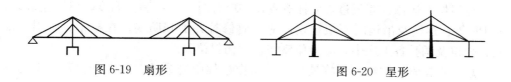

图 6-19 扇形   图 6-20 星形

（5）分叉形索面

如图 6-21 所示。梁上受力均匀，塔上受力集中，不宜斜索安装，采用较少。

（6）混合索面

如图 6-22 所示。施工难度较大，多用于特殊环境。

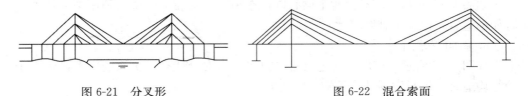

图 6-21　分叉形　　　　　　　　　　　　图 6-22　混合索面

二、斜拉索的防护

斜拉索是斜拉桥的主要受力构件，其防护质量决定整个桥梁的安全和使用寿命。斜拉桥的拉索全部布置在梁体外部，且处于高应力状态，对锈蚀比较敏感，而锈蚀是斜拉索劣化的起因。锈蚀产生后，将直接影响钢丝的疲劳抗力，因此拉索防护有着十分重要的意义。

（一）按所用材料的不同分类

其防护方法：封闭索护防、塑料罩套护防、套管压浆法、预应力混凝土索套防护及直接挤压护套法。

（二）按设置时间的不同分类

其防护方法有：临时防护与永久防护。

1. 临时防护

钢丝或钢绞线从出厂到开始作用防护的一段时间内所需要的防护称为临时防护。其防护时间一般约为 1～3 年，若在这段时间内，钢丝或钢绞线不做临时防护，则可能在永久防护之前即已锈蚀。

2. 永久防护

要求：从拉索钢材下料到桥梁建成长期使用期间，应做永久防护。永久防护应满足防锈蚀，耐日光暴晒，耐老化，耐高温，涂层坚韧，材料易得，价格低廉，生产工艺简洁，制作、运输及安装方便，易于更换等要求。

类型：包括内防护与外防护。

内防护：是直接防护拉索锈蚀的防护。其所用材料一般有沥青砂、防锈脂、黄油聚乙烯塑料泡沫和水泥浆等。

外防护：是保护内防护材料不致流出并对内防护起抗老化作用。一般采用 PE 套管，如图 6-23 所示。

3. 防护注意事项

在斜拉索运输、存放过程中注意卷盘和展开时，应控制其温度，以防止破裂；若 PE 管在运输及吊运时不慎损伤，应及时修补并加强防腐；在拖索、牵引、锚固、张拉及调整各工序中，应避免碰伤、刮伤斜拉索。

总之，拉索防护绝大多数是在生产制作过程中完成的，与生产材料、工艺以

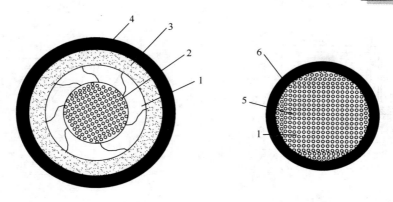

图 6-23　PE 套管

1—高强钢丝；2—钢丝缠绕；3—水泥浆；4—PE 套管；5—防锈油；6—PE 热挤塑套

及生产标准、管道等密切相关，故要做好拉索的防护工作，就必须严格控制好生产的各个环节、工序，以确保拉索的质量。

三、斜拉索的安装

（一）放索及索的移动

1. 放索

立式索盘放索：设置一个立式支架，在索盘轴孔内穿上圆轴，徐徐转动索盘将索放出，如图 6-24 所示。

水平转盘放索：对于自身成盘的索，则需设置一水平转盘，将索放在转盘上，边转动边将索放出，如图 6-25 所示。

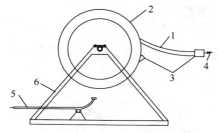

图 6-24　立式索盘放索

1—拉索；2—索盘；3—锚头；4—卷扬机
牵引；5—制动；6—支架

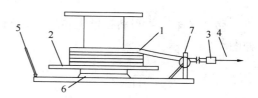

图 6-25　水平转盘放索

1—拉索；2—索盘；3—锚头；4—卷扬机牵引；
5—制动；6—托盘；7—导向滚轮

2. 索的移动

在放索及安索过程中，为了防止在移动过程中损坏拉索的防护层或损伤索股，应采取以下措施。

若盘索是利用驳船运来，放索可将盘索吊到桥面进行，并在梁上放置吊装设备；也可以在船上进行，并在梁端设置转向装置，如图 6-26 所示。

对于现浇梁，其转向装置应设在施工挂篮上，若是拼装结构，则设在主梁上。

滚筒法：在桥面设置一条滚筒带，当索放出后，沿滚筒运动，如图 6-27 所示。

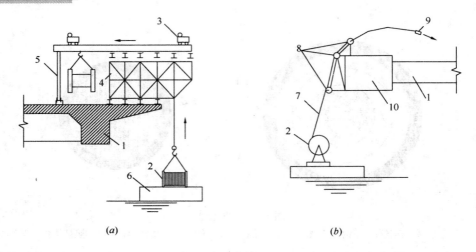

(a)   *(b)*

图 6-26 索盘提升与转向装置

1—主梁；2—索盘；3—起重平车；4—万能杆件导向；5—锚固杆；
6—运索船；7—待安装拉索；8—转向轮；9—锚头；10—挂篮支架

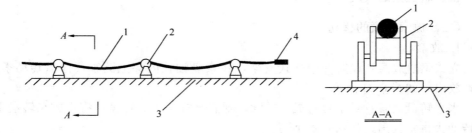

图 6-27 滚筒法移索装置

1—拉索；2—滚轮；3—桥面；4—锚头

移动平车法：当斜拉索上桥后，每隔一段距离垫一个平车，由平车载索移动，如图 6-28 所示。

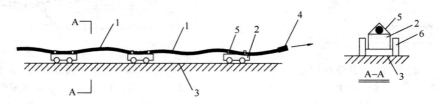

图 6-28 平车法移索装置

1—拉索；2—平车；3—桥面；4—锚头；5—扣带；6—滚轮

导索法：在索塔上部安装一根斜向工作悬索，当斜拉索上桥后，前段栓上牵引索，每隔一段距离放置一个吊点，使拉索移动，如图 6-29 所示。这种方法能省去大型的牵索设备，能安装成卷的斜拉索。

垫层法：对于一些索径小、自重轻的斜拉索，可在梁面放索线上铺设麻袋、草袋等柔软的垫层，可就地拖移拉索。

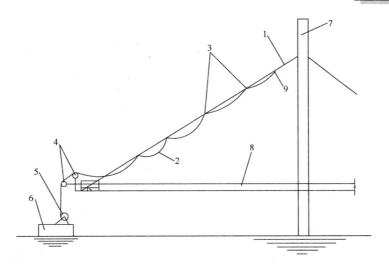

图 6-29　导索法安装拉索装置

1—导索；2—待安装拉索；3—导索支轮；4—转向轮；5—索盘；

6—运索船；7—索塔；8—主梁；9—牵引

（二）斜拉索的塔部安装

若斜拉桥的拉索张拉端设于塔部，则应该先安装塔部，后安装梁部。斜拉索的安装法主要有：吊点法、吊机安装法及分布牵引法。

吊点法可分为单吊点法与多吊点法。

1. 单吊点法

拉索上桥面后，从索塔孔道中放下牵引绳，连接拉索的前端，在离锚具下方一定距离设一个吊点。当锚头提升到锁孔位置时，采用牵引绳与吊绳相互调节，使锚头尺寸准确，牵引至索塔孔道内就位后，穿入锚头固定，如图 6-30 所示。该方法简便，安装迅速，一般适于较柔软的短拉索。

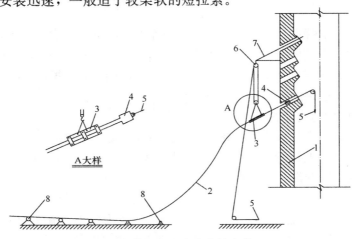

图 6-30　单吊点法安装拉索装置

1—索塔；2—待安装拉索；3—吊运索夹；4—锚头；

5—卷扬机牵引；6—滑轮；7—索孔吊架；8—滚轮

331

2. 多吊点法

见前述导索法，只要将导索法中的牵引索从预穿锁孔中引出即可。吊点分散、弯折小，可使拉索均匀吊起，使拉索大致成直线状态，不需大吨位千斤顶牵引。

吊机安装法采用索塔施工时的提升吊机，用特制的扁担梁捆扎拉索起吊。拉索前端由索塔孔道内伸出的索引牵引入索塔拉索锚孔内，下端用移动式吊机提升，如图6-31所示。

分步牵引法是根据斜拉索在安装过程中索力递增的特点，分别采用不同的工具将拉索安装到大吨位，可先用卷扬机将索张拉端从桥面提升到预留孔外，然后用穿心式千斤顶将其引至张拉锚固面，如图6-32所示。

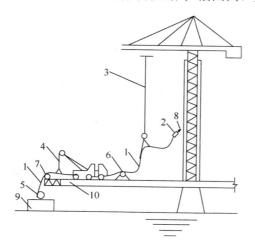

图6-31 吊机安装法装置

1—待安装拉索；2—锚头；3—塔吊起重索；
4—吊车；5—索盘；6—滑轮；7—转向轮；
8—牵引；9—运索船；10—主梁

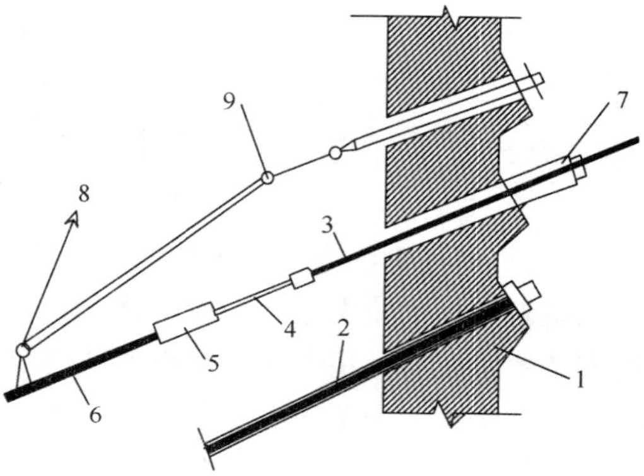

图6-32 拉索分步牵引法

1—索塔；2—已安装拉索；3—钢绞线；4—刚性拉杆；5—拉索锚头；6—待安装拉索；7—千斤顶；
8—卷扬机牵引；9—滑轮

分步牵引法的特点是牵引功率大，辅助施工少，桥面无附加荷载，施工方便。施工时在各种挂索过程中，各种构件连接处较多，如锚头与拉杆、牵引头的连接，滑轮与塔柱拉索的连接等，任何一处发生问题，都会发生事故。在施工过程中，应特别注意各处连接的可靠性。

（三）斜拉索的梁部安装

斜拉索的梁部安装方法主要有：吊杆法和拉杆接长法两种。

吊点法是在梁上设置转向滑轮，牵引绳从套筒中伸出，用吊机将索吊起后，随锚头逐渐的牵入套筒，缓缓放下吊钩，向套筒口平移，直至将锚头穿入套筒内如图6-33所示。

对于梁部为张拉端的安装，采用拉杆接长法较为简单，施工时先加工长度为50cm左右的短拉杆，与主拉杆连接，使其总长度超过套筒加千斤顶的长度，利用千斤顶多次运动，逐渐将张拉端拉出锚固面，并逐渐拆除多余短拉杆，安装锚固螺母，如图6-34所示。

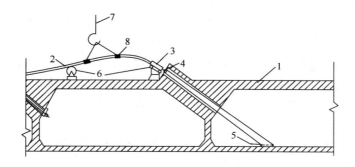

图 6-33　吊点法

1—主梁梁体；2—待安装拉索；3—拉索锚头；4—牵索滑轮；

5—卷扬机牵引；6—滚轮；7—吊机；8—索夹

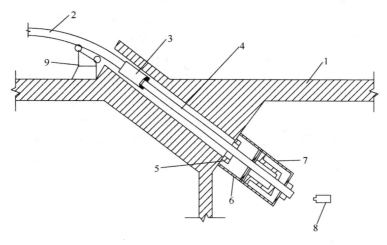

图 6-34　拉杆接长法

1—主梁梁体；2—拉索；3—拉索锚头；4—长拉杆；

5—组合螺母；6—撑脚；7—千斤顶；8—短拉杆；9—滚轮

（四）拉索的张拉

拉索的张拉是拉索完成挂索施工后导入一定的拉力，使拉索开始受拉而参与工作。通过对拉索的张拉，可以对索力和桥面高程进行调整，这是斜拉桥施工的关键。

张拉位置选择在索塔一侧还是主梁一侧，应根据千斤顶所需的张拉空间和移动空间等决定。为减少塔与梁承受的不平衡力矩且方便施工，应尽量采用索塔两侧平衡、对称、同步张拉或相差一个数量吨位差的张拉施工方法。必要时，可考虑单边张拉，但须经过仔细的计算。拉索的张拉一般包括悬臂架设时最外一根拉索的初次张拉、内侧紧邻一根拉索的二次张拉，在张拉过程中要通过张拉拉索对索力进行调整，并且准确控制索力。对于长索的非线性影响，大伸长量及相应的各种因素的影响，在施工中应充分考虑，并采取有效的技术措施。

1. 拉索张拉的方法

（1）用千斤顶直接张拉：在拉索的主梁端或索塔端的锚固点处安装千斤顶直

接张拉拉索。此方法简单直接，但需在索塔内或主梁上有足够的千斤顶张拉空间。国内几乎都采用液压千斤顶直接张拉拉索这种施工工艺。

（2）用临时钢索将主梁前端拉起：依靠主梁伸出前端的临时钢索，将主梁吊起，然后锚固拉索，再放松临时钢索使拉索中产生拉力。此法不需大规模的机具设备；但仅靠临时钢索时不能满足主梁前端所需的上移量，需补充拉索索力，所以此法一般较少采用。

（3）在支架上将主梁前端向上顶起同（2），仅仅由上拉改为向上顶。此法适用于主梁可用支架来架设的斜拉桥。

2. 索力测量的方法

（1）千斤顶油压表。拉索用液压千斤顶张拉时，千斤顶油缸中的液压与张拉力有直接关系，只要测定油缸中的液压就可求出索力。在使用前，油压表需精确标定，求得压力表的力和张拉力之间的关系。此法测定索力的精度可达 $1\%\sim2\%$。由液压换算索力简单方便，此法是施工过程中控制索力最实用的一种方法。

（2）测力传感器原理是：拉索张拉时，千斤顶的张拉力是由连接杆传到拉索锚具上的，如果将一个穿心式测力传感器套在连接杆上，则张拉拉索时，传感器在受压后输出电信号，可在配套的二次仪表上读出张拉力。此法测定索力的精度可达 $0.5\%\sim1.0\%$，是规范推荐采用的测定索力的方法，但是测力传感器的价格较高。

（3）频率振动法原理是根据拉索索力和振动频率之间的关系求得索力。对于跨径较小的斜拉桥，预先进行实索标定来求得索力和频率之间的关系，然后用人工激振的方法测得拉索频率，从而求出索力。

四、编制方案（实训）

编制斜拉索施工方案。

五、习题

1. 填空题

（1）斜拉索的锚具常用的有以下四种：（　　）、墩头锚、冷铸墩头和夹片群锚。

（2）拉索按材料和制作方式的不同可分：（　　）、平行钢丝索、平行或半平行钢绞线索、单股钢绞缆和封闭钢缆几种。

2. 问答题

（1）斜拉索制作的工艺流程？

（2）斜拉索的防护措施有哪几种？

（3）斜拉索的防护措施有哪几种？

（4）斜拉索的塔部安装方法有哪些？

六、综合实训编制斜拉桥施工组织设计

内容：1. 工程概况

　　　2. 施工方案和施工方法

3. 工程进度图（采用横道图）

4. 施工总平面图

5. 主要材料、机具、设备计划

6. 工程质量控制与施工组织保证措施

7. 安全及环境保护

【松花江大桥施工实例】

一、编制说明、编制依据和工程概况

（一）编制说明

（1）根据施工合同，特制定本施工组织设计。

（2）施工组织设计的编制以公司现有的施工技术力量和历年来桥梁施工经验为基点，以总工期 38 个月即 2001 年 7 月份正式开工，2004 年 9 月 1 日前竣工为进度控制目标，统筹考虑全桥的施工工艺、现场布置以及施工进度计划。

（3）施工组织设计列出的工、料、机具设备等计划，仅供参考，不作为最后的供应计划，如有出入以施工预算为准。

（二）编制依据

本施工组织设计的编制依据为：施工合同书、施工图设计、《公路桥涵施工技术规范》以及桥位处的自然地理条件。

（三）工程概况

1. 自然地理状况

（1）桥位附近夏季炎热多雨，冬季寒冷干燥，气温在 $-40 \sim 40℃$ 之间，降雨集中在七、八两月，标准冻深为 1.8m，最大冻深为 2.05m，属季节性冻土。松花江属季节性封冻河流，畅流期 120 天左右，流冰期 10～15 天，封冻期 150 天左右，4～5 月水位较低，汛期为 7～9 月，本桥设计洪水频率为 1/300，流量为 $23700m^3/s$，流速为 1.71m/s，设计水位 123.45m。

（2）本桥地址属冲积平原区，河床地质层由表至下为细纱、中粗砂、砂砾层和风化泥岩层。桥位附近北岸陡峭，抗冲刷能力差，侧蚀严重，南岸滩地平坦，为宽滩区。

2. 工程简介

（1）松花江大桥的起点桩号为 K50＋245.57～K51＋514.43，全长 1268.86m，主桥桥跨布置为 44m（过渡跨）＋136m（边跨）＋336m（主跨）＋136m（边跨）＋44m（过渡跨），主孔全长 696m。主桥横向全宽 33.2m，双向四车道。主桥的结构形式为双塔双索面、钢—混凝土结构梁斜拉桥，由三跨斜拉桥和两个过渡跨结构组合而成；塔墩固结一体、塔与主梁纵向活动支承，属塔墩固结、塔梁支承式半悬浮体系，过渡跨与斜拉桥主梁连续。

（2）斜拉索采用空间扇形布置，全桥共设 4×13 对、合计 104 根斜拉索。

桥塔顺桥向立面为直柱型、横桥向为门型。索塔桥面以上有效高度为

88.56m，南塔总高度为 110.80m，北塔高度为 106.10m。桥塔横截面采用带曲线类多边形的单箱单室截面。桥塔设置上横梁一道。

全桥均为钻孔灌注桩基础，共计 140 根，主桥钻孔桩直径 $\phi2.0$m，钻长 70.0m，承台尺寸 54.5m×15.0m×5.0m。

引桥为预应力混凝土连续箱梁，标准跨径为 40m，北引桥共 14 跨 560m。引桥桥面横向宽度为 28m。

桥面铺装采用防水混凝土及沥青。

全桥混凝土量 68502m³，钢材 8088t，钢筋 7127t，预应力钢材 559t，斜拉索 842t（104 根）。

二、施工准备工作总计划

（一）施工放样

为保证大桥轴线及高程的准确性，在开工前，必须对大桥导线进行全面复测，并建立施工控制网，从而进行全桥的测量控制。

大桥施工测量采用坐标与水准测量相结合的方法，利用全站仪进行大桥的空间控制。

（二）临建工程

松花江大桥的临时设施主要包括：临时用电、临时用水、临时便道、临时码头、拌合站、预制厂、场地填筑。

1. 临时用电

本桥生产、生活用电采用动力电，由最近的高压电网引出。架设输电线路到桥位自设的变电室，经变电设施变压后输送到生活区及生产区。变电室配有发电机等自发电设备，即保证停电后能维持正常生产、生活。

2. 临时用水

本桥工期长，用水量大。生活用水拟采用钻深水井取水的方法。设置储水装置并进行净化。生产用水采用江水，水样需送到有关部门作水质鉴定，合格后方可使用。

3. 临时便道

为满足施工需要，急时修筑施工便道，并采用渗水性的材料填筑，保证雨期施工不翻浆，不沉陷，顶面标高控制在 119.0m。

4. 临时码头

为满足施工所需材料的运输，在两岸设两座临时码头，完成人员、材料、机械的水路运输转换，同时供浮吊、驳船等各种船只停靠。

5. 混凝土拌合站及构件预制厂

本桥施工时沿江两岸各设置一座拌合预制厂，满足全桥混凝土供应与桥面板预制的需要。

6. 场地填筑

为满足施工生产和生活驻地的需要，两岸在桥位附近需填筑场地，填筑标高控制在 119.0m。

三、主要工程项目施工方案

（一）主桥钻孔桩施工

本桥主墩钻孔桩施工采用草袋围堰，吹砂筑岛，反循环钻入成孔的施工方法，如图 6-35 所示。

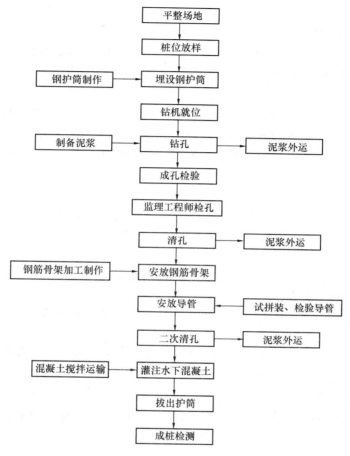

图 6-35　钻孔桩施工工艺流程图

1. 围堰筑岛

根据桥位所处地质情况及历年来的水文资料，施工水位定为 118.0m，决定 8 号、9 号主墩处的围堰形式采用草袋围堰，中间用江砂填心，岛面标高拟定为 119.0m。

根据现场实际情况，考虑到后期主塔及主梁施工的场地需要，围堰的平面尺寸拟定为 55m×95m。在围堰施工前，先清除河床上的杂物、树根、石块等，以减少渗漏。围堰时自上游开始至下游合拢，草袋内装以松散的黏性土，装土量为袋容量的 1/2～2/3，袋口用麻袋线或细钢丝缝合。在堆码时要求上下左右互相错缝，并要堆码整齐。

围堰顶宽定为 2.5m，外边坡为 1∶1，内边坡为 1∶0.5。草袋围堰结束后即

337

可向围堰填筑江砂，拟采用吹砂筑岛形式。

考虑到洪水期和流冰期的围堰安全，拟于两主墩围堰的迎水面采用钢丝笼围堰，采用 8 号钢丝或 $\phi6$ 钢筋编成钢丝笼，直径 $80\sim100cm$，笼长与围堰高度相同，笼用十字对拉钢丝拉紧，以防钢丝笼变形。安钢丝笼时，按围堰位置将笼子用叉子叉住，向笼内填石、安放、固定。

2. 护筒埋设

主孔钢护筒采用壁厚 14mm 的钢板卷制而成，直径为 2.4m。护筒的顶端高出施工水位 2.0m 以上，护筒的埋设采用振动沉入方法，护筒的底部进入河床 3.0m 以上。将护筒周围 1.0m 范围内的砂土挖出，回填黏质土并夯实。

3. 泥浆

钻孔用泥浆选用性能良好的膨润土掺加 NaOH 和 CMC 制备，相对密度控制在 $1.06\sim1.10$ 之间，黏度控制在 20s 以上，含砂率小于 4%，采用机械搅拌制浆。在两主墩附近的岸上用砖砌筑浆池、贮浆池和沉淀池，以便不使泥浆流入江中，污染环境。

4. 钻架

为满足钻孔的需要，分别于两主墩上设置龙门架做钻孔用钻机，用于钻机的安拆、钢护筒的埋设、拆出，钢筋骨架的吊装及灌注基桩等。

5. 钻孔

依据设计资料，本桥主墩钻孔拟采用反循环成孔，选用大功率钻机，为确保工期，共需此种钻机十台。

钻机就位前，对钻孔前的护筒、钻机及其他机具等进行检查，当各项指标都符合要求时，才能开始钻孔。

钻机安装就位后，使钻机底座和顶端平稳，不得产生位移或沉陷。钻机转盘中心与桩位偏差不得大于 2cm。

钻进时进尺要适当控制，根据不同的地质情况调整钻机转数、泥浆的各项指标。每进尺 2m 或在土层变化处应捞取渣样，判断土层，记入钻孔记录表与地质柱状图核对。钻进过程中，始终保持水头高度，使其大于自然水头（江面）2m，以防止塌孔。

6. 钻头的选择

根据设计资料中提供的地质情况，拟采用三翼钻锥和牙轮钻头结合的方式进行钻孔。

7. 清孔

终孔检验合格后，立即进行清孔作业，拟采用抽浆法清孔。清孔过程始终保持孔内原有水头高度，以防止塌孔。

8. 钢筋骨架制作与安装

钢筋骨架在钢筋加工场地分段制作，骨架的分段长度根据起吊净空及钢筋长度进行分节。钢筋骨架制作采用模具成型，主筋与骨架焊接牢固，并注意检测材料的预设，保证其位置的准确。

钢筋骨架吊装入孔时要用仪器检查其垂直度并进行调整。起吊采用龙门吊机，第一段放入孔内后用钢管或型钢临时搁置在护筒口，再起吊另一段，对正位采用机械连接的方式接长后逐段放入孔内至设计标高，最后将最上面一段的挂环挂在孔口并临时与护筒口焊接。钢筋骨架的安装尽量缩短时间，在下放时注意防止碰撞孔壁，钢筋骨架安放后的顶面和底面标高符合设计要求，其误差不得大于±5cm。

9. 灌注水下混凝土

水下混凝土的灌注采用导管法。导管接头为卡扣式，内径 300mm，壁厚 10mm，分节长度 2m，最下端一节长度 6m。导管在使用前须进行水密、承压和抗拉试验，导管入孔时在底节设保护钢丝绳，以备意外故障时的提拔补救。

导管在吊入孔内时，其位置要居中，轴线要顺直，稳步沉放，防止卡挂钢筋骨架和碰撞孔壁。

在灌注混凝土之前，要对孔内进行二次清孔，使孔底沉淀层厚度符合规定。

水下混凝土的水灰比在 0.5 左右，坍落度 20 ± 2cm，并通过试验确定掺入适量缓凝剂，初凝时间不小于 6h。由于桩径较大，首批混凝土量须大于 $7.5m^3$。混凝土供应采用两台 $60m^3/h$ 的混凝土输送泵，剪球灌注开始后，连续进行，并尽可能缩短拆除导管的间隔时间；灌注过程中经常用测深锤探测孔内混凝土面位置，及时调整导管埋深，导管的埋深控制在 $2\sim6$m 为宜。为确保桩顶质量，在桩顶设计标高以上加灌 1.0m 高度的混凝土。

（二）主桥台施工

1. 基坑开挖

主墩基坑开挖以机械为主，人工配合，由于基坑深度超过了挖掘机的作业深度，在基坑深度近一半处设置 4m 宽的工作平台。开挖时，挖掘机在基坑位置由一侧向另一侧倒退开挖，挖出的土方随时由自卸汽车运走，在倒退的方向上由挖掘机自行设置坡道，用挖掘机挖工，用自卸汽车将土运出，在挖至距离承台底面标高 30cm 时，停止挖掘，由人工进行最后的清除和平整基坑底面。

由于井点设置在工作平台上，因此在基坑开挖前应先将井点管安装完，待到开挖至地下水位处，即开始进行井点降水保证开挖的顺利进行。

承台基坑处为砂性土，且基坑边缘有动荷载作用，因此开挖时按 1：1.5 放坡。开挖后的边坡由于风吹日照，地层的水分不断蒸发，会产生沿坡下流干砂现象，同时考虑到由荷载产生的主动土压力的作用，为防止坑壁的塌落，因此需在坑底坡脚处用草袋围堰结合挡板支撑的方法解决这一问题。

在基坑挖到标高后进行坡角防护，草袋应错缝堆码，柱桩使用木桩，直径 15cm，长 4m，打入地下 2m，间距 60cm。

2. 基坑降水

依据地质水文情况，主墩基坑处土质不稳定，地下水位较高，综合考虑施工的可行性，经多种方案比较，决定采用井点降水的方式进行主墩的承台基坑施工。

依据承台底标高和地下水位，采用井泵井点进行 8 号墩承台基坑的降水。采用管井井点进行 9 号墩降水。

3. 承台钢筋

由于主墩承台混凝土施工在冬季进行，钢筋的加工制作应采取一定的保温措施。当气温低于-20℃时，钢筋笼的焊接必须在大棚内进行。

钢筋预先在钢筋场地加工、完成之后运至承台处，调好桩头钢筋，放样确定主筋位置。按照放样横桥向主筋，摆正调好间距，布置顺桥向主筋，并点焊四面箍筋，整个承台钢筋骨架一次成型，在施工中要注意骨架的整体刚度，刚度不足时应采取加固措施。同时，承台钢筋施工时，要注意冷却降温管的埋设和塔座钢筋的预埋及位置的准确，还要考虑到塔吊及其他预埋件的安放。

所以，钢筋在加工前，必须先做好清污、除锈和调直处理。

4. 承台模板

承台施工用的模板采用组合钢模板或自制的大块钢模板，模板必须有足够的刚度和满足要求的平整度、光洁度。

基底硬化结束后，测量放样承台中线，钢筋骨架成型后，四面按中线控制，然后支立承台混凝土模板。

模板的安装和拆除主要由人工来进行，吊车配合。

拆装时应注意以下事项：

（1）在整个施工过程中要始终保持模板的完整性，认真进行维修保养工作。

（2）模板在安装运输过程中，应注意避免碰撞。

（3）模板在首次使用时，要对模面认真进行除锈，然后涂刷隔离剂，隔离剂的涂刷要均匀、不遗漏。

5. 承台混凝土

（1）混凝土浇筑方案

由于承台体积较大，为减少混凝土内部水化热，降低内部绝热温升，决定分两次浇筑成型，第一次浇筑高度为2.8m，第二次浇筑高度为2.2m，两次浇筑混凝土量分别为：1984.5m³和1690m³。

（2）混凝土的拌合和运输

由于混凝土的浇筑量较大，南、北两岸的两座混凝土搅拌站均同时进行混凝土的拌合。由于是冬期施工，且为防止温度裂缝加的外掺材料较多，混凝土的拌合时间须较常温下延长50%。

两岸混凝土的每小时生产量控制在30m³以上，混凝土浇筑入模时的坍落度控制在12～14cm，混凝土的出罐温度控制在8～10℃，入模温度控制在5℃左右。

承台混凝土的输送采用泵送的方式，泵送前应先用适量的、与混凝土内成分相同的水泥浆润滑输送管内壁。混凝土的供应必须保证混凝土输送泵能连续工作。

（3）混凝土的浇筑

钢筋和模板安装完毕，经监理工程师检查验收并签认后进行混凝土的浇筑施工。

承台混凝土的浇筑分两层进行，一次为2.8m高，一次为2.2m高。两层混凝土均采用斜层浇筑法施工。浇筑时从承台上游开始，逐层向下游推进，每层厚度为50cm，在下层混凝土初凝前必须浇筑上层混凝土。每层混凝土浇筑时间不得超过14h。混凝土第二次浇筑时间应在第一次浇筑后水化热峰值过后，混凝土内部温度下降35℃以下后进行。

（4）混凝土振捣

振捣用插入式振动器进行，浇筑上层混凝土时，振动器应插入下层混凝土 5～10cm，与侧模应保持 5～10cm。每一处振动完毕后边振动边徐徐提出振捣棒。对每一振动部位，必须振动到该部位混凝土密实为止。密实的标志是混凝土停止下沉，不再冒出气泡，表面呈现平坦、泛浆。

（5）上、下两层施工缝处理

在第一层混凝土浇筑结束后，混凝土强度达到 2.5MPa 时开始人工凿毛，凿除混凝土表面的水泥砂浆和松弱层，然后用水冲洗干净。处理施工缝时要注意保持温棚内部温度最大温差不超过 25℃。在浇筑第二层混凝土前，在施工缝上铺一层厚为 10～20mm 的 1:2 水泥砂浆。

6. 温度控制

在混凝土养护及降温过程中要始终对承台混凝土内外温差进行控制，以防止承台混凝土发生开裂。混凝土的内外温差在 25℃ 以内。

（1）分层浇筑

主墩承台高 5m，考虑到结构钢筋、预埋件的设置以及混凝土的生产、浇筑能力、材料保温能力，分二层浇筑，厚度分别为 2.8m 和 2.2m。

（2）降低混凝土内部水化热

水化热温升主要取决于水泥品种、水泥用量及散热速度等因素，因此施工中选用非早强型的低强度等级普通硅酸盐水泥。同时，为了减少混凝土中的水泥用量，在确保混凝土强度的条件下，采用掺加外掺材料和外掺剂的技术。即掺加一定数量的Ⅰ级粉煤粉及外加剂，尽量降低混凝土的水化热升温，控制水化热峰值。

（3）温度控制

在承台内部分安放热电偶，使用多功能多点温度测试仪观测不同部位的温升情况，根据混凝土内部温度，调节和控制混凝土的内外温差小于 25℃。

（4）埋设水平冷却管

在混凝土浇筑前埋置水平冷却管，通水冷却，利用通入的冷水减少混凝土内部的部分热量，从而降低混凝土内部的最高温度。在混凝土内部温度达到 30℃ 时开始通水，通水天数由实测内部温度控制。在散热过程中保持混凝土入水管水温与混凝土内部的温度差为 20～25℃。

为保持水温及温差不可过大，需要在保温棚内设置水箱及循环水泵。为调节水箱内水温，须外置冷水管注入冷水。

（5）加强养护

在每次混凝土浇筑完毕终凝后立即在表面加塑料薄膜、草袋等，模板周边用珍珠岩填充，以利保温，减少混凝土内外温差。

（三）主塔施工

1. 概况

本桥主塔为直柱门式塔，桥面以下设牛腿，桥面以上设一道上横梁，牛腿和上横梁将桥塔分为上、中、下塔柱三部分。南塔高 110.80m，北塔高 106.10m

（塔座以上），桥面上高度均为88.56m。索塔截面形式为单室类六边形，顺桥向长7.0m，横桥向宽5.0m。

索塔牛腿的断面尺寸为4.0m×5.0m，长2.5m，牛腿与塔柱连接处截面扩大，尺寸为4.5m×5.0m。每个牛腿配置15根φ32mm预应力高强精轧螺纹粗钢筋。

索塔上横梁为空心箱梁截面，断面外形尺寸为4.5m×6.0m，横梁与主塔连接处截面扩大为5.0m×6.0m。

索塔壁中设劲性骨架，塔内设有人行爬梯直通塔顶。主塔人洞入口设在牛腿及桥面处塔壁，塔壁设有间距5.0m的通气孔。

2. 施工起重设备

根据塔柱的结构、形式、规模、桥位地形等条件，决定采用附着式自生塔吊。8号墩采用125kN·m的塔吊，9号墩采用160kN·m的塔吊，起重高度在130m以上。

为了满足施工人员的上下及小型机具和材料的运输，采用人货两用电梯，电梯的额定载重量2t，最大爬升高度150m。

（1）吊、施工电梯的布置、附着设施及其基础

根据主梁的结构形式和施工方便的原则确定塔吊位置。

南岸塔吊位置选定在8号承台南侧，大桥轴线下游，塔吊中心距大桥轴线1.73m，距8号承台横桥向轴线15.73m（图6-36）。塔吊基础采用四根钢管桩，钢管桩壁厚10mm，直径600mm，入土深度13m，钢管桩上面为3.0m×3.0m×1.0m无底模混凝土承台基础。

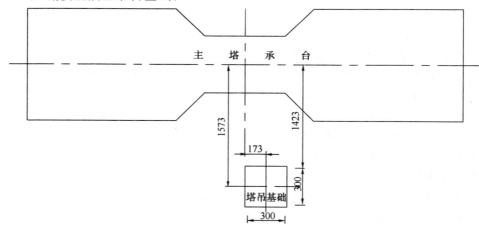

图6-36 南岸塔吊布置图

北岸塔吊位置选定在9号承台北侧，塔吊中心位于大桥轴线上，距9号承台横桥向轴线6.0m（图6-37）。塔吊基础采用四根钢管桩，钢管桩壁厚14mm，直径600mm，入土深度12m，钢管桩上面为3.0m×3.0m×1.0m无底模混凝土承台基础。

为了保证塔吊的稳定性，当塔吊上升至一定高度后，需安装附着设施。在塔

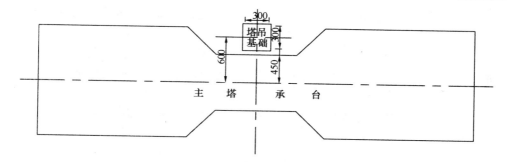

图 6-37　北岸塔吊布置图

柱混凝土浇筑时预埋附着架预埋件和附着杆连接，附着杆随塔吊自带。具体附着高度按塔吊厂家说明来确定。

由于塔吊高度较高，施工时人员上下频繁，安装人货两用电梯必不可少。电梯额定载重量 2t，最大爬升高度 150m。

人货两用电梯布置在下游塔柱外侧，其附着按产品的说明要求进行，其附着预埋件事先安装在塔柱内。其基础采用混凝土基础，埋设底座预埋件，用来安装电梯机架。

（2）塔吊与人货两用电梯的安装

塔吊安装主要顺序为：

安放塔吊底座——安放塔吊基础节到插螺旋——将塔吊增设斜撑安装在基础节上——安装三节标准节、搭操作平台——安装爬升装置——安装回转机构与驾驶室组件并在驾驶室两侧搭出操作平台——安装塔帽——接通塔机回转电器线路使其能够回转——起吊平衡臂，其两头要用揽风绳拉住——在地面上将起重臂拼好后吊起——接通电源电缆至起重和小车行车装置的线路——安装平衡重压块——安装起重钢丝绳——电气调试——验收。

人货两用电梯分三次安装，第一次安装高度 55m，第二次安装高度 90m，第三次安装高度 115m。

人货两用电梯附着支撑通过桥塔柱穿螺栓固定槽钢与塔支柱相连接。

人货两用电梯安装主要顺序：

浇筑人货两用电梯基础混凝土——安装基架——安装井架节与顶部天轮架——安装附着支撑——安装电缆导向——安装限位撑铁及登高平台——轿厢作上下试运调整，安装所有机械与电气连锁装置——验收。

3. 松花江大桥主塔施工测量控制

松花江大桥主塔测量是大桥施工的重点、难点之一。测量精度直接关系到整个大桥的质量。

松花江大桥两主塔相距 336m，南塔高 110.8m，北塔高 106.1m。其中 8 号墩主塔位于松花江南岸浅滩上，9 号墩主塔位于松花江北岸陡坎上。沿江两岸地势起伏，障碍物较多，通视条件差，普通的测量仪器和测量方法难以保证测量精度的要求。因此，必须配备高精度的测量仪器，并建立合理的主塔施工控制网，以保证主塔模板、劲性骨架、索导管的精确定位，进而保证塔柱测量精度及整个大桥的质量。

塔柱属于高层建筑，是斜拉桥的主要支撑、受力结构。在日照、温度等外界因素影响下会产生变形，因而应进行塔柱变形观测，以便更好的指导施工。

（1）配备先进的测量仪器

先进的测量仪器是完成高精度测量的必备条件，因此本桥配备了徕卡全站仪等高精度仪器。具体配备见表 6-1。

塔柱测量仪器、设备 表 6-1

序号	仪器名称	规格型号	单 位	数 量	备 注
1	徕卡全站仪	TCA2003	台	1	检校合格
2	徕卡全站仪	TCA1800	台	1	检校合格
3	经纬仪	TDJ2E	台	1	检校合格
4	水准仪	索佳 C3—2Ⅱ	台	1	检校合格
5	水准仪	索佳 1320	台	1	检校合格
6	水准仪	徕卡 NA828	台	1	检校合格
7	三棱镜	HD 系列	套	1	检校合格
8	单棱镜	HD 系列	套	1	检校合格
9	三脚架	徕卡	套	2	检校合格
10	对中杆	徕卡	套	2	检校合格

（2）建立合理的主塔施工控制网

主塔施工前应对大桥已建立的平面及高程控制网进行南、北岸联测，并对已完工程进行竣工复测。确认符合要求后，在两岸适合位置设置主塔施工的永久控制点，构成主塔施工的控制网。在布设控制点过程中，要综合考虑各控制点的距离、位置、地势、通视等条件，最后确定控制点。

（3）主塔施工测量

主塔施工测量是利用在两岸建立的永久控制点为基点，采用三维坐标进行施工控制。三维坐标法的原理是：利用全站仪的三维坐标控制功能，根据计算出的塔上关键点坐标，精确定出塔上每一个关键点的具体位置，而不需要单独进行水准测量。

1）索塔测量时间及顺序

为保证主塔测量精度，必须严格控制索塔测量放样时间。在施工中，对劲性骨架、索导管、模板的放样和校正，必须在每天的 22：00～3：00 之间进行，而且在观测时风力小于 2 级，否则不允许放样和校正。

索塔的施工和测量放样必须严格按照先后顺序进行，先施工劲性骨架，在监理工程师检查无误后，绑扎钢筋，支立模板，然后对模板进行校正，经监理工程师检查后，方可浇混凝土。

2）下塔柱施工测量与控制

由于主塔施工的永久控制点据塔柱较远无法直接观测到下塔柱地面以下部分。因此，下塔柱地面以下部分施工时，需引出一个临时控制点，采取用临时控制点进行施工测量的方法。下塔柱出地面以后，采取用永久控制点直接施测的方法进行控制。

根据逐桩坐标点及塔柱的截面尺寸计算出塔柱各关键点（包括劲性骨架控制点、模板控制点）的坐标。

利用全站仪的投点功能，定出临时控制点的位置及坐标。然后以临时控制点为测站，进行下塔柱地面以下部分的施工测量与控制。

首先放出塔柱的横桥向轴线即顺桥方向轴线的平行线，然后利用全站仪的投点功能，对塔柱的各关键控制点（外侧 10 点、内侧 6 点）进行逐一放样，并以纵横轴线进行校核。

3）柱底节模板定位与控制

首先在塔座顶面，按已放出的各关键控制点位置弹出墨线，进行内模与外模的初步定位。然后利用全站仪控制模板顶口平面位置及垂直度，并进行反复调整，直到合格为止，并以纵横轴线进行最终校核。

下塔柱底节施工完毕后，保留顶端模板，以便后续施工模板接长。后续施工模板测量只需用全站仪控制其垂直度及模板顶面关键控制点三维坐标即可。

4）劲性骨架的测量与控制

塔柱内的劲性骨架的作用是固定塔内钢筋和模板，因此要求位置必须精确。劲性骨架在塔座施工时预埋完毕。塔柱施工时只需按劲性骨架的脚点位置进行接长，接长过程中用全站仪随时控制其垂直度，并密切观测其位移和变形。

下塔柱出地面以后，塔柱测量采用主塔施工控制网中的永久控制点直接进行施工测量与控制。

5）中、上塔柱施工测量与控制

中、上塔柱施工测量与控制与下塔柱基本相同。不同的是中、上塔柱设有索导管锚固区，因此除塔柱的纵横轴线及塔柱各关键控制点的放样之外，施工测量控制的重点为索导管的精确放样。由于索导管安装受高空、温度、日照、风力等影响非常敏感，所以索导管测量控制仍采用高精度的三维坐标法。

根据设计图纸，计算出索导管上下锚口和中轴线控制点的三维坐标，并事先标定索导管胎架，上面做基座（棱镜螺栓），将棱镜头安放在基座上，以便于全站仪的测控和索导管微调。索导管安装时首先进行初调定位，然后用全站仪测控微调。通过反复调整上下、左右倾角和偏角，直到控制点三维坐标满足为止。

6）上横梁施工测量与控制

上横梁施工仍以主塔施工控制网中的永久控制点为测站进行施测。

上横梁采用膺架施工，需要精确测控膺架压重时的变形，以便更好的消除非弹性变形，测出弹性变形值，准确的设置底模预拱度。

在膺架压重前均匀分布测点，测出底模分配梁的高程，在预压过程中随时测量各测点的变化值，加载到规定值，预压一定时间后，全面测出底模分配梁各测点高程，然后逐步卸载测量底模分配梁各测点的高程变化值。根据所测的数据计算出各测点的弹性变形量和非弹性变形量。根据各测点的弹性变形量，设置底模预拱度，保证上横梁的线形，更好地完成施工控制。

预拱度设置完成后，在上横梁底模上精确放出上横梁的纵横轴线及各关键控制点，进行模板支立。

（4）塔柱变形观测

塔柱为高层建筑，对温度和日照等外界影响非常敏感。为了掌握塔柱受温度和日照影响而产生的位移变化规律，需对塔柱进行变形观测。

根据塔柱高度及施工的实际情况，塔柱施工至 166.85m 后应随时进行变形观测，变形观测选取受日照影响明显的下游塔柱。每次观测记好详细记录，绘出塔柱日照位移变化过程曲线，总结出塔柱受日照、温度影响的变化规律。找出塔柱纵横向摆动平衡时间，以便更好地进行施工。

在中、上塔柱施工时预埋标准的棱镜螺栓，使棱镜能够牢固的安装在塔柱上。然后把全站仪架设在固定测站点上，对棱镜进行随时观测，从而得到塔柱随日照变化的数据。

观测点位置分别设在中塔柱顶端和上塔柱顶端，竖向位置分别设在承台以上 82.8m 和 112.8m 处。平面位置设在塔柱横轴线的外侧。

观测过程中，要准确记录观测时间和风力，并随时测定混凝土表面大气的温度。对观测数据进行分析、整理，绘制时间位移曲线图。

4. 塔柱施工

（1）下塔柱施工

塔柱为直柱箱形结构，尺寸为 7m×5m。8 号墩牛腿以下高度为 14.30m，9 号墩牛腿以下高度为 9.60m。根据塔柱高度、混凝土量及施工进度，决定 8 号、9 号墩下塔柱分别分为三次和两次浇筑而成。8 号墩三次浇筑高度分别为 5.0m、5.0m 和 4.3m，9 号墩两次浇筑高度分别为 5.0m 和 4.60m。

1）下塔柱施工脚手架及平衡架拼装

在下塔柱的三个外侧面拼装施工脚手架，脚手架基础节坐落在塔柱底座上。

为了承受现浇下塔柱混凝土时产生的水平量及其他外力的作用，在两塔柱之间拼装平衡支架。平衡架的底座位置必须正确并牢固地焊接在承台顶面预埋钢板上，平衡架的材料使用钢管或万能杆件。

2）模板安装

首先安装下塔柱劲性骨架，劲性骨架在加工车间，按照其结构形式进行分片加工。先安装骨架立柱，焊接完毕后于现场焊接水平构件，然后绑扎内外侧钢筋，待钢筋绑扎完毕后拼装内模，再拼装外模。模板每节高 2.5m，钢板厚 6mm。新浇段模板与已浇段顶端未拆模板连接固定，上端模板固定在劲性骨架上，内外层模板使用带有 H 型螺栓的拉杆支撑并固定于内外模板的横肋上。

3）钢筋绑扎

下塔柱主筋接长采用冷挤压的方式，由于主筋较长，须将绑扎成型后的钢筋固定在劲性骨架上。

4）混凝土施工

按照通过试验确定的主塔柱混凝土配合比，拌制 C50 级塔柱混凝土，混凝土的输送采用泵送的方式，浇筑过程中要分层浇筑，每层厚度为 30cm。

混凝土浇筑时，必须设置 7 个以上的布料点，并合理布置布料点的位置使混凝土浇筑均匀进行。

混凝土输送采用泵送，泵管沿上横梁支架爬升，并设置施工平台，便于泵管拆卸。

（2）牛腿及塔壁加厚段施工

主塔牛腿长 2.5m、宽 5m、根部高 4.5m，为混凝土实心结构，牛腿内部设有 15 根 ϕ32 预应力高强精轧螺纹粗钢筋。加厚段全高 10m，中间设有人洞，直径 1.2m。

牛腿支架利用平衡架改拼而成。加厚段支架利用塔柱内部脚手架改拼。

张拉采用一端张拉，采用双控，油压值不得超过设计值的 ±2%，伸长值不得超过设计值的 ±5%。

（3）中塔柱基拉索锚固区施工

中塔柱高程在 132.65～194.65m 之间，高 62m。中塔柱为等截面箱形结构，截面尺寸为 7m ×5m。

中塔柱施工分为现浇段和爬模段施工。具体施工工艺见"中、上塔柱施工工艺流程图"。

中、上塔柱节段划分以及现浇段、爬升段施工段见"塔柱施工节段划分示意图"。

1）现浇段施工

中、上塔柱施工拟分为 5.0m 一段，每一段内钢模分两节，各为 2.50m，每一塔柱拟安装 3 段高 2.50m 钢模。

安装爬升架前，必须先浇一段中塔柱混凝土，为爬升架安装提供足够的空间。按爬升架附壁结构设计要求，安装附壁的高度需 4.8m，下端修补脚手需 5m，另外为确保每节段塔柱混凝土浇筑接缝不发生错面、漏浆，节段混凝土浇筑后，保留上段 2.50m 模板不拆除，以便对接下节段 2 节模板，据此并考虑中塔柱爬模施工的整模数，中塔柱现浇段高度可定为 12m。

中塔柱最下面 3 个现浇节段内侧不用爬升架施工，待牛腿施工结束后，即可安装塔柱外侧两片爬架，内侧塔柱可在牛腿上搭设施工脚手架进行施工。

当下面 3 个节段浇筑完成后，保留内侧最顶上一节 2.50m 的内、外模板，拆除塔柱内侧其他模板及脚手架，在第 1、2 节段上安装内侧爬升架，准备进入爬升架施工节段。

2）爬升架系统

爬升架系统由爬升架体、模板、吊挂脚手架、提升设备组成。

爬升架为多层金属构架，内设多层承重平台和梯道，既可用于提升模板，又是操作平台和施工脚手。爬升架附壁节段通过锚固螺栓固定于塔柱上。每塔柱的四面构架在转角处用导向轮在滑槽内连成封闭式构架。爬升架总高18.3m，设有6层平台，每塔柱爬架总重45.3t。爬升架安装完毕后，挂设保险绳，进行荷载试验，合格后方可进入塔柱标准循环节施工。

爬升架施工的技术原理是：采用爬架与劲性骨架或模板，彼此之间互为支承结构，彼此交错固定后，作为支承结构，在相互提升。从而有效地完成了爬架与模板的爬升、定位等作业，形成塔柱各节段施工工序循环。具体施工的一个循环过程为：

第一步：安装爬模架，并且进行荷载试验。

第二步：以爬模架为依托，进行钢筋和劲性骨架施工。

第三步：以爬模架为依托，支立模板。模板分为三个节段，每节2.50m高，其中一节紧固在已施工完的塔柱节段上，以防浇筑混凝土时漏浆。在以后的施工节段，始终有一个节段的模板紧固在已浇筑的混凝土段上。

第四步：浇筑塔柱混凝土、养护。

第五步：提升爬模架。待新浇筑的混凝土的强度达到要求时，进行爬模架提升。先以劲性骨架或模板为支承点，用捯链吊住爬架，然后将爬架下部的固定螺栓放开，用捯链将爬架提升到预定高度，最后用预埋H型螺栓固定到塔柱上。

第六步：进行下一节段的钢筋和劲性骨架的施工。

第七步：以爬架为依托，拆下已浇筑节段的两块模板，利用爬架为支承，用捯链将模板提升到已安装钢筋的节段进行支立。

第八步：浇筑混凝土、养护。

以上是利用爬模架进行塔柱施工的具体操作程序，在后续的塔柱节段施工中，只重复第五至第八步即可。

爬升架每节段标准施工循环工艺流程如图6-38所示。

3）钢筋及劲性骨架施工

中塔柱主筋每段长度以及劲性骨架安装高度，均与塔柱每节段浇筑高度和爬升架附壁高度相匹配。因爬升架是依靠支承在劲性骨架顶面及模板上的捯链向上提升的，所以劲性骨架必须高出待浇节段模板1个节段以上。据此，中塔柱劲性骨架每节安装高度在5.0m以上，主筋与之相匹配定为10m长。

4）中塔柱拉索锚固区施工

中、上塔柱共有13对供斜拉索穿索用的预埋拉索导管，导管壁厚10mm，管内直径从253mm到382mm不等，穿索时锚头与套管壁间隙很小，且套管孔径还需与主梁上套管二圆同心，因此预埋套管管中心线位置的控制十分严格，设计标高及平面位置允许偏差分别为±10mm和±5mm。

中塔柱拉索锚固区内索导管的预埋定位采用立体坐标系，除测定X、Y、Z三向坐标外，还要调整索导管上下、左右的倾角，使其偏差在设计允许范围内。

根据设计资料提供的各索导管的锚固中心坐标、导管长度、纵向倾角、导管半径以及钢板厚度等进行索导管各要点的极坐标、高程的计算，然后根据这些数据进行定位。

如图6-39（a）所示，A为导管锚固中心，B为导管下口中点，已知导管直径

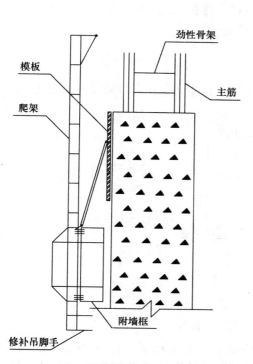

Ⅰ：利用模板提升爬架至模板下方固定

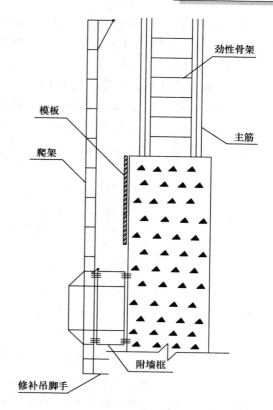

Ⅱ：安装劲性骨架和主筋接长

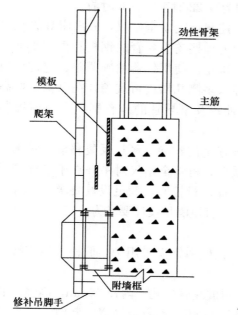

Ⅲ：利用爬架提升模板

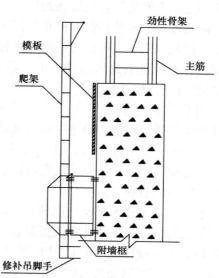

Ⅳ：校正定位后浇筑混凝土

图 6-38　爬架施工循环工艺流程

（ϕ），水平角（α），导管长度（L），可推算出 B 点坐标（B_x、B_y、B_z）。已知图 6-40（b）中 A 点坐标（A_x，A_y，A_z），推算出 C 点坐标（C_x，C_y，C_z）。

C 点：$C_x = A_x \pm \phi/2 \sin\alpha$　$C_y = A_y$　$C_z = A_z + \phi/2 \cos\alpha$

已知 C 点坐标，推算 B 点坐标。

B 点：$B_x = C_x \pm L \cos\alpha$　$B_z = C_z - L \sin\alpha$

如图 6-39 所示，A 为锚固中心，B 为导管下口中点，β 为桥轴线与导管轴线夹角，推算出 B 点 y 坐标：

$$B_y = C_y \pm L \sin\beta$$

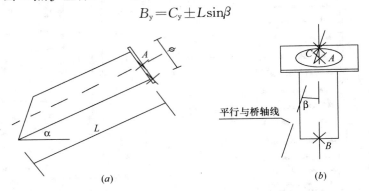

图 6-39　斜拉索导管设计坐标图

由于塔柱对温度和日照等外界影响非常敏感，为了保证索导管的定位准确，克服这种影响，选择在塔柱扭转变化较小，且接近平衡的时段和大气稳定的有利时间进行索导管的安装与定位，选择时间为晚 22 时至次日 3 时前。

根据索导管的各点三维坐标，在岸上控制点支立全站仪，放出索导管在劲性骨架上相应的空间位置，然后在劲性骨架上焊接支撑导管的钢板和型钢支架。钢板面上的高程由索导管的纵向倾角等因素确定。使用仪器精确调整、定位后将钢板焊牢。用控制点支立的仪器使用极坐标法多测几回进行观测，在已调整好高度和平面位置的钢板上放出索导管的中心轴线及索导管的外轮廓线和纵向控制线（依据导管的结构尺寸）。

使用千斤顶或捯链等工具将由塔吊吊移来的索导管经过反复移动、量测、调整，并在索导管的两侧用铅垂线检查无误后，再将全站仪对中杆立于索导管上事先做好标记的中轴线点观测，通过三维坐标进行控制，满足设计要求后，进行锚索导管的定位、加固，否则，须重新调整，直至满足设计要求为止。

5）塔柱环向预应力施工

主塔中、上塔柱内设有环向预应力，预应力钢束采用 7ϕ5 低松弛钢绞线，预应力钢筋采用 ϕ32 高强精轧螺纹粗钢筋。

预应力钢绞线管道采用 PT-PLUS 塑料波纹管成孔，内径 76mm，高强精轧螺纹粗钢筋管道采用钢制波纹管成孔，内径 45mm。预应力管道安装时，要焊好定位筋，定位筋应牢固。质检员要认真检查预应力管道坐标是否正确，应在钢筋施工时安装预应力管道，这样可以避免钢筋施工完毕后穿道而造成管道损坏。应调整钢筋位置但不可割断主筋，当劲性骨架与管道冲突时，将劲性骨架割去部分，再将劲性骨架适当加强。在精轧螺纹和钢绞线穿入后须检查波纹管有无破损、变形或死弯，如有应及时更换。在曲线段应对管道定位筋进行加密，以保证管道线型准确。锚头垫板安装时应与管道保证垂直且中心一致，并处理好锚头与波纹管连接位置，防止浇筑混凝土时漏浆。

预应力钢绞线采用单侧双控张拉，预应力钢筋采用双侧双控张拉。张拉要按设计要求的顺序对钢束进行张拉，张拉时要按设计要求，对张拉应力和伸长量进行控制。

在张拉完毕后尽快压浆，孔道压浆采用水泥浆，水泥浆强度不低于塔柱混凝土强度等级。14～18s，尽量接近14s。预应力钢绞线管道压浆采用真空辅助压浆工艺。压浆前，应对孔道进行清洁处理，压浆顺序为先压下层孔道，压浆应缓慢均匀进行，不得中断。压浆应达到孔道另一端饱满和出浆，并应达到排气孔排出与规定稠度相同的水泥浆为止。

封锚混凝土必须采用与塔身混凝土相同强度等级和配比的混凝土，以保证混凝土外观一致。

（4）上横梁施工

主塔上横梁长30.7m、宽6m、端侧高5m，中部长18.7m，高4.5m。中部顶板、底板厚0.6m，腹板厚0.8m，上横梁内部设有2束31-7ϕ5mm和9束15-7ϕ5mm预应力钢绞线。

上横梁采用支架进行现浇，支架由支承在承台上的钢管或万能杆件拼装而成，钢管直径ϕ60cm，它也起到对两个中塔柱施工期间的平衡作用。上横梁支架共设12个支腿，纵桥向2排，每排6根钢管。支架上的横、纵梁由桁片拼成。上横梁支架是随着中塔柱的升高而逐步加高的，随着高度的增加，每隔一段距离（10m），加设水平支撑，增加支架稳定性。同时为满足施工人员由一个塔肢向另一个塔肢通过和安装支架的需要，在下横梁随着塔柱高度的增加，须搭设施工用脚手架，以满足施工人员工作的需要。

中塔柱施工过程中，当爬升架爬到一定高度后，塔柱内侧爬架就会影响上横梁施工，同时也无法通过上横梁继续爬升，必须将其拆除，其余两片爬架可以继续升过上横梁。

上横梁其他方法如图6-40所示。

（5）上塔柱及塔柱锚固区施工

上横梁施工结束后，也要现浇一段上塔柱来满足内侧爬架的安装高度。内侧施工脚手架支立于上横梁上，其余三个侧面正常使用爬架即可。在上塔柱封顶时，需注意预埋塔用于主索挂设的预埋件。

上塔柱内设有竖向预应力，在施工中注意预应力管道及预应力自锚端的预埋。

上塔柱拉索锚固区施工及其他施工方法与中塔柱相同，如图6-41所示。

上塔柱封顶结束后，即可拆除爬升架和塔柱模板。

（四）主梁施工

本桥主梁为钢结合梁，主梁截面以两工字钢为边梁肋，中心小纵梁与混凝土桥面板结合形成组合截面。

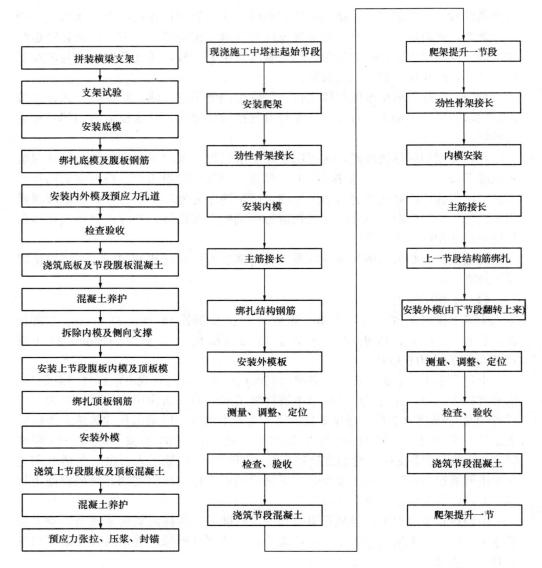

图 6-40　上横梁施工工艺流程图　　　　图 6-41　中、上塔柱施工工艺流程图

主梁采用工厂集中制作，运输至现场，由垂直提升吊机提升，见桥面吊机安装的施工方法；桥面板施工为预制厂预制，平车运输，由垂直提升吊机提升，由桥面吊机安装就位，如图 6-42 所示。

1. 钢主梁预制

钢主梁采取工厂集中制作的方式，由资质合格的专业单位加工制作，施工前，要按施工图设计的要求，编制制作工艺。

钢主梁所采用的钢材，应具有质量证明书，并应符合设计要求。

螺栓孔的制作具有 H12 级的精度，孔壁表面粗糙度不应大于 $12\mu m$。

钢主梁制作首次采用的钢材、焊接材料、焊接方法、焊后热处理等，要进行焊接工艺评定，并应根据评定报告确定焊接工艺。焊接工艺评定按国家现行的建

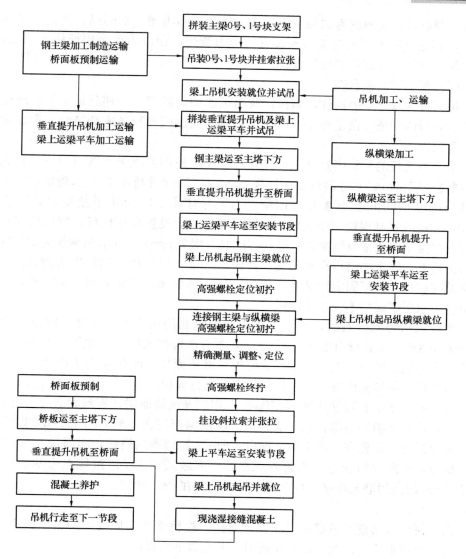

图 6-42 钢筋混凝土结合梁施工工艺流程图

筑结构焊接规范的规定进行。钢构件制作完成后,按照施工图和《钢结构工程验收规范》的规定进行验收。在出厂前应进行预制拼装,其偏差要符合钢结构验收规范的要求。

钢结构出厂时,厂家提交相关的技术操作资料,包括各种原始记录。

2. 混凝土桥面板的预制

(1) 工程概况

本桥主梁为钢——混叠合梁结构,钢主梁之上为预制 C60 混凝土板。桥面板厚 25cm,尺寸分别为 13.9m×3.5m×0.25m,13.9m×3.4m×0.25m,13.9m×3.3m×0.25m,13.9m×2.2m×0.25m 不等,边跨共有 172 块,主跨共有 160 块,全桥共有 332 块,相对应地,人行道预制板也有 332 块。

预制的桥面板及人行道板安装在钢纵、横梁上,支撑面均铺设 1cm 厚的橡胶垫片。预制板纵向两侧为加强抗剪，设有锯齿形剪力槽，板间纵、横向湿接缝采用 C60 膨胀混凝土，预制板纵向设有预应力管道，预应力束采用低松弛钢绞线，有的预制板下方设有封锚用齿板。

（2）预制桥面板台座

桥面板为双向受力构件，为保证桥面板能均匀的把力传递到钢梁上，理论上要求桥面板的平整度误差很小，以保证板底四周边同橡胶条密切结合，形成均匀的线荷载。

结合桥面板的平整度及施工可操作性，决定使用混凝土水磨石台座。首先对原地面换填 50cm 的水稳砂砾上面现浇 20cm 厚 C30 级钢筋混凝土基础垫层，上层铺设 5cm 厚加筋混凝土水磨石面层。为了保证水磨石台座平整度误差不大于 2mm，在浇筑基础混凝土垫层时四周侧面每隔 1m 设置预埋铁件，拆模后在预埋铁件上焊接角钢块铺设混凝土水磨石面层时，用 75mm×75mm 角钢作为侧模固定在角钢块上。固定之前用水平仪测试侧模水平度，以每块角钢块作为测试点，每点测试完成后，即可固定测试点角钢块，待四周全部测定完后再复测一遍，保证四周侧模水平度误差不大于 2mm。

铺设 5cm 厚水磨石时，为了防止干缩裂缝和使用中产生裂缝，应设置 $\phi4@150$ 双向网片。水磨石坍落度控制在 4cm 左右，再铺水磨石时先用尺刮平，然后由经过车床切削的直径为 30cm 的滚筒进行碾压面层，既保证密实度又控制平整度，最后用铁板抹光面层，直至初凝结束，进行养护。

待混凝土水磨石强度达到 20MPa 时，用磨光机磨面层，直到大部分白石子外露后，刷白水泥填嵌空隙，第二天再磨，反复两至三次，最后用水平仪测定平整度。测定的方法是先在台座上纵横向以 50cm 为距离弹网格线，四周每 50cm 作一个测试点，中间以梅花点式作为测试点，全部测试完毕，以最低点为基准读数，大于 2mm 的点用磨光机磨，使全部测试点控制在 2mm 以内。

（3）模板制作

由于桥面板架设后纵横向要同钢梁连接，故桥面板四周侧面均留出钢筋，而且纵向还有穿束管。因此，设计模板时要考虑以下因素：

1）保证模板的强度和刚度；

2）装拆简便、便于施工；

3）施工时不漏浆；

4）保证几何尺寸达到需要的精度；

5）自重轻、便于搬运。

综合以上五点要求，采用钢板组合式模板较适合。

组合式模板拼缝较多，几何尺寸难控制，为了克服这方面的问题，钢板下料切割要准确，保证拼缝的严密。为使模板有较好的平整度，需进行两次校正，即模板电焊拼装的变形校正和组合整体弯曲度校正。

（4）混凝土配合比设计

桥面板混凝土的设计强度为 C60 级，以标准立方体试件测得的抗压强度为标准。当预制桥面板的强度达到 40MPa 时，方可起吊堆放。为使混凝土的收缩、徐变能够满足大桥结构设计要求，混凝土桥面板堆放一段时间后再进行安装使用。

1）原料选用

A. 水泥可选用 42.5R 硅酸盐水泥或普通硅酸盐水泥。

B. 采用粒径在 5～25mm 之间的连续级配的质地坚硬的碎石。

C. 配制混凝土用的细骨料是级配良好的中砂，细度模数不小于 2.6，含泥量要小于 2%。

D. 外加剂采用高效减水剂。

2）施工配合比质量控制

每次开机前由试验人员检查、校正砂、石和外加剂的称量系统。及时测定砂、石含水率，调整混凝土施工配合比。控制混凝土搅拌时间不少于 90s，坍落度控制在 3±1cm，按规定制作混凝土试块。

（5）混凝土浇筑及养护

1）隐蔽工程验收

模板组装完毕后，由专职质量检验人员对钢筋、模板进行验收，并检查各项原材料技术资料，经复核无误后，方可报请监理工程师验收，生产班组才可浇筑混凝土。

2）清除模内杂物

在钢筋拼装、穿束管设置、模板组装过程中，模板内遗留的泥块、焊渣、绑线等物，采用空压机进行清除，局部不易清除的部位，采用人工清除杂物，以保证桥面板内在质量。

3）穿束管定位

桥面板内设置有预应力穿束管，在设置过程中，为防止施工时穿束管挠曲，设置"U"形钢筋固定，穿束管管壁较薄，在振捣混凝土时必须加以保护，严禁插入式振动器碰撞。在施工中，管道内加设衬管，待混凝土初凝结束后，即抽管，并用清空器及时清空，检查管道是否堵塞。

4）桥面板侧面混凝土处理

为使后浇湿接缝混凝土与预制桥面板有较好粘结强度，桥面板侧面必须进行处理，由于人工凿毛功效不明显、不易控制质量，可使用混凝土表面缓凝剂。在桥面板的钢模板组装前，将表面缓凝剂直接涂刷在钢模上，待第一层干后再涂第二层，干后即浇筑混凝土，可使混凝土表面水泥浆体初凝时间延缓。拆模后用压力水枪冲去浮浆，使面层石子裸露，达到混凝土表面处理的目的。

5）桥式振动梁施工工艺

由于桥面板板面平整度要求较高，板面面积较大，施工难度很大。若按以前施工工艺，采用平板式振动器振实后，再用刮尺刮平，只能控制小范围内平整度，而且表面混凝土容易松散。所以须制作一台桥式振动梁，振动梁长度 4.5m，宽度 0.45m，安装 3 只 1.5kW 振动器。使用时，振动梁两端搁置在桥面板纵向模板上，当插入式振动器振实混凝土后，再用桥式振动梁加压，从桥面板一端振压至另一端，在加压过程中将高出模板的混凝土铲除，凹处补上，能够使桥面板板面平整。

6）滚筒碾压提浆

为进一步提高桥面板平整度，并满足桥面板板面刻迹的设计要求，施工时制

作一只 $\phi 35cm$、长度 $4.6m$ 的滚筒，为了保证精度，外径需经过车削，并在滚筒内加砂子增加重量。当振动梁施工完毕，即将滚筒两端搁置在纵向模板上来回碾压，提高平整度并提出水泥浆，然后用特制的拉毛器对混凝土表面拉毛、刻痕。

7）养护

当混凝土浇筑完毕后即进入养护阶段，为防止混凝土在早期养护中水分蒸发过快而造成混凝土早期强度损失，防止产生裂缝，须制作钢骨架，上面覆盖塑料薄膜或其他材料，以防止损坏混凝土表面的刻痕而又不使水分过快蒸发。当桥面板起吊堆放后，再浇水养护7天。

（6）桥面板的起吊、堆放

由于桥面板的尺寸大、自重大，而刚度小，如果起吊操作不当，很容易造成桥面板的开裂，甚至损坏。因此起吊、堆放操作十分重要，不能有丝毫大意。

首先，起吊点处的预埋钢筋位置必须准确，且钢筋有足够的强度，使桥面板起吊后平稳、均衡。

其次，由于板底与水磨石密贴会造成负压，给起吊带来困难，如果直接起吊可能会损坏桥面板，因此，在起吊时可将桥面板先平移一下，减小其吸附力再起吊。

最后，桥面板堆放时支撑一定要准确，不允许叠放过多。

（7）桥面板施工安排

桥面板计划于2002年6月30日开始预制，截至2002年9月30日完成总量的70％。

1）钢梁、桥面板的运输

钢梁在工厂制作验收合格后，即可使用水平运输设备运至施工现场，运输过程中应注意钢构件受力平衡，不能出现变形、扭转。在施工现场同类构件应放在一起。安装使用铁路平车运送至垂直起吊门架处。

钢梁和桥面板从地面上桥的垂直起吊的方法：

在梁主塔附近处靠引桥一侧各拼装一个垂直提升架。提升架（垂直吊机）长立柱支点在地面上，采用短桩基础，短立柱支点在桥面钢框架上，使用钢垫梁将框架支座力传至钢梁上，成简支状态，长立柱下采用刚性固定。提升吊机起吊能力大于50t。

钢梁和桥面板上桥后的水平运输采用铁路平车的方式进行，将构件运送至待安梁段处。

2）钢梁、桥面板的安装

A. 主梁施工时的临时固结：

钢主梁及桥面板由桥塔开始对称地、不断地悬出接长直至合拢。由于塔梁分离，在采用悬臂施工法时，为防止施工荷载、结构恒载对桥塔产生不平衡的倾覆弯矩及纵、侧向的水平分力而引起的主梁失稳，在悬臂施工前，必须在塔柱下横梁上面的0号段叠合梁施工中予以临时固结，待主桥悬臂安装合拢后方可拆除，具体的临时固结技术按设计要求进行。

B. 钢梁及桥面板安装的施工平台和吊机：

主梁0号块、1号块的拼装采用陆上大吨位吊车进行。拼装前，先支立0号块、1号块支架，采用钢管支架，基础形式为管桩。支架上部用型钢连接成框架，上拼万能杆件或贝雷梁，形成支承平台。

C. 桥面吊机的安装：

每一塔柱两侧各安一台桥面吊机，全体共需 4 台。施工平台安装结束后，即可进行吊机的安装。

吊机设计起重能力 80t，并设有转台，能够自由转动。吊机的四个支腿在吊装时应支撑在钢横梁上，顺桥向行走由卷扬机牵引，可特制行走轨道。

D. 钢主梁的安装：

钢主梁分段加工制作，安装时逐个构件进行拼装。将吊到桥面上的钢主梁运至待安装段，由桥面吊机提升到安装位置就位，其与上一节段钢主梁间的联结节点处用总螺栓数 50％的普通螺栓定位，用倒链调整主梁的轴线，使其与设计轴线吻合，再将冲顶和普通螺栓换成高强螺栓。在施拧时，现按终拧扭矩值 70％初拧，待全部螺栓初拧后，进行一次复拧，然后按要求终拧。在钢主梁节点处初步定位后吊机方可松钩，吊装第二根钢主梁。

E. 钢横梁安装：

钢主梁安装就位并完成高强螺栓终拧后，进行钢横梁的安装。每一节段的 3 个钢横梁从近塔柱端向远端逐一安装。钢横梁与钢主梁间的连接处先以 30％的冲钉及 20％的普通螺栓定位，再换成高强螺栓施拧联结。然后进行小量的吊装联结。

当一个节段钢框架形成后，即可进行斜拉索的安装及张拉工作（后面单列）。

F. 桥面板安装：

桥面板包括布索道板和车行道板。布索道板相对重量轻，吊装容易。

由于车行道板重量大，给吊装带来一定难度。安装桥面板前，先在框架上周边贴上橡胶条，再把桥面板压在橡胶条上，钢梁顶面就成为接缝混凝土底模，而橡胶条可起密封、防漏浆作用。接缝混凝土通过焊接在钢梁顶面上的焊钉使桥面板与钢梁连成整体，形成叠合梁桥面。吊装过程中应注意吊点位置和起吊角度，保证桥面板平稳移动、就位。接缝混凝土为微膨胀混凝土。

当接缝混凝土强度达到设计要求时，即可进行索力调整和桥面吊机前移，在进行索力调整后，可进行下一个节段的桥面施工循环。梁段拼装到一定节段时，由于主跨径大，应在边孔进行配重。针对桥面板易开裂的情况，在主梁安装过程中，应制定切实可行的预防措施，例如钢主梁安装时，可设置反顶装置来克服安装段对前面已安段产生的负弯矩。

（8）高强螺栓施工

高强螺栓出厂运至工地后，即按规定进行检验，内容有扭矩系数及保证荷载，检验合格即按规格分批放置。

建立现场试验室，主要工作有：电动扳手的标定；螺栓使用前扭矩系数重新试验；检验扳手的标定等。

高强螺栓施工是全桥安装工作中的关键工序，从螺栓的保管、领用、安装、施拧到检查的全套工序操作规程，均应对操作人员进行培训。安装高强螺栓之前，按规定须先装冲钉。其余钢梁之间连接时，冲钉数量是该节点孔眼数的 30％。

安装冲钉是先在连接四角处打入一个冲钉，进行固定，然后间隔安装成梅花形冲钉群。

结构位置准确无误后，即施拧高强螺栓，一般先中间后四周。施拧分初拧、腹拧与终拧三步。初拧扭矩为终拧扭矩的 60%～70%，施拧后应进行质量检查。

（9）主桥钢梁安装测量控制

1）平面位置测量控制

在 0 号块安装好以后，把下横梁上的大桥主轴线（顺桥向）分解成上、下两钢主梁安装的轴线，也可以说是大桥的副轴线。这样，桥面上便形成了钢梁安装施工的一个矩形控制网。

以后在每段钢梁安装时，只要在副轴线上分别架设经纬仪，使钢主梁的中线正好在副轴线上即可。

2）高程测量控制

在钢主梁未吊装前，把水准尺垂直地临时固定在主梁的前端（因吊装时测量人员不能走上去），吊装时按设计值控制后进行高强螺栓的初拧、终拧等，待桥面板吊装后，按设计参数的要求进行调索，从而使主梁上的每一点处在设计线上。

（五）斜拉索施工

斜拉索采用空间扇形布置，索面在主梁上的横向间距为 28.8m，顺桥向标准索距为 12m，边墩范围内设 2 个为 5m 的加密索距。斜拉索两端采用冷铸镦头锚具，斜拉索采用上端张拉下端固定方式，全桥共设 4×13 对、合计 104 根斜拉索。

斜拉索的放索、挂索施工采用卷扬机与塔吊相结合的施工方法，挂索施工分为塔端—梁端—塔端三步进行，采用穿心式千斤顶进行张拉，如图 6-43 所示。

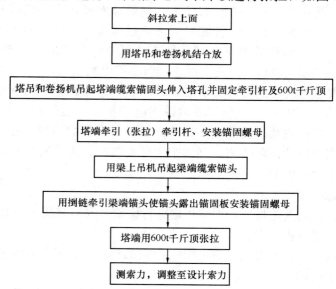

图 6-43　斜拉索施工工艺流程图

1. 斜拉索施工的主要设备

（1）垂直提升架—塔柱附近的垂直吊机，进行斜拉索的垂直提升；

(2) 铁路平车—在桥面运输斜拉索等；

(3) 塔顶 10t 双筒卷扬机挂索系统（包括支架、滑车组）—斜拉索挂设；

(4) 塔外活动提升平台—吊点转换及斜拉索入导管口辅助定位；

(5) 塔内张拉千斤顶、高压油泵—牵引、张拉斜拉索；

(6) 桥面吊机—吊运斜拉索等；

(7) 塔吊—辅助起吊斜拉索等。

2. 斜拉索的桥面运输及放索

斜拉索由垂直提升架提升至桥面后，安放到铁路平车上，运输至施工节段上。

斜拉索放索采用放索盘进行，使用卷扬机牵引，边转动边放索。为防止放索时转盘转动产生加速，导致散盘，危及施工人员安全，对转盘要设置刹车装置。

随着斜拉索自由长度的增加，为避免在移动中可能损失斜拉索的防护层或损伤索股，拟采用滚筒法放索。在桥面设置一条滚筒带，当索放出后，使斜拉索沿滚筒带运动。

3. 斜拉索挂设

(1) 在张拉端锚头上装上张拉杆，并旋入 10 扣。

(2) 在张拉杆前端装上斜拉索牵引接头，在锚头后面约 2m 处安装好斜拉索吊具，然后用塔吊单点起吊（长索可以用塔顶卷扬机直接起吊）。

(3) 当斜拉索锚头吊至塔上挂索脚手平台时用塔顶卷扬机吊点转换塔吊吊索位置，使塔吊脱钩。同时调整斜拉索前端位置，使张拉杆和锚头对准所导管口，并把牵引接头连接到从待安装导管内引出的另一根卷扬机吊点钢丝绳。

(4) 启动卷扬机，把张拉杆引出塔内锚固板外约 10 扣螺纹并调整居中，装上螺母临时锚固，此时完成了斜拉索塔上第一次安装。

(5) 当斜拉索张拉端临时固定后，在钢梁上安放转向滑轮，牵引绳从钢梁锚箱套筒中伸出，与拉索固定端相连。

(6) 用桥面吊机将斜拉索吊起，同时启动牵引卷扬机，使固定端锚头逐渐地被牵入套筒，缓缓放下吊机吊钩，并向套筒口平移，直至将锚固端锚头穿入套筒内，引出锚固板，安放上螺母，完成了梁上固定端的安装。

(7) 斜拉索固定端在梁上安装后，在塔上安装张拉斜拉索用千斤顶（暂定 YCW—600）及撑脚，调整居中，在张拉杆上连接引索板，引索板的一端穿过张拉千斤顶，用钢销插入张拉板与千斤顶固定。启动油泵使张拉千斤顶循环张拉数次，将张拉杆引出千斤顶外，装好张拉杆螺母，卸下引索板，继续用张拉杆将斜拉索锚头拉出索导管，安装好锚头螺母即完成斜拉索挂设工作。

4. 斜拉索张拉、索力调整

(1) 张拉

挂索完毕后，安装张拉杆进行斜拉索张拉。张拉要对称同步进行，每次 4 根同步张拉的斜拉索的张拉力相差不大于设计规定。斜拉索各阶段张拉力由设计单位给出。张拉时，必须同时进行梁段和索塔的相关监测监控。

(2) 索力调整

施工过程中，通过对斜拉索力的施工调整达到控制标高和梁内应力的目的，这是斜拉桥施工控制的重要内容。

通过监控单位对斜拉索索力的检测，来确定每个阶段调整索力的最佳方案。索力调整使用张拉千斤顶和配套油泵进行。按照预定级次的相应张拉力，通过电动油泵或回油逐级调整索力，从而达到桥面标高、索力双孔的目标。

（六）合拢段施工

合拢段施工是全桥施工难度较大的工程之一，应采取切实可行的措施，保证施工质量和进度。

全桥合拢的顺序是先施工两个边跨合拢段，最后施工主孔合拢段。

1. 合拢温度的确定

查阅当地气象档案，绘制时间—气象曲线，从中找出规律。选择在每天一段时间内气温变化最小的时间来做合拢时间，并从这段时间内确定一个合拢温度。

2. 合拢段钢梁长度的确定

施工中，应对合拢段之间的距离进行实测，掌握长度随气温变化的规律。同时考虑到已拼好的钢梁桥面长度随气温变化，留出适当余量，以及斜拉索的水平分力对钢梁压缩量等因素。综合起来确定合拢段钢梁下料长度，按此长度下料时须在合拢温度下进行。

3. 合拢段钢梁的安装

在合拢前几天，应实测气温，掌握合拢段间距离变化规律。在合拢的当天，随时测量气温及相应的合拢段间距。在合拢时间之前一段时间将两个上、下游主梁吊入空挡，主梁的一端先与已拼好的梁段用销钉固定，然后穿上高强螺栓。待气温下降，当合拢段主梁另一端与相应的梁段主梁上的螺栓孔眼对齐时，再用冲钉固定，穿好螺栓初拧、终拧。两根主梁吊装完毕后，立即装好横梁，增大整体刚度，同时马上拆除主塔 0 号段处的临时固结装置，完成体系转换。

（七）过渡跨施工方案

过渡跨跨径 44m，宽 33.2m，主梁结构形式与斜拉桥结构相同，不同的是按受力要求扩展为多肋板截面。

过渡跨钢主梁与斜拉桥钢主梁结构形式基本相同，因此具体施工工艺、施工方法也基本相同，不同的是过渡跨主梁拼装采用支架施工方法，即先拼装支架，然后在支架上拼装钢梁。

（八）引桥施工方案

松花江大桥南岸 6 孔，北岸 8 孔，共计 14 孔，全长 560m，桥宽 28m。基础为钻孔灌注桩，桥墩桩长 45m，桩径 2.0m，桥台桩长 45m，桩径 1.5m。

下部为分离式柱状墩身，肋板式桥台，上部为单箱单室现浇预应力混凝土连续箱梁，南岸 6 孔一联，北岸 8 孔一联。

（1）引桥钻孔桩采用反循环钻机，现浇箱梁采用支架法施工。

（2）承台施工按常规方法，顺序为：基础开挖—凿除桩头—钢筋绑扎—支立模板—混凝土施工。

（3）墩台身及盖梁施工采用常规方法进行。

（4）现浇连续箱梁拟采用落地支架法施工。

（九）桥面系施工

本桥面系铺装采用 8cm 防水混凝土、8cm 沥青混凝土。全幅中心处分隔带宽 3.0m，两侧防撞栏采用钢筋混凝土结构。

1. 桥面铺装施工

8cm 防水混凝土采用现浇场拌合、浇筑的施工方法。混凝土的铺设要均匀，用振动器压实，整平板平整，清理及表面拉毛。在收浆拉毛后，进行覆盖养护。

混凝土达到设计等级的 90% 以上时，才能铺筑沥青混凝土桥面铺装。沥青混凝土桥面铺装采用沥青混凝土摊铺机，并严格控制平整度。

2. 防护栏施工

防护栏同采用现场浇筑，人工振捣的施工方法。模板采用大块定型钢模板，尽量减少接缝，保证其线形顺畅，混凝土表面光洁，颜色一致。

桥面铺装施工前，进行钢纤维水泥混凝土的配合比设计，监理工程师批准后方可使用。拌制过程中严格控制计量偏差、拌合时间及加料次序，使钢纤维在混凝土中均匀分布，防止钢纤维抱团，从而影响混凝土品质。

（十）冬期和雨期施工

根据总体工期及 2002 年主塔全部结束的要求，本桥台需进行冬期施工。施工时采用暖棚蓄热法进行保温。

备好防雨物品，发扬突击作战和连续作战的精神。合理安排，抓紧晴好天气。

四、施工总进度计划、资金供应计划和资源配置计划

（一）施工总进度计划

1. 总体计划

本桥开工时间为 2001 年 6 月，竣工时间为 2004 年 9 月 1 日，根据工期要求制订以下施工进度计划：

（1）施工准备工作	2001.6.1～2001.7.30
（2）主桥工程	
1）8 号、9 号墩钻孔桩施工	2001.7.1～2001.9.30
2）8 号、9 号墩承台施工	2001.10.1～2001.11.30
3）塔座施工	2002.3.15～2002.4.20
4）下塔柱施工	2002.4.20～2002.5.10
5）牛腿施工	2002.5.10～2002.5.18
6）中塔柱施工	2002.5.19～2002.9.10
7）上横梁施工	2002.9.10～2002.10.1
8）上塔柱施工	2003.5.10～2002.6.25
9）6 号、7 号、10 号、11 号墩钻孔桩施工	2001.7.15～2001.9.30
10）6 号、7 号、10 号、11 号墩承台施工	2001.8.1～2002.10.15
11）6 号、7 号、10 号、11 号墩墩身施工	2002.6.16～2002.8.30
12）0 号、1 号块钢主梁施工	2003.5.20～2003.6.25
13）钢主梁悬拼及斜拉索施工	2003.6.26～2004.5.30

14）过渡跨主梁悬拼　　　　　　　　　2003.5.20～2003.6.30

15）边跨合拢　　　　　　　　　　　　2004.5.30～2004.6.10

16）中跨合拢　　　　　　　　　　　　2004.6.11～2004.6.26

17）桥面板预制　　　　　　　　　　　2002.7.1～2003.6.30

（3）桥施工

1）孔桩施工　　　　　　　　　　　　2001.8.1～2001.9.20

2）承台施工　　　　　　　　　　　　2001.8.16～2001.9.30

3）墩台施工　　　　　　　　　　　　2001.9.1～2002.6.30

4）40m 预应力连续箱梁　　　　　　　2002.4.16～2002.10.15

（4）桥面系及附属工程　　　　　　　2004.6.1～2004.8.30

2. 年度计划

（1）2001 年完成大桥基础及承台部分；

（2）2002 年完成引桥主体工程及主塔上横梁（包括上横梁）、桥面板预制完成总量的 70%、钢主梁加工；

（3）2003 年完成钢主梁悬拼及斜拉索施工；

（4）2004 年全桥竣工。

（二）资金供应计划

1. 总体计划

为了保证松花江大桥施工的顺利进行，全桥共需资金 26107.3 万元人民币。

2. 年度计划

（1）2001 年 6084.7 万元；

（2）2002 年 10693 万元；

（3）2003 年 8073.1 万元；

（4）2004 年 1256.5 万元。

（三）资源配置计划

1. 人员配备（表 6-2）

人员配备表

表 6-2

序号	名　称	人数	备注	序号	名　称	人数	备注
1	项目经理	1	兼总工	11	一分部质检部	4	
2	项目副经理	1	兼副总工	12	二分部质检部	4	
3	工程技术部	3		13	一分部机械部	6	
4	综合协调部	2		14	二分部机械部	6	
5	一分部项目经理	1		15	一分部劳财部	3	
6	二分部项目经理	1		16	二分部劳财部	3	
7	一分部项目副经理	2	一人兼分部总工	17	一分部材料部	5	
8	二分部项目副经理	2	一人兼分部总工	18	二分部材料部	5	
9	一分部工程技术部	16		19	一分部试验室	3	
10	二分部工程技术部	16		20	二分部试验室	3	

2. 材料供应及进场计划（表 6-3、表 6-4）

全桥水泥、中砂、碎石年度用量　　　　　　表 6-3

名　　称	2001 年	2002 年	2003 年	2004 年
水泥（t）	9391	12499	1194	1888
中砂（m³）	12357	16446	1571	2484
碎石（m³）	19771	26314	2514	3975

年钢筋、钢材年度用量　　　　　　表 6-4

名　　称	2001 年	2002 年	2003 年	2004 年
钢筋（t）	2617	3380	277	516
钢材（t）	1986	3027.5	2716.5	114

3. 机械设备配备及进场计划（表 6-5、表 6-6）。

试验仪器配备及进场计划　　　　　　表 6-5

序号	仪器设备名称	规格型号	单位	数量	进场日期	备　注
1	全站仪	TCR1102	台	2	2001.6	
2	经纬仪	T2	台	4	2001.6	
3	水准仪	$D_2$2020	台	2	2001.6	
4	水准仪	G410	台	2	2001.6	
5	水准仪	NA1	台	2	2001.6	
6	万能试验机	YE-100	台	2	2001.6	
7	超声波测壁仪	M-63	台	2	2001.6	
8	压力机	200t	台	2	2001.6	
9	水泥胶砂试验设备	SLY-10	台	2	2001.6	
10	养护箱	YH40B	台	2	2001.6	
11	振动台	HZJ-A	台	2	2001.6	
12	试模	15cm×15cm×15cm	套	150	2001.6	
13	分析天平	JG628A	台	2	2001.6	
14	干燥箱	ZB101-11	个	2	2001.6	
15	电子天平	MP200A	台	2	2001.6	
16	电子脱模机	DTM-1	个	2	2001.6	
17	水泥标准稠度仪	CZN-1	个	2	2001.6	
18	水灰比测定仪		个	2	2001.6	
19	混凝土灌入阻力仪	0-1200N	个	1	2001.6	
20	泥浆比重计	NB-1	个	10	2001.6	
21	水泥稠度凝结时间测定仪	5.5L	个	2	2001.6	
22	温度控制仪	BYS11	个	1	2001.6	
23	泥浆黏度仪		个	2	2001.6	
24	混凝土坍落度筒		个	6	2001.6	
25	石子筛	5-80	套	2	2001.6	
26	砂子筛	0.08-10	套	2	2001.6	

机械设备配备及进场计划 表 6-6

序号	机械名称	规格型号	额定功率（kW）或容量（m³）或吨位（t）	数量	进场日期	备 注
1	钻机	QJ-250-1	150kW	6	2001.6	
2	钻机	KP-3500	195kW	1	2001.6	
3	钻机	HTL3000	95kW	1	2001.6	
4	钻机	GPS-20	59.5kW	8	2001.6	
5	拌合站	T1-60	143kW	2	2001.6	
6	拌合站		50m³/h	2	2001.6	
7	载重机	ZL40	154kW	5	2001.6	
8	混凝土输送泵	HBT-60	60m³	4	2001.6	
9	混凝土泵车		60m³	2	2001.6	
10	皮带输送机			4	2001.6	
11	混凝土运输车	JCD6A	257.2kW	6	2001.6	
12	挖掘机	FX-300	206kW	2	2001.6	
13	振拔机	T-160	160t	2	2001.6	
14	推土机	T-140	162kW	2	2001.6	
15	拖轮	国产	375 马力	2	2001.6	
16	驳船	国产	600t	4	2001.6	
17	驳船	国产	300t	6	2001.6	
18	驳船	国产	100t	6	2001.6	
19	交通船			2	2001.6	
20	指挥艇		42kW	1	2001.6	
21	巡逻艇			1	2001.6	
22	吊车	国产	40t	2	2001.6	
23	吊车	QY-25	25t	2	2001.8	
24	吊车	QY16	16t	2	2001.7	
25	吊车	QY-8	8t	2	2001.6	
26	吊车	自制	80t	4	2003.4	
27	龙门吊	自制	60t	8	2001.6	
28	塔吊	QZT-296	21m×16t	2	2002.4	
29	施工电梯	SCD200-t	11kW	2	2002.5	
30	空压机	WHP-700	20m³/min	8	2001.6	
31	变压器	国产	500kVA	2	2001.6	

序号	机械名称	规格型号	额定功率（kW）或容量（m³）或吨位（t）	数量	进场日期	备注
32	变压器	国产	600kVA	2	2001.6	
33	发动机	国产	400kW	2	2001.6	
34	发动机	200GF3	200kW	2	2002.6	
35	平车	自制	50t	6	2001.5	
36	水泵	150D30	75kW	60	2001.6	
37	水泵	4B20	10kW	60	2001.6	
38	浮吊	32t	700kW	2	2001.6	
39	张拉油泵	ZB4-500		26	2002.4	
40	张拉千斤顶	YCW-600	600t	10	2003.4	
41	张拉千斤顶	YCD-200	200t	26	2002.4	
42	液压千斤顶	国产	30t	50	2002.4	
43	螺旋千斤顶	国产	30t	50	2001.6	
44	锅炉	KZL-2-8	2t	2	2001.9	
45	锅炉	国产	1t	2	2001.9	
46	泥浆泵	6时	75kW	10	2001.6	
47	泥浆泵	4时	75kW	20	2001.6	
48	泥浆泵	3PN	22kW	8	2001.6	
49	砂石泵	8PN	215kW	8	2001.6	
50	电焊机	国产	22kW	30	2001.6	
51	电焊机	国产	30kW	30	2001.6	
52	卷扬机	国产	10t	8	2002.9	
53	卷扬机	国产	5t	20	2001.8	
54	卷扬机	国产	3t	20	2001.6	
55	振动器	国产	1.5kW	80	2003.4	
56	造桥机			1	2002.7	
57	汽车渡船	国产		1	2002.7	
58	爬模			4	2002.4	

五、施工总平面图设计

根据桥位现场情况及施工方便的原则，项目经理部、生活区及生产区均设置在桥位附近，如图 6-44 所示。

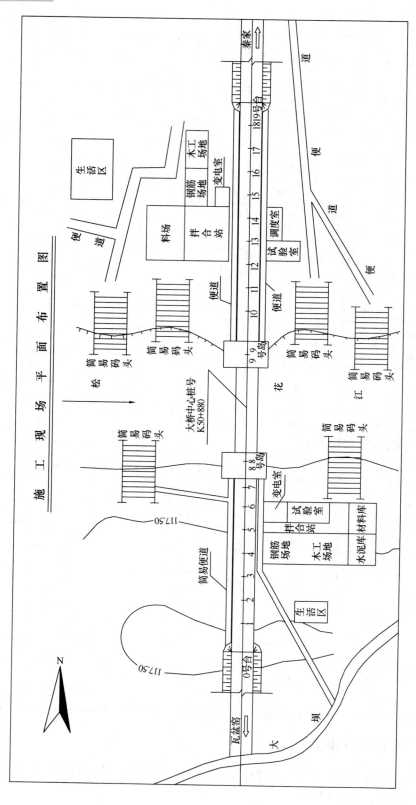

图 6-44 施工现场平面布置图

六、技术质量、安全组织及保证措施

(一) 质量管理

(1) 质量目标:建立满足 GB/T 19002—ISO9002 标准要求的质量体系,并保持其有效运行。确保工程优良品率100%。确保部优,工程争创鲁班奖和国家优质工程。

(2) 质量管理依据:

1)《公路桥涵施工技术规范》JT J041—2000;

2)《公路工程质量检验评定标准》JTJ 071—1998;

3) 哈尔滨绕城公路西段高速公路项目招标文件。

(3) 技术保证措施:

1) 做好施工前的技术准备工作,认真核对设计文件和图纸资料,切实领会设计意图,发现问题及时解决。

2) 运用统筹法、网络计划技术等现代化管理方法,认真编制可行的施工组织设计,并严格按计划实施,对重点的施工技术方案进行分析、优化、优选。

3) 抓好抓实技术资料管理工作,施工过程中做好详细记录,各种原始资料搜集齐全,用以组织后期施工,编制竣工文件,并进行技术总结。

4) 设立中心试验室和流动试验室等检测机构,负责进场材料、机械设备的检验、试验、检测等工作,同时负责配合比、混凝土强度及主梁拼装时螺栓初拧、复拧、终拧等工作。

5) 广泛开展 QC 小组活动,针对施工实际,对重大课题进行攻关并广泛采用新技术、新材料、新设备。

(4) 质量保证图表:

1) 创优目标管理图见表6-7。

创优目标管理图　　　　　　　　　　　　　　　　　表 6-7

总目录	分项目标	目标值	分目标值	管理点	执行主管部门	实施对策	检 查	考核标准
承建工程一次创优	工程质量	1. 承建工程优良率100% 2. 杜绝重大质量事故 3. 确保不优争创过优	测量	1. 线路中线贯通误差符合规范要求; 2. 水准测量高程比和误差符合规范要求	测量方法控制测量内业资料	测量组	执行测量专人负责及复核制度,未经闭合和复核的测量资料不准使用	按《测规》《验规》	《测规》《验规》
			工程试验	1. 材质检验率100%,不合格或材质不清的不准使用; 2. 工程试件数量符合规范和合同规定; 3. 测试可靠正确; 4. 保证各项控制指标符合设计要求	材质检定配合比设计施工控制	工程部	实施四标准:测试工作标准、混凝土配合比设计标准及施工控制标准、工程试验工作标准	随时抽查于每月定期检查结合	《规范》《验规》
			技术标准	按规范和设计图纸施工,不出任何技术事故	设计文件审查交底	工程部	1. 认真执行文件审查制度 2. 认真执行技术交底制度	每月检查一次	技术交底资料检查交底效果

总目录	分项目标	目标值	分目标值		管理点	执行主管部门	实施对策	检查	考核标准
承建工程一次创优	工程质量	1. 承建工程优良率100% 2. 杜绝重大质量事故 3. 确保不优争创过优	桥涵工程	1. 墩台中跨距离精度1/5000,中线闭合±20mm; 2. 混凝土不久强,少超强,强度满足要求,隐检及分项优良率达100%; 3. 棱角顺直,大面积平整,坡率及结构尺寸正确,板迹平直,外形美观,大面凸凹≤3mm; 4. 无露骨露筋,无蜂窝麻面,无漏浆起砂; 5. 斜拉索拉力符合设计要求,锚具轴线与孔道轴线偏差≤5mm	各道工序	工程部	1. 执行分级复测;职责明确;记录完善;定位标准 2. 严格材质检测;优选配合比;快速测强	每道工序检查	《规范》《验规》
			工程内容	混凝土不欠强,浆砌工程砂浆饱满,砂浆强度符合实际要求	工艺隐检	工程部	1. 钢筋材质制作、加工、安装应符合规范和设计要求 2. 优选配合比;快速测强;控制施工	工序检查	《规范》《验规》
			工程外美	1. 平顺标准:板迹横平竖直; 2. 线条标准:棱角顺直,无明显拐点	工艺	工程部	认真实施公司内有关工法	工序检查	企业内控标准
	工期	满足招标文件要求	各单位工程满足施工组织设计工期安装		关键工序	工程调度	1. 以网络计划为目标,组织指挥生产,以分网络确保总网络 2. 抓好各项准备工作,确保施工生产的顺利进行	每旬检查一次	合同及目标管理图
	成本	成本降低2%	按投标施工组的数量与定额相比较:工费、材费、机械费、管理费均降低2%以下		双增双节	计财室	1. 按定额供料,限额发料,节约有奖,超耗自负 2. 实行目标成本管理,严格控制各项非生产性开支	每旬检查一次	目标管理图
	安全	年负伤频率7‰以下	杜绝一切行车事故,火灾事故		安全检查生产措施与安全防护措施	作业班	1. 不安全或无安全措施不准施工 2. 严格三检制度强化专检	每周检查一次	《安规》目标管理图
	文明施工	施工场地平整	争创文明施工工地		标准化管理	项目经理	严格实施"施工现场管理标准化"达到文明工地标准	每月检查一次	《安规》目标管理图
	资料	可靠、及时、安全	检测记录、施工日志、交接班记录、检验资料齐全、填写真实		标准化	工程部	健全组织机构人员要上岗到位	每月检查一次	《安规》及目标管理图

2）质量检验总程序图如图 6-45 所示。

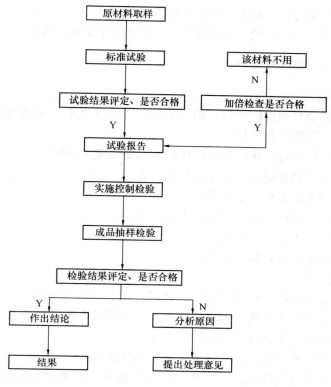

图 6-45　质量检验总程序图

（二）安全组织

1. 安全生产

安全工作是搞好生产的重要因素，关系到国家、企业和职工的切身利益，因此在施工过程中必须认真贯彻"安全第一，预防为主"的方针严格控制和防止各类事故。

2. 安全管理体系（图 6-46）

3. 安全保证措施

（1）加强领导、健全组织、建立以项目经理为首的安全委员会。

（2）进行全面的有针对性的技术交底。

（3）安全与经济利益挂钩，奖惩分明。

（4）安全教育要经常化、制度化，对特种作业需持证上岗。

（5）严格安全监督，建立和完善定期安检制度。

（6）抓好现场管理，加强安全

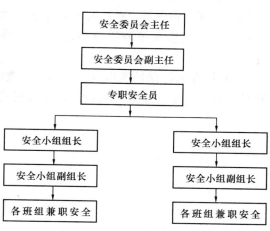

图 6-46　安全管理组织机构

369

防护。

（7）加强安全防火，配置相应的消防器材。

（8）加强安全用电，设专人负责检查，杜绝安全事故的发生。

七、文明施工和环境保护

（一）文明施工

（1）建立健全管理组织机构，成立以项目经理为组长、各部室和生产班组为成员的文明施工管理组织机构。

（2）加强宣传教育工作，提高全体职工的文明施工意识。

（3）制定各项规章制度，并加强检查监督。

（4）合理布置施工现场及各种施工设施。

（5）加强现场管理，设置各种标志及标识。

（6）现场施工人员挂牌上岗。

（7）材料码放整齐，标注清晰。

（二）环境保护

环境保护是我国的一项基本国策，松花江大桥位于松花江上，因此环境保护工作尤为重要，针对本桥施工的具体情况，拟采用以下环保措施：

（1）制定各项规章制度，并加强检查和监督。

（2）加强宣传教育工作，提高全体职工的环保意识。

（3）建造生活及生产区污水、废物汇集设施并及时外运至指定地点，防止直接排入江中造成水环境污染。

（4）散装水泥采用罐装运输，袋装水泥、粗细骨料的运输需要加盖苫布，拌合设备防尘装置，以防造成环境空气污染。

（5）施工便道及时洒水，控制扬尘污染。

（6）钻孔施工时，泥浆循环过程中设置沉淀池并设专人进行掏渣，运到指定地点。

（7）承台开挖时，弃方装车外运，严禁丢入江中，造成水流阻塞和水土流失。

（8）注意文物保护，挖掘时一旦发现文物应及时保护并报告有关部门。

（9）建筑垃圾及废渣等废物定点堆放后应用土壤包覆，不得外露，并及时绿化。

（10）不在水源保护区内取土、弃土、破坏土壤植被。详尽了解桥位附近的经济环境、社会环境、生态环境特点，配合相关部门，做好环境保护工作。

项目7 悬索桥施工

学习要点:

1. 悬索桥的结构形式和构造;

2. 悬索桥的施工工序;

3. 锚碇、索塔、主缆施工的关键工艺步骤;

4. 加劲梁的架设工艺步骤。

任务1 悬索桥简介

任务目标:

学生能够掌握悬索桥的结构形式和构造。

一、悬索桥的构造

悬索桥也称吊桥,它主要由主缆、锚碇、索塔、加劲梁、吊索组成,如图7-1

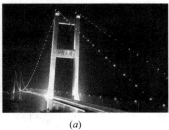

(*a*)

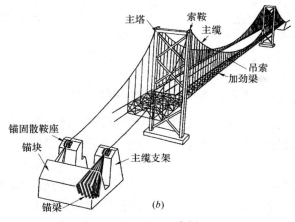

(*b*)

图 7-1 悬索桥

(*a*) 江阴长江公路大桥;(*b*) 悬索桥结构

（a）、图 7-1（b）所示。具有特点的细部构造还有：主索鞍、散索鞍、索夹等。

主缆：主缆是通过塔顶鞍座悬挂在主塔上锚固于两端锚固体中的柔性承重结构，可由钢丝绳组成，也可用平行钢丝组成。大跨度悬索桥的主缆普遍使用平行钢丝式，可采用预制平行钢丝索骨架设方法（PPWS 法）架设，也可采用空中纺丝法（AS）架设。

锚碇：是锚固主缆的结构，主缆的丝股通过散索鞍分散开来锚于其中。根据不同的地质情况可修成不同形式的锚碇，如重力锚、隧道锚等。

索塔：是支承主缆的结构。主缆通过主索鞍跨于其上。根据具体情况可用不同的材料修建，国内多为钢筋混凝土塔，而国外钢塔较多。

加劲梁：是供汽车通行的结构。根据桥上的通车需要及所需刚度可选用不同的结构形式，如桁架式加劲梁、扁平箱形加劲梁等。

吊索：它通过索夹把加劲梁悬挂于主缆上。

大跨径悬索桥的结构形式根据吊索和加劲梁的形式可分为以下几种：

（1）竖直吊索，并以钢桁架作加劲梁，如图 7-2 所示。

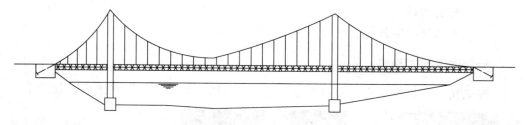

图 7-2　竖直吊索桁架式加劲梁的悬索桥

（2）采用三角形布置的斜吊索，以扁平流线形钢箱梁作加劲梁，如图 7-3 所示。

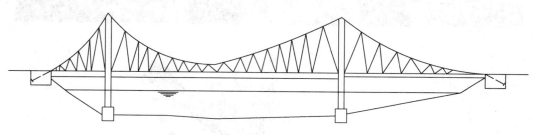

图 7-3　斜吊索钢箱加劲梁的悬索桥

（3）前两者的混合式，即采用竖直吊索和斜吊索，流线形钢箱梁作加劲梁。

（4）除了有一般悬索桥的缆索体系外，还设有若干加强用的斜拉索，如图 7-4 所示。

无论采用上述何种结构形式，如果按加劲梁的支承构造，又可分为单跨两铰加劲梁悬索桥、三跨两铰加劲梁悬索桥及三跨连续加劲梁悬索桥，如图 7-5 所示。

不同结构形式的悬索桥在施工方法上也有一定的差异，本书主要介绍采用竖直吊杆的大跨径悬索桥的施工方法。

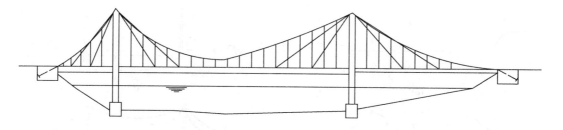

图 7-4　带斜拉索的悬索桥

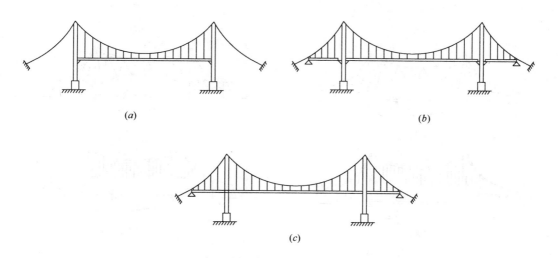

　　　　　(a)　　　　　　　　　　　　　　　　　　　(b)

　　　　　　　　　　　　　　　(c)

图 7-5　按支承构造划分的悬索桥

二、悬索桥的施工程序

　　施工单位到现场作进一步调查,合理布置施工场地;根据架设地点的地形条件、气象条件、作业环境及国内外的技术成果确定施工方案,完成施工设计。

　　悬索桥施工一般分下部工程和上部工程。先行施工的下部工程包括:锚碇基础、锚体和塔柱基础。下部工程施工同时要做上部工程施工准备,其中包括施工工艺设计、施工设备购置或制造、悬索桥构件加工等。

　　上部工程施工一般分为:主塔工程、主缆工程和加劲梁工程施工。

　　从基础施工开始到加劲梁架设的施工工序如图 7-6 所示。上部工程的施工顺序如图 7-7 所示。

　　在施工过程中要提前加工的构件,如钢塔、锚架和锚杆、索鞍、索股、索夹、吊索、加劲梁,这些构件一定要提前加工完整检查好,保证施工工期。

三、编制方案（实训）

1. 确定悬索桥形式;
2. 根据悬索桥形式选择施工设备。

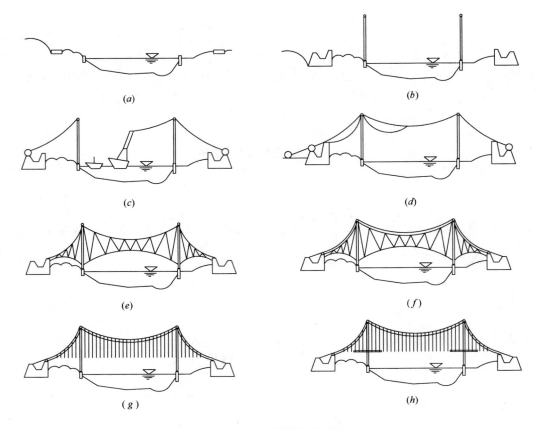

图 7-6　悬索桥架设顺序图

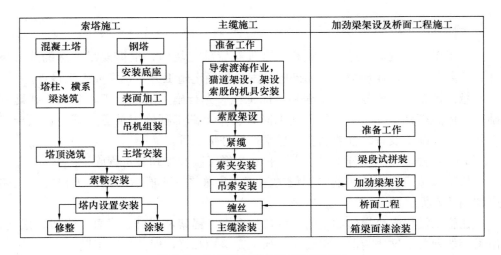

图 7-7　悬索桥上部工程施工顺序图

四、习题

（1）悬索桥也称吊桥，它主要由主缆、锚碇、（　　　）、加劲梁、吊索组成。

具有特点的细部构造还有：主索鞍、散索鞍、索夹等。

（2）悬索桥上部工程施工一般分为：（　　　）、主缆工程和加劲梁工程施工。

任务2 锚 碇 施 工

任务目标：

1. 学生能够掌握悬索桥锚碇施工技术；
2. 学生能够掌握锚碇施工质量控制。

一、锚碇的形式

锚碇是对锚块基础（有扩大基础、地下连续墙、沉井基础、桩基础等多种形式）、锚块、主缆锚固系统及防护结构等的总称。它是固定主缆的端头，防止其走动的巨大构件。悬索桥主缆两端的锚固方式有地锚与自锚两种形式。绝大部分悬索桥是地锚。地锚分为重力式（图7-8a）和隧洞式（或岩洞式）（图7-8b）两种。重力式地锚是凭借混凝土锚块的重量（再加锚碇上的土重或配重）来固定主缆的两端。由于锚碇承受的竖向（向上）分力和水平分力很大，所需要的重力式锚块尺寸也很大。隧洞式地锚的工程数量较小，但前提则是在锚碇处有坚实山体岩层可加以利用。

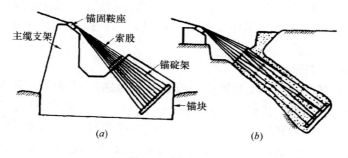

图7-8 锚碇形式

二、主缆锚固

（一）锚固体系的结构类型

根据主缆在锚块中的锚固位置可分为后锚式和前锚式。前锚式就是索股锚头在锚块前锚固，通过锚固系统将缆力作用到锚体；后锚式是将索股直接穿过锚块，锚固于锚块后面，如图7-9所示。

前锚式因具有主缆锚固容易、检修保养方便等优点而广泛运用于大跨径悬索桥中。前锚式锚固系统又分为型钢锚固系统和预应力锚固系统两种类型。预应力锚固系统按材料不同可分为粗钢筋锚固形式与钢绞线锚固形式，如图7-10所示。

（二）型钢锚固系统施工

型钢锚固系统主要由锚架和支架组成。锚架包括锚杆、前锚梁、拉杆、后锚梁等，是主要传力构件。支架是安放锚杆、锚梁并使之精确定位的支撑构件。

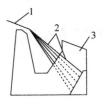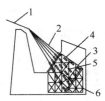

图 7-9 主缆锚固（前锚、后锚）

1—主缆；2—索股；3—锚块；4—锚支
架；5—锚杆；6—锚梁

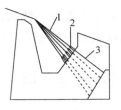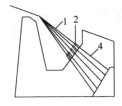

图 7-10 预应力锚固（粗钢筋、钢绞线锚固）

1—索股；2—螺杆；3—粗钢筋；4—钢绞线

施工程序：锚杆、锚梁等工厂制造→现场拼装锚支架→安装后锚梁→安装锚杆与锚支架→安装前锚梁→精确调整位置→浇筑锚体混凝土。

施工要求：

（1）所有构件安装均应按照钢结构施工规范要求进行。

（2）锚支架安装，将散件运到现场拼装而成，也可将若干杆件先拼装成片，再逐片安装。锚杆由下至上逐层安装，每安装完一层需拼装相应的支架与托架后才能安装另一层锚杆。

（3）由于锚杆与锚梁质量较大，应加大锚支架及锚梁托架的刚度，以防止支架变形，以免影响锚杆位置。

（4）构件质量要求，由于锚杆、锚梁为永久受力构件，制作时必须进行除锈、表面涂装和焊接件探伤工作。出厂前，应对构件进行试拼，以保证安装质量。

（5）安装精度，锚杆、锚梁安装精度应满足《公路桥涵施工技术规范》JTJ 041—2000 的规定要求。

（三）预应力锚固体系施工

施工程序：基础施工→安装预应力管道→浇筑锚体混凝土→穿预应力筋→安装锚固连接器→预应力筋张拉→预应力管道压浆→安装与张拉索股。

施工要求：预应力张拉与压浆工艺，应严格按设计与施工规范要求进行。前锚面的预应力锚头应安装防护帽，并向帽内注入保护性油脂。构件应进行探伤检查，运输及堆放过程中应避免构件受损。

三、锚碇体施工

由于悬索桥锚碇属于大体积混凝土构件，尤其是重力式锚碇，其体积十分庞大。在施工阶段水泥会产生大量水化热，引起体积变形及变形不均，产生温度应力及收缩应力，易使混凝土产生裂缝，并影响其质量，因此，水化热的控制是锚碇混凝土施工的关键。

（一）大体积混凝土的温度控制

水化热越大，混凝土的温升越高，致使混凝土的温度应力增大，从而使混凝土产生裂缝，降低混凝土温升主要有以下措施：

1. 选用低水化热品种的水泥

一般来说，矿渣水泥、火山灰水泥、粉煤灰水泥等具有较低的水化热，施工宜尽量采用。对于普通硅酸盐水泥，应经过水化热试验后才能选用。

2. 减少水泥用量

使用粉煤灰做外加剂，可代替部分水泥，以减少水泥的用量，且混凝土的后期强度仍有较大的增长。其粉煤灰的用量一般为水泥用量的 $15\%\sim20\%$。亦可使用缓凝型的外加剂以延缓水化热峰值产生的时间，有利于减少混凝土的最高温升。对于低强度等级的混凝土，掺加一定量的片石亦是减少水泥用量的有效办法。

3. 降低混凝土的入仓温度

不要使用刚出厂的高温水泥，也可采用冷却水作为混凝土的拌合用水，以达到直接对混凝土降温的效果。对砂、石料，应防止日光直照，可采用搭遮阳棚和淋水降温的方法。

4. 在混凝土结构中布置 U 形管采用冷水循环降低混凝土的温度

（二）大体积混凝土施工

1. 施工要求

大体积混凝土应采用分层施工，每层厚度一般为 $1\sim2m$。浇筑能力越大，降温措施越充分，则分层厚度可适当大一些。分层浇筑时，要求后一层混凝土必须在前一层未初凝前加以覆盖，以防止出现施工裂缝。亦可采用预留湿接缝法浇筑混凝土，各块分别浇筑，分别冷却至稳定温度，最后在槽缝内浇筑微膨胀混凝土。

2. 养护及保温

混凝土浇筑完并终凝后要覆盖麻袋、草垫等，并洒水保持表面湿润，一方面是对混凝土进行养护，另一方面是为了减少混凝土表面与内部的温差。可覆盖塑料布等保温材料对混凝土进行保温，通过内散外保的方法使混凝土整体上均匀降温。并对混凝土内部最高温度、相邻两层及相邻两块之间的温差进行监测。

四、编制方案（实训）

编制锚碇施工方案

五、习题

1. 填空题

（1）锚碇是悬索桥的主要承重构件，要抵挡来自主缆的拉力，并传递给地基基础。锚碇按受力形式可分为（　　）和（　　）两种。

（2）锚碇的基础有直接基础、（　　）、复合基础和隧道基础等几种。

2. 问答题

（1）型钢锚固系统施工程序、施工要求、质量要求？

（2）锚碇体施工大体积混凝土的温度控制？

任务 3　索塔与主缆施工

任务目标：

1. 学生能够掌握索塔施工、主缆施工；

2. 学生能够掌握索塔施工、主缆施工质量控制。

一、索塔的形式

索塔有钢筋混凝土塔和钢塔两种类型。钢筋混凝土塔一般为门式刚架结构，由两个箱形空心塔柱和横系梁组成。

钢塔的结构形式较多，常见的有桁架式、刚架式和混合式，如图 7-11 所示。钢塔塔柱的截面形式如图 7-12 所示。

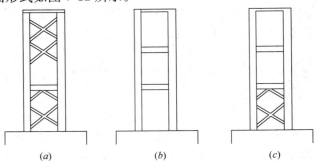

图 7-11　钢塔形式

(*a*) 桁架式；(*b*) 刚构式；(*c*) 混合式

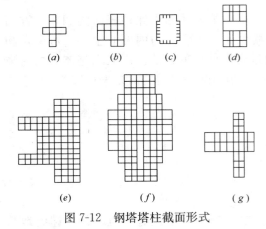

图 7-12　钢塔塔柱截面形式

二、混凝土塔柱施工

悬索桥混凝土塔柱施工工艺与斜拉桥塔身基本相同。

塔身施工的模板主要有：滑模、爬模和翻模三大类型。塔柱竖向主钢筋的接长可采用冷压管连接、电渣焊、气压焊等方法。混凝土应采用泵送或吊罐浇筑。当施工至塔顶时，应注意预埋索鞍钢框架支座螺栓和塔顶吊架、施工猫道的预埋件。

三、钢塔施工

根据索塔的规模、结构形式和架桥地点的地理环境以及经济性等，钢索塔的施工可选用浮吊、塔吊和爬升式吊机三种有代表性的施工架设方法。

（一）浮吊法

浮吊法是将索塔整体一次性起吊的大体积架设方法。该施工方法的特点是可显著缩短工期，但由于浮吊的起重能力和起吊高度有限，因而使用时以 80m 以下高度的索塔为宜。

（二）塔吊法

塔吊法是在索塔旁边安装与索塔完全独立的塔吊进行索塔架设。由于索塔上不安装施工用的机械设备，因而施工方便，施工精度易于控制，但是塔吊及其基础费用较高。

（三）爬升式吊机法

这种方法是先在已架设部分的塔柱上安装导轨，使用可沿导轨爬升的吊机进行索塔架设。爬升式吊机施工顺序如图7-13所示。

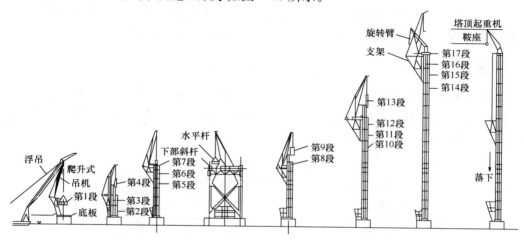

图7-13 爬升式吊机施工法的施工顺序

这种方法由于爬升式吊机安装在索塔柱上，因此对索塔柱铅垂度的控制就需要较高的技术，但吊机本身较轻，又可用于其他桥梁的施工，因此，这种方法现已成为大跨度悬索桥索塔架设的主要方法。

四、主索鞍施工

（一）主索鞍施工程序

1. 安装塔顶门架

按照鞍体质量设计吊装支架及配置起重设备。支架可选用贝雷架、型钢或其他构件拼装，固定在塔顶混凝土中的预埋件上。起重设备一般采用卷扬机、滑轮组。当构件吊至塔顶时，以捯链牵引横移到塔顶就位。近年来，国内外开始采用液压提升装置作为起重设备，即在横联梁上安装一台连续提升的穿心式千斤顶，以钢绞线代替起重钢丝绳。液压提升设备具有轻便、安全等优点。

2. 钢框架安装

钢框架是主索鞍的基础，要求平整、稳定，一般在索塔柱顶层混凝土浇筑前预埋数个支座，以螺栓调整支座面高程至误差小于2mm。然后将钢框架吊放在支座上，并精确调整平面位置后固定，再浇筑混凝土，使之与塔顶结为一体。

3. 吊装上下支承板

首先检查钢框架顶面高程，符合设计要求后清理表面和四周的销孔，然后开始吊装下支承板。下支承板就位后，销孔和钢框架对齐销接。在下支承板表面涂油处理后安装上支承板。

4. 吊装鞍体

因鞍体质量较大，吊装时应认真谨慎，吊装过程中须体现稳、慢、轻，并注意不得碰撞。鞍体入座后用销钉定位，要求底面密贴，四周缝隙用黄油填塞。

（二）主索鞍施工要求

（1）吊架及所有吊具要经过验算，符合起重要求。

（2）吊装过程中须由专人指挥，中途要防止扭转、摆动及碰撞。

（3）所有构件接触面销孔系精加工表面，必须清理干净，不得留有砂粒、纸屑等，并在四周两层接缝处涂以黄油，以防水汽侵入而锈蚀构件。

五、主缆施工

锚碇和索塔工程完成后，紧接着就是主缆施工。主缆工程包括主缆架设前的准备工作、主缆架设、防护及收尾工作，工程难度大，工序繁多，其施工程序如图 7-14 所示。

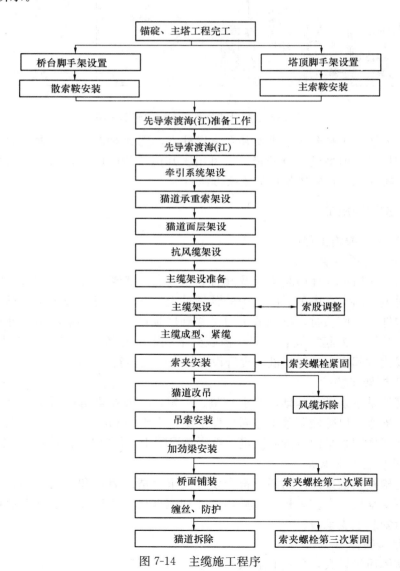

图 7-14 主缆施工程序

（一）牵引系统的形成

牵引系统是架于两锚碇之间，跨越索塔的用于空中拽拉的牵引设备，主要承担猫道架设、主缆架设以及部分牵引吊运工作。常用的有循环式和往复式两种。

1. 循环式牵引

把牵引索的两端插接起来，形成环状无极索，通过一台驱动装置和必要的支承滚筒做循环运动。包括大循环和小循环，大循环一般是水平设置，供上下游索股架设使用，如图 7-15 所示。小循环一般是分别在上下游按竖直设置，如图 7-16 所示。

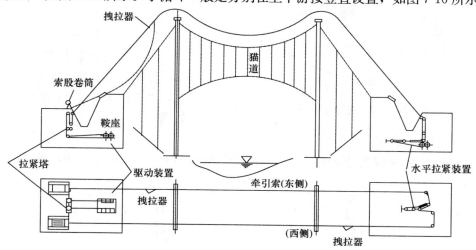

图 7-15　大循环牵引

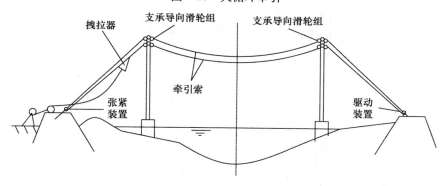

图 7-16　小循环牵引

循环式牵引系统的牵引索是靠驱动装置滚筒以摩擦方式驱动，牵引速度连续性好，但牵引力小。适用于 AS 法主缆架设和悬索桥跨径较小时的 PS 法索股架设。

2. 往复式牵引

牵引索的两端分别卷入主、副卷扬机，一端用于卷绳进行牵引，另一端用于放绳，使牵引索做往复运动。往复式牵引系统是把钢丝绳直接卷在卷扬机上，其牵引力的大小容易实现，跨径大的悬索桥索股架设需要较大的牵引力时可采用往复式牵引系统。

（二）牵引系统的架设

其架设是以简单经济，并尽量少占用航道为原则。通常的方法是先将比牵引索细的先导索渡海，再利用先导索将牵引索由空中架设。先导索渡海（江）的方法有水下过渡法、水面过渡法与空中过渡法几种。

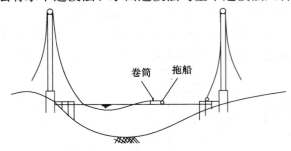

1. 水下过渡法

先导索的前端跨过桥顶由牵引船牵着直接过水的方法，如图7-17所示。

2. 水面过渡法

渡海的先导索上按适当间距系上浮子，使其在水上呈漂浮状态，由牵引船牵引渡海的方法，如图7-18所示。

图7-17　先导索水下过渡

3. 空中过渡法

在不封航的情况下，将先导索由空中牵引过海（江）的方法，如图7-19所示。

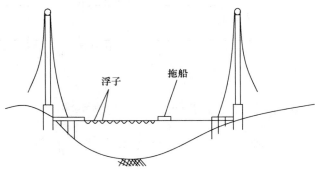

图7-18　先导索水面过渡

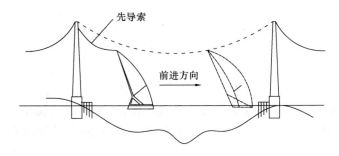

图7-19　先导索空中过渡

（三）主缆缠丝和防腐

主缆缠丝和防腐应在桥面铺装完成后进行，这是主缆施工中最后一道重要工序。

（1）涂不干腻子：主缆表面的灰尘、油污和水分等污物清理干净后，用小泥铲将不干腻子均匀地涂抹在主缆表面上，干膜厚度3mm。

（2）主缆缠丝：采用缠丝机，缠丝材料选用4mm的软质镀锌钢丝。在不干腻子施工完成后2 h即可对主缆进行缠丝作业。缠丝总体方向宜由高处向低处进行，而两个索夹之间则应从低到高，以保证缠丝的密实程度。缠丝始端嵌入索夹内不少于2圈，并施加固结焊。缠丝终端嵌入索夹端部槽内并予以固结焊，以免松弛。缠丝后用小泥铲除去表面多余的腻子。

（3）主缆防腐：主缆缠丝结束后，清理缠丝表面腻子，然后用富锌底漆涂刷2道。为确保主缆防腐效果，采用北航生产的硫化橡胶作为防腐的面漆。

六、猫道

猫道系统一般由猫道承重索、猫道面层、栏杆及扶手、横向天桥、抗风系统、门架系统及锚固调节装置组成。猫道是供主缆架设，索缆、索夹安装，吊索以及主缆防护用的空中作业脚手架。

猫道架设的主要施工流程为：先导索过江→形成牵引系统→架设承重索→铺设猫道面层→安装横向天桥→调整猫道线形→架设抗风缆等。

以天津富民桥主桥为单塔空间缆索结构自锚式悬索桥为例，混凝土塔高约58m，如图7-20所示。猫道系统设置在主塔与主跨锚碇以及主塔与边跨锚碇之间，主要由承重索、调节装置、猫道面、栏杆、扶手、滚筒等组成。根据该桥桥型特点和施工需要，猫道分两段布置：自锚式锚碇到主塔段，主塔到重力式锚碇段。边跨主缆间距较小，仅为1.3m，因此该边跨猫道合二为一，设置在两根主缆正下方，如图7-21所示。

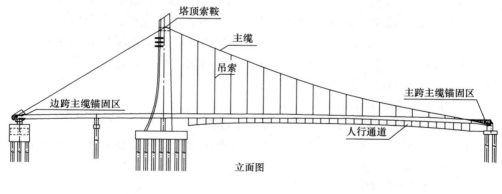

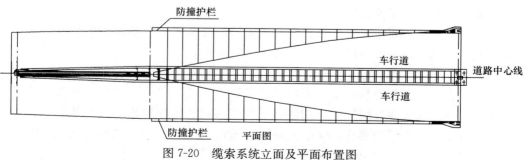

图7-20 缆索系统立面及平面布置图

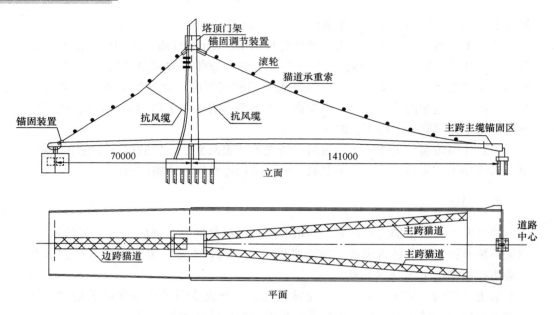

图 7-21　猫道的立面和平面示意图（单位 mm）

通过强度验算，选用 8×26SW＋IWR－28（光面）的钢丝绳作为承重索，其破断应力为 1670MPa，最小破断拉力为 453kN。每幅主跨猫道选用 4 根 8×26SW＋IWR－28（光面）钢丝绳作承重索，每幅边跨猫道则由 6 根 8×26SW＋IWR－28（光面）钢丝绳作承重索，承重索分别锚固于塔端、桥面的预埋件上，分两跨断开布置，成"人"字形架设。从工作空间和经济指标上考虑，确定主跨猫道面宽为 2.2m，边跨猫道面宽为 3.2m。猫道面层到架设的主缆底面距离为 1.3～1.5m，猫道上设置横梁、面层、横向通道、扶手绳、栏杆立柱、安全网等，为保证猫道的抗风稳定，主、边跨猫道都设置抗风缆装置。为了主缆索股的架设、索夹及吊索的安装、主缆的整形以及小型机具和料具的吊运等，在上下游各架设一组相互独立的工作索道，分别设置在两根主缆正上方。

（一）猫道系统施工注意事项

（1）猫道要有可靠的抗风设施，确保其稳定性。

（2）施工过程中，要注意主跨、边跨的作业平衡，尽量减少对主塔的变形影响，确保主缆的架设质量。

（二）猫道系统的架设

猫道架设的顺序及方法：

猫道架设的主要施工流程为：安装索道的连接装置（包括调节装置）→导向索的安装→承重索架设→猫道面层铺设→调整猫道标高。

1. 安装连接装置

天津富民桥为单塔悬索桥，猫道一端设置于塔身，另一端设置于桥面。猫道承重索的连接横梁通过精轧螺纹钢筋分别与塔、梁的预埋件连接。为使猫道适应施工过程中主缆线形的变化，保证人员和机械设备能进行正常操作，利用捯链对承重索进行调节。考虑到施工便利等因素，其调节装置设在桥面的连接装置上，调节器一端与桥面预埋的锚固支架相连，另一端与承重索相连。调整猫道线形时，在桥面用捯链预紧后通过调整承重索的长度来实现。

2. 导向索的安装

先将承重索的导向索钢丝绳 $6 \times 19 - 12.5$ 从桥面牵引至塔顶，并形成牵引循环索，利用循环索将猫道承重索牵引至塔顶。

3. 承重索架设

在主塔附近设置放索盘，前端由夹索器夹持引向索塔，与塔顶的连接装置相连。利用已架好的循环索，牵引猫道承重索，按上、下游对称的方法进行架设。根据计算值每架设一根调整一根索垂度，并注意观测塔顶的偏移情况。待承重索全部架设完成后，利用两侧桥面端的调节装置对各承重索进行二次调整，使每幅猫道的承重索达到设计垂度。

4. 猫道面层的铺设与调整

猫道的面层采用两层钢丝网铺设在承重索上，利用索道的牵引小车将钢丝网自桥面向主塔顶铺设。待钢丝网拽拉至塔顶后，从两端向跨中拧紧 U 形螺栓，然后安装扶手绳，安装栏杆立柱、钢丝网、护栏等。猫道安装完成后，测量垂度，利用锚固端的调节装置反复进行调整，直到符合要求为止。

猫道上设置起重索道：

为了主缆索股的架设、索夹及吊索的安装、主缆的整形以及小型机具和料具的吊运等，在上下游各架设一组相互独立的工作索道，索道分别设置在两根主缆之上，根据该桥特点和施工需要，每幅索道分两段布置：自锚式锚碇到主塔段、主塔到重力式锚碇段。考虑到索道吊装件的重量较重，索道设置在较高的主缆位置之上。索道由设置在索塔顶部的塔架、导向承重索、牵引循环索、锚碇、驱动系统、行走小车、缆风系统等组成。每一组索道承重索由 2 根 $8 \times 26SW + IWR-28$（光面）钢丝绳组成，间距为 50cm。

（三）猫道系统的调整

1. 主索鞍出口处辅助猫道架设

猫道上端连接主塔预埋件，索鞍在安装后高出猫道很多，主缆索股架设通过主索鞍时，会提前脱离滚轮，容易引起散丝、扭转现象。在主索鞍出口处，需要增加一段辅助猫道，上端通过辅助装置连接到主索鞍中间肋板上，下端用 U 形栓连接到猫道上。辅助猫道设置有滚轮，使主缆索股从主跨平顺跨越主索鞍架设到边跨猫道。同时，采用门架拽拉法配合悬索天车作为牵引系统进行主缆索股架设。

2. 猫道倾斜调整

当主缆由平面索向空间索作体系转换时，猫道将与吊索干涉，并且向横桥向的内侧倾斜。由于主缆在平面和立面上呈抛物线形，故此时的猫道平面成折线形，而体系转换完后，还有主缆防护、螺栓复拧等工序。调整猫道线形，保护吊索、保证猫道施工平台功能是空间悬索主缆桥不同于传统悬索桥的一个新课题。针对天津富民桥，猫道倾斜通过调节猫道 $\phi 16$ 钢丝绳来修正，如图 7-22 所示。为防止钢丝绳绕索夹转动，保证钢丝绳在索夹上绕 3 圈以上，借助索夹上的吊装孔安装一个止动块。

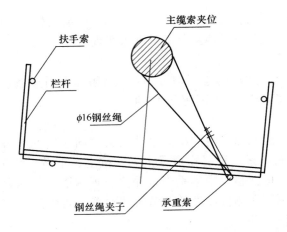

图 7-22　猫道倾斜调整示意图

3. 猫道线形调整

空间缆索结构悬索桥猫道的架设施工，不仅要考虑钢丝绳的强度、主缆缠丝及紧缆的工作空间，还要考虑缆索水平变位引起猫道的线形调整及猫道调整后的吊索位置及工作空间，因此猫道的线形变换与调整是施工的关键技术之一。猫道的线形调整就是将猫道的线形与主缆的线形的调整变化同步，以保证后期工序的顺利进行。由于空间缆索结构的主缆的线形无论是立面还是平面其线形都为抛物线，要将猫道的线形调整与主缆线形一致，作用于猫道的外力只能由主缆提供，同时要尽可能地减少调整猫道所产生的作用力影响到主缆的线形。

为了减少调整猫道对主缆的线形的影响，猫道系统转换时，采用如下方法进行调节：一是在施工工序中要求猫道的调整与主缆的线形变化同步，过快会因主缆的线形变化使猫道的钢丝绳产生张力而直接影响主缆线形的变化，而过慢会使钢丝绳直接作用于吊杆上，不仅影响吊杆力的调节，还因主缆的变化使钢丝绳产生张力直接影响主缆线形的变化；二是在施工结构上采用一种刚性支架结构与柔性钢丝绳固定相结合的方式来调整猫道的线形，安装时刚性支架结构与柔性钢丝绳固定两种相互错开，同时每段之间的猫道钢丝绳须处于自由悬吊状态。刚性支架由数根 12 号的槽钢焊接而成，其上端与索夹高强螺栓连接，下端与猫道承重钢丝绳相连接，中间的斜槽钢的安置角度视吊索调索后索夹的转动角度而定。其具体的操作过程为：先将吊索安装好，然后在吊索调索时用钢丝绳将猫道挂在主缆上，钢丝绳一方面将猫道向上提，保证安装后猫道钢丝绳不产生拉紧力，另一方面将猫道随主缆做横向移动，初次调索完成后将刚性支架焊接牢固；当下一根吊索调索时便直接采用钢丝绳来固定猫道，如此交替地安装完成所有索夹位置，如图 7-23 所示。

有刚性支架的存在，用这种猫道调整的方式使猫道更平稳、更可靠，结合钢丝绳来固定猫道，既节约了施工成本，又提高了工作效率。

（四）猫道及索道拆除

猫道及索道等主缆防腐工作全部完成后进行拆除。用整体拆除法将猫道拆除，拆除时在塔顶设卷扬机牵引系统，将牵引钢丝绳与绑扎承重索的锚箱连接并上提，

图 7-23　猫道与主缆索夹连接

当连接装置上的精轧螺纹钢不受力后拆除锚固螺母，使锚固调节装置与承重索完全脱离，然后开动卷扬机缓慢将猫道放至桥面。

七、主缆架设

锚碇和索塔工程完成，主索鞍和散索鞍安装就位，牵引系统建立后，便可进行主缆架设工作。其架设方法主要有空中纺丝法（AS 法）和预制平行索股法（PS 法）两种。图 7-24 所示为悬索施工顺序，图 7-25 所示为悬索安装施工工艺流程。

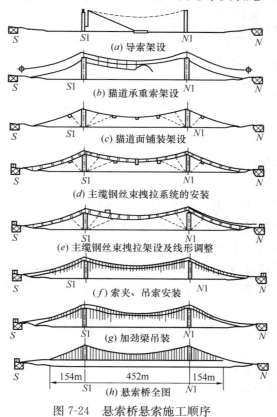

(a) 导索架设

(b) 猫道承重索架设

(c) 猫道面铺装架设

(d) 主缆钢丝束拽拉系统的安装

(e) 主缆钢丝束拽拉架设及线形调整

(f) 索夹、吊索安装

(g) 加劲梁吊装

154m　452m　154m

(h) 悬索桥全图

图 7-24　悬索桥悬索施工顺序

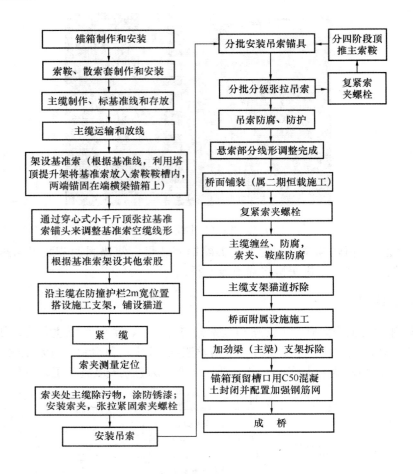

图 7-25 悬索安装施工工艺流程

（一）索股架设

索股架设作业顺序如图 7-26 所示。

（二）主缆架设

1. 索股前端锚头的引出，由吊机吊起，把索股从卷筒上放出一定长度，并放在卷筒前面的水平滚筒上，应避免钢丝的弯折、扭转，如图 7-27 所示。

2. 锚头与拽拉器连接

把锚头牵引到拽拉器的位置后，与拽拉器进行连接，连接后，检查拽拉器的倾斜状况。要防止连接部位使用的夹具、螺栓、销子松动、滑脱。

3. 索股牵引

把锚头连接于拽拉上后，把索股向对岸锚碇牵引，牵引工作要在由索股卷筒对索股施加反拉力的情况下进行，如图 7-28 所示。

4. 前端锚头从拽拉器上卸下

当拽拉器达到对岸锚碇所指定的位置后，用吊机把锚头吊起从拽拉器上卸下。

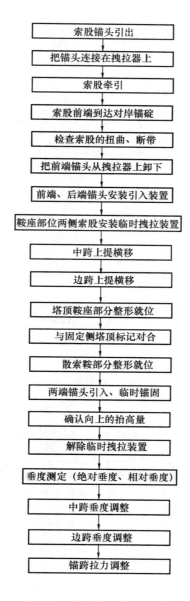

图 7-26 索股施工作业程序

5. 锚头引入装置的安装

牵引完成后，安装锚头引入装置，如图 7-29 所示。

6. 索股的横移、整形

索股的横移如图 7-30 所示。

索股的整形入鞍，索股横移后，在鞍座部位把索股整成矩形，整形后索股空隙率为 15%，放入鞍座所规定的位置，如图 7-31 所示。

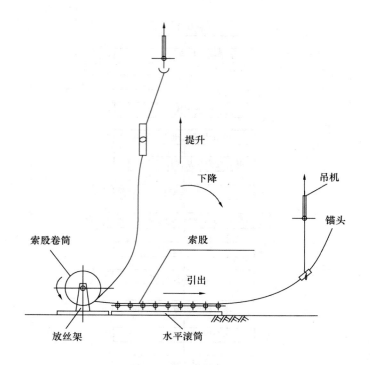

图 7-27　索股前端锚头

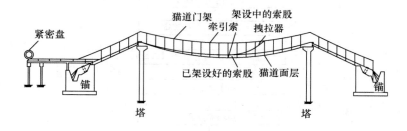

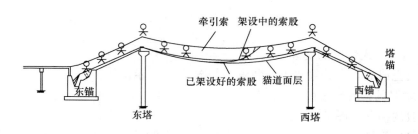

图 7-28　索股牵引

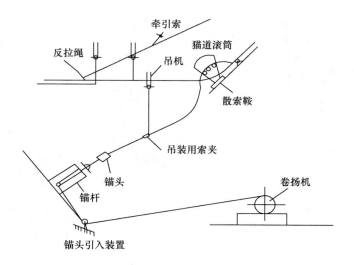

图 7-29　锚头引入

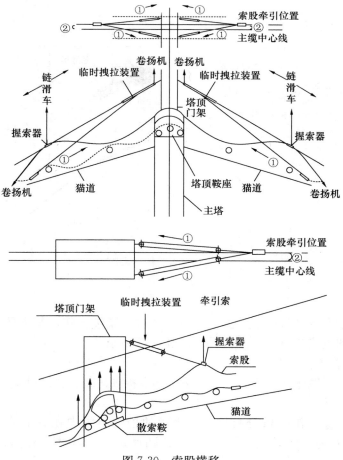

图 7-30　索股横移

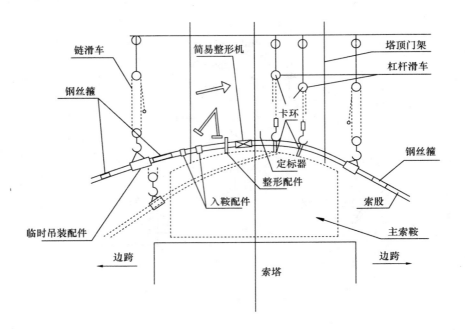

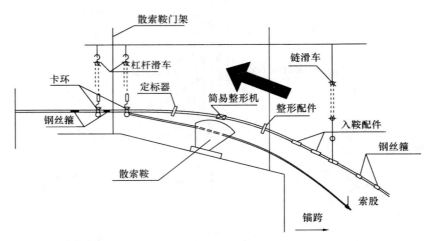

图 7-31 索股整形入鞍

八、紧缆

索股架设完后，为把索股群整成圆形需进行紧缆工作，其大致分为：准备工作、预紧缆和正式紧缆，其作业顺序如图 7-32 所示。

（一）准备工作

主要是为紧缆作业、索夹安装、吊索架设提供运载、起吊设备。

（二）预紧缆

为使主缆索股沿全桥分布均匀、钢丝的松弛不集中在一个地方，将全长分成约 40m 左右的间隔，按图 7-33 所示的顺序进行。具体操作时应按下列顺序进行。

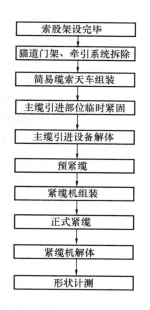

图 7-32　紧缆作业程序

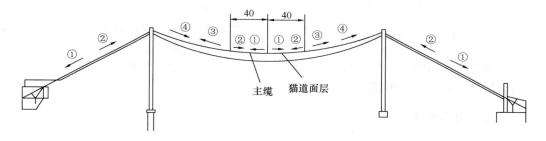

图 7-33　预紧缆顺序

（1）沿全长确认索股排列情况，若不整齐或有交叉时，应移动主缆索股分隔器修正；

（2）为使索股排列不乱，应把主缆索股分隔器间的索股以 510m 间隔用加压器固扎；

（3）将主缆索股分隔器邻近部位进行预紧，并用钢带临时紧固后拆除主缆索股分隔器；

（4）预紧缆要在温度较稳定、索股排列整齐的夜间进行，索股的绑扎带采取边预紧边拆除的方法，不要一次全部拆光。

预紧缆就是将上述工序沿全长反复进行的过程，直至把索股群大致整成圆形为止。

（三）正式紧缆

正式紧缆是用专用的紧缆机把主缆整成圆形，并达到所规定的空隙率，其作业一般在白天进行。正式紧缆是由跨中向索鞍方向进行的。

作业顺序及要点：正式紧缆的作业程序如图 7-34 所示。紧缆机在主缆上安装

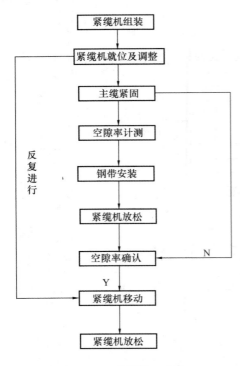

图 7-34 紧缆施工程序

之前要进行试拼、试机，然后由塔顶吊机吊至塔顶，利用简易天车将紧缆机部件运到各跨中点进行拼装，紧缆机组装完毕后，调整紧缆机轴线和主缆中心吻合及紧缆机的左右平衡。

紧缆机的移动由简易缆索天车进行。紧缆机移动时，天车倾斜的场合用平衡重进行调整。

采用紧缆机进行主缆加固时，首先启动紧缆机左右液压千斤顶，当紧缆机轴线和主缆中心线重合后，再启动其他 4 台千斤顶，协调好 4 台千斤顶的顶进速度，当 6 台千斤顶达到同样冲程后，一起联动加压。加压过程中注意保持将近相同的油压，另外还应注意保持钢丝的平行，不能出现里外窜动和交叉现象，若出现这种情况要及时纠正。

在紧缆过程中值得注意的是：由于主缆直径偏大或偏小都会影响索夹的安装，因此应严格控制空隙率的大小，使其符合要求。关于空隙率的要求及测定方法，请参阅有关专业书籍。

九、索夹安装

（一）索夹安装

紧缆完成后，把猫道改吊于主缆上，然后进行形状计测，根据计测的结果，把索夹安装位置在主缆上做出标记，索夹如图 7-35 所示。索夹的安装是由跨中向

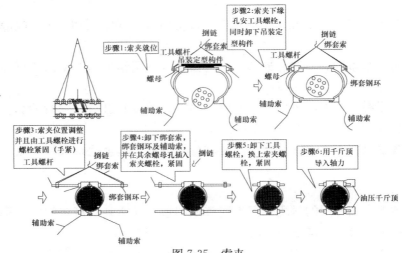

图 7-35 索夹

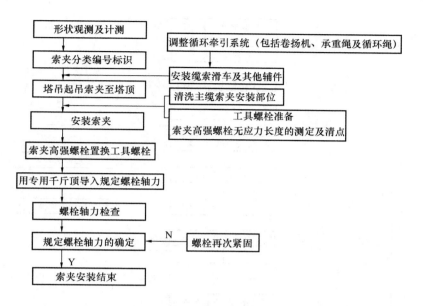

图 7-36　索夹安装施工程序

塔顶进行，边跨是由散索鞍向塔顶进行。索夹安装施工程序如图 7-36 所示。

（二）索夹安装要点

（1）检测：主索紧缆完成后，在温度均衡、主缆摆动最小时复测主缆的中心位置、索塔和索鞍偏移量，并做好记录，以此确定空缆状态下索夹的中心位置。

（2）定位：根据计算结果，利用全站仪在地面拔角观测，利用已搭设工作平台在主缆上精确标记出索夹中心点位置。标识完成后，标记位置再用全站仪复测，进行确认。

（3）安装：索夹安装之前，清除索夹处主缆表面的油污、灰尘和水分等污物，涂上防锈漆。索夹采用汽车吊安装就位，由跨中、散索套向塔顶方向逐只安装。

（4）索夹螺栓紧固：索夹安装的关键是螺栓的紧固，分二次进行，索夹就位时采用人工扭力扳手对称地旋紧索夹螺栓；然后安装螺栓紧固千斤顶及撑脚，按设计要求对索夹螺栓施加预紧力后，使用扳手拧紧撑脚内的索夹螺母。紧固螺栓时要对称进行，先中间后两侧，保证同一索夹各螺栓受力均匀，并按吊索张拉过程中的 4 个荷载阶段对索夹螺栓进行复紧，补足轴力，同时记录每次紧固的数据并存档。桥面铺装后，对索夹螺栓再次全面复紧。

十、吊索架设

（一）架设程序

吊索由塔顶吊机提到索塔顶部，在各塔顶用简易缆索天车把吊索从放丝架上一边放出一边吊运到架设地点。在架设地点，预先在猫道上开孔。在开孔部位，把吊索沿导向滚筒设置，吊索锚头从开孔处落下，由缆索天车移动就位，其架设程序如图 7-37 所示。

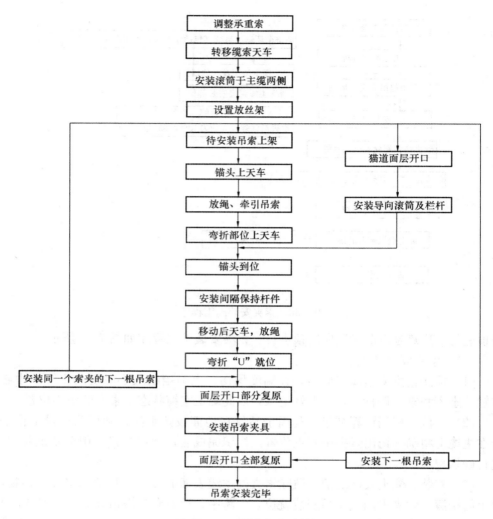

图 7-37　吊索架设程序

（二）架设要点

准备工作，重新调整原天车承重索的垂度，以便吊索的安装操作。用塔顶吊机移动天车位置，使每个工作点有两台缆索天车。

吊索的搬运，用车把吊索运到塔基部位；用塔顶吊机把吊索运到上系梁或塔顶平台上临时存放，存放数量不宜过多，以免影响工作空间；用塔顶吊机把吊索卷筒放在放丝架上；解开卷筒上的吊索，引出吊索的两个锚头，分别用钢丝绳绑套挂于前面缆索天车的捯链上；操作放丝架上的控制装置，一边放绳一边让天车牵引吊索前移；在吊索"U"形弯折部位的两个锥形铸铁上绑套钢丝绳，分别挂于后方缆索天车的捯链上；同时牵引移动两台缆索天车，把吊索运到架设位置，如图 7-38 所示。

安装工艺，运输吊索的同时，在安装地点剪开猫道面层，形成 80cm×80cm的方形开口，在开口靠近塔的一边，设置吊索就位用的导向滚筒，其余三方设置

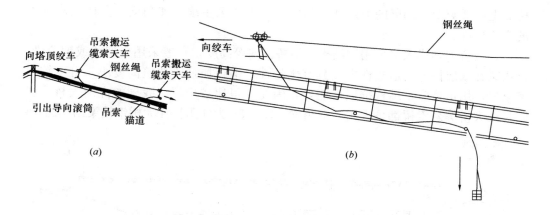

图 7-38 吊索运送、就位

可移动的钢管栏杆；吊索锚头到达安装地点后从天车上卸下，把两个锚头分别置于主缆两侧，在两个锚头间安装间隔保持构件，然后从猫道面层开口处沿导向滚筒往下放；移动后方天车，同时放绳；后方天车到位后，放松捯链，把吊索的弯折部位骑置于索夹鞍部；吊索弯折部位的中心标记与主缆的天顶标志吻合后，解下捯链及钢丝绳；安装同一个索夹的下一根吊索；猫道开口部分复原；安装吊索夹具，并防止夹具下掉，最后使猫道开口全部复原。

十一、编制方案（实训）

索塔与主缆施工

十二、习题

1. 填空题

（1）猫道是供主缆架设，（　　）、索夹安装，吊索以及主缆防护用的空中作业脚手架。

（2）根据索塔的规模、结构形式和架桥地点的地理环境以及经济性等，钢索塔的施工可选用（　　）、塔吊和（　　）三种有代表性的施工架设方法。

2. 问答题

（1）主索鞍施工程序？

（2）主缆架设要求？

任务 4 加 劲 梁 施 工

任务目标：

学生能够掌握悬索桥的加劲梁施工。

一、加劲梁的特点

加劲梁的主要功能是提供桥面和防止桥面发生过大的挠曲变形和扭曲变形。

桥面上的活载及加劲梁的恒载通过吊索和索夹传至主缆。加劲梁是受横向水平力的主要构件。

悬索桥加劲梁大多采用钢结构，沿桥纵向等高度，一般采用桁架梁或钢箱梁。钢桁梁在双层桥面的适应性方面具有优越性，钢箱加劲梁建筑高度小，自重较桁架梁轻，用钢量省，结构抗风性能好，因此用得比较广泛。我国的虎门大桥、江阴长江大桥等悬索桥都是采用的钢箱梁。图 7-39 为江阴长江大桥钢箱梁结构图。

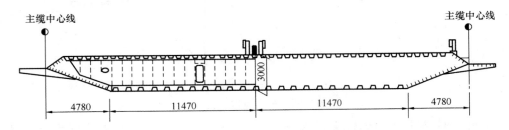

图 7-39　江阴长江大桥钢箱梁结构图（单位：mm）

加劲梁架设的主要工具是缆载起重机。架设顺序可以从主跨跨中开始，向桥塔方向逐段吊装；也可以从桥塔开始，向主跨跨中及边跨岸边前进。

以往加劲梁多用钢桁架，其架设方式也像钢桁架桥那样，从桥塔开始向主跨跨中和岸边逐段吊装。在每一梁段拼好以后，立即将其与对应的吊索相连，使其自重由吊索传给主缆。对于三跨悬索桥而言，一般需要四台缆载起重机，分别从两塔各向两个方向前进。边跨和主跨的跨径比，各桥不同，为了使塔顶纵向位移尽可能小，对于当主跨拼成多段时，边跨应拼几段，应该进行推算。

从桥塔开始吊的优点是施工比较方便，缺点是桥塔两侧的索夹首先夹紧，此时主缆形状与最终几何线形差别最大，因而主缆中的次应力较大。汕头海湾大桥就是采用这种方式，如图 7-40 所示。海湾大桥混凝土加劲箱梁主跨有 73 段，边跨各 24 段，首先将预制段从预制场纵、横移下海，用铁驳浮运到主跨主缆下定位，用锚固在主缆索夹上的 800kN 缆载吊机垂直起吊安装。每安装一梁段之后，吊机向前移 6m，锚固到下一对索夹上，做下一梁段的吊装准备。吊装时，采用四点吊装法。

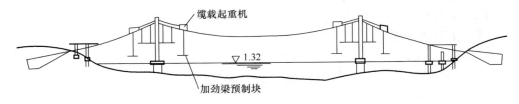

图 7-40　汕头海湾大桥吊装加劲梁

当加劲梁的重力逐渐作用到主缆上，主缆将产生较大的位移，改变原来悬链线的形状，所以在吊装过程中上缘一般都顶紧而下缘张开，直至全部吊装完毕下缘才闭合。如果强制使下缘过早闭合，结构或其连接件有可能因强度不够而破坏。合理的做法应该是：在架设的开始阶段，使各梁段在上缘铰接，而使下缘张开。

这些上缘铰接的梁段应具备整体以横向抗弯抵抗横向风荷载的能力。待到一部分梁段业已到位，主缆线形也比较接近最终线形时，再将这一部分梁段下缘强制闭合，当然必须通过施工控制确认此时闭合是结构和其连接件都能够承受的。

英国 1966 年建成的塞文桥梁段吊装是从跨中开始，向桥塔方向前进。如果边跨较长，为避免塔顶产生过大的纵向位移，应从两岸向桥塔方向同时吊装边跨梁段，如图 7-41 所示。这种吊装次序的优点是：在架设桥塔附近的加劲梁段时，主缆线形已非常接近最终几何形状，此时将桥塔附近的索夹夹紧，主缆的永久性角位最小。虎门大桥（边跨无加劲梁）主跨 39 个梁段，其吊装次序就是先吊跨中段，再从跨中对称向两桥塔前进，直至合龙。

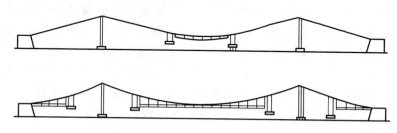

图 7-41 跨中开始吊装

二、钢桁加劲梁施工

以北盘江大桥主桥主梁采用钢桁加劲梁施工为例，如图 7-42 所示，由钢桁架和桥面系等组成。加劲梁通过吊索与主缆相连，吊索标准间距为 7m，钢桁梁高 5m，宽 28m，由主桁架、横梁和上下平面纵向连接系等组成。桥面系为正交异性钢桥面板，桥面板高度为 80cm。

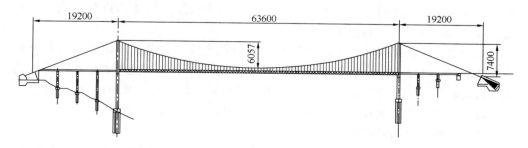

图 7-42 北盘江大桥布置图

钢桁梁及桥面板均采用缆索吊机进行吊装作业，先吊装钢桁梁，吊装完毕后再安装桥面板。总体吊装顺序从跨中开始，先吊装跨中节段，然后自跨中向两塔方向对称吊装。钢桁梁全桥共 45 个吊装节段，跨中节段长 19.08m，标准节段为 14m，端节段为 13.46m，最大吊装重量为 136t。桥面板全桥共 45 个吊装节段，跨中段为 15.4m，标准节段为 14m，端节段为 10.2m，最大吊重 109t。

（一）加劲梁的拼装及运输

由于受地形及运输条件的限制，北盘江大桥钢桁梁及桥面板吊装节段除跨中段钢桁梁在西岸主塔前沿空地上进行拼装外,其余节段均在两岸引桥路基上进行现场拼装。拼装完成后利用运梁平车进行拼装节段运输。由于钢桁梁及桥面板横向宽度为28m,远大于路基宽度,在拼装时按拼装节段旋转90°后的方向进行,拼装完成后通过运梁平车上的液压旋转装置将钢桁梁节段旋转90°至安装方向后运输至起吊平台,进入吊装工作阶段。

1. 钢桁梁的拼装

钢桁梁的拼装在两岸引桥端路基上进行,各杆件在工厂加工完成后运至工地现场进行拼装,各杆件之间均采用高强螺栓连接。在两岸引桥路基上设置钢桁梁拼装场,浇筑混凝土墩做拼装台座,在混凝土台座上进行钢桁梁的拼装。钢桁梁杆件拼装顺序:主桁下弦杆→横梁下弦杆→下平联→横梁腹杆→主桁腹杆→主桁上弦杆→横梁上弦杆→上平联。在拼装时,先采用冲钉与普通螺栓进行各构件之间的定位,全部杆件拼装完成后进行几何外观测量检测,符合设计标准及规范后才能进行高强螺栓的连接。台座上的钢桁梁拼装为单个吊装梁段的拼装,单个吊装节段拼装完成并检验合格后,利用两台80t龙门吊进行转运存放,再进行下一节段的拼装。钢桁梁梁段拼装顺序与吊装顺序一致。

2. 桥面板的拼装

桥面板为正交异性钢桥面板,将每块桥面板划分成若干小块,各小块在工厂加工完成后运至工地现场,再进行现场的整体拼装,单块板内各构件之间均采用焊接与高强螺栓相结合的组合连接形式。拼装完成后采用与钢桁梁节段运输相同的方法将桥面板运送至起吊平台进行吊装。

3. 高强螺栓安装

北盘江大桥钢桁梁杆件之间的连接以及桥面板板块之间连接均采用高强螺栓进行,全桥共56万套型号各异的高强螺栓连接副。在进行高强螺栓安装之前采用冲钉以及普通螺栓进行各构件之间的定位,待每个拼装节段整体拼装完成并满足设计规范要求后再进行高强螺栓的安装。

对于每一个连接接头,先用临时螺栓或冲钉定位,为防止损伤螺纹引起扭矩系数的变化,严禁将高强螺栓作为临时螺栓使用。对于一个接头来说,临时螺栓或冲钉的数量原则上应根据该接头可能承担的荷载计算确定,并应符合下列规则:

(1) 不得少于安装螺栓总数的1/3,防止构件偏移;

(2) 不得少于两颗螺栓;

(3) 冲钉穿入的数量不宜多于临时螺栓的30%,目的是加大对板叠的压紧力。

(二) 钢桁加劲梁的安装

1. 加劲梁的吊装

北盘江大桥加劲梁均采用缆索吊机进行安装。缆索吊装系统跨径636m,设计最大吊重160t,重载垂度1/15,承重主索由24根强度等级为1860MPa的φ52mm钢丝绳组成,锚固在两岸锚碇上,上下游各一台跑车,两岸均设置起重和牵引卷扬机。缆索吊装系统安装完毕后进行试吊检验后方可进行梁段的吊装。

在两岸主塔前沿(靠跨中方向)搭设起吊工作平台,除跨中段钢桁梁外的其余所有梁段均在此平台上进行起吊。起吊平台由贝雷桁架组成，前端支撑在 1 号吊索上。

运梁平车将吊装梁段运至起吊工作平台后，将吊装梁段扣挂在缆索吊机的吊架上并进行吊装。为保证吊装的安全，在起吊时设置后浪风索，待吊装梁段完全吊起并自由悬空稳定后松开后浪风索，启动牵引卷扬机将梁段吊装到位进行安装。

钢桁梁吊装顺序由跨中开始，然后由跨中向两塔对称吊装。钢桁梁端节段吊装时，需先拆除起吊平台然后进行梁段的安装，并预先设置好临时支座，临时支座需保证主梁因温差引起的纵向伸缩位移。至此，完成整个钢桁梁的吊装工作。桥面板吊装方法与钢桁梁一致。

2. 钢桁梁吊装时的连接

钢桁梁安装时，由于其主缆线形还未达到成桥状态，且主缆线形因荷载的变化会产生局部变形，主梁线形在吊装过程中不断变化，为便于钢桁梁的安装，并提高主梁整体横向稳定性，在钢桁梁上弦接头处设置固定铰，如图 7-43 所示，下弦不连接。

吊装期间，为控制桥塔的不平衡受力和索塔偏移量，在梁段吊装

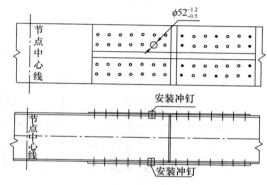

图 7-43　固定铰设置示意图

过程中，根据监测索塔偏移情况，分次对塔顶主索鞍实施顶推，确保塔的受力安全。

3. 钢桁梁标高控制

加劲梁标高的控制，直接关系到成桥后桥面线形是否符合设计要求，是施工控制主要目标之一。

要控制好加劲梁标高，首先在空缆完成后，将全桥吊杆与主缆相交点作为控制点，分别测出上下游每根吊杆所在位置的主缆线形，根据主缆线形实测数据由实时反馈分析系统精确确定吊杆的无应力下料长度。另外，在加劲梁吊装阶段，对每节段已吊装加劲梁上下游及两端标高进行实测，测量的时间也最好放在次日凌晨日出前 1h，根据实测结果，对相应的一些参数进行识别和修正，并同时观测两主塔塔顶向跨中的位移偏量，根据塔顶位移偏量确定顶推时间和顶推量，且随时根据实测塔顶位移偏移量对实测加劲梁标高进行修正，确保每一节段加劲梁吊装标高符合设计及施工规范要求。

三、钢筋混凝土加劲梁施工

以飞凤大桥施工为例，如图 7-44 所示。

自锚式悬索桥加劲梁由纵梁、横梁、端横梁及现浇钢筋混凝土桥面板等组成，结构布置如图 7-45 所示。

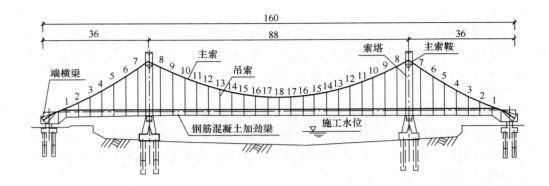

图 7-44 飞凤大桥主桥立面示意图（单位：m）

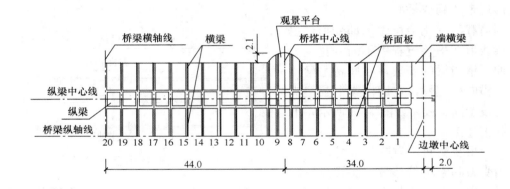

图 7-45 钢筋混凝土加劲梁 1/4 平面结构布置（单位：m）

钢筋混凝土加劲梁总体施工顺序为：先端横梁，后纵梁，再横梁和桥面板。

（一）端横梁施工

端横梁属大体积混凝土，在其体内预埋主缆锚箱。施工时，要严格按大体积混凝土的要求进行施工，并确保锚箱位置的准确。为避免地基变形而造成端横梁在靠近墩身处发生斜向裂纹，须确保混凝土在初凝时间内灌注完毕。混凝土达到设计强度的 90% 以上后，张拉端横梁竖向预应力束。

（二）纵梁、横梁及桥面板施工

纵梁、横梁及桥面板实际上是一个整体结构的不同受力部位。纵梁是指不含翼缘板的箱体，横梁是指两纵梁外侧的 T 形挑梁及两纵梁内侧之间的 T 形梁，桥面板是指纵梁与横梁之间现浇 22cm 厚的实心混凝土板。

根据现场施工条件、人力机具投入及混凝土梁结构受力特点，将 160m 长纵梁以两索塔为分界点分成中跨及两边跨三段，并在两索塔处各预留 8.0m 长的龙口，分 3 次独立施工后选定合龙温度进行合龙；同时将横梁及桥面板按桥纵轴线方向顺序分成 7 次施工，前 6 次均为 6 道横梁及对应桥面板，最后 1 次为剩余的 3 道横梁及对应桥面板。

1. 纵梁施工

根据桥位处地质水文情况及航道方面要求，纵梁采用梁柱式支架法现浇施工。全桥支架对应施工梁段的划分，同样以两主塔为界分成三段。梁部采用贝雷桁架；水中采用 55cm 预应力钢筋混凝土管桩基础，陆上采用明挖基础；在主墩承台处，采用 700mm、壁厚 10mm 的钢管桩作支墩。

管桩采用两艘小船组拼的小型柴油打桩机施打，支架搭设采用浮吊施工。纵梁支架搭设完毕后，采用纵梁、横梁及桥面板累计重量的 120% 作为加载荷重进行预压。支架预压完毕后，在其顶面安装纵梁底模。先施工跨中段，后依次施工两边跨段。三段分别施工完毕后，选定在夜间最低温度进行合龙。横梁、桥面板施工完毕，同时纵梁强度达到设计的 90% 以上后，张拉纵梁纵向预应力束。

2. 横梁及桥面板施工

横梁及桥面板的支架搭设是充分利用已浇筑好的纵梁作为施工支架的支承平台。纵梁上、下游对称位置浇筑完成后，在其顶面采用双排贝雷桁架拼装通长吊梁，长度为 33m；两纵梁中间处采用双排贝雷桁架拼装支撑横梁，两纵梁外侧利用 2I45 型钢作吊模梁，支撑横梁及吊模梁利用 ϕ32mm 精轧螺纹钢筋通过 2 [20 型钢扁担梁与贝雷吊梁相连。横梁支架布置详如图 7-46 所示。

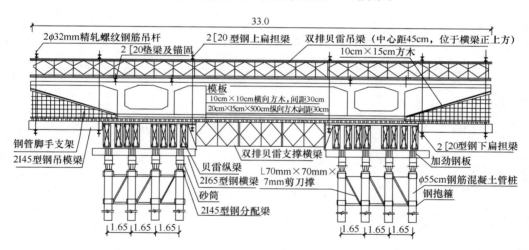

图 7-46　横梁现浇支架示意图（单位：m）

相邻位置混凝土施工时，先浇筑横梁，后浇筑桥面板，均采用 C50 泵送混凝土。横梁施工时要确保吊索锚垫板及钢导管的预埋位置准确。强度达到设计的 90% 以上后，张拉横梁预应力束（含压浆、封端）。

四、编制方案（实训）

1. 确定加劲梁的架设；
2. 确定加劲梁的架设安全措施；
3. 在实训室模拟悬索桥施工。

五、习题

（1）悬索桥加劲梁大多采用钢结构，沿桥纵向等高度，一般采用（　　）或钢箱梁。

（2）（　　）架设的主要工具是缆载起重机。架设顺序可以主跨跨中开始，向桥塔方向逐段吊装；也可以从（　　）开始，向主跨（　　）及边跨岸边前进。

项目8　桥面及其附属工程施工

学习要点：

1. 支座安装；
2. 桥面伸缩装置的分类及结构特点；
3. 桥面防水的构造和技术要求；
4. 桥面铺装的构造和技术要求；
5. 附属工程的组成与构造要求。

任务1　支　座　安　装

任务目标：

1. 学生能够掌握支座安装；
2. 学生能够掌握不同类型支座安装注意事项。

一、板式橡胶支座的安装

板式橡胶支座用于反力较小的中小跨径桥梁，如图8-1所示。板式橡胶支座在安装前的检查和力学性能检验，包括支座长、宽、厚、硬度、容许荷载、容许最大温差以及外观检查等，如不符合设计要求，不得使用。支座安装时，支座中心应对准梁的计算支点，必须使整个橡胶支座的承压面上受力均匀。安装时应注意下列事项：

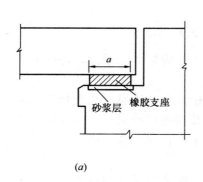
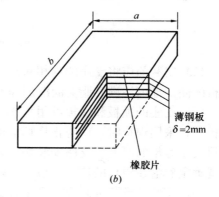

图 8-1　板式橡胶支座

（1）支座下设置的承垫石，混凝土强度应符合设计要求，顶面标高准确、表面平整，在平坡情况下同一片梁两端支承垫石水平面应尽量处于同一平面内，其相对误差不得超过 3mm，避免支座发生偏斜、不均匀受力和脱空现象。

（2）安装前应将墩、台支座支垫处和梁底面清洗干净，去除油污，用水灰比 1∶3 的水泥砂浆抹平，使其顶面标高符合设计要求。

（3）支座安装尽可能安排在接近年平均气温的季节里进行，以减少由于温差变化大而引起的剪切变形。

（4）当墩台两端标高不同，顺桥向有纵坡时，支座安装方法应按设计规定安装。

（5）梁板安放时，必须细致稳妥，使梁、板就位准确且与支座密贴，就位不准或支座与梁板不密贴时，必须吊起，采取措施垫钢板和使支座位置限制在允许偏差内，不得用撬棍移动梁、板。

二、盆式橡胶支座安装

盆式支座用于反力较大的大跨径桥梁，如图 8-2 所示。盆式橡胶支座顶、底面积大，支座下埋设在墩顶的钢垫板面积也较大，浇筑墩顶混凝土必须密实。盆式橡胶支座的规格和质量应符合设计要求，支座组装时其底面与顶面（埋置于墩顶和梁底面）的钢垫板，必须埋置密实。垫板与支座间平整密贴，支座四周探测不得有 0.3mm 的缝隙，严格保持清洁。活动支座的聚四氟乙烯板和不锈钢板不得有刮伤、撞伤。氯丁橡胶板块密封在钢盆内，安装时应排除空气，保持紧密。施工时应注意下列事项：

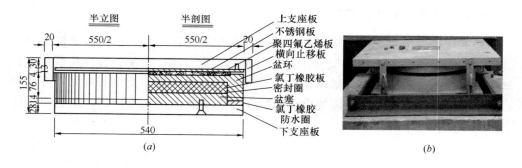

图 8-2　盆式橡胶支座（单位：cm）

（1）安装前应将支座的各相对滑移面用酒精或丙酮擦洗干净，擦净后在四氟滑板的储油槽内注满硅脂类润滑剂并保洁。

（2）支座的顶板和底板可用焊接或锚固螺栓接在梁体底面和墩台顶面的预埋钢板上；采用焊接时，应防止烧坏混凝土；安装锚固螺栓时，其外露螺杆的高度不得大于螺母的厚度；支座安装顺序，宜先将上座板固定在大梁上，然后根据其位置确定底盆在墩台的位置，最后予以固定。

（3）支座的安装标高应符合设计要求，中心线要与梁的轴线重合；水平最大位置偏差不大于 2mm。

（4）安装固定支座时，上下各部件的纵轴线必须对正；安装活动支座时上下纵轴线必须对正，横轴线应根据安装时的温度与年平均温度的差，由计算确定其错位的距离；支座的上下导向挡块必须平行，最大偏差的交叉角不得大于 5°。

三、球形支座

球形支座各向转动性能一致，如图 8-3 所示。适用于弯桥、坡桥、斜桥、宽桥及大跨径桥，球形支座无承重橡胶块，特别适用于低温地区。

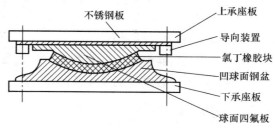

图 8-3　球形支座

（1）支座出厂时，应由生产厂家将支座调平，并拧紧连接螺栓，以防止支座在安装过程中发生转动和倾覆。支座可根据设计需要预设转角及位移，但施工单位应在订货前提出预设转角及位移量的要求，由生产厂家在装配时预先调整好。

（2）支座安装前方可开箱，并检查装箱清单，包括配件清单、检验报告复印件、支座产品合格证书及支座安装养护细则。施工单位开箱后，不得任意转动连接螺栓，并不得任意拆卸支座。

（3）支座安装还应注意下列事项：

1）支座开箱并检查清单及合格证。

2）安装支座板及地脚螺栓：在下支座板四周用钢楔块调整支座水平，并使下支座板底面高程符合设计要求，找出支座纵、横向中线位置，使之符合设计要求。用环氧砂浆灌注地脚螺栓孔及支座底面垫层。

3）环氧砂浆硬化后，拆除支座四角临时钢楔块，并用环氧砂浆填满抽出楔块的位置。

4）在梁体安装完毕后，或现浇混凝土梁体形成整体并达到设计强度后，在张拉梁体预应力之前，拆除上、下支座连接板，以防止约束梁体正常转动。

5）拆除上、下支座连接板后，检查支座外观，并及时安装支座外防尘罩。

6）当支座与梁体及墩台采用焊接连接时，应先将支座准确定位后，用对称间断焊接，将下支座板与墩台上预埋钢板焊接，焊接时应防止烧伤支座及混凝土。

四、编制方案（实训）

根据不同桥型选择支座进行支座安装。

五、习题

1. 填空题

（1）板式橡胶支座在安装前的检查和力学性能检验，包括支座长、宽、厚、（　　）、容许荷载、容许最大温差以及外观检查等。

（2）盆式橡胶支座顶、底面积大，支座下埋设在墩顶的钢垫板面积也较大，浇筑墩顶混凝土必须（　　）。

2. 问答题

（1）板式橡胶支座安装注意事项？

    （2）盆式橡胶支座安装注意事项？

    （3）球形支座安装注意事项？

任务 2   桥面及其附属工程施工

任务目标：

    1. 学生能够掌握桥面及附属工程施工技术；

    2. 学生能够掌握施工质量控制。

一、伸缩装置

（一）梳形钢板伸缩装置

    梳形钢板伸缩装置是由梳形板、锚栓、垫板、锚板、封头板及排水槽等组成，有的还在梳齿之间填塞合成橡胶，以起防水作用。图 8-4 为一梳形钢板伸缩装置的构造实例。

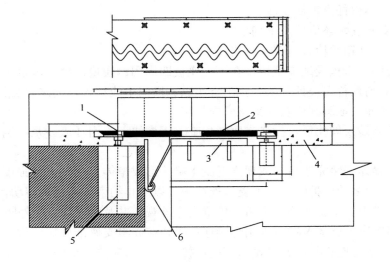

图 8-4   梳形钢板伸缩装置

1—封头板；2—垫板；3—锚板；4—C40 混凝土；5—锚栓；6—排水槽

    安装梳形钢板伸缩装置时，应首先按设计高程将锚栓预埋入预留孔内，然后焊接锚板，并调整封头板使之与垫板齐平，最后再安装梳形板和浇筑混凝土。

    安装程序为：桥面整平铺装→切缝→缝槽表面清理→将构件放入槽内→用定位角铁固定构件位置及高程→布设焊接锚固筋，在混凝土接缝表面涂底料→浇筑树脂混凝土→及时拆除定位角铁→养护→填缝→结束。

    安装时要将构件固定在定位角铁上，以保证安装精度，并应防止产生梳齿不平、扭曲及其他变形，要严格控制好梳齿间的横向间隙。构件的位置固定好后，可进行锚固系统的树脂混凝土浇筑，为使锚固系统牢固可靠，要配置较多的连接筋及钢筋网，这将给混凝土的浇筑带来不便，故浇筑混凝土时要认真细致，尤其对角隅周围的混凝土一定要振捣密实，不得有空洞。为使混凝土中的空气能顺利排出，可在钢梳齿根部钻适量 ϕ20mm 的小孔。混凝土浇筑完成后，应及时将定位角铁拆除，以保证伸缩装置在温度变化时能自由伸缩。

（二）滑动钢板伸缩装置

滑动钢板伸缩装置，一侧用螺栓锚定牵引板，另一侧搁置在桥台边缘处的角钢上，角钢与牵引板间设置滑板，用钢板的滑动适应结构的伸缩。缝间可填充压缩材料或加设盖板，滑动钢板通过橡胶垫块始终紧压在护缘角钢上，这样既消除了不利的拍击作用，又显著减小了车辆的冲击作用。

（三）橡胶伸缩装置

橡胶伸缩装置是指伸缩体采用橡胶构件的伸缩装置。伸缩体所用的橡胶有良好的耐老化、耐气候和抗腐蚀的性能。

使用温度范围：

氯丁胶型（普通型）：$-25 \sim +60℃$；

三元乙丙胶型（耐寒型）：$-45 \sim +60℃$；

橡胶硬度（邵氏硬度）：$50 \pm 5 \sim 60 \pm 5$；

伸缩体两端固定用 A3 号钢。

纯橡胶伸缩装置有空心板型、W 型或 M 型。这类装置具有构造简单、伸缩性好、防水防尘、安装方便、价格低廉等优点，伸缩量为 30～50mm，一般用于低等级公路的中小桥梁。

空心板型橡胶伸缩装置，是指利用橡胶富有弹性和耐老化特性，将其嵌入型钢制成的槽内，使橡胶在气温升降变化时始终保持受压状态的伸缩装置。根据伸缩量不同的需要做成两孔或三孔的形式，如图 8-5 所示。施工安装程序如图 8-6 所示。

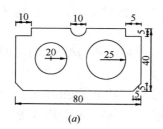
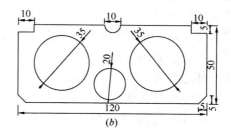

图 8-5   空心板型橡胶伸缩装置（单位：cm）

1. 安装准备

如图 8-6（a）所示，清理梁端、顶面凿毛、冲洗，各梁伸出不齐者应予以修整，以利设置端模板。

2. 立端模板

如图 8-6（b）所示，两端模板要用小木楔挤紧。木楔横桥向尺寸应尽量小，以使其在梁伸出时能被挤碎，缩短时可自由脱落，模板由下面设法取出。模板应尽量薄，顶端削成 45°角，楔子应打入适当深度，使其顶部不阻碍胶条压缩时向下凸变。

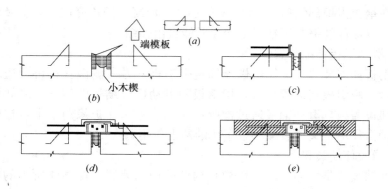

图 8-6 空心板型橡胶伸缩装置施工安装程序

3.左侧型钢定位

如图 8-6（c）所示，将左侧型钢组件焊好后，按设计要求用定位钢筋点焊于架立钢筋上，然后将胶条相互接触的表面进行除锈去油污等清理工作。

4.涂胶、对合、加压、右侧型钢定位

如图 8-6（d）所示，右侧型钢与胶条相互接触的表面除锈去油污，并将橡胶伸缩条两侧胶面打毛，然后涂以"202"或"203"胶水，立即对合，用特别夹具加压至计算的安装定位值后，与左侧同样方法点焊定位。定位完毕拆除所有夹具。

5.浇筑混凝土

如图 8-6（e）所示，定位完毕，伸缩装置两侧各浇筑 50cm 的 C30 混凝土，并注意养护。

（四）模数式伸缩装置

模数式伸缩装置的橡胶件，一般起防水、防尘、密封等作用。模数式伸缩装置必须在工厂组装，按照用户提供施工安装温度定位，固定后出厂，若施工安装时温度有变化，一定要重新调整定位后再安装就位。

（1）伸缩装置由异形钢梁与单元橡胶密封带组合而成的称为模数式伸缩装置。它适用于伸缩量为 80～1200mm 的桥梁工程。

（2）伸缩装置中所用异形钢梁沿长度方向的直线度应满足 1.5mm/m，全长应满足 10mm/10m 的要求。伸缩装置钢构件外观应光洁、平整，不允许变形扭曲。

（3）伸缩装置必须在工厂进行组装。组装钢构件应进行有效的防护处理。吊装位置应用明显颜色标明。出厂时应附有效的产品质量合格证明文件。

（4）伸缩装置在运输中应避免阳光直接暴晒，雨淋雪浸，并应保持清洁，防止变形，且不能与其他物质相接触，注意防火。

（5）伸缩装置施工安装时应注意下列事项：

1）要按照设计核对预留槽尺寸，预埋锚固筋若不符合设计要求，必须首先处理，满足设计要求后方可安装伸缩装置。

2）伸缩装置安装之前，应按照安装时的气温调整安装时的定位值，用专用卡具将其固定。

3）安装时，伸缩装置的中心线与桥梁中心线重合，并使其顶面高程与设计高程相吻合，按桥面横坡定位、焊接。

4）浇筑混凝土前将间隙填塞，防止浇筑混凝土把间隙堵死，影响伸缩，并防止混凝土渗入模数式伸缩装置位移控制箱内，也不允许将混凝土溅填在密封橡胶带缝中及表面上，如果发生此现象，应立即清除，然后进行正常养护。

5）待伸缩装置两侧混凝土强度满足设计要求后，方可开放交通。

（五）弹塑体材料填充式伸缩装置

填充式伸缩装置是由高黏弹塑性材料和碎石结合而成的。其中 TST 类黏弹性结合材料最具代表性，其特点是在高频的作用下（如冲击、振动）呈现的是高弹性，在低频作用下（如温度作用下的伸缩、自然状态下的徐变）则呈现的是可塑性，就物理性能而言其优于沥青。构造如图 8-7 所示。TST 碎石弹性伸缩缝应按设计要求设置，弹塑体材料物理性能应符合有关规定，产品应附有效的合格证书。弹塑体材料加热熔化温度应按要求严格控制。主层石料压碎值不大于 30%，扁平及细长石料含量少于 15%～20%，石料使用前应清洗干净。其加热温度控制在100～150℃。风力大于 3 级，气温低于 10℃ 及有雨时不宜施工。施工可采用分段分层浇灌铺筑法，亦可采用分段分层拌合铺筑法。

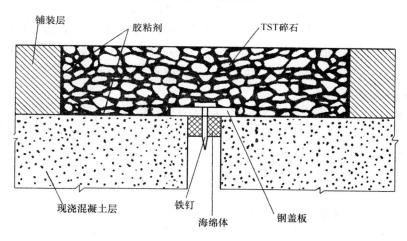

图 8-7　TST 碎石弹性伸缩缝构造

（六）复合改性沥青填充式伸缩装置

（1）伸缩体由复合改性沥青及碎石混合而成。适用于伸缩量小于 50mm 的中、小跨径桥梁工程，适用温度 −30～70℃。应按设计要求设置。

（2）复合改性沥青应符合产品有关规定，其加热熔化温度要控制在 170℃以内。

二、桥面防水与排水

（一）卷材防水层

热铺卷材防水层，应采用石油沥青油毡、沥青玻璃布油毡、再生胶油毡等。铺贴石油沥青卷材，必须使用石油沥青胶结材料；铺贴焦油沥青卷材，必须使用胶油沥青胶结材料。

防水层所用的沥青，其软化点应较基层及防水层周围介质的可能最高温度高出 20～25℃，且不低于 40℃。沥青胶结材料的加热温度，应符合国家相关标准的规定。耐酸沥青胶采用角闪石粉、辉绿石粉、石英钟英粉或其他耐大碱矿物粉为填充料。

底板卷材的防水层用垫层混凝土侧墙作为基层。基层必须牢固、平整、洁净；铺贴卷材前应尽量干燥；基层表面的阴阳角处，均应做成圆弧形或钝角。

铺贴卷材前，表面应用基层处理剂满涂铺匀，待基层处理剂干燥后方可铺贴卷材。卷材铺贴应符合下列规定：

（1）卷材铺贴前应保持干燥，并应将表面的云母、滑石粉等清除；

（2）卷材搭接长度，长边不应小于 10cm，短边不应小于 15cm；上下两层和相邻两幅卷材的接缝相互垂直；

（3）粘贴卷材的沥青胶厚度，一般为 1.5～2.5mm，不得超过 3mm；

（4）在转角处，卷材的搭接缝应留在底面上距侧墙不小于 60cm 处；

（5）在底板和墙角面处的卷材防水层，应在铺设前先将转角抹成钝角或圆弧形，铺设时并应在防水层上加铺附加层，附加层除一般可采用两层同样的油毡或一层外，应加一层沥青玻璃布油毡或金属片予以加固；

（6）粘贴卷材应展平压实，卷材与基层和各层卷材间必须粘结紧密，并将多铺的沥青胶结材料挤出，搭接缝必须封缝严密，防止出现水路；粘贴完最后一层卷材后，表面应再涂一层厚为 1～1.5mm 的热沥青胶结材料。

（二）涂料防水层

涂料防水层是在混凝土结构表面上涂刷防水材料以形成防水层或附加防水层。防水涂料可使用沥青胶结材料或合成树脂、合成橡胶的乳液或溶液。在较潮湿的基面上涂刷防水涂料时，应采用湿固型涂料或乳化沥青、阳离子氯丁乳化沥青等亲水性涂料。涂料防水层施工前的基层表面必须平整、密实、洁净。

沥青胶结材料防水层施工的规定：

（1）基层表面应涂满基层处理剂，并宜使其干燥；

（2）沥青胶结材料防水层一般涂两层，每层厚 1.5～2.0mm；

（3）沥青胶结材料所用沥青的软化点、加热温度和使用温度，可参照卷材防水层；

（4）沥青胶结材料防水层施工温度不得低于－20℃，如温度过低，必须采取保温措施。在炎热季节施工时，应采取遮阳措施，防止烈日暴晒及沥青流淌。

合成树脂或合成橡胶乳液、溶液防水涂料施工的规定：

（1）乳液或溶液防水涂料的配合比应按照设计规定或涂料说明书办理，配制时应搅拌均匀。

（2）防水涂料可用手工抹压、涂刷或喷涂，厚度应均匀一致，每道涂料厚度应按不同涂料确定，一般为 1.0～3.0mm。

（3）第一层涂料涂刷完毕，必须干燥结膜后方可涂刷下一层，一般涂刷 2～3层。涂刷第一层时必须与混凝土密实结合，不得夹有空隙。

（4）涂料中如配合有挥发性溶剂时，应在 3～4h 内完成。

（5）涂料防水层中夹有玻璃丝布等夹层时，应在涂刷一遍涂料后，逐条紧贴玻璃丝布并扫平、压紧，使胶结料吃透布面。涂贴应均匀，不得有起鼓、翘边、皱折、流淌等现象。玻璃丝布搭接要求，可参照卷材防水层处理。

（6）当采用水乳型橡胶沥青时，施工时最低气温不低于＋5℃，雨天及大风天不得施工。

（三）水泥砂浆防水层

水泥砂浆防水层分为掺外加剂的水泥砂浆防水层、刚性多层做法防水层两种。

水泥砂浆防水层材料应符合的规定：

（1）水泥宜采用普通水泥或膨胀水泥，亦可采用矿渣水泥，侵蚀性环境中的水泥砂浆防水层，应按设计规定选用水泥，严禁使用过期、结块、失效水泥；

（2）外加剂宜采用减水剂或氯化物金属盐类防水剂；

（3）砂宜用中砂；

（4）水宜用不含有害物质的纯净水。

水泥砂浆中水泥和砂的配合比，一般可采用1∶2～1∶2.5（体积比）；水灰比可采用0.4～0.45；坍落度可用7～8cm；纯净水泥浆水灰比可采用0.4～0.6采用外加剂的水泥砂浆，配合比应按有关技术规定执行。

水泥砂浆防水层的铺设应符合的规定：

（1）底层表面平整、粗糙、干净和湿润，不得有积水；

（2）刚性多层做法的防水层，各层宜连续施工，紧密贴合，不留施工缝；

（3）水泥砂浆应分层铺设，每层厚度5～10mm，前层初凝后再铺设后一层，总厚度不宜小于20mm；

（4）铺抹的最后一层，应将表面压光；

（5）采用水泥砂浆与纯水砂浆交替铺设的方法时，应先铺设纯水砂浆，再铺设水泥砂浆，可交替铺设4～5层。

水泥砂浆在气温不低于5℃的条件下施工和养护，养护期不少于7～10昼夜；水泥砂浆强度达到设计强度后方可承受水压。

（四）石灰三合土或胶泥防水层

在非冰冻区，中、小拱桥可采用三合土防水层，其厚度可为10cm左右。在铺设之前应先将拱背按排水方向做成一定的坡度，并砌抹平整，为确保防水效果，最好涂抹一层沥青。

三合土中的石灰应使用石灰胶或熟石灰粉。胶泥宜采用塑性指数大于15者，石灰和土应用5mm的筛子过筛，砂一般采用细砂。石灰、胶泥和细砂的比例可根据胶泥成分采用2∶1∶3或2∶1∶4。

配好的混合料应在使用7d前拌合均匀并加水储存。使用时应再次拌合，使用稠度均匀适宜；其用水量不宜过多，以达到塑性为止。

铺设时应注意拍打平整、密实。铺设完成后应覆盖养护，防止日晒、雨淋，发现裂缝时，应及时拍打密实。待表面不再发生裂缝后，才能在其上铺筑填充料。非冰冻地区的小跨径拱桥，也可采用胶泥做防水层，但必须严格控制胶泥的含水量，以防干裂。

梁式桥的桥面防水，以往防水工程，一般用1～3层沥青防水卷和2～3层防水涂料。这种体系的主体即是石油沥青，其适应性和耐久性差，但施工条件苛刻，故逐渐不被采用而改用防水混凝土。路面为水泥混凝土的高等级公路上，桥面防水采用防水混凝土成为较通用的方式。防水混凝土的施工，按《公路桥涵施工技术规范》（JTJ 041—2000）的有关规定处理。

（五）桥面排水

泄水管施工，泄水管主要有金属管、钢筋混凝土管、陶粒和瓦管等多种形式。其中以金属管和钢筋混凝土管用得较多。金属管主要是铸铁和钢管，也有少数用钻管和其他合金管的。安装前，应事先在桥面板内留竖孔，让管端能伸出到板下15～20cm，且平面距主梁应留一定的距离以免管内排水冲击梁肋。泄水管与防水层密合，边缘要夹紧在管顶与泄水漏斗之间。钢筋混凝土管主要用于不设防水层的混凝土桥面，其他安装方法与金属管相同。泄水管的位置、数量、材料要按设计要求实施，如图8-8所示。

（1）桥面纵坡小于2‰时，可沿行车道后侧每隔6～8m设一个，并使每平方米桥面上不少于2～3cm² 的泄水管面积。

（2）桥面纵坡大于2‰，桥长小于50m时，若能保证水从桥头引道排走可不设泄水孔，但必须在引道两侧设置水槽，以免雨水冲坏路基。

（3）桥面纵坡大于2‰，桥长大于50m时，应每隔12～15m设置一个，可沿行车板两侧左右对称排列或交错设置。

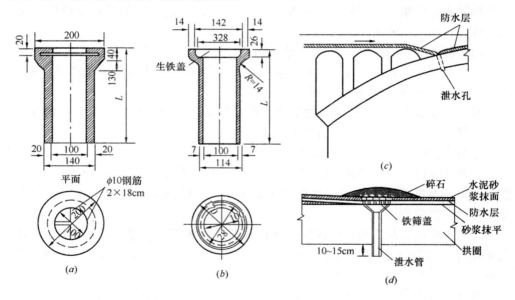

图 8-8　泄水管

（a）钢筋混凝土管；（b）铸铁管；（c）泄水管的位置；（d）泄水管的构造

泄水管施工时应注意下列事项：

（1）水泥混凝土桥面的泄水管道面标高，宜略低于该处的桥面标高，以便雨水汇入。

（2）沥青混凝土桥面，采用防滑层结构时，泄水管顶盖面的标高略低于防滑层的顶面标高，但在防滑层厚度范围内的泄水管宜钻孔，使渗入防滑层的水排入泄水管。

（3）泄水管的顶盖应与泄水管及周围的桥面牢固连接。

（4）与城市立交桥或跨河桥梁的岸边引桥的泄水管有导流设施，并且泄水管与附近在桥墩（台）处的排水管接通时，宜留有一定的伸缩余量，使梁在伸缩时不会拉断泄水管。

三、桥面铺装

（一）沥青混凝土桥面铺装（图 8-9）

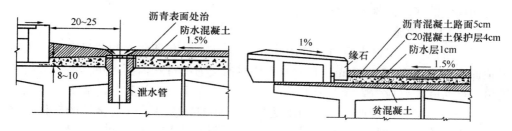

图 8-9　沥青混凝土桥面铺装

（1）沥青混凝土铺装前应对桥面进行检查，桥面应平整、粗糙、干燥、整洁。桥面横坡应符合要求，不符合时应予处理。铺筑前应洒布粘层沥青，石油沥青洒布量为 $0.3 \sim 0.5 L/m^2$；

（2）沥青混凝土的配合比设计、铺筑、碾压等施工程序，应符合现行《公路沥青路面施工技术规范》（JTG F40—2004）的有关规定；

（3）为保护桥面防水层，宜先铺保护层。保护层采用 AC-5 型沥青混凝土，厚 1cm，用人工铺撒均匀，用 6t 轻碾慢速铺平；

（4）桥面沥青铺装宜采用双层式，底层采用高温稳定性较好的 AC-20 I 中粒式、热拌密实型沥青混合料，表层采用防滑面层，总厚度宜在 6～10cm 之间，表层厚度不宜小于 2.5cm；

（5）沥青混凝土桥面施工宜采用轮胎压路机和钢轮轻型压路机配合作业。

（二）水泥混凝土桥面铺装

（1）水泥混凝土桥面铺装的厚度及其使用的材料、铺装层的结构、混凝土的强度等级、防水层的设置等均应符合设计；

（2）必须在横向连接钢板焊接工作完成后，才可进行桥面铺装工作，以免后焊的钢板引起桥面水泥混凝土在接缝处发生裂纹；

（3）浇筑桥面水泥混凝土前应使预制桥面板表面粗糙，清洗干净，按设计要求铺设纵向接缝钢筋网或桥面钢筋网，混凝土浇筑由桥一端向另一端连续浇筑；

（4）水泥混凝土桥面铺装做面应采取防滑措施，做面宜分两次进行，第二次抹平后，应沿横坡方向拉毛或采用机具压槽，拉毛或压槽的深度为 1～2mm；

（5）混凝土浇筑宜自下坡向上坡进行。混凝土面层必须平整和粗糙，路拱符合设计要求。

四、人行道、安全带、栏杆、灯柱施工

桥面的安全带、路缘石、人行道梁、人行道板、栏杆、扶手、灯柱等，在安装完工后，其竖向线形或坡度、断缝或伸缩缝必须符合设计规定。

（一）安全带和缘石施工

（1）悬臂式安全带构件必须与主梁横向连接；

（2）安全带梁必须安放在未凝固的 M20 稠水泥砂浆上，以便形成顶面设计的横向排水坡；

（3）为了减少从缘石与桥面铺装缝隙中渗水，缘石宜采用现浇混凝土，使其与桥面铺装的底层混凝土接合为整体。

（二）人行道施工

城市桥梁一定要设人行道，如图 8-10 所示，一般有悬臂式和非悬臂式。人行道顶面应高出桥面 15～25cm。有的城市桥根据交通的特殊需要可更高些，人行道宽可根据实际需要设置，至少不得窄于 0.75m。大于 1m 以上者，常规下可按每 0.25m 一级倍增；人行道应在桥面断缝处做成伸缩缝。悬臂式安全带的构件必须与主梁横向连接完成后才安装，人行道板和梁做成小型构件，拼装成整体之后，悬砌出边梁之外，将人行道板部分悬出边梁之外能减少墩台宽度及主梁根数。操作时，需要注意将构件上设置的钢板与桥面板内的锚栓焊牢后，才安砌或浇筑人行道板，且必须在人行道梁锚固后才能进行。无锚固梁时应从里向外铺设，并要按设计要求设置排水横坡。过江管线从其下通过时，可在板下预留孔洞或在主梁肋向设置固定管线的设备。在预制或浇筑人行道板时，要注意预留安装灯柱、栏杆的位置。

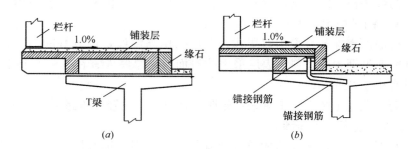

图 8-10 人行道

（a）非悬臂式；（b）悬臂式

施工时应注意下列事项：

（1）人行道构件必须与主梁横向连接，同时应铺垫 M20 的水泥砂浆，人行道面应有横向排水坡度；

（2）人行道板必须在人行道梁锚固后才可铺设，对设计无锚固的人行道梁铺设，应按照由里到外的次序；

（3）在安装有锚固的人行道梁时，应对焊缝认真检查，必须注意施工安全；

（4）人行道板接缝处应用水泥砂浆嵌填，按规定绑扎钢筋网浇筑细石混凝土，初凝前抹平。人行道面须画线分格，应在混凝土初凝前完成。

（三）栏杆施工

安设灯柱时，必须在全桥对直和校平。弯桥、斜桥要求平顺，灯柱立直后，用水泥浆填缝固定。它可设在栏杆柱上或单独立在人行道的内侧，可同时照亮行车和行人的空间。照亮灯一般高出桥面 5m 左右。灯柱用钢管或钢筋混凝土管架立，并用钢筋固定在预埋的锚栓上（桥面），铸铁灯柱的柱脚也可以固定在锚栓上。

安装时应注意下列事项：

（1）栏杆块件必须在人行道板铺设完毕后才可安装，安装栏杆柱时，必须全桥对直、校平（弯桥、坡桥要平顺），竖直后用水泥砂浆填缝固定。

（2）钢筋混凝土墙式护栏的高度必须在纵坡变化点处调整，以便线形顺畅、美观。

（3）钢筋混凝土柱式护栏、金属制护栏放栏前应选择桥梁伸缩缝附近的端部立柱等作为控制点，当距离出现零数时可用分配法使之符合规定的尺寸，立柱宜等间距设置。

（4）轮廓标的安装高度宜尽量统一，其连接要牢固。

（5）防撞护栏与栏杆的伸缩缝应同桥面的伸缩缝在同一直线上。

（四）灯柱安装应注意下列事项

（1）灯柱应按照设计位置安装，必须牢固、线条顺直、整齐美观。

（2）灯柱由钢管或钢筋混凝土管架立，并用钢筋固定在预埋的锚栓上。

（3）灯柱的竖直度，横、顺桥向均不得大于 10mm。

（4）灯柱线路必须安全可靠。

（5）大型桥梁须配置照明控制配电箱，固定在桥附近的安全场所。

五、编制方案（实训）

编制桥面系施工方案，确定桥面系附属结构的施工工艺和流程；进行桥面及附属工程施工实训。

六、习题

1. 填空题

（1）梳形钢板伸缩装置是由梳形板、（　　）锚板、封头板及排水槽等组成，有的还在梳齿之间填塞合成橡胶，以起防水作用。

（2）复合改性沥青填充式伸缩装置，复合改性沥青应符合产品有关规定，其加热熔化温度要控制在（　　）以内。

（3）防水层所用的沥青，其软化点应较基层及防水层周围介质的可能最高温度高出（　　），且不低于（　　）。

（4）泄水管施工，泄水管主要有（　　）、钢筋混凝土管、陶粒和瓦管等多种形式。

(5) 城市桥梁一定要设人行道,一般有( )和非悬臂式,人行道顶面应高出桥面 15~25cm。

2. 问答题

(1) 梳形钢板伸缩装置程序?

(2) 泄水管施工时应注意的事项?

任务 3 竣 工 验 收

任务目标:

1. 学生能够进行外业交验;

2. 学生能够进行内业验收。

一、竣工验收准备

市政桥梁工程竣工验收是全面考核设计成果,检验设计和施工质量的重要环节。做好竣工验收工作,总结建设经验,对今后提高建设质量和管理水平有重要作用。

工程项目按设计要求建成后,施工单位应自行初检。初检时,要进行竣工测量,编制竣工图表;认真检查各分部工程,发现有不符合设计要求和验收标准之处应及时修改;整理好原始记录、工程变更设计记录、材料试验记录等施工资料;提出初检报告,按投资隶属关系上报。初检报告一般包括如下内容:①初检工作的组织情况;②工程概况及竣工工程数量;③各单项工程检查情况和工程质量情况;④检查中发现的重大质量问题及处理意见;⑤遗留问题的处理意见和提交竣工验收时讨论的问题。

二、竣工验收工作

施工单位所承担的工程全部完成后,经初检符合设计要求,并具备相应的施工文件资料,应及时报请上级领导单位组织竣工验收。竣工验收的具体工作,由验收委员会负责完成。验收委员会在听取施工单位的施工情况和初检情况汇报并审查各项施工资料之后,采取全面检查、重点复查的方法进行验收。对初检时有争议的工程及确定返工或补做的工程,应全面检查和复测。对高填、深挖、急弯、陡坡路段,应重点抽查。小桥涵洞及一般构造物,一般路段路基、路面及排水和安全设施等,可采取随机抽查的方式进行检查。检查过程中,必要时可采用挖探、取样试验等手段。验收工作以设计文件为依据,按照国家有关规定,分析检查结果,评定工程质量等级,并经监理工程师签认。对需要返工的工程,应查明原因,提出处理意见,由施工单位负责按期修复。

三、技术总结

竣工验收通过后,施工单位应认真做好工程施工的技术总结,以利于不断提高施工技术水平和管理水平。对于施工中采用的新技术和重大技术革新项目,以及施工组织、技术管理、工程质量、安全工作等方面的成绩，应进行专题总结并在单位内推广。

四、建立技术档案

技术档案包括：设计文件、施工图表、原始记录、竣工文件、验收资料、专题施工技术总结等。在工程竣工验收后，由施工单位汇集整理、装订成册，按管理等级建档保存，以备今后查用。

五、编制方案（实训）

对市政桥梁工程进行验收。

六、习题

1. 填空题

（1）技术档案包括（　　　）、施工图表、原始记录、竣工文件、验收资料、专题施工技术总结等。

（2）市政桥梁工程（　　　）是全面考核设计成果，检验设计和施工质量的重要环节。

2. 问答题

（1）竣工验收准备？

（2）初检报告一般包括什么内容？

注：完成附表 5 桥面及附属工程施工综合实训记录填写。

附　表

附表 1　桩基施工综合实训记录表填写

_____公路建设项目桩基施工放样现场记录表

承包单位：_____　　合同号：_____

监理单位：_____　　编　号：_____

单位工程		分项工程		施工日期	
分部工程		桩号、部位		检测、记录日　期	

施工放样示意图：

承包人自检说明：				监理检评：	

现场监理日　期		施工负责人日　期		质检员日　期		施工员日　期	

钻（挖）孔记录表

承包单位：　　　　　　　　　　　　　　　监理单位：　　　　　　　　　　　　　　　合同号：

结构物名称：　　　　　　　　　　　　　　　　　　　　　　　　　　　　　　　　　编　号：

墩号：	桩号：	地面标高（m）：	设计桩尖标高（m）
护筒长度（m）：	护筒顶标高（m）：	护筒埋置深度（m）：	直径（m）：	钻头质量（kg）
上班交班时进尺（m）：	本班进尺（m）：	累计进尺（m）：

工作项目	时间					共计（h）	钻（挖）进程		冲程（m）	冲击次数（次/分）	检孔深度（m）	孔底标高（m）	孔内水位（m）	自 月 日 时 分	至 月 日 时 分	月 日 时 分	备注
	起		止				本次（m）	累计（m）									
	h	min	h	min													
取渣																	
检孔																	
检查钻头																	
接钢丝换绳																	
投石																	
投土																	
辅助生产时间（h）	小计																
	孔内事故																
	机械事故																
	待料																
	停电																
时间统计	纯钻（挖）时间			小计						合计							

施工人员：　　　　　　　　　　施工班长：　　　　　　　　　　记录员：　　　　　　　　　　　年　月　日

钻（挖）孔桩桩位检查记录表

承包单位：_____　合同号：_____

监理单位：_____　编　号：_____

工程名称					桩基编号			
工程地点								
施工水位	施工控制水位（m）			实测水位（m）				
护筒		类型	钢护筒	直径（m）		筒顶标高（m）		埋深（m）
中心位置	横向（m）	左端		右端			偏差(mm)	
	纵向（m）	前端		后端			偏差(mm)	
中心地面标高（m）		设计		实测			偏差（mm）	
护筒底层地质情况								
图　示								
备　注								
质检工程师自检意见及签名								
监理工程师意见及签名								

施工单位：_____　　记录人：_____　技术负责人：_____　年　月　日

桩基钢筋笼施工原始记录

承包单位：_____   合同号：_____

监理单位：_____   编　号：_____

单位工程			分项工程			施工日期		
分部工程			桩号、部位			检测、记录日期		

钢筋规格型号	批准文号	拉力试验强度	焊接试验强度	备注
Φ22				
Φ8				
Φ16				

		工作项目		检查记录		其他记录	
钢筋加工	主筋		直径			1. 焊接机械名称规格型号：	
			长度				
			根数				
		单根钢筋接长情况	接头数量			2. 弯筋机械名称规格型号：	
			搭接长度				
			焊接方法	双面焊			
						3. 电焊条名称规格型号：	
钢筋笼安装	分节段情况		总长			4. 钢筋笼固定程度：	
		直径（主筋外沿）					
		编号					
		节段长				责任钢筋技工	签名
		搭接长度					证件号
		接头总数				责任焊接技工	签名
		同一截面接头数					证件号
		焊接方法	单面焊			钢筋工长班长	签名
		节间、焊接抽查试验	合格				证件号

现场监理 日　　期		施工负责人 日　　期		质检员 日　　期		施工员 日　　期	

钻（挖）孔桩终孔后灌注前检查记录

承包单位：_____　　　合同号：_____

监理单位：_____　　　编　号：_____

结构物名称		里程桩号			台、墩号		桩号		

地面标高	护筒顶标高	护筒长度	设计标高		桩长	钻头高度	桩孔直径		孔位偏差
			桩顶	桩尖			设计	终孔	

实测孔深	项目 / 测定时限	自钻盘（或基准面）至孔底总深度		钻盘基准面标高	沉淀	测量时间			
		按设计	实测						
	终孔时								
	灌注前								

钢筋笼安装	总长	分节长度			搭接长度			焊接方法	测量时间		
									自　月　日　时起至　月　日　时止		实际操作（h）
	至钢筋笼顶面实测距离 计算钢筋笼顶面标高为										

导管安装	直径	底口标高	总长	第一节长度	料斗		储槽容量	工作时间		
					底口标高	容量				
								自　月　日　时起至　月　日　时止		实际操作
	理论计算首次应一次性下灌混凝土数量									

其他记录事项	

现场监理 日　期		工（班）长 日　期		质检员 日　期		施工员 日　期	

混凝土（砂浆）浇筑记录

承包单位：_____　合同号：_____

监理单位：_____　编　号：_____

单位工程		分项工程		施工日期	
分部工程		桩号、部位		检测、记录日期	
混凝土（砂浆）强度等级		预计工程量		预计浇筑时间	

原材料		材料名称	规格型号	生产厂商	存放地点或料场号	试验批准文号	准备数量
		水泥					
		黄砂					
	碎砾石						
		掺加剂	HW-4	杭州华威	拌合站		
		隔离剂					

机具设备		设备名称	规格型号	台数	设备名称	规格型号	台数
	拌合站	拌合机			振动器		
		计量设备			发电机		
	汽车（或反斗车）				混凝土输送泵		

混凝土配合比设计报告编号	设计强度	水灰比	每立方米混凝土中材料用量（kg）						坍落度	单位体积量 kg/m³	抗压强度龄期/强度
			水泥	黄砂	碎（砾）石		水	掺加剂			
						合计					

现场监理日　　期		施工负责人日　　期		质检员日　　期		施工员日　　期	

425

结构物混凝土（砂浆）配料通知单记录

承包单位：_____　　　合同号：_____

监理单位：_____　　　编　号：_____

单位工程		分项工程		施工日期	
分部工程		桩号、部位		检测、记录日期	
被通知部门		浇筑日期			
设计强度等级		设计水灰比		设计稠度	预计工程量

项　目	水泥	砂	碎（砾）石		水	掺加剂
				合计		
材料规格型号						
理论配合质量（kg）						
本次调整项目　含水率（％）						
含水量（kg）						
本次施工配合质量（kg）						
预估本次总用量（kg）						
本次每盘混凝土施工配合质量（kg）						

注意事项	

现场监理日　期		施工负责人日　期		质检员日　期		施工员日　期	

水下混凝土灌注原始记录

承包单位:＿＿＿＿＿＿　　监理单位:＿＿＿＿＿＿　　合同号:＿＿＿＿＿＿

结构物名称:＿＿＿＿＿＿　　　　　　　　　　　　　　编　号:＿＿＿＿＿＿

墩　号		桩　号		设计桩径(m)	设计桩底标高	设计桩顶标高
实际桩底标高		灌注前桩底标高		孔内水位标高(基准面)	护筒顶面标高	灌注平台标高
计算混凝土总方量		每样混凝土方量		计算首灌混凝土方量	实际首灌混凝土方量	灌前钢筋顶面高程

时间	总孔深(m)	基准面至混凝土面高度(m)	混凝土浇筑厚度(m)	导管拆除前			导管拆除情况			地质情况		灌注时间:
				基准面至导管上口高度(m)	基准面至导管上口长度(m)	导管埋深(m)	节数	长度(m)	导管埋深(m)	本次盘数	本次方量	累积方量	自＿＿＿开始至＿＿＿结束 实灌＿＿＿小时＿＿＿分
													灌注过程重要记事:

灌注结束后	实灌桩顶标高	实灌混凝土盘数	实灌混凝土方量	扩孔率	钢筋骨架顶面高层	骨架上浮量

填表说明: 1. 此表应按构件分别填写; 2. 首灌前后、终灌前、每次导管拆除前后应进行量测和记录。

施工负责人:　　　　　　施工员:　　　　　　质检员:　　　　　　现场监理:

凿 桩 检 查 记 录

承包单位：_____　合同号：_____

监理单位：_____　编　号：_____

结构物名称		里程桩号		台、墩号		桩号	
规定凿桩长度			实际凿桩长度		混凝土施工日期		
					凿桩日期		
凿桩情况描述	（包括凿桩方法、机具设备、混凝土密实、均匀性、缩颈、空洞、露筋、预留钢筋长度等）：						
桩位偏差检测和处理记录							
小应变检查记录	本桩已经×××检测单位于　　年　月　日经小应变检测，属　　　类桩，详见　　　号检测报告。并已经×××设计代表及业主认可						
大应变检查记录	本桩已于　　年　月　日重新接浇桩头，于　　年　月　日进行大应变检测。详见　　　号检测报告。并已经×××设计代表及业主认可						
现场监理日　　　期		工（班）长日　　　期		质检员日　　　期		施工员日　　　期	

注：除一类桩外，经检测桩质量有少量缺陷不影响使用者，须经设计代表认可。

附表2　桥梁墩台施工综合实训记录表填写

_____桥梁建设项目墩台施工放样检查表

承包单位：_____　　　合同号：_____

监理单位：_____　　　编　号：_____

桥　表

工程名称						检查日期		
施工部位								
轴线偏位（mm）	横轴	左端				右端		
	纵轴	前端				后端		
几何尺寸（mm）	长	设计		实测			偏差	
	宽	设计		实测			偏差	
地面标高（m）		左前				右前		
		左后				右后		
图　示								
备注								

检查结论：

检查			复核	

施工单位自检意见：

　　　质检工程师签名：　　　　　　　　　　　　　　　年　月　日

监理意见：

　　　签名：　　　　　　　　　　　　　　　年　月　日

_____桥梁项目墩台施工钢筋安装检查记录表

承包单位：_____　合同号：_____

监理单位：_____　编　号：_____

_____桥第　　　号承台（台）

本桥墩（台）_____施工部分混凝土由标高_____ m 至标高_____ m 一段内所绑扎钢筋已于_____年___月___日检查完毕，结果如下：

1. 钢筋数量和规格与原设计_____，其中_____变更，详见附图_____。

2. 钢筋或蹬筋布置与原设计_____，其中_____业经呈准变更，详见附图_____。

3. 钢筋_____。

4. 钢筋或蹬筋与钢筋连接处均用_____号钢丝扎牢。

5. 钢筋中断处采用_____接，接头长度_____ cm，其断头接头数量为_____％。

6. 钢筋下用_____垫，防止钢筋移动采取_____。

7. 模板与钢筋之净距最小为_____ cm，最大为_____ cm。

8. 活动支座处钢筋安置情况_____。

9. 固定支座处钢筋安置情况_____。

10. 其他_____。

根据以上检查结果，认为_____。

施工单位		填表人	
技术负责人		施工负责人	
质检工程师		监理工程师	

_____桥梁项目墩台施工模板安装检查记录表

承包单位：_____ 合同号：_____

监理单位：_____ 编　号：_____

流溪河特　　大桥第　　　　　号承台

　　本桥墩（台）_____施工部分第_____次灌注_____混凝土，由标高_____ m

至标高_____ m 模板安装完毕，经检查结果如下：

　1. 模板中线：

　　　　　　线路左侧模板中点偏_____侧_____ cm

　　　垂直桥中线方向

　　　　　　线路右侧模板中点偏_____侧_____ cm

　　　　　　上行端模板中点偏_____端_____ cm

　　　顺桥中线方向

　　　　　　下行端模板中点偏_____端_____ cm

　　　附模板偏差平面示意图：

　2. 模板各部分尺寸与设计尺寸最大误差为_____ cm，于标高_____ m _____边。

　3. 模板支撑及拉杆_____。

　4. 板缝最大为_____ mm，均已用_____处理，板面用_____作隔离剂。

　5. 预埋件埋设位置及标高经由测量组测定无误。

　　附件：预埋件埋设位置测量资料

施工单位		填表人	
技术负责人		施工负责人	
质检工程师		监理工程师	

_____桥梁项目墩台施工模板及支架（安装）验收记录　　　**表 1**

承包单位：_____　合同号：_____

监理单位：_____　编　号：_____

单位工程名称								
分部工程名称								
分项工程名称					验收部位			
施工单位					项目负责人			
施工质量验收标准名称及编号								

		施工质量验收标准的规定		施工单位检查评定记录				监理单位验收记录
主控项目	1	材料质量和结构						
	2	模板安装质量						
一般项目	1	允许偏差（mm）	轴线位置					
			表面平整度					
			高程					
			两模板内侧宽度（尺寸）					
			相邻模板表面高低差					
	2		预留孔洞 中心线位置					
			预留孔洞 尺寸					
			预埋件中心位置					

施工单位检查评定结果	专职质量检查员　　　　　　　　年　　月　　日 分项工程技术负责人　　　　　　年　　月　　日 分项工程负责人　　　　　　　　年　　月　　日
监理单位验收结论	监理工程师　　　　　　　　　　　年　　月　　日

_____桥梁项目墩台施工模板及支架（安装）验收记录　　表 2

承包单位：_____　　　合同号：_____

监理单位：_____　　　编　号：_____

单位工程名称				
分部工程名称				
分项工程名称			验收部位	
施工单位			项目负责人	
施工质量验收标准名称及编号				

		施工质量验收标准的规定		施工单位检查评定记录	监理单位 验收记录
主控项目		承重模板拆除			
一般项目		非承重模板拆除			

施工单位检查 评定结果	
	专职质量检查员　　　　　　　年　　月　　日 分项工程技术负责人　　　　　年　　月　　日 分项工程负责人　　　　　　　年　　月　　日

监理单位 验收结论	
	监理工程师　　　　　　　年　　月　　日

_____桥梁项目墩台施工钢筋（原材料加工）检验批质量验收记录　　表1

承包单位：_____　合同号：_____

监理单位：_____　编　号：_____

单位工程名称				
分部工程名称				
分项工程名称			验收部位	
施工单位			项目负责人	
施工质量验收标准名称及编号				

施工质量验收标准的规定			施工单位检查评定记录	监理单位验收记录
主控项目	1	钢筋材质		
	2	环氧涂层钢筋的涂层质量		
	3	钢筋保护层垫块材质		
	4　钢筋弯钩	180°弯钩		
		直角形弯钩		
		弯起钢筋		
		箍筋弯钩		
一般项目	1	钢筋外观		
	2　允许偏差（mm）	受力钢筋全长		
		弯起筋弯折位置		
		箍筋内净尺寸		

施工单位检查评定结果	专职质量检查员　　　　　　　年　　月　　日 分项工程技术负责人　　　　　年　　月　　日 分项工程负责人　　　　　　　年　　月　　日
监理单位验收结论	监理工程师　　　　　　　　　年　　月　　日

＿＿＿＿＿桥梁项目墩台施工钢筋（原材料加工）检验批质量验收记录　　**表 2**

承包单位：＿＿＿＿＿＿＿＿＿＿＿＿＿＿＿＿＿＿＿＿＿　　合同号：＿＿＿＿＿＿＿＿＿＿＿＿＿

监理单位：＿＿＿＿＿＿＿＿＿＿＿＿＿＿＿＿＿＿＿＿＿　　编　号：＿＿＿＿＿＿＿＿＿＿＿＿＿

单位工程名称								
分部工程名称								
分项工程名称					验收部位			
施工单位					项目负责人			
施工质量验收标准名称及编号								
施工质量验收标准的规定			施工单位检查评定记录				监理单位验收记录	
主控项目	1	纵向受力筋连接方式						
	2	钢筋接头质量						
	3	钢筋品种、级别、规格、数量						
	4	钢筋保护层垫块位置和数量						
	5	环氧涂层钢筋绑扎						
	6	涂层损伤缺陷情况						
一般项目	1		钢筋接头位置、数量					
	2	钢筋安装及保护层厚度允许偏差（mm）	受力钢筋排距					
			同排中受力钢筋间距					
			分布钢筋间距					
			箍筋间距 绑扎骨架					
			箍筋间距 焊接骨架					
			弯起点位置					
			保护层厚度 c	$c \geqslant 35$				
				$35 > c > 25$				
				$c \leqslant 25$				
施工单位检查评定结果			专职质量检查员　　　　　　　　　年　　月　　日 分项工程技术负责人　　　　　　　年　　月　　日 分项工程负责人　　　　　　　　　年　　月　　日					
监理单位验收结论			监理工程师　　　　　　　　　　　年　　月　　日					

_____桥梁项目墩台综合接地检查记录表

承包单位：_____　合同号：_____

监理单位：_____　编　号：_____

单位工程名称									
分部工程名称									
分项工程名称							验收部位		
施工单位							项目负责人		
施工质量验收标准名称及编号									

		施工质量验收标准的规定		施工单位检查评定记录					监理单位验收记录
主控项目	1	材料质量和结构	产品说明书、合格证						
	2	安装质量							
一般项目		允许偏差(mm)	接地套筒（端子）	不得用螺栓拧入	标高	保护	位置	规格	接电阻值	
	1									
	2		贯通性检查	二端子间						
	3		竖向接地主钢筋焊接	单面：≥200mm						
	4			双面：≥100mm						
	5		横向接地主钢筋焊接	单面：≥200mm						
	6			双面：≥100mm						
			焊接缝是否饱满	良好						

施工单位检查评定结果	专职质量检查员　　　　　　　　年　　月　　日 分项工程技术负责人　　　　　　年　　月　　日 分项工程负责人　　　　　　　　年　　月　　日
监理单位验收结论	监理工程师　　　　　　　　　　年　　月　　日

_____桥梁项目墩台混凝土拆模检查表

承包单位：_____　　合同号：_____

监理单位：_____　　编　号：_____

工程名称				合同段				
单位工程名称				施工部位				
混凝土强度	设计		实测				平均	
顶面标高	实测位置							
	标　高							
平整度（mm）	允许值		检测点			最大值	合格率	
轴线偏位（mm）	横	左　端			右　端			
	纵	前　端			后　端			
尺寸偏差（mm）	长	允许值		实测值	上		中	下
	宽	允许值		实测值	上		中	下
	高	允许值		实测值	上		中	下
垂直度或坡度	−1mm							

外观缺陷	蜂窝麻面	部　位	缺陷面积（cm²）	所占比例（%）
	露筋			
	掉角			

图　示	

自检情况及签名	
监理工程师意见及签名	
填表单位	
填　表	施工队长

437

_____桥梁项目墩台混凝土（外观和尺寸偏差）检验验收记录表

承包单位：_____　　　　　　合同号：_____

监理单位：_____　　　　　　编　号：_____

单位工程名称								
分部工程名称								
分项工程名称						验收部位		
施工单位						项目负责人		
施工质量验收标准名称及编号								

		施工质量验收标准的规定			施工单位检查评定记录			监理单位验收记录
主控项目	1	桩头与承台的连接	[B] 第6.6.6条					
	2	混凝土表面裂缝情况	[A] 第6.4.16条					
一般项目	1	承台施工允许偏差 (mm)	尺寸	±30				
			顶面高程	±20				
			轴线偏位	15				
			前后、左右边缘距设计中心线尺寸	±50				
	2	混凝土外观质量						

施工单位检查评定结果	专职质量检查员　　　　　　　年　　月　　日 分项工程技术负责人　　　　　年　　月　　日 分项工程负责人　　　　　　　年　　月　　日
监理单位验收结论	监理工程师　　　　　　　　　年　　月　　日

附表 3　预应力混凝土梁施工综合实训记录表填写

_____桥梁建设项目施工放样检查表

承包单位：_____　　合同号：_____

监理单位：_____　　编　号：_____

桥　　表

工程名称				检查日期		
施工部位						
轴线偏位 （mm）	横轴	左端			右端	
	纵轴	前端			后端	
几何尺寸 （mm）	长	设计		实测		偏差
	宽	设计		实测		偏差
地面标高 （m）		左前			右前	
		左后			右后	
图 示						
备　注						
检查结论：						
检查				复核		
施工单位自检意见： 　　　　　质检工程师签名：　　　　　　　　　　年　　月　　日						
监理意见： 　　　　　签名：　　　　　　　　　　　　　　　　年　　月　　日						

_____桥梁建设项目模板检查表

承包单位：_____　合同号：_____

监理单位：_____　编　号：_____

桥　表

工程名称						检查日期	
施工部位			模板类型			模板厚度（mm）	
平整度（mm）	允许值		检查点数		最大值		合格率　　%
尺寸偏差（mm）		允许值		实测值			
		允许值		实测值			
		允许值		实测值			
垂直度或坡度							
接缝情况							
轴线偏位（mm）	允许值	左端		右端			
		前端		后端			

图　示	

检查结论：

检查		复核	

施工单位自检意见：

质检工程师签名：　　　　　　　　　　年　月　日

监理意见：

签名：　　　　　　　　　　年　月　日

_____桥梁建设项目钢筋加工及安装检查表

承包单位：_____　　合同号：_____

监理单位：_____　　编　号：_____

桥　　表

工程名称			检查日期	
施工部位				

检查项目		规定值或允许偏差	实　测　值	备注或图示
钢筋骨架尺寸（mm）	长			
	宽、高或直径			
受力钢筋间距（mm）	排　距			
	同　排			
箍筋、横向水平筋、螺旋筋间距（mm）				
弯起钢筋位置（mm）				
保护层（mm）				

钢筋接头	接头方法		同断面最大比例		接长	

梁骨架预留拱度（cm）			要求值		实测值	

钢筋在模板内固定情况			除锈情况	

备　注	

检查结论：

检查			复核	

施工单位意见：

质检工程师签名：　　　　　　　年　　月　　日

监理意见：

签名：　　　　　　　年　　月　　日

_____桥梁建设项目预应力孔道检查表

承包单位：_____ 合同号：_____

监理单位：_____ 编 号：_____

桥 表

工程名称					检查日期		
构件编号				孔道编号			

项次	检查项目		规定值或允许偏差	检 查 值
1	管道坐标	梁长方向（mm）		
		梁高方向（mm）		
2	管道间距	同排（mm）		
		上、下排（mm）		
施工描述				
检查			复核	

施工单位自检意见：

　　　　　　　　　　　　质检工程师签名：　　　　　　　　　　　年　月　日

监理意见：

　　　　　　　　　　　　签名：　　　　　　　　　　　　　　　　年　月　日

_____桥梁建设项目混凝土施工记录表

承包单位：_____　　合同号：_____

监理单位：_____　　编　号：_____

桥　　表

工程名称				检查日期	
施工部位				设计强度等级	
施工时间	开始：			结束：	
施工气温（℃）	最高：			最低：	
拌合方式			运输方式		
水泥品种及强度等级			水泥用量（kg/m³）		
理论配合比			施工配合比		
外加剂	名称：		掺入量（%）：		
实测坍落度				平均	
试　样	组数：　　　　编号：				
施工间断情况记录					
备　注					
检查结论：					
检查			复核		

施工单位自检意见：

　　　　　　　　　　　质检工程师签名：　　　　　　　　　　　　　年　　月　　日

监理意见：

　　　　　　　　　　　　　　签名：　　　　　　　　　　　　　　　年　　月　　日

_____桥梁建设项目混凝土养护检查表

承包单位：_____　合同号：_____

监理单位：_____　编　号：_____

桥　表

工程名称			拆模日期	
施工部位			混凝土设计强度	
外界气温（℃）	最高：	最低：	平均：	
养护期	开始：　　月　　日		结束：　　月　　日	
养护方法及说明				
正常气温养护条件下洒水情况	_____（次/h）			
备　注				
检查结论				
检查		复核		

施工单位自检意见：

质检工程师签名：　　　　　　　　　　　年　　月　　日

监理意见：

签名：　　　　　　　　　　　年　　月　　日

_____桥梁建设项目混凝土成品检查表

承包单位：_____　　合同号：_____

监理单位：_____　　编　号：_____

桥　表

工程名称			施工日期		
检查部位					

检查项目		允许偏差或规定值	检查结果		备　注
断面尺寸（mm）	长				
	宽				
	高				
	直径				
竖直度或斜度（mm）					
节段间错台					
大面积平整度（mm）					
预埋件位置（mm）					
支座垫石预留位置（mm）					
外观鉴定	项　目	部位	缺陷面积		所占比例
	蜂窝麻面				
	非受力缝				
	施工缝				
检　查			复　核		

施工单位意见：

　　　　　质检工程师签名：　　　　　　　　　　　　年　　月　　日

监理意见：

　　　　　签名：　　　　　　　　　　　　　　　　年　　月　　日

桥梁建设项目预应力张拉记录表（后张法）

监理单位：＿＿＿＿＿＿＿＿

承包单位：
结构物名称：

合同号：
编　号：

工程名称								构件名称及编号					构件浇筑日期		标定日期	
张拉时混凝土强度（MPa）		张拉控制应力 σ_{con}						锚具规格型号					钢束线规格型号		张拉日期	
钢束张拉顺序				张拉程序									理论伸长值（mm）			
钢束编号	张拉断面编号	千斤顶编号	油表编号	记录项目	初读数 σ_{con}	第一行程 σ_{con}	第二行程 σ_{con}	超张拉 σ_{con}	锚固应力	总伸长量（mm）	滑、断丝情况	处理情况
				油表读数（MPa）								
				伸长量（mm）								
				油表读数（MPa）								
				伸长量（mm）								
				油表读数（MPa）								
				伸长量（mm）								
				油表读数（MPa）								
				伸长量（mm）								
检　　查								记　　录								

施工单位自检意见：

质检工程师签名：　　　　　年　　月　　日

监理意见：

签名：　　　　　年　　月　　日

桥梁建设项目预应力孔道压浆记录表

承包单位：　　　　　　　　　　　　　　　　　　　合同号：

监理单位：　　　　　　　　　　　　　　　　　　　编　号：

结构物名称：

工程名称		构件名称及编号		压浆断面及孔道编号	
水泥浆水灰比	外加剂名称及掺入量	稠度	气温	压浆温度	施工日期

压浆顺序	第一次压浆					第二次压浆					
	压浆方向	起止时间	孔道内负压(MPa)	压浆压力(MPa)	停留时间(min)	冒浆情况	压浆方向	起止时间	压力(MPa)	冒浆情况	
											处理意见
									停滞时间	压力(MPa)	冒浆情况

施工单位自检意见：　　　　　　　　　　　　　　　　监理意见：

检查

记录

质检工程师签名：　　　　　　　　　　　　　　　　签名：

　　　　　　　　　年　月　日　　　　　　　　　　　年　月　日

_____桥梁建设项目预制梁封端检查表

承包单位：_____　合同号：_____

监理单位：_____　编　号：_____

桥　表

工程名称		预制梁（板）编号	检查日期		

封端前凿毛情况：

封端前锚头钢束检查情况		
钢束是否滑移	锚具固定情况	总滑移量（mm）

封端钢筋检查	钢筋位置	保护层厚度（mm）

外观缺陷（cm²）	麻　面	蜂　窝	空　洞	掉　角

检查结论：

签名：　　　　　年　月　日

检查		复核	

施工单位自检意见：

质检工程师签名：　　　　　年　月　日

监理意见：

签名：　　　　　年　月　日

_____桥梁建设项目预制梁（板）成品检查表

承包单位：_____　　合同号：_____

监理单位：_____　　编　号：_____

桥　　表

工程名称				梁编号	
检查项目		规定值或允许偏差	检查结果		备　注
梁长（mm）					
梁宽（mm）	顶宽				
	底宽				
梁高（mm）					
断面尺寸（mm）	顶板厚				
	腹板厚				
	底板厚				
平整度（mm）					
预埋件位置（mm）					

混凝土外观鉴定	项　目	部　位	面　积	所占比例（％）
	蜂窝麻面			
	非受力裂缝			
	施工缝			

检　查		复　核	

施工单位意见：

　　　　　　　　　　　质检工程师签名：　　　　　　　　　年　月　日

监理意见：

　　　　　　　　　　　签名：　　　　　　　　　年　月　日

_____桥梁建设项目梁（板）安装检查表

承包单位：_____　合同号：_____

监理单位：_____　编　号：_____

桥　表

工程名称			检查日期	
梁（板）编号			安装位置	
梁横向连接形式			安装方法	
梁中线偏位 （mm）	前端		倾斜度 （%）	
	后端			

梁顶面高程偏差 （mm）	前端		跨中		后端	

支座编号	支座 型号	轴线偏位（mm）		顶面高程偏差（mm）	
		纵向	横向	连续梁	简支梁
前左					
前右					
后左					
后右					

支座 支垫 情况	

结论：

检查		复核	

施工单位自检意见：

　　　　　　　　　　　质检工程师签名：　　　　　　　　　　　　　　　年　　月　　日

监理意见：

　　　　　　　　　　签名：　　　　　　　　　　　　　　　　　年　　月　　日

附表4　　0号、1号块施工综合实训记录表填写

＿＿＿＿＿＿桥梁建设项目施工放样检查表

承包单位：＿＿＿＿＿＿＿＿＿＿＿＿＿＿＿＿＿＿＿＿＿＿＿＿＿　　合同号：＿＿＿＿＿＿＿＿＿＿

监理单位：＿＿＿＿＿＿＿＿＿＿＿＿＿＿＿＿＿＿＿＿＿＿＿＿＿　　编　号：＿＿＿＿＿＿＿＿＿＿

桥　　表

工程名称				检查日期		
施工部位						
轴线偏位（mm）	横轴	左端			右端	
	纵轴	前端			后端	
几何尺寸（mm）	长	设计		实测	偏差	
	宽	设计		实测	偏差	
地面标高（m）		左前			右前	
		左后			右后	
图　示						
备　注						

检查结论：

检查			复核	

施工单位自检意见：

　　　　　　　　　　质检工程师签名：　　　　　　　　　年　　月　　日

监理意见：

　　　　　　　　　　　签名：　　　　　　　　　　　　　年　　月　　日

_____桥梁建设项目施工模板安装检查记录

承包单位：_____　合同号：_____

监理单位：_____　编　号：_____

桥　表

工程名称				工程部位		
工程地点				检查日期		
模板类型				厚度（cm）		
平整度（mm）	允许值		检测点	最大值		合格率
尺寸偏差（mm）	长	允许值		实测值				
	宽	允许值		实测值				
	高	允许值		实测值				
垂直度或坡度						
接缝情况	模板接缝处用双面胶嵌缝，接缝严密，符合要求					
轴线偏位（mm）	横	左端		右端		
	纵	前端		后端		
稳定情况	模板安装牢固、可靠，符合要求					
质检工程师自检情况及签名			平面位置示意图			
技术负责人						
填表单位						
填表人						
监理工程师意见及签名						

_____桥梁建设项目施工模板安装检查

承包单位：_____ 合同号：_____

监理单位：_____ 编　号：_____

桥　　表

桥第　　　　　　　　号墩（台）

本桥墩（台）_____ 施工部分第_____ 次灌注_____ 混凝土，由标高_____ m 至标高_____ m 模板安装完毕，经检查结果如下：

1. 模板中线：

　　　　　　　　　　　　线路左侧模板中点偏_____ 侧_____ cm

垂直桥中线方向

　　　　　　　　　　　　线路右侧模板中点偏_____ 侧_____ cm

　　　　　　　　　　　　上行端模板中点偏_____ 端_____ cm

顺桥中线方向

　　　　　　　　　　　　下行端模板中点偏_____ 端_____ cm

　　附模板偏差平面示意图：

2. 模板各部分尺寸与设计尺寸最大误差为_____ cm，于标高_____ m _____ 边。

3. 模板支撑及拉杆情况_____。

4. 板缝最大为_____ mm，均已用_____ 处理，板面用_____ 作隔离剂。

附件：预埋件埋设位置测量资料

施工单位		填表人	
技术负责人		施工负责人	
质检工程师		监理工程师	

_____ 桥梁建设模板及支架（安装）检验记录

承包单位：_____　合同号：_____

监理单位：_____　编　号：_____

[悬臂浇筑预应力混凝土连续梁（刚构）] 桥　表

单位工程名称					
分部工程名称					
分项工程名称				验收部位	
施工单位				项目负责人	
施工质量验收标准名称及编号					

		施工质量验收标准的规定	施工单位检查评定记录		监理单位验收记录
主控项目	1	材料质量和结构			
	2	模板安装质量			
一般项目	1	梁段长			
	2	梁高			
	3	顶板厚			
	4	底板厚			
	5	腹板厚			
	6	横隔板厚			
	7	腹板间距			
	8	腹板中心偏离设计位置			
	9	梁体宽			
	10	模板表面平整度			
	11	模板表面垂直度			
	12	孔道位置			
	13	梁段纵向旁弯			
	14	梁段纵向中线最大偏差			
	15	梁段高度变化段位置			
	16	底模拱度偏差			
	17	底模同一端两角高差			
	18	桥面预留钢筋位置			

（第7～18项左侧纵向标注：模板安装允许偏差（mm））

施工单位检查评定结果		专职质量检查员　　　　　　　　　　年　　月　　日 分项工程技术负责人　　　　　　　　年　　月　　日 分项工程负责人　　　　　　　　　　年　　月　　日
监理单位验收结论		监理工程师　　　　　　　　　　　　年　　月　　日

_____桥梁建设钢筋（原材料及加工）检验记录

承包单位：_____　　　　合同号：_____

监理单位：_____　　　　编　号：_____

〔悬臂浇筑预应力混凝土连续梁（刚构）〕桥　　表

单位工程名称					
分部工程名称					
分项工程名称				验收部位	
施工单位				项目负责人	
施工质量验收标准名称及编号					

施工质量验收标准的规定			施工单位检查评定记录	监理单位验收记录
主控项目	1	钢筋材质	钢筋原材试验编号：	
	2	环氧涂层钢筋的涂层质量		
	3	钢筋保护层垫块材质		
	4 钢筋弯钩、弯起	180°弯钩		
		直角形弯钩		
		弯起钢筋		
		箍筋弯钩		
一般项目	1	钢筋外观		
	2 允许偏差(mm)	受力钢筋全长		
		弯起筋弯折位置		
		箍筋内净尺寸		

施工单位检查评定结果	
	专职质量检查员　　　　　　　年　　月　　日
	分项工程技术负责人　　　　　年　　月　　日
	分项工程负责人　　　　　　　年　　月　　日

监理单位验收结论	
	监理工程师　　　　　　　　　年　　月　　日

_____桥梁建设钢筋（原材料及加工）检验记录

承包单位：_____　　　合同号：_____

监理单位：_____　　　编　号：_____

〔悬臂浇筑预应力混凝土连续梁（刚构）〕桥　表

单位工程名称								
分部工程名称								
分项工程名称						验收部位		
施工单位						项目负责人		
施工质量验收标准名称及编号								

		施工质量验收标准的规定			施工单位检查评定记录			监理单位验收记录
主控项目	1	纵向受力筋连接方式						
	2	钢筋接头质量						
	3	钢筋品种、级别、规格、数量						
	4	钢筋保护层垫块位置和数量						
	5	环氧涂层钢筋绑扎						
	6	涂层损伤缺陷情况						
一般项目	1	钢筋接头位置、数量						
	2	钢筋安装允许偏差（mm）	桥面主筋间距及位置					
			底板钢筋间距及位置					
			箍筋间距及位置					
			腹板箍筋垂直度					
			钢筋保护层厚度					
			其他钢筋偏移量					

施工单位检查评定结果	专职质量检查员　　　　　　年　　月　　日
	分项工程技术负责人　　　　年　　月　　日
	分项工程负责人　　　　　　年　　月　　日
监理单位验收结论	
	监理工程师　　　　　　　　年　　月　　日

_____桥梁建设梁体综合接地接口检查记录

承包单位：_____ 合同号：_____

监理单位：_____ 编　号：_____

〔悬臂浇筑预应力混凝土连续梁（刚构）〕桥　表

单位工程名称									
分部工程名称									
分项工程名称					验收部位				
施工单位					项目负责人				
施工质量验收标准名称及编号									

		施工质量验收标准的规定		施工单位检查评定记录					监理单位验收记录
主控项目	1	材料质量和结构							
	2	安装质量							
一般项目					标高	保护	位置	规格	接地阻值
	1		接地端子						
	2	允许偏差(mm)	纵向接地主钢筋						
	3		横向接地主钢筋						
	4		接地钢筋引出						
	5		护栏杆接地钢筋预留位置						
	6		防撞墙接地钢筋预留位置						
	7		隔声屏接地钢筋预留位置						
	8		接地贯通性检查						
	9		焊接缝长度						
	10		焊接缝是否饱满						
	11		电缆锯齿槽道周边钢筋绝缘处理						
	12		供电电缆孔洞周边钢筋绝缘处理						
	13		接触网基础、隔声屏与梁上表面接地钢筋连接						

施工单位检查评定结果	专职质量检查员　　　　　　年　　月　　日
	分项工程技术负责人　　　年　　月　　日
	分项工程负责人　　　　　年　　月　　日
监理单位验收结论	
	监理工程师　　　　　　　　年　　月　　日

_____ 桥梁建设梁体预埋件、预留孔工程检查记录

承包单位: _____　　　合同号: _____

监理单位: _____　　　编　号: _____

[悬臂浇筑预应力混凝土连续梁（刚构）] 桥　　表

工程名称		结构名称	
预　埋　件		设计要求	检查情况
1. 防撞墙预留钢筋			
2. 电缆槽竖墙预留钢筋			
3. 伸缩装置预留钢筋			
4. 接触网支柱预埋件			
5. 桥面泄水预留孔			
6. 桥面电缆预留孔			
7. 综合接地（钢筋直径、套筒型号、焊接情况、套筒预埋位置及标高）			
8. 预埋螺母			
9. 集中排水管预埋连接件			
10. 防落梁措施预埋件			
11. 梁底排水孔			
12. 腹板通风孔			
13. 梁端检查梯预埋件			
填表人		监理意见:	
技术负责人			
质检工程师			
施工负责人		监理工程师:　　　　年　月　日	

_____桥梁建设项目混凝土施工记录表

承包单位：_____　　　　合同号：_____

监理单位：_____　　　　编　号：_____

桥　表

工程名称			检查日期	
施工部位			设计强度等级	
施工时间	开始：		结束：	
施工气温（℃）	最高：		最低：	
拌合方式		运输方式		
水泥品种及强度等级		水泥用量（kg/m^3）		
理论配合比		施工配合比		
外加剂	名称：	掺入量（%）：		
实测坍落度			平均	
试　样	组数：　　编号：			
施工间断情况记录				
备　注				

检查结论：

检查		复核	

施工单位自检意见：

　　　　　　　质检工程师签名：　　　　　　　　　　　年　　月　　日

监理意见：

　　　　　　　签名：　　　　　　　　　　　　　　　　年　　月　　日

_____桥梁建设项目混凝土养护检查表

承包单位：_____ 合同号：_____

监理单位：_____ 编　号：_____

桥　表

工程名称			拆模日期	
施工部位			混凝土设计强度	
外界气温（℃）	最高：	最低：		平均：
养护期	开始：　　　月　　日　　结束：　　　　　　　月　　日			
养护方法及说明				
正常气温养护条件下洒水情况	_____（次/h）			
备　注				
检查结论				
检查		复核		

施工单位自检意见：

质检工程师签名：　　　　　　　　　　　　　　　年　　月　　日

监理意见：

签名：　　　　　　　　　　　　　　　年　　月　　日

_____桥梁建设项目混凝土成品检查表

承包单位：_____ 合同号：_____

监理单位：_____ 编 号：_____

桥 表

工程名称			施工日期		
检查部位					

检查项目		允许偏差或规定值	检查结果		备 注
断面尺寸（mm）	长				
	宽				
	高				
	直径				
竖直度或斜度（mm）					
节段间错台					
大面积平整度（mm）					
预埋件位置（mm）					
支座垫石预留位置（mm）					
外观鉴定	项 目	部位	缺陷面积		所占比例
	蜂窝麻面				
	非受力缝				
	施工缝				
检 查			复 核		

施工单位意见：

　　　　　　　　　质检工程师签名：　　　　　　　　　　　　年　　月　　日

监理意见：

　　　　　　　　　签名：　　　　　　　　　　　　　　　　　年　　月　　日

_____ 桥梁建设梁体预应力（原材料、制作和安装）检验记录

承包单位：_____ 合同号：_____

监理单位：_____ 编　号：_____

[悬臂浇筑预应力混凝土连续梁（刚构）]桥　表

单位工程名称					
分部工程名称					
分项工程名称				验收部位	
施工单位				项目负责人	
施工质量验收标准名称及编号					

施工质量验收标准的规定				施工单位检查评定记录	监理单位验收记录
主控项目	1	预应力筋质量			
	2	锚具、夹具、连接器质量			
	3	孔道压浆水泥质量			
	4	孔道压浆外加剂质量			
	5	制孔材料质量			
	6	预应力筋品种、级别、规格、数量			
	7	预应力筋外观质量			
	8	制孔材料安装质量			
一般项目	1	预应力筋下料长度偏差（mm）	钢丝	设计（计算）长度		
				束中各根之差		
			钢绞线	设计（计算）长度		
				束中各根之差		
			热轧带肋钢筋			
	2	梁段预留孔道位置允许偏差				

施工单位检查评定结果	
	专职质量检查员　　　　　年　　月　　日
	分项工程技术负责人　　　年　　月　　日
	分项工程负责人　　　　　年　　月　　日

监理单位验收结论	
	监理工程师　　　　　　　年　　月　　日

_____桥梁建设梁体预应力（张拉、放张和封端）检验记录

承包单位：_____ 合同号：_____

监理单位：_____ 编　号：_____

[悬臂浇筑预应力混凝土连续梁（刚构）] 桥　　表

单位工程名称						
分部工程名称						
分项工程名称				验收部位		
施工单位				项目负责人		
施工质量验收标准名称及编号						

施工质量验收标准的规定				施工单位检查评定记录	监理单位验收记录
主控项目	1	锚具、夹具、连接器的品种、级别、规格、数量			
	2	张拉时混凝土强度等级、弹性模量			
	3	张拉工艺			
	4	预应力筋实际伸长值			
	5	预应力筋断裂、滑脱			
	6	孔道压浆浆体质量			
	7	孔道压浆工艺			
	8	锚具和预应力筋封闭质量			
	9	封锚所用材料			
一般项目	1	张拉端预应力筋内缩量限值	支承式锚具、镦头锚具等	符合要求		
				每块后加垫板缝隙		
			锥塞式锚具			
			夹片式锚具	有顶压		
				无顶压		
	2	外露预应力筋切断				

施工单位检查评定结果	
	专职质量检查员　　　　　　　　年　　月　　日
	分项工程技术负责人　　　　　　年　　月　　日
	分项工程负责人　　　　　　　　年　　月　　日
监理单位验收结论	
	监理工程师　　　　　　　　　　年　　月　　日

附　　表

_____桥梁建设梁体预应力（压浆、封端所用材料强度）检验记录

承包单位：_____ 合同号：_____

监理单位：_____ 编　号：_____

[悬臂浇筑预应力混凝土连续梁（刚构）] 桥　　表

单位工程名称			
分部工程名称			
分项工程名称		验收部位	
施工单位		项目负责人	
施工质量验收标准名称及编号			

施工质量验收标准的规定				施工单位检查评定记录	监理单位验收记录
主控项目	1	水泥浆抗压强度			
	2	封锚材料抗压强度			

施工单位检查评定结果	专职质量检查员　　　　　　年　　月　　日 分项工程技术负责人　　　　年　　月　　日 分项工程负责人　　　　　　年　　月　　日
监理单位验收结论	监理工程师　　　　　　　　年　　月　　日

464

附表 5　桥面及附属工程施工综合实训记录表填写

_____桥梁建设项目支座垫石（挡块）检查表

承包单位：_____　合同号：_____

监理单位：_____　编　号：_____

工程名称			桩号		部位	
检查项目	允许偏差或规定值		检查结果		备注	
断面尺寸（mm）						
预埋件位置（mm）						
与梁体间隙（mm）						
外观鉴定						
检查			复核			
施工单位意见： 　　　　　　质检工程师签名：　　　　　　　　　年　　月　　日						
监理意见： 　　　　签名：　　　　　　　　　年　　月　　日						

_____ 桥梁建设项目支座安装检查表

承包单位：_____ 合同号：_____

监理单位：_____ 编　号：_____

工程名称		桩号		部位		支座型号	
检查项目	允许偏差或规定值	检查结果				备注	
支座中心横桥向偏位（mm）							
支座顺桥向偏位（mm）							
支座高程（m）							
支座四角高差（mm）							
外观鉴定							
检查				复核			
施工单位意见： 质检工程师签名：　　　　　　　　　　年　月　日							
监理意见： 签名：　　　　　　　　　　　年　月　日							

_____桥梁建设项目伸缩缝安装检查表

承包单位：_____ 合同号：_____

监理单位：_____ 编　号：_____

工程名称			部位		
设计形式：					
检查项目	允许偏差 或规定值		检查结果		备注
长度（mm）					
缝宽（mm）					
与桥面高差（mm）					
纵坡（%）					
横向平整度（mm）					
外观鉴定					
检查			复核		
施工单位意见： 质检工程师签名：　　　　　　　　　年　月　日					
监理意见： 签名：　　　　　　　　　　　　年　月　日					

_____桥梁建设项目桥面系防水层检查表

承包单位：_____ 合同号：_____

监理单位：_____ 编 号：_____

工程名称			桩号		
桥孔编号					
检查项目	允许偏差 或规定值	检查结果			备注
防水涂膜厚度（mm）					
粘结强度（MPa）					
抗剪强度（MPa）					
剥离强度（N/mm）					
外观鉴定					
检查			复核		

施工单位意见：

质检工程师签名： 年 月 日

监理意见：

签名： 年 月 日

_____桥梁建设项目桥面铺装检查表

承包单位：_____ 合同号：_____

监理单位：_____ 编　号：_____

工程名称		桩号	
桥孔编号			

检查项目	允许偏差或规定值	检查结果	备注
厚度（mm）			
平整度（mm 或 m/km）			
横坡（％）			
泄水孔位置、个数及排水情况			
备注或说明			

检查		复核	

施工单位意见：

质检工程师签名：　　　　　　　　　　　　　　年　月　日

监理意见：

签名：　　　　　　　　　　　　　　　　　　　年　月　日

＿＿＿＿桥梁建设项目栏杆安装检查表

承包单位：＿＿＿＿＿＿＿＿＿＿＿＿＿＿＿＿＿＿＿＿＿　　合同号：＿＿＿＿＿＿＿

监理单位：＿＿＿＿＿＿＿＿＿＿＿＿＿＿＿＿＿＿＿＿＿　　编　号：＿＿＿＿＿＿＿

工程名称			部位	
栏杆规格材料：				
检查项目	允许偏差 或规定值	检查结果		备注
栏杆平面偏位（mm）				
扶手高度（mm）				
柱顶高差（mm）				
接缝两侧扶手（mm）				
竖杆或柱纵横向竖 直度（mm）				
外观鉴定				
检查			复核	
施工单位意见： 质检工程师签名：　　　　　　　　　年　月　日				
监理意见： 签名：　　　　　　　　　年　月　日				

_____桥梁建设项目人行道铺设检查表

承包单位：_____ 合同号：_____

监理单位：_____ 编　号：_____

工程名称		桩号		部位	
检查项目	允许偏差或规定值	检查结果			备注
人行道边缘平面偏位（mm）					
平整度（mm）					
外观鉴定					
检查			复核		

施工单位意见：

　　　　　　　　质检工程师签名：　　　　　　　　　　　　年　月　日

监理意见：

　　　　　　　　签名：　　　　　　　　　　　　　　　　　年　月　日

_____桥梁建设项目桥梁总体检查表

承包单位：_____　　合同号：_____

监理单位：_____　　编　号：_____

工程名称			桩号		检查时间	
项次	检验项目		规定值或允许偏差	实测值		备注及图示
1	桥面中线偏位（mm）					
2	桥宽（mm）	行车道				
		人行道				
3	桥长（mm）					
4	引道中心线与桥梁中心线的衔接（mm）					
5	桥头高程衔接（mm）					

检查结论：

检　查		复　核	

施工单位自检意见：

质检工程师签名：　　　　　　　　　　年　月　日

监理意见：

签名：　　　　　　　　　　年　月　日

_____桥梁建设项目桥检查表

承包单位：_____　　合同号：_____

监理单位：_____　　编　号：_____

工程名称			桥梁桩号	
桥梁名称			部　位	

检查项目		规定值或允许偏差	检查结果	备注
枕梁尺寸（mm）	宽			
	高			
	长			
板尺寸（mm）	宽			
	高			
	长			
板顶纵坡（％）				
检　查			复　核	

施工单位意见：

质检工程师签名：　　　　　　　　　　　　　　　年　月　日

监理意见：

签名：　　　　　　　　　　　　　　　　　　　　年　月　日

主 要 参 考 文 献

[1]　卫申蔚. 桥梁工程施工技术. 北京：人民交通出版社，2008.

[2]　王运周. 桥涵施工. 北京：人民交通出版社，2007.

[3]　杨玉衡，邵传忠，耿小川. 市政桥梁工程. 北京：中国建筑工业出版社，2007.

[4]　王常才. 桥涵施工技术. 北京：人民交通出版社，2007.

[5]　王云江，邢鸿燕. 桥梁施工技术. 北京：中国建筑工业出版社，2003.

[6]　JTJ 041—2000 公路桥涵施工技术规范. 北京：人民交通出版社，2000.

[7]　马敬坤. 公路施工组织设计. 北京：人民交通出版社，2002.

[8]　李辅元. 桥梁工程. 北京：人民交通出版社，2005.

[9]　JTG B01—2003 公路工程技术标准. 北京：人民交通出版社，2003.

[10]　杨文渊，徐犇. 桥梁施工工程师手册. 北京：人民交通出版社，1999.

[11]　林文剑. 市政工程施工项目管理. 北京：中国建筑工业出版社，2007.

[12]　蔡雪峰. 建筑施工组织. 湖北：武汉理工大学出版社，2005.

[13]　林元培. 斜拉桥. 北京：人民交通出版社，1995.

[14]　王文涛. 刚构—连续组合梁桥. 北京：人民交通出版社，1995.

[15]　交通部公路科学研究所. JTG F80/1—2004 公路工程质量检验评定标准（土建工程）. 北京：人民交通出版社，2004.

[16]　JTG D62—2004 公路钢筋混凝土及预应力混凝土桥涵设计规范，北京：人民交通出版社，2004.

[17]　JTJ 076—95 公路工程施工安全技术规程. 北京：人民交通出版社，1995.

[18]　黄兴安. 市政工程施工组织设计事例应用手册. 北京：中国建筑工业出版社，2001.

[19]　范立础. 桥梁工程. 北京：人民交通出版社，2004.

[20]　顾安邦. 桥梁工程. 北京：人民交通出版社，2004.

[21]　刘小飞. 北盘江大桥悬索桥钢桁加劲梁施工技术. 贵州工业大学学报（自然科学版），2008，37(3)：184-187.

[22]　周昌栋，谭永高，宋官保. 悬索桥上部结构施工[M]. 北京：人民交通出版社，2003.

[23]　徐君兰，项海帆. 大跨度桥梁施工控制[M]. 北京：人民交通出版社，2000.

[24]　交通部第一公路工程总公司. 桥涵[M]. 北京：人民交通出版社，2005.

[25]　周远棣，徐君兰. 钢桥[M]. 北京：人民交通出版社，1990.

[26]　骆晓辉. 大跨悬索桥加劲梁施工技术探析. 科技信息，2007，19：326-327.

[27]　公路桥涵钢结构及木结构设计规范. 北京：人民交通出版社，2005.

[28]　公路施工手册. 北京：人民交通出版社，2004.

[29]　钢结构工程及验收规范. 北京：人民交通出版社，2005.

[30]　钢筋焊接及验收规程讲座. 北京：中国建筑工业出版社，2006.

[31]　孙胜江. 大跨悬索桥猫道施工技术. 公路. 2008，6：50-54.

[32]　牛和恩. 虎门大桥工程-悬索桥[M]. 北京：人民交通出版社，1998.

[33]　陆永军，肖锋. 宜昌长江公路大桥猫道施工[J]. 公路，2001，3.

[34]　黄平明，梅葵花，孙胜江. 大跨悬索桥猫道承重索施工控制计算[J]. 中国公路学报，2000，13(3).

［35］ 孙胜江，梅葵花，黄平明. 宜昌长江公路大桥猫道施工控制［A］，中国公路学会桥梁和结构工程学会 2000 年桥梁学术论文集［C］.

［36］ 彭春阳，石伟，李新春，张日亮，郑国坤. 单塔空间索面自锚式悬索桥悬吊系统的防腐施工［J］. 桥梁建设，2008，5：64-67.

［37］ GB 8923—88 涂装前钢材表面锈蚀等级和除锈等级［S］.

［38］ JT/T 694—2007 悬索桥主缆系统防腐涂装技术条件［S］.

［39］ 潘寿东，吴思国，许世旺. 钢筋混凝土加劲梁自锚式悬索桥施工技术［J］. 铁路标准设计，2008，9：44-49.

［40］ 交通部第一公路工程总公司. 公路施工手册·桥涵（下册）［M］. 北京：人民交通出版社，1999：604-750.

［41］ 徐惠纯. 桂林市丽泽自锚式悬索桥施工技术［J］. 铁道标准设计，2004(4)：29-31.

［42］ JTJ041—2000 公路桥涵施工技术规范［S］. 北京：人民交通出版社，2000.

［43］ 钟启宾. 修建自锚式悬索桥所面临的挑战［J］. 铁道标准设计，2004(5)：14-16.

［44］ 张日亮，韦壮科，罗志恭，彭春阳. 空间缆索结构的悬索桥猫道系统施工［J］. 预应力技术，2009，1：24-27.

［45］ 刘吉士，阎洪河，李文琪主编. 公路桥涵施工技术规范实施手册［M］. 北京：人民交通出版社，2001.

［46］ 黄绳武主编. 桥梁施工及组织管理（上册）［M］. 北京：人民交通出版社，1999.

建工版图书销售分类表

一级分类名称（代码）	二级分类名称（代码）	一级分类名称（代码）	二级分类名称（代码）
建筑学（A）	建筑历史与理论（A10）	园林景观（G）	园林史与园林景观理论（G10）
	建筑设计（A20）		园林景观规划与设计（G20）
	建筑技术（A30）		环境艺术设计（G30）
	建筑表现·建筑制图（A40）		园林景观施工（G40）
	建筑艺术（A50）		园林植物与应用（G50）
建筑设备·建筑材料（F）	暖通空调（F10）	城乡建设·市政工程·环境工程（B）	城镇与乡（村）建设（B10）
	建筑给水排水（F20）		道路桥梁工程（B20）
	建筑电气与建筑智能化技术（F30）		市政给水排水工程（B30）
	建筑节能·建筑防火（F40）		市政供热、供燃气工程（B40）
	建筑材料（F50）		环境工程（B50）
城市规划·城市设计（P）	城市史与城市规划理论（P10）	建筑结构与岩土工程（S）	建筑结构（S10）
	城市规划与城市设计（P20）		岩土工程（S20）
室内设计·装饰装修（D）	室内设计与表现（D10）	建筑施工·设备安装技术（C）	施工技术（C10）
	家具与装饰（D20）		设备安装技术（C20）
	装修材料与施工（D30）		工程质量与安全（C30）
建筑工程经济与管理（M）	施工管理（M10）	房地产开发管理（E）	房地产开发与经营（E10）
	工程管理（M20）		物业管理（E20）
	工程监理（M30）	辞典·连续出版物（Z）	辞典（Z10）
	工程经济与造价（M40）		连续出版物（Z20）
艺术·设计（K）	艺术（K10）	旅游·其他（Q）	旅游（Q10）
	工业设计（K20）		其他（Q20）
	平面设计（K30）	土木建筑计算机应用系列（J）	
执业资格考试用书（R）		法律法规与标准规范单行本（T）	
高校教材（V）		法律法规与标准规范汇编/大全（U）	
高职高专教材（X）		培训教材（Y）	
中职中专教材（W）		电子出版物（H）	

注：建工版图书销售分类已标注于图书封底。

尊敬的读者：

感谢您选购我社图书！建工版图书按图书销售分类在卖场上架，共设22个一级分类及43个二级分类，根据图书销售分类选购建筑类图书会节省您的大量时间。现将建工版图书销售分类及与我社联系方式介绍给您，欢迎随时与我们联系。

★建工版图书销售分类表（详见下表）。

★欢迎登陆中国建筑工业出版社网站www.cabp.com.cn，本网站为您提供建工版图书信息查询，网上留言、购书服务，并邀请您加入网上读者俱乐部。

★中国建筑工业出版社总编室　电　话：010—58337016

传　真：010—68321361

★中国建筑工业出版社发行部　电　话：010—58337346

传　真：010—68325420

E-mail：hbw@cabp.com.cn